這幅肖像，許多人相信畫中人是莎士比亞，據說曾為岱文南爵士所有。岱文南宣稱自己是莎士比亞的教子，還暗示是他的私生子。圖中人衣飾簡單，襯之以金耳環。（感謝英國國家肖像畫廊提供）

MR. WILLIAM
SHAKESPEARES
COMEDIES,
HISTORIES, &
TRAGEDIES.

Publiſhed according to the True Originall Copies.

Martin Droeshout sculpsit London.

LONDON
Printed by Iſaac Iaggard, and Ed. Blount. 1623.

莎士比亞死時，德若蕭特（約生於一六〇一年，卒於一六五〇年）只有十五歲，很可能沒有親眼見過他，但他為一六二三年《第一對開本》標題頁所作的這幅肖像版畫想必很精確，才會讓熟識莎士比亞的編者滿意。（感謝諾頓出版公司提供）

希利亞德（約生於一五四七年，卒於一六一九年）所作纖細畫。畫中是時年二十一歲的南安普敦伯爵芮歐西思里，蓄有出名的紅褐色長髮。（橋夫藝術圖庫授權）

雖然沒有一幅留傳下來的肖像可以證明真是馬羅，但是這幅劍橋聖體學院收藏的十六世紀晚期畫像，就年代與出處來說，有可能是愛冥想的劇作家念大學時的畫像。（感謝劍橋聖體學院提供）

康平恩的這幅肖像，繪於一五八一年遭處死後不久。康平恩的手勢代表殉道，而天使正準備為他加冕。天主教會真正為他加冕較晚，一八八六年十二月九日，教宗良十三世將他列為真福者，一九七〇年教宗保祿六世封他為聖徒。（感謝蘭開郡石林學院提供）

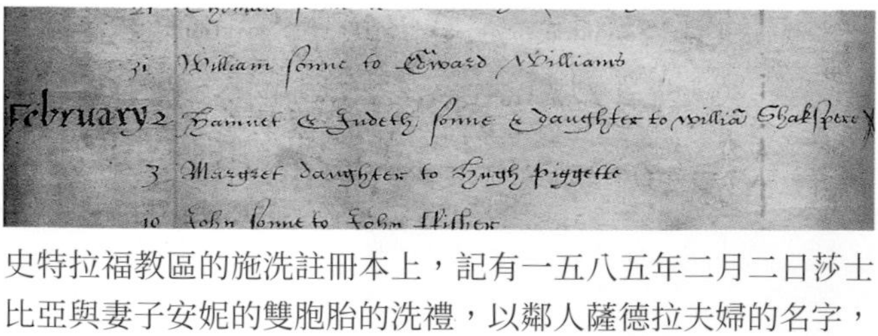

史特拉福教區的施洗註冊本上，記有一五八五年二月二日莎士比亞與妻子安妮的雙胞胎的洗禮，以鄰人薩德拉夫婦的名字，取名為漢姆尼特與茱蒂絲。薩德拉夫婦三年後生下一子，也以莎士比亞的名字威廉做兒子之名。（莎士比亞出生地信託授權）

莎士比亞父親製造的手套，多為精緻華美的奢侈品，類似這雙十七世紀早期以皮革、緞面與金線蕾絲製成的手套。（感謝維多利亞與艾伯特影像與博物館提供）

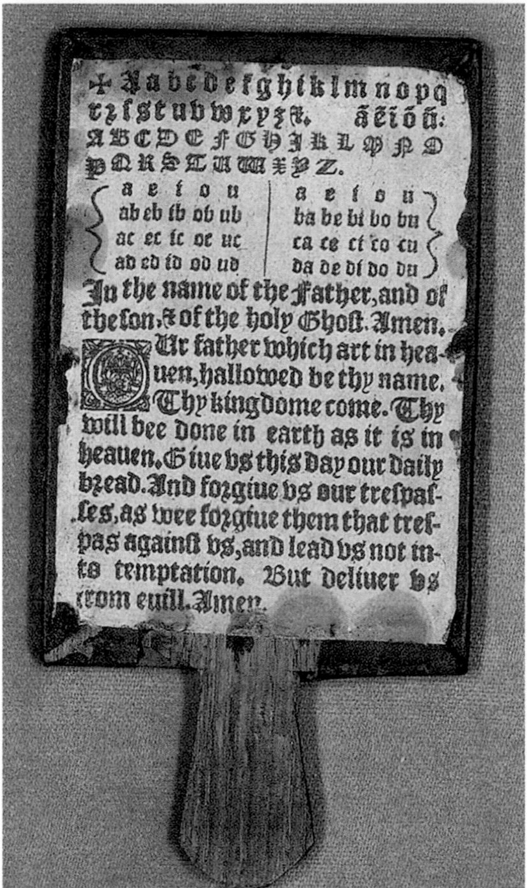

莎士比亞小時候可能是從稱為「號角書」的板子學字的。「號角書」是在木板上貼上印有文字的羊皮或紙張，上覆透明的動物角質。（感謝福傑莎士比亞圖書館提供）

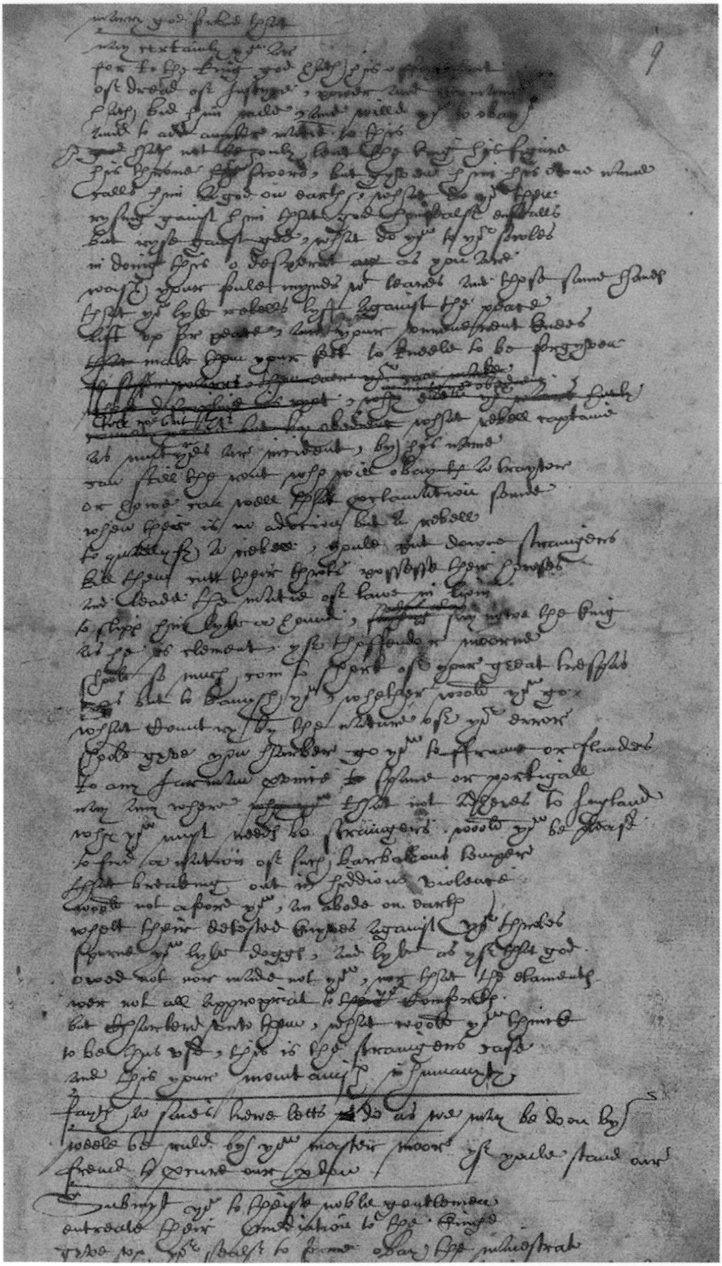

《湯馬斯摩爾爵士》劇本手稿中的「手筆 D」，多數學者相信是莎士比亞所寫。有人認為他下筆很少改寫或更正，但此處的例子可以看出上述假設可能只是誇張的說法。（感謝大英圖書館提供）

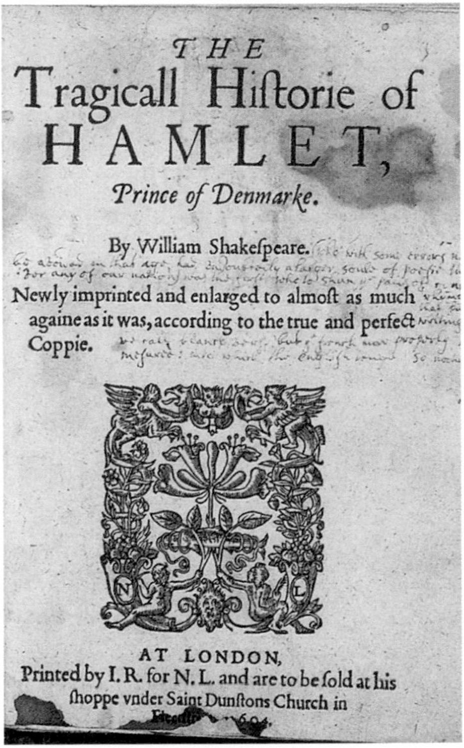

THE
Tragicall Hiſtorie of
HAMLET,
Prince of Denmarke.

By William Shakeſpeare.

Newly imprinted and enlarged to almoſt as much
againe as it was, according to the true and perfect
Coppie.

AT LONDON,
Printed by I. R. for N. L. and are to be ſold at his
ſhoppe vnder Saint Dunſtons Church in
Fleetſtreet. 1604.

《哈姆雷特》有三種不同的早期版本。第二版四開本（一六〇四年）開卷題頁，清楚註明約有一六〇三年第一版的兩倍之長。一六二三年的第一部對開本較短，可能是因演出的需要縮減的緣故。（感謝福傑莎士比亞圖書館提供）

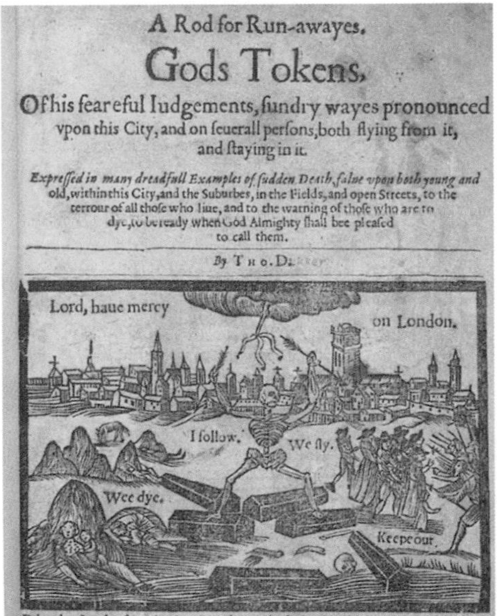

A Rod for Run-awayes.
Gods Tokens,
Of his feareful Iudgements, ſundry wayes pronounced
vpon this City, and on ſeuerall perſons, both flying from it,
and ſtaying in it.

Expreſſed in many dreadfull Examples of ſudden Death, falne vpon both young and
old, within this City, and the Suburbes, in the Fields, and open Streets, to the
terrour of all thoſe who liue, and to the warning of thoſe who are to
dye, to be ready when God Almighty ſhall bee pleaſed
to call them.

By Tho. D

Printed at London for Iohn Trundle, and are to be ſold at his Shop in Smithfield. 1625.

這幅木刻版畫畫的是瘟疫時期，死亡遍及倫敦的情景。（感謝大英圖書館提供）

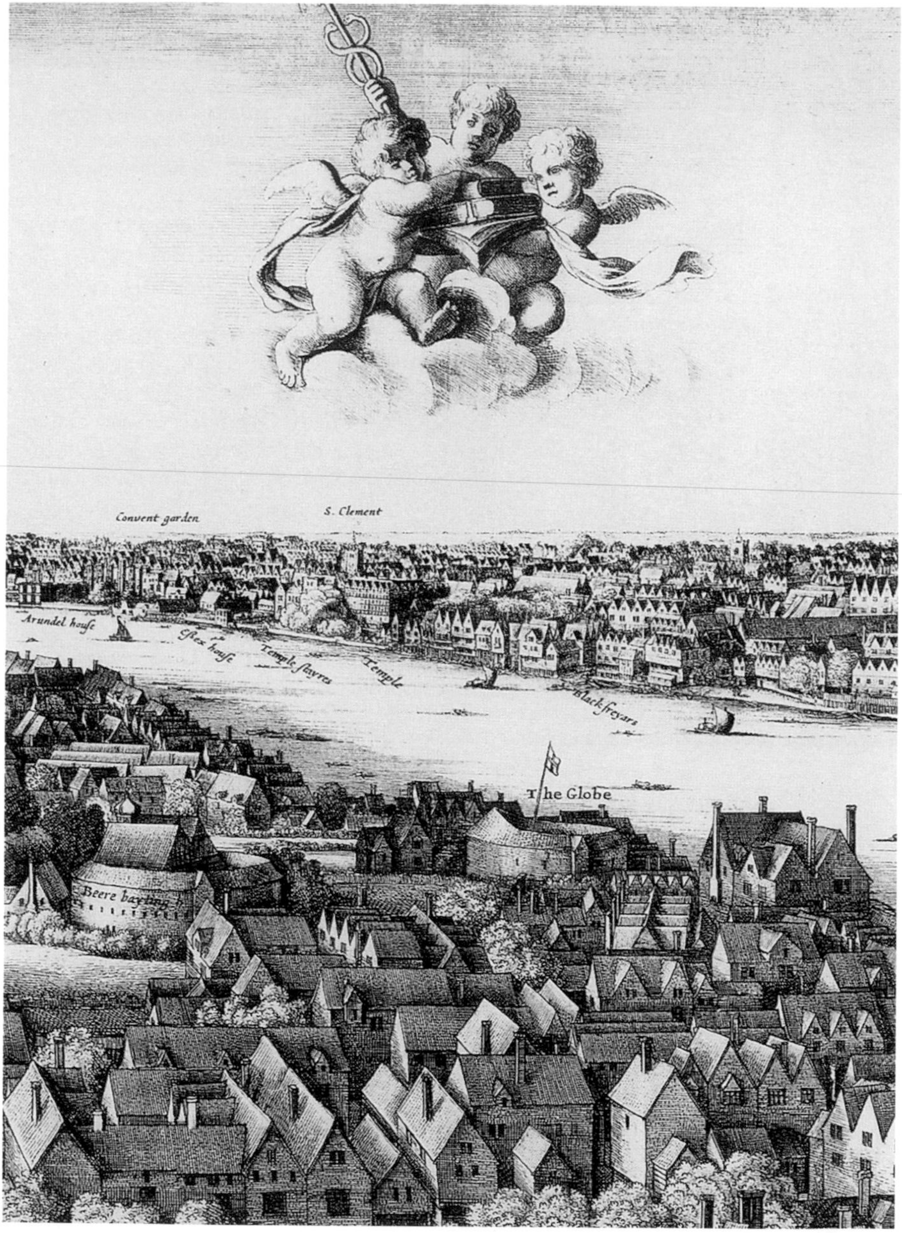

何勒（一六〇七～一六七七年）於一六四七年所作蝕刻版畫「倫敦自河岸區遠觀圖」，讓我們看到莎士比亞熟稔的附近地區，一幅極其詳盡的圖像。圖上標示的鬥熊競技場（Bear-baiting Arena，又稱「希望劇院」）跟「環球劇院」（The Globe）因疏忽反寫。（感謝倫敦市政廳圖書館提供）

此圖可能由畢克（約生於一五五一年，卒於一六二六年）所繪。圖中遊行行列扛著珠光寶氣、有如神像的伊莉莎白女王。（橋夫藝術圖庫授權）

魏修所作倫敦橋版畫局部細節，橋頭有叛亂份子的斷頭插在標竿上。（感謝福傑莎士比亞圖書館提供）

阿姆斯特丹版畫家魏修（生於一五八七年，卒於一六五二年）所作十七世紀早期倫敦的全景圖，圖中可見聖保羅大教堂、環球劇院、熊園與倫敦橋。（感謝福傑莎士比亞圖書館提供）

莎士比亞家族徽章草圖，一六〇二年由一名官員所繪，說不該准許「演員莎士比亞」（“Shakespeare yᵉ Player”）申請貴族紳士的地位。(感謝福傑莎士比亞圖書館提供)

這是關於福斯塔夫與桂嫂最早的圖片，為《戲謔之才》（一六六二年）一書卷頭插畫。此書集合短篇戲劇成冊，其中一篇即以福斯塔夫與其事蹟為主。（感謝杭廷頓圖書館提供）

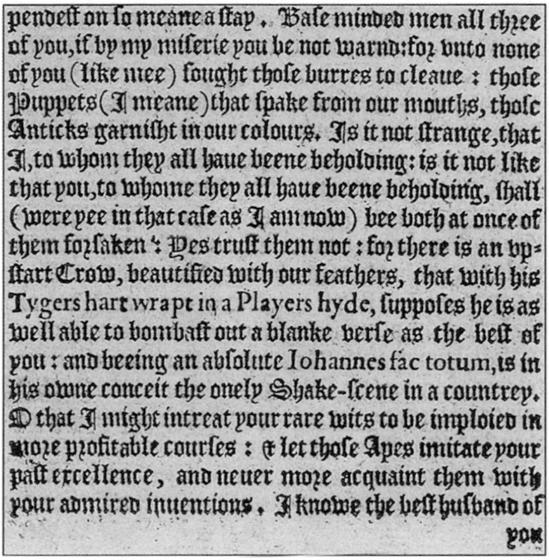
pendest on so meane a stay. Base minded men all three of you, if by my miserie you be not warnd: for vnto none of you (like mee) sought those burres to cleaue: those Puppets (I meane) that spake from our mouths, those Anticks garnisht in our colours. Is it not strange, that I, to whom they all haue beene beholding: is it not like that you, to whome they all haue beene beholding, shall (were yee in that case as I am now) bee both at once of them forsaken? Yes trust them not: for there is an vpstart Crow, beautified with our feathers, that with his Tygers hart wrapt in a Players hyde, supposes he is as well able to bombast out a blanke verse as the best of you: and beeing an absolute Iohannes fac totum, is in his owne conceit the onely Shake-scene in a countrey. O that I might intreat your rare wits to be imploied in more profitable courses: & let those Apes imitate your past excellence, and neuer more acquaint them with your admired inuentions. I knowe the best husband of you

《葛林的一點聰明》（一五九二年）裡攻擊莎士比亞為「突然竄紅的烏鴉」的部分。文中「裹著詩人皮的老虎心」，以不同字體印刷，表示是引用文字，把莎士比亞《亨利四世》裡的字句改寫，做為諷刺。（感謝福傑莎士比亞圖書館提供）

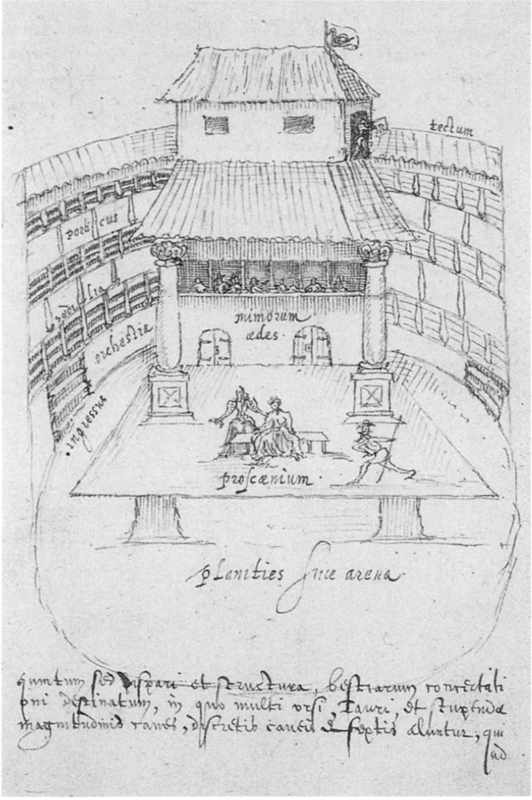

荷蘭人德衛特於一五九六年旅英所畫「天鵝劇院」素描，原畫已佚失，這是他朋友的仿製品。畫中戲台上是兩位女子（應該是由男孩扮演）與管家求愛的場景。（烏切特大學圖書館授權）

法蘭德斯畫家石崔特（一五二三～一六〇五年）所作版畫，描繪十六世紀印刷店情景。畫中是兩架印刷機、排版工人與校對工人。（感謝福傑莎士比亞圖書館提供）

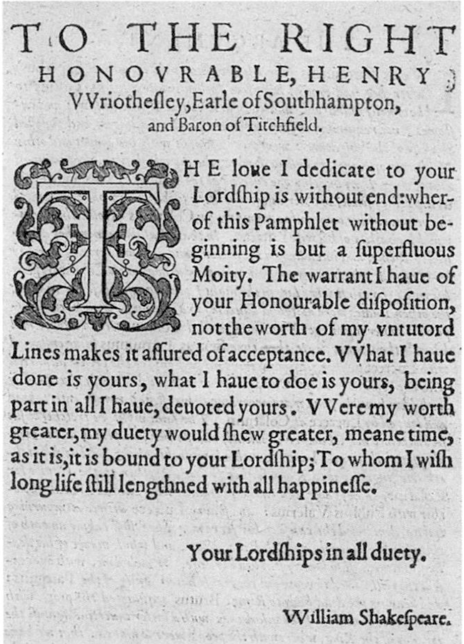

TO THE RIGHT HONOVRABLE, HENRY VVriothesley, Earle of Southhampton, and Baron of Titchfield.

THE loue I dedicate to your Lordship is without end: wherof this Pamphlet without beginning is but a superfluous Moity. The warrant I haue of your Honourable disposition, not the worth of my vntutord Lines makes it assured of acceptance. VVhat I haue done is yours, what I haue to doe is yours, being part in all I haue, deuoted yours. VVere my worth greater, my duety would shew greater, meane time, as it is, it is bound to your Lordship; To whom I wish long life still lengthned with all happinesse.

Your Lordships in all duety.

William Shakespeare.

A 2

《魯克麗絲失貞記》（一五九四年）的獻詞。（感謝福傑莎士比亞圖書館提供）

史特拉福同業公會教堂的中堂，有基督與最後審判的中世紀壁畫遺跡，一五六三年在當地方官的莎士比亞之父指示下，被粉刷磨滅。（感謝國際馬雅影像提供）

史特拉福聖三一教堂裡莎士比亞的葬禮紀念碑，把詩人刻畫成尊貴的公民，顯然是他晚年所希望的公眾形象。（橋夫藝術圖庫授權）

新的「環球劇院」內部，有寬闊的劇場和環繞的迴廊。（感謝國際莎士比亞環球中心提供）

貓頭鷹書房

有些書套著嚴肅的學術外衣，但內容平易近人，非常好讀；有些書討論近乎冷僻的主題，其實意蘊深遠，充滿閱讀的樂趣；還有些書大家時時掛在嘴邊，但我們卻從未看過……

如果沒有人推薦、提醒、出版，這些散發著智慧光芒的傑作，就會在我們的生命中錯失——因此我們有了**貓頭鷹書房**，作爲這些書安身立命的家，也作爲我們智性活動的主題樂園。

貓頭鷹書房——智者在此垂釣

內容簡介

莎士比亞是如何成為莎士比亞的呢？幾個世紀以來文學家、史學家無不想要從有限的歷史材料中，還原莎士比亞如何成為莎士比亞的過程。即使「莎學」已是英美文學界的顯學，莎士比亞的生平、經歷、思想、成長，仍然晦澀難明，言人人殊。莎士比亞的傳記不斷問世，因為「莎士比亞是如何變成莎士比亞」的核心問題始終無法獲得滿意的解答。直到本書作者葛林布萊這本《大師為你說莎士比亞》出版，答案才真正出現。本書是至今真正配得上稱為精采的莎士比亞傳記，作者葛林布萊深入莎士比亞的心理和當時的社會，逐一解開莎士比亞作品內在引人入勝的關鍵因素。

作者簡介

葛林布萊是哈佛人文學講座教授，也是當今顯學新歷史主義學派的開山祖師，重視文學作品和歷史脈絡的關聯性。葛林布萊也是《諾頓莎士比亞》的編輯，他得獎的著作眾多，包括《煉獄裡的哈姆雷特》和《莎士比亞式的談判技巧》等。

譯者簡介

宋美瑩，台大中文系學士、碩士，英國東安格利亞大學藝術史碩士，諾丁罕泉河大學英國文學博士，專研英國十八世紀詩人畫家布雷克。目前定居英國中部，從事研究與翻譯。

大師為你說莎士比亞

戲劇之王的誕生

WILL
In The
WORLD

How Shakespeare became Shakespeare

貓頭鷹

貓頭鷹書房 413

《大師為你說莎士比亞：戲劇之王的誕生》

初版書名：推理莎士比亞
YK1413Y

作　　者　葛林布萊（Stephen Greenblatt）
譯　　者　宋美瑩
選 書 人　陳穎青
責任編輯　劉偉嘉、陳詠瑜、李季鴻
編輯協力　曾淑芳
專業校對　魏秋綢
版面構成　謝宜欣、健呈電腦排版股份有限公司、張曉君
封面設計　兒日設計
行銷統籌　張瑞芳
行銷專員　何郁庭
總 編 輯　謝宜英
出 版 者　貓頭鷹出版

發 行 人　涂玉雲
發　　行　英屬蓋曼群島商家庭傳媒股份有限公司城邦分公司
　　　　　104 台北市中山區民生東路二段 141 號 11 樓
劃撥帳號：19863813／戶名：書虫股份有限公司
城邦讀書花園：www.cite.com.tw／購書服務信箱：service@readingclub.com.tw
購書服務專線：02-25007718～9（週一至週五上午 09:30-12:00；下午 13:30-17:00）
24 小時傳真專線：02-25001990～1
香港發行所　城邦（香港）出版集團／電話：852-28778606／傳真：852-25789337
馬新發行所　城邦（馬新）出版集團／電話：603-90563833／傳真：603-90576622
印 製 廠　中原造像股份有限公司
初　　版　2007 年 7 月／二版　2013 年 7 月／三版　2020 年 11 月
定　　價　新台幣 450 元／港幣 150 元
ISBN　978-986-262-445-6

貓頭鷹

讀者意見信箱　owl@cph.com.tw
投稿信箱　owl.book@gmail.com
貓頭鷹臉書　facebook.com/owlpublishing/
【大量採購，請洽專線】（02)2500-1919

城邦讀書花園
www.cite.com.tw

國家圖書館出版品預行編目 (CIP) 資料

大師為你說莎士比亞：戲劇之王的誕生 / 葛林布萊 (Stephen Greenblatt) 作；宋美瑩譯. -- 三版. -- 臺北市：貓頭鷹出版：家庭傳媒城邦分公司發行, 2020.11
416 面；14.8×21 公分
譯自：Will in the world : how Shakespeare became Shakespeare
ISBN 978-986-262-445-6(平裝)
1. 莎士比亞 (Shakespeare, William, 1564-1616) 2. 傳記
784.18　　109016129

■導讀

「推理」莎士比亞

臺灣大學外國語文學系及戲劇學系特聘教授
彭鏡禧

英國作家莎士比亞（一五六四年～一六一六年）是公認的戲劇與文學奇葩。他在世的時候，作品即已廣受大眾歡迎，甚至因此引起同行的嫉妒。與他同時代所謂大學才子的代表人物葛林（Robert Greene）就曾經酸溜溜地說過：

> ……有隻突然竄紅的烏鴉，拿我們的羽毛**美化**（beautified）自己，他的老虎之心披著演員外皮，自以為能夠胡謅無韻詩，比得上各位大師；這個十足的「樣樣通」還洋洋得意自認是舉國無雙的「**莎震景**」。（粗體爲筆者所加）

「莎震景」（Shakescene）一詞當然是葛林自創的，嵌入了莎翁的部分姓氏和舞台場景，且有「震驚梨園」之意。莎士比亞則在《哈姆雷特》劇中反擊，藉著其中一個角色嘲諷王子的情書裡居然寫有「最美化的娥菲麗」字樣：「這一句不好，太遜了：『美化』兩個字太遜了。」

或許正因爲我們所熟知的莎士比亞只讀過文法學校，沒有念過大學，卻不僅兼擅詩、劇，著作宏富，才情更是高妙到了令人難以置信的地步，世人才會對他謎樣的身世產生巨大而持久的興趣。然而，眞正的史料雖有一些，較多的還是鄉野傳奇、道聽塗說，無法據以寫出既能引人入勝又有眞憑實證的正統傳記。近代研究莎翁的著名學者荀鮑恩（S. Schoenbaum）把他在這方面的大作題名爲*Shakespeare's Lives*（一九七〇年），足見眾說之紛紜。迄今不衰的，還包括認爲「莎士比亞」另有其人的主張。因此，儘管多數人同意，研究確鑿的作品要比揣摩證據不足的作家生平來得重要，莎翁傳記仍然一本接一本問世。

現任哈佛大學人文學講座教授的葛林布萊於二〇〇四年出版的這本《大師為你說莎士比亞》是其中的翹楚。本書完全揚棄了舊有傳記的寫作思維，不再在「莎士比亞何許人也？」的迷宮裡打轉。他關心的是莎士比亞這個人**如何**成為「莎士比亞」這位千載難逢的奇才作家。

身爲當今顯學新歷史主義學派的開山祖師，葛林布萊重視的是文學作品與歷史脈絡的連結。他先小心求證，多方面從看似不相關連的點點滴滴史實，勾勒出莎士比亞時代的社會、政治、宗教、教育、法律、經濟、娛樂……種種樣貌，然後做出大膽假設：處於如此這般歷史環境中的莎士比亞，「必然／也許／可能」會寫下如此這般的篇章。他在本書〈前言〉裡說：「若要了解莎士比亞是怎樣的人，必須追蹤他留下的語言痕跡，回到他所過的生活，回到他敞開面對的世界。而若要了解莎士比亞如何用想像力把自身的生活轉化成藝術，必須利用我們自己的想像力。」

「想像→假設→陳述」於是成爲全書寫作的基本模式。該書第一章第一句便是個範例：

> 讓我們想像莎士比亞從小就醉心語言，對文字的魔力深為著迷。他最早期的作品裡有太多這方面的證據，因此我們可以很安全地假設，他很早就有此傾向，也許是從母親首次在他耳邊輕唱兒歌

的那一刻開始。

徵引了兩行兒歌後，葛林布萊指出：事隔多年，莎士比亞寫作《李爾王》之時，「這首兒歌還在他腦中回響」，因爲劇中有個角色吟唱了一行類似的歌詞。於是，他斷言道：

〔莎士比亞〕在文字的聲音裡聽見別人沒聽見的東西；他做了別人沒有做的聯結；他也沉浸於完全屬於自己的樂趣中。

經由這種邏輯作出的推論豈非太危險？換了別人，也許會是。不過，在融通文史，並且對莎士比亞作品認識精深的葛林布萊筆下，讀者處處驚豔。他對莎士比亞筆下諸多生動的劇中人物之所以會成爲那樣的人物，給予合理的或至少有趣的解釋。

莎士比亞作品中對許多重要議題（如君權神授、宗教信仰、性愛取向、種族歧視等）並不迴避，但從未明確表態。這種兩面手法，葛林布萊歸因於當時宗教、政治對言論的恐怖壓制；明哲保身的莎士比亞選擇了模稜兩可的態度，以免不慎陷入「政治不正確」。「證據」之一在書中第五章。他指出，來自鄉下的莎士比亞對倫敦的第一印象，「也許」是「長約八百英尺的驚人建築，一位法國訪客貝藍稱之爲『世界最美的橋梁』」。細細描述了倫敦橋周遭自然與人文風景線之後，葛林布萊接著寫道：

但有一樣特別景觀必曾攫獲莎士比亞的注意；那是吸引觀光客的重要景點，總會向新來的人指出。南沃克那端的橋頭，有兩扇拱形物構成「大石門」，上面的竿子插著砍下的人頭，有的只剩骷髏，有的半烤焦曬黑，還認得出是什麼人。這些不是泛泛的小偷、強暴犯跟殺人兇手。……觀光客都會被告知，橋上的人頭原屬於因叛國罪受刑的紳士貴族。一五九二年造訪倫敦的一個外國遊客算了算有三十四顆人頭，一五九八年另一個遊客說有三十多顆。

葛林布萊認爲，縱使莎士比亞早有戒懼之心，但倫敦橋所見景象必然更進一步提醒這個初抵倫敦的青年，「要謹愼自持，莫落入敵手；要聰明、堅強、實際；要精通隱匿與迴避之道；要保住你肩膀上的腦袋瓜。」插在倫敦橋上的頭顱，「也許在莎士比亞進城的第一天就對他說話——而他也很可能記住了他們的警告。」是寒蟬效應讓莎士比亞決定不教世人看出他的眞面目。

透過像這樣看似輕鬆的筆調，葛林布萊給讀者帶來了三重享受：第一，他對文藝復興時期英國社會文化的知識如數家珍；許多平淡無奇的素材，經他爬梳整理，娓娓道來，好像點石成金。第二，他對莎士比亞作品的熱愛與詮釋，能使讀者深入莎翁的想像世界。第三，對我而言也是最爲有趣的，即他在寫作過程中發揮的高度想像力。所以，這不僅是一本深具學術價值的文學批評，也是令人著迷的推理小說——或可名之爲「推理」莎士比亞。

推理莎士比亞：解開五百年來天才的創作祕密

目次

導讀　「推理」莎士比亞　彭鏡禧　5
前言　走出書房、融入時代的劇作家　13
致讀者　16
第一章　開場首幕　19
第二章　少年之夢　48
第三章　宗教恐怖　80
第四章　婚姻愛情　107
第五章　勇闖倫敦　141
第六章　城郊生活　164

第七章　大學才子……187
第八章　情郎情婦……213
第九章　刑場笑聲……247
第十章　亡魂囈語……280
第十一章　蠱惑國王……316
第十二章　回歸平凡……348

大師為你說莎士比亞

戲劇之王的誕生

WILL *In The* WORLD

How Shakespeare became Shakespeare

貓頭鷹

編輯弁言

書中括弧內以楷體呈現的文字為譯者所加註解。書中莎士比亞著作的翻譯，譯者參考了阮坤與方平所譯的《新莎士比亞全集》（貓頭鷹出版社）。

■前言

走出書房、融入時代的劇作家

一個來自鄉下小鎮的年輕人，缺乏自力更生的財產，沒有強勢的家庭背景與大學教育，於一五八○年代晚期來到倫敦，短期內迅速成爲當代與歷史上最偉大的劇作家。不管學者或文盲，見多識廣的城市佬或初上劇院的鄉下人，都喜愛他的作品。他讓觀眾歡笑悲泣，化政治爲詩句，隨意參雜粗俗的丑戲與精微的哲理。他對國王與乞丐的生活有同樣精細與深入的描述；有時像是唸法律的，有時像讀過神學或古代歷史，同時又可以毫不費力的模仿鄉巴佬的口吻，喜歡像老太太說故事。這樣重大的成就，該如何詮釋？究竟莎士比亞是如何成爲莎士比亞的？

劇院在莎士比亞的時代跟現代一樣，是高度社會性的藝術形式，不是死氣沉沉的抽象把戲。伊莉莎白與詹姆士時代就有一種戲劇，叫做書齋劇，不公開給大眾觀看，也不是爲演出而作，有的甚至不付梓印刷，純供私人靜默閱讀，而且最好是在密閉無窗的小室內。但是莎士比亞的劇本從來都堅持走出書房，自始至終是在世，也是屬世的。他不僅替競爭激烈的商業娛樂事業寫作與演出，也用劇本強烈反映當代政治社會的實情。爲了經濟問題，他不得不如此，因爲他自己投資的劇團一天得吸引大約一千五百到兩千個顧客付錢進入圓形木牆的戲院，對手競爭異常激烈。重點不在反映時事，而是迎合觀眾的興趣。由於政府有監查制度，又因一些戲院長年重複使用同樣的劇本，頗爲成功，所以太過於反映時事也是冒險。莎士比亞必須明瞭觀眾最深層的欲望與恐懼，而他在當代不凡的成就說明他極其成功的辦到了。幾乎所有與他同時代的劇作家都餓肚子，相反的，莎士比亞買得起家鄉最好的房子，五十出頭就有足夠的錢退休。他的成就是自己一手打造出來的。

這本書是關於一個驚世的成功故事，這個千年來最重要的想像文學作者，久來卻無人解釋他之所以成功的原由，因此旨在發掘他做爲一個眞實的人的故事。或者說，因爲這個眞人存在於記錄完善的公共文獻裡，這本書的目標，是嘗試從隱藏的資料裡找尋其生活軌跡引領到文學創作的路徑。

除了詩篇與劇作以外，現存莎士比亞的生平資料可謂繁浩卻又單薄。世代以來學者不停在檔案資料上下苦工，找到當時與他有關的文件，譬如劇作家數量可觀的房地產交易契約、婚約書、受洗證、名列其中的演員名單、稅單、瑣碎的法規宣誓書、工資單，有意思的還有最後的遺囑。然而，他龐大創造力的來源，卻沒有一條線索能解釋清楚。

幾世紀來大家一次又一次覆述這些已知的事實，到十九世紀已經有十分完善詳盡、多方引證的傳記，每年又加入一些新發現，時而添上一兩條得來不易的小檔案新資料。然而查遍寫得最好的傳記，又耐心驗過所有查得到的資料，讀者仍然難以體會劇作家是如何達到他的成就的。就算有人提到，也往往把莎士比亞寫得單調乏味、毫無生氣，他藝術的內在泉源也愈發模糊難見。傳記作家若能從信件、日記、同時代人的回憶錄與訪談記、書上相關的手寫批注、筆記與草稿去找尋，也已經夠難找出他的寫作來源，何況這些東西沒有一樣存留下來。莎士比亞超越時空的作品，與當時日常官僚文件上關於其生平的蛛絲馬跡，兩者間找不到一點清晰的關連。他的作品如此熠耀驚人，彷彿是來自神祇而非凡人，更不用說是個來自鄉下、沒受多少教育的凡人。

我們當然也可以引用神蹟的說法，說他強大的想像力是來自天賦才氣，並非來自「有趣」的生平。學者久來已從劇作本身的證據，研討出這想像力是從莎士比亞念過的書裡轉化而來。他很少憑空想像，卻常取材已於市面流行的題材，然後注入超人的創造力。有時他的改寫版在細節上簡直跟原作一模一樣，就好像直接把借用的書攤在寫字台上，飛筆橫書，熟練改寫。但是沒有一個愛莎士比亞作品的人，會相信他的劇本與詩作全都來自別人的作品。至少跟他的閱讀同樣重要的，是他從小就了解到的核心問題：我的一生該做什麼？我能相信什麼？我愛誰？這些問題縱貫其一生事業，塑造成他的藝術。

莎士比亞藝術的主要特色是眞實。別的作家身隕音銷之後，留下來的不過是紙上的文字，但是莎士比亞的文字，就算沒有具才情的演員賦予生命，本身已包含了生動眞實的生活經驗。詩人注意到被獵顫抖的野兔「露濕一身」，把玷污的名聲比成「染工的手」，劇本裡丈夫告訴妻子「書桌裡有個土耳其織錦」的皮包，王子想起他可憐的同伴只有兩雙絲襪可穿，其中一雙還是桃紅色——這個藝術家不僅對世界敞開自己的胸懷，也找到如何讓這大千世界進入自己作品的方式。要了解他如何這樣成功辦到，要緊的是仔細查看口語的技巧，看他對修辭的掌握、奇特相關語的運用，和對語言的著迷；若要了解莎士比亞是怎樣的人，必須追蹤他留下的語言痕跡，回到他所過的生活，回到他敞開面對的世界。而若要了解莎士比亞如何用想像力把自身的生活轉化成藝術，必須利用我們自己的想像力。

致讀者

一五九八年左右，莎士比亞的職業生涯仍在相當早期的時候，有個後人一無所知名叫戴爾孟斯的人，謄寫了一部演講與書信集，並列下一張目錄。然後似乎開始心思漫遊，信手塗鴉，在這些隨筆裡，有通篇「理查二世」與「理查三世」的字樣，還有從《愛的徒勞》與《魯克麗絲失貞記》裡抄下的引文，更特別的是重複出現「莎士比亞」的名字，彷彿想知道這個名字的主人簽名時的心情。戴爾孟斯也許是第一個有這種好奇的人，卻決不是最後一個。

戴爾孟斯的塗鴉說明了莎士比亞在當世就已成名，他死後不過幾年，班強生便讚美他是「舞台奇蹟」與「明星詩人」。然而，那時代的文學名人並不常有相關的生平傳記，同時代的人似乎也不曾想過趁記憶猶新時把莎士比亞相關的資料收集起來。雖然他比同時代大多數職業作家留下來的資料還要多，但這多半是因為英格蘭在十六世紀晚期與十七世紀早期，就已經有保存文件紀錄的社會傳統，飢渴的學者再把這些文件蒐羅起來。即使有這些比較起來算豐富的資料，莎士比亞的傳記研究仍有鴻溝存在，充滿臆測。

重要的是作品，除了詩以外，大多數都由兩位莎士比亞長期的關係人與朋友漢明居與孔代爾細心集結，於劇作家死後七年的一六二三年出了第一部對開本。這本鉅書收集了三十六部劇作，其中十八部之前從未出版過，包括經典之作《凱撒大帝》、《馬克白》、《安東尼與克莉奧佩屈拉》與《暴風雨》，倘若沒有這部對開本，這些作品也許就永遠從世上消失了。這世界欠了漢明居和孔代爾一筆大債，但是他們對莎士比亞的傳記興趣缺缺，只略提及他不凡的寫作能力，說「他下筆如神，少見塗改」。他們選擇以內容的類型把作品分成喜劇、歷史劇、悲劇，卻沒註明寫作年代和順序。學者多年來精心研究，找出一個合理的共識，但這個對傳記具有決定性的作品時序表，卻仍多少難免臆測。

許多生平細節也一樣不確定，譬如史特拉福的牧師貝區哥斗，於一五六四年四月二十六日的教區洗禮登記簿上記下「古里阿模斯．非利阿斯．約翰納斯．莎士比亞」的名字。學者根據出生三日後受洗的習慣，把莎士比亞的生日定為四月二十三日，其實只是猜測而已。許多看來不用置疑的事都可以質疑。

另一個後果比較嚴重的例子可以讓讀者了解問題之大。一五六八年取得牛津學士學位的杭特，是史特拉福文法學校一五七一年到一五七五年間的校長，所以他應該是莎士比亞七歲到十一歲的老師。一五七五年七月左右，杭特註冊就讀法國天主教督艾大學，並於一五七八年成為耶穌會會員。這等於說，莎士比亞小時候的老師是天主教徒，這個幼年經驗正與他後來的生平相符。然而，沒有一個強而有力的證據可以證明莎士比亞念過史特拉福的文法學校，這段時期的紀錄並未存留下來。此外，有另一個叫杭特的人，在一五九八年或之前，死於史特拉福，這個杭特比成為耶穌會會員的杭特更有可能是那位校長。莎士比亞一定上過那所學校，不然他在哪兒受的教育呢？那許多時間上的巧合，與後來的生活經驗，也說明一五七一到一五七五年的那個校長很有可能就是天主教徒杭特。但是這所有的細節，正如莎士比亞的其他生平，我們同樣不能百分之百的斷定。

第一章 開場首幕

讓我們想像莎士比亞從小就醉心語言，對文字的魔力深爲著迷。他最早期的作品裡有太多這方面的證據，因此我們可以很安全地假設，他很早就有此傾向，也許是從母親首次在他耳邊輕唱兒歌的那一刻開始：

公雞公雞，坐在土墩，
要是不走，端坐得穩。

這首兒歌多年後還在他腦中回響，《李爾王》裡的瘋子苦命湯姆唱的歌詞就有：「公雞坐在雞墩上」的字句（三．四．七三）。他在文字的聲音裡聽見別人沒聽見的東西；他做了別人沒有做的聯結；他也沉浸於完全屬於自己的樂趣中。這種愛好與樂趣是伊莉莎白女王時代英格蘭的文化成果，由於鼓勵詞藻與口才，培育出一般人對華麗文章的愛好，如傳教者與政客的演說，甚至程度不高或不夠感性的人也得會寫詩。早期的劇作《愛的徒勞》裡，有個荒謬可笑的教師霍羅弗尼，誇張地模仿課堂上的情景，多數觀眾想必能立即心領神會。談到蘋果，他非得加上一大串「像是『西婁』（*caelo*，拉丁文『天空』發音）耳上的明珠，吊在青天，掛在穹蒼，懸於太虛」，掉落在「『太拉』（*terra*，拉丁文『土地』之意）地表，土壤，陸地，大地，大地之上」（四．二．四～六）。他是課堂的喜劇象徵，正如當時學校裡的主要教科書用伊拉斯謨斯的《論豐盛》，教學生一百五十種「謝謝你的來信」的拉丁文說法。莎士比亞技巧地嘲弄文字遊戲狂的同時，自己也玩弄繁複的語言，好比十四行詩一二九首描述情欲「是僞裝、陰謀、罪惡，極爲可恨／又野蠻、極端、粗野、殘酷，不可信賴」（三～四行）。在這熱愛文字的背後，是一個小男孩在學校裡長時間編寫拉丁同義字的結果。

伊莉莎白女王的老師艾顯說：「所有人都希望他們的孩子能說拉丁文。」伊莉莎白是當代少數能說拉丁文的女子，在國際關係上至爲重要，她的外交官、諮詢員、神學家、牧師、醫生、律師，都會說拉丁文。但有這古語能力的人並不限於職業上有實用需要的人，「所有人都希望他們的孩子能說拉丁文」，指的是十六世紀不管是建築工人、羊毛商、手套製造商、發達的自耕農，自己未曾受過正式教育，不能讀寫英文，更不用說拉丁文的人，都要他們的兒子成爲拉丁文大師。拉丁文是文化、文明的代表，是把人推向上層社會的工具。它是父母的野心，也是當時社會欲望的普遍潮流。

因此，莎士比亞的父母要兒子受正規的古典教育。莎士比亞的父親約翰．莎士比亞似乎只有一點識字能力，他在史特拉福的市政府有重要職位，可能會閱讀，可是終其一生只用記號簽名。母親馬利亞．莎士比亞雖然也可能識點字，但留在法律文件上的簽名，也顯示她不會寫自己的名字。可是他們顯然決定不讓大兒子步其後塵，他的學習應該是從「號角書」（一種木板，貼有印了字母和主禱文的草紙，上覆透明角質）和標準小學教科書《ABC與教義問答》開始。（《維洛那二紳士》裡的情人「像記不住『ABC』的小學生」似的歎氣〔二．一．十九～二十〕）這個階段的他可能只有父親或母親的程度。可能在七歲左右入學史特拉福的免費文法學校，受完整的拉丁文教育。

國王新校並不是新的學校，校名的由來雖是國王愛德華六世，即伊莉莎白短命的同父異母弟弟，但並不是由他所建。這所學校跟許多伊莉莎白時期的機構組織一樣，以外在的名義掩飾其羅馬天主教的本質，十五世紀早期由城裡的聖十字同業公會建校後，因天主教會出資，於一四八二年成爲免費學校。至今仍保存甚好的校舍，是一間大廳，位於市政府樓上，由室外樓梯進入，這樓梯一度有屋瓦爲頂。分班制雖有可能存在，尤其若有幼童需要助教從字母教起，否則大半其他學生，爲數約四十二，從十一到十四五歲，都一起坐在硬板凳上，面對坐在教室前頭大椅子上授課的校長。

根據規定，史特拉福的師長是不能向學生收學費的，他得教所有合格、有基本讀寫能力的男孩，即「父母不太窮，又不太笨的男孩」。報酬是免費住宿與二十鎊年薪，比起伊莉莎白時期其他學校的老師校長，收入算很高的。史特拉福對孩童的教育頗爲重視，上完免費文法學校，有特別的獎學金給成績好但無力負擔的學生上大學，但當然不是所有教育都是免費的。跟別處一樣，女孩是不能上文法學校和大學的，占大半人口的窮人也無法讓兒子受教育，因爲他們很小就得開始工作賺錢。此外，雖然學費全免，仍有其他花費，學生要準備羽毛筆、削筆刀、冬天用的蠟燭，以及昂貴的紙張。但是稍有財力的家庭，不管資產多微薄，都會資助兒子接受嚴格的古典教育。

夏季學校從六點開始上課，冬天由於寒冷兼天亮得晚，始於七點，十一點午休，莎士比亞大概是跑回二十幾公尺外的家吃午餐。午休後再上課到五點半或六點。如此一星期六天，一年十二個月。課程少有一般人有興趣的科目，既沒有英國文學與歷史、生物、化學、物理，也沒有經濟、社會學，只有一點粗淺的算術。教的是有關基督教信仰的文章，當時跟教拉丁文似乎也沒有太大區別。教育方式並不溫和，有的是機械式的背誦、緊迫逼人的練習、無止境的重複、日復一日的分析文章、繁複的模仿和同義修辭的習題，加上體罰的威脅。

大家都知道拉丁文課跟鞭子是分不開的，當時的教育學者甚至提出屁股是爲學拉丁文而生的理論。好教師的定義是嚴格的教師，名聲以鞭打的多寡來決定。這種教育方式由來已久，中世紀晚期劍橋大學文法學生的畢業考試裡，必須鞭打懶惰或不聽話的孩子，以決定他是否適合教書。正如現代學者所說，拉丁文課程是當時青春期男子的成年禮，即使再聰明的學生，都不會覺得是愉快的經驗。然而無論這過程有多麼痛苦無趣，國王新校顯然激發也滿足了莎士比亞對語言的超大胃口。

長時間的課程裡有另一件事應該是莎士比亞喜歡的，幾乎所有老師都同意學好拉丁文的最佳方式是讓學生閱讀和表演古戲劇，尤其是古羅馬劇作家泰倫斯與普魯特斯的喜劇。牧師諾斯布克曾於一五七七年出書批判「賭博、舞蹈、浮誇的戲劇、樂曲，和其他偷懶的娛樂」，但如此掃興之人都承認拉丁戲劇，若妥善淨化，是可以接受在學校裡演出的。

諾斯布克緊張兮兮的強調這些戲劇必須以原始語言演出，不能用英文，學生也不能穿著華服，而最重要的是不能有「浮誇淫穢的愛情遊戲」。牛津學者雷諾茲便指出，這些戲劇最危險的是有男主角親吻女子的情節，這吻可能會毀了兩個當演員的男孩。因爲美少年的吻正如「某種蜘蛛」之吻，「他的嘴碰觸過的人，會有極度的痛楚並且發狂」。

事實上泰倫斯與普魯特斯的劇作幾乎不可能刪改淨化，拿掉乖戾的小孩、狡猾的僕役、寄生蟲、騙子、妓女、愚蠢的神父，以及性與金錢的瘋狂追求，就什麼也不剩了。因此，這些課程是反覆以戲劇的方式違反規定，在沉重壓迫的教育體制裡找尋喜劇式的自由解放。身爲學生，若要充分參與這種自由解放，只需要有演戲的天分與足以表達自我的拉丁文。十歲、十一歲或更小點的莎士比亞，想必已經具備了這兩者。

沒有存留的證據告訴我們，莎士比亞在學時，史特拉福的老師讓學生演出過幾次，或用過哪些劇本。可能他在學最後一年的老師，牛津畢業的金肯斯，曾讓學生演出普魯特斯的瘋狂鬧劇《孿生兄弟》。金肯斯可能看出學生之中，在寫作與表演上具早熟天分的莎士比亞，而指定他當主角。

確實的證據顯示，成年後的莎士比亞熱愛這部劇本裡融合邏輯與混淆的情節，人物之間因不停的錯身而過，缺乏解釋，而累積成巨大的混亂。當他在倫敦初創劇作與演戲，需要喜劇情節之時，就直接把《孿生兄弟》的故事加上另一對孿生子，造成加倍的混亂，寫成《錯中錯》一劇。這部喜劇極其成功，在倫敦一所法律學校演出時，學生還為搶位子而暴動。但是這未來的成就，在國王新校的天才男孩看來，也許跟劇作裡描述的瘋狂事件一樣不眞實，難以想像。

普魯特斯的開場景裡，來自艾皮達嫩的孟納克斯，跟妻子吵嘴後，去找情婦伊若婷（在莎士比亞的課堂上，男女角色都是由男孩扮演）。還沒敲門，伊若婷已經出現，給他一個熱吻，「看！她自己出來了！」「親愛的孟納克斯，歡迎！」狂喜之中，他喊道，連陽光都因她的美豔光彩而黯淡了。

這是諾斯布克與雷諾茲之輩道德主義人士最恐懼與厭惡的一景——蜘蛛男之吻。雷諾茲說：「美少年的吻是有刺的，並於無形中注入縱欲的毒藥。」這理論聽起來挺歇斯底里又好笑，不過也並非全無道理，戲劇表演與性欲挑逗交織不分的情況，可能會讓青少年期的莎士比亞感到特別興奮。

莎士比亞可能遠在入學以前就愛上了表演。一五六九年當他五歲時，身為史特拉福市長的父親，曾命人付錢給兩個到城裡巡迴演出的職業表演團，女王劇團與渥斯特伯爵劇團。這些巡迴表演團外表看來並不怎麼壯觀，大約六到十二個藝人以馬車載運服裝道具，就情況決定演出形式，當時人嘲諷他們是「在馬蹄上、村落間，為乳酪和奶油奔走」，雖然他們賺的應該比這多一點，幸運的話，也許一兩鎊現金，不幸運的話，這些演員也不會拒絕免費的乳酪和奶油做報酬。雖說如此，大部分小孩對這些巡迴表演總有說不出的興奮。

每到一個鄉鎮，他們都有類似行程。首先是鼓號聲大作，巡迴藝人穿著鮮艷的制服，大紅外套與暗紅絨帽，在街上昂首闊步。來到市長住所，呈上蓋有蠟印的推薦信，證明他們不是流浪漢，還有背景勢力做靠山。在一五六九年的史特拉福，他們會到漢利街莎士比亞家，向他父親致敬，因為是由他決定這些藝人是要離開，還是可以張貼表演的告示。

首演稱為市長劇，通常是免費的。史特拉福的官員是理所當然的出席者，因為是由他決定市府要付給他們多少錢，他們會對他致以最高敬意，並於市政府特別搭建的舞台前，給他最好的座位。這類演出不只會讓小孩子興奮而已，史特拉福跟其他地方的市府，常記錄有違規觀眾為了搶好位子而打破玻璃與座椅的事件。

這是每日例行公事的生活裡的節慶與休假。解脫感帶來的犯罪可能，使得一些嚴厲的地方官有時會拒絕這些藝人的演出，尤其是荒年、疫疾、亂世之時，此外星期天與封齋期（又稱「四旬齋」，為復活節前的四十個周日，為紀念耶穌在荒野的禁食）也不能演出。不過，即使再清教嚴謹的市長與議員，也不敢隨便冒犯這些藝人身上制服所代表的貴族。畢竟每場鄉鎮的演出結束時，藝人都會鄭重的跪下，邀請在場的人一起為他們的主人禱告，譬如女王劇團就會為伊莉莎白女王禱告。因此即使禁止演出，表演團也會拿到一筆酬金，等於是賄賂他們離開。

紀錄顯示莎士比亞的父親沒有令藝人離開，而允許他們演出。但他有沒有帶五歲的兒子去看戲呢？別的父親當然都會。有個跟莎士比亞同年名叫威利斯的人，晚年回想小時候在格洛斯特（離史特拉福約六十公里）看過的戲《保障的搖籃》，說藝人抵達鎮上後，照常向市長致意，說是為某貴族服務的藝團，並要求演出職照。市長發下職照，讓劇團為城裡的議員與其他官員做首演。威利斯記得「父親帶我去看這部戲，他坐在板凳上，讓我站在他的兩腿間，這樣我們都看得見也聽得清」。對他來說，這是極為深刻的經驗，「那視覺印象如此強烈，以致成年後的我，仍有鮮明的記憶，彷彿才剛看過一樣」。

這可能是最接近莎士比亞首次戲劇經驗的描述。當市長進入大廳，大家會起立歡迎，與他交談，當他坐下，眾人會安靜下來，期待興奮可喜的事出現。他聰明靈活又敏感的兒子，站在父親兩腿間。這是莎士比亞平生第一次看戲。

女王劇團一五六九年在史特拉福演出的是什麼劇本？紀錄上沒說，可能也不重要。重要的是，戲劇的魔力——空間的想像、人物的模仿、華麗的服裝、誇張的語言，可能足以從此迷倒這小男孩。表演團不只一次造訪史特拉福，如萊斯特伯爵劇團於一五七三年莎士比亞九歲時來過，渥威克伯爵劇團與渥斯特伯爵劇團於一五七五年莎士比亞十一歲來過。從一個孩子對父親的崇高地位與權力的感受開始，每一次興奮的經驗，都重新加強了他的印象，成為日後寶貴的記憶與運用的工具。

與莎士比亞同時代的威利斯，一輩子都記得他在格洛斯特看的戲：一位國王被三個妖媚女子引誘，遠離審慎忠誠的臣子。他回憶道：「最後她們讓他躺在戲台上的搖籃裡，合唱甜美的歌曲，搖他入睡，直到他打鼾。同時，蓋被下面露出他臉上一個像豬鼻的面罩，拴著三條線，由三位女子各拉一條。她們又唱起歌來，然後揭開被單，讓觀眾看國王被她們變成的模樣。」觀眾一定覺得很興奮，年紀大些的也許記得亨利八世的豬臉，而所有人都知道只有在特殊情況下，才能公開表達王室是豬玀的想法。

莎士比亞幼年的看戲經驗大概與此類似。一五六〇與七〇年代的戲劇目錄裡，大半是「道德劇」或「道德短劇」，類似教會外的教導，用來警惕人違規、懶惰或放蕩的下場。通常會有一個象徵性的角色叫「人」或「青春」，離開「誠實重生」或「德性生活」的好老師，開始跟「無知」、「愛錢」、「放縱」廝混。

呵呵！誰在叫我啊？
我叫「放縱」，最愛享樂啦！
心思就像風一樣輕浮，
腦袋只想樂子的去處。

《青春短劇》

從此「青春」很快走下坡，「放縱」介紹他給朋友「驕傲」，「驕傲」介紹他給豔妝的「淫蕩」，「淫蕩」引誘他上旅館，看來沒啥好結局。有時結局是挺糟的，如威利斯看的戲裡，變成豬的國王後來被惡鬼拖去懲罰，不過比較普遍的是，良知沉睡的主角因故及時清醒。《青春短劇》裡，「善」以耶穌賜予的禮物，提醒罪人，使他脫離「放縱」的影響，重與「謙卑」為伍。《堅毅的城堡》一劇裡，「苦修」以長矛觸動「人」的心，把他從「七大罪」的壞朋友手上救回來。《心智與科學》劇中，主角「心智」沉睡於「怠惰」懷裡，變成頂著圓帽、掛了鈴鐺的傻瓜。但是當他看到鏡中的影像，明白自己「就像驢子一樣」，他得救了。經過「羞恥」的鞭打與三位嚴格老師「指導」、「研讀」、「勤奮」的教導、「心智」才回復原來的正常形象，並與「科學」女士結婚。

道德劇無情的說教，與處處皆是的惡劣文筆，常顯得過時又粗製濫造，劇情簡介聽來都很無趣，但是卻流行很長一段時間，直到莎士比亞的青少年時期。它們融合高尚品格與充滿活力的戲劇性，吸引了廣泛的觀眾，從不識字到最博學廣識的人都愛看。這些戲劇雖然對心理的描述或社會結構沒多少興趣，卻常有民間智慧的狡黠，與極富顛覆性的幽默。有時用豬鼻國王來傳達，更常見是集中表現於一般叫做「惡」的角色，這個愛嘲弄又童言兒語的禍害製造者，在不同的劇裡有不同的名字，如「放縱」、「罪惡」、「自由」、「怠惰」、「混亂」、「雙面人」，甚至在一個著名的例子裡稱做「欺善者」，同時具備了邪惡與可笑的特性。觀眾知道結局他會被打敗，在煙火砲聲中拉下戲台，可是都愛看他意氣洋洋、嘲弄老實鄉下人、侮蔑維護秩序和虔敬的人、耍弄正直者、製造不幸，及引誘天眞的人去酒店和妓院。

在倫敦寫作舞台劇時，莎士比亞取材自這些粗糙過時，小時愛看的戲，學會給角色取象徵性的名字，如《亨利四世下集》裡的妓女桃兒．貼席（Doll Tearsheet意爲「嬌娃．撕被」）和珍．奈我（Jane Nightwork意指「夜工」），捕役「羅網」和「爪牙」，《第十二夜》裡老喝醉酒的托比爵士姓「打嗝」，清教嚴謹的馬伕里奧名字意指「壞心思」。幾個少見的例子裡，他索性直接把抽象人物搬上舞台，如《亨利四世下集》裡的「謠言」穿著畫滿舌頭的袍子，《冬天的故事》裡的「時間」手執沙漏。但道德劇對他的影響大半比較間接且不明顯，這些早年的吸收與影響，大部分深藏底層，幫助他建立寫作基礎。莎士比亞的寫作有兩項來自道德劇的影響：一是認爲值得觀賞的戲劇，應該以人類命運爲中心，二是期許好戲劇不只要能吸引受教育的上流社會人士，還能招攬普羅大眾。

莎士比亞也從道德劇學到一些編劇的技巧，了解如何把戲劇效果集中於角色心理、道德的精神生活，也兼顧其外在行爲；如何以外在實物表現或象徵內在心理，譬如以萎縮的手臂與駝背代表理查三世扭曲的個性；如何掌握戲劇結構，以表現主角的心理掙扎，譬如海爾王子（《亨利四世上集》裡亨利王子小名）在嚴謹憂心、事事算計的父親與不負責任、猖狂誘惑的福斯塔夫之間找尋平衡，又如《一報還一報》裡的公爵給予攝政安奇羅權勢，但其實是用來考驗他，還有奧賽羅在對神聖苔絲德夢娜的信心與邪惡伊阿哥的淫穢說詞之間掙扎。最重要的是，道德劇提供了戲劇裡強烈與顛覆的惡人題材。

道德劇裡的大壞蛋「惡」常出現在莎士比亞的創意裡。海爾對福斯塔夫的評語是喜愛兼戒愼：「那道貌岸然的『惡徒』，鬚髮蒼白的『罪惡』」（《亨利四世上集》二．五．四一三）；尖酸可笑、心懷惡意的理查三世自比爲「舊劇裡的『惡徒』與『罪惡』」（三．一．八二）；哈姆雷特形容他狡詐篡位的叔父爲「王者之惡」（三．四．八八）。莎劇裡不一定直接用「惡」字表現，譬如「誠實的伊阿哥」有愛交朋友的氣質，愛開狡黠的玩笑，與坦承惡性的個性，他對奧賽羅和苔絲德夢娜玩弄的殘酷詭計其來有自，所用的形式正是「惡」所開殘忍無比的玩笑。

把可愛的福斯塔夫跟冷血殺手克勞迪斯和伊阿哥相提並論，乍看似乎有點奇怪。但莎士比亞從道德劇裡學到另一項重要技巧，即悲劇與喜劇的範圍可以出奇地交錯。《泰特斯．安特洛尼克斯》裡的黑人流氓摩爾人阿龍、理查三世與《李爾王》裡的私生子愛德蒙，這許多角色的創造，可能是莎士比亞兒時回憶中觀看《保障的搖籃》或《青春短劇》對「惡」角的深刻印象，一種恐懼中帶有叛逆歡愉的強烈感受。擬人化的「惡」劇終總會被懲治伏法，但是他在戲裡的表演常讓觀眾著迷，使他們的想像得以放縱片刻。

道德劇的作者認為，去除角色所有個別特性，能表現本質，加強廣泛影響力，觀眾不會被無關緊要的各別角色細節分散注意力。但是莎士比亞了解到，最有影響力的人類命運詮釋法，其實不是普遍抽象化的角色，而是有名有姓、具有獨一無二強烈個人特色的人物，是海爾王子，不是「青春」，是奧賽羅，而非「普通人」。

莎士比亞一方面要脫離道德劇的影響，一方面又從中取材，來創造特殊角色。他擺脫舊道德劇裡許多格式，以原作者想像不到的方式採摘改寫。有時加強恐懼性，如伊阿哥就比「妒忌」或「放縱」更聳人百倍，也更令人印象深刻；有時又加強滑稽性，《仲夏夜之夢》裡蒲克造成的一團混亂，就具備了「惡」角的詭詐和娛興，只是邪惡的成分被過濾掉，剩下的是淘氣的惡作劇。同樣的是波頓的驢頭，讓我們聯想起國王臉上的豬鼻子，道德教育的重擔在此不復可見。當然波頓跟驢子一樣冥頑愚鈍，不用魔術變形就知道，可是我們看到的不是他的愚蠢（他不曾為此感到尷尬或羞愧，朋友也沒嘲笑他），而是他的大膽無畏。當朋友被他的驢頭嚇跑時，他堅決的宣稱：「他們把我當蠢驢，想法子來嚇我。可是我偏不走，看他們拿我怎麼辦。」（三．一．一〇六～八）他雖然驚訝仙后熱情的示愛，卻從容以對：「依我看，娘娘，你這話可沒啥道理。不過老實說，這年頭道理跟愛情是真難得碰頭的。」（三．一．一二六～二八）對自己容貌的改變，他顯得輕鬆自在：「我覺得真想吃那一捆乾草，好乾草、香乾草，什麼也比不上它。」（四．一．三十～三一）等他的驢頭終於被拿掉後，也沒有什麼道德上的醒悟，就如蒲克所說，他只是再次用那對傻眼睛看世界罷了。

莎士比亞在此處，與一生事業裡，把小時候看的戲裡強調的虔誠信仰一併丟棄。舊劇的構想基本上是爲宗教而作，因此，戲劇高潮常是代表主角救贖的異象，這異象是日常生活以外，世人不熟悉也不了解的眞理。聖保羅寫給哥林多人的書信，是教會裡不停複誦，也是莎士比亞與當代人極爲熟悉的經文，說神爲世人所預備的，是「眼睛未曾看見，耳朵未曾聽見，人心也未曾想到的」（〈哥林多前書〉二：九，出自莎士比亞所知並最常用的一五六八年主教聖經版本）。當波頓恢復人形後，說：「我看到一個奇怪得不得了的幻象」，接著，斷斷續續的描述道：

我做了一個夢，哪怕你再聰明也說不上這是怎樣的夢。誰要想解釋這個夢，那他一定是頭蠢驢。我好像是——沒有人說得出那是什麼東西；我好像是——我好像有——可是誰要想說我好像有什麼，那一定是個蠢材。我那夢啊，人的眼睛聽也沒聽過，耳朵看也沒看過，手也嘗不出那味道，舌頭想也想不出是什麼道理，心也說不出那是個什麼樣的夢。

（四·一·一九九～二〇七）

這是立意世俗化的劇作家開的玩笑，技巧地轉化宗教性的神聖夢境成流行娛樂：「我要叫昆斯給我寫一首歌兒說一說這個夢，就叫做『波頓的夢』，因爲這個夢沒頭沒腦，沒個『底兒』（『波頓』名字Bottom意指「屁股」或「底」）；等這戲要演完的時候我要唱一唱這首歌兒。」這玩笑開的範圍甚廣，包括嚴肅的講道壇、莎士比亞兒時到鄉間演出的職業劇團劇作、業餘演員粗糙的模仿演出，也包括年少不成熟的莎士比亞自己，常有舌頭「想」不到的夢想，渴望演出所有可能的角色。

莎士比亞在家裡一定也常有同樣的情況，這小男孩會模仿史特拉福市政府舞台上，或巡迴藝人馬車後演的戲，娛樂朋友家人。長大些，比較獨立以後，他接觸戲劇的機會不再限於史特拉福，因爲巡迴劇團橫越來回英格蘭中部，在鄰近鄉鎮或宅邸演出，愛看戲的少年會爲了好演員，到一天行程以外的地方去看他們。

地方戲劇當然不限於職業劇團的造訪。史特拉福附近的城鎮跟全國其他地方一樣，有季節性的節慶，工會或兄弟會的會員穿上戲服演出傳統戲劇。用一個下午的時間，木工、補鍋匠、製笛人之類的普通人，裝扮成國王、王后、瘋子和魔鬼，在鄰人面前遊行。約三十公里外的科芬特里對莎士比亞而言特別重要，年幼的他會被帶去那兒看「哈克周二」，即復活節後第二個周二演的戲。傳統上這天是占了鄉村生活半年之長的夏季之始，許多地方的慶祝方式，是由女人用繩索把路人綁起來，向他們要捐款。科芬特里的男女有特殊方式來表現這節慶，他們用喧鬧的舞台劇來紀念古英格蘭人屠殺丹人的事件，據說女人在此役表現特別勇猛。每周年的演出贏得不小的地方名氣，招來許多觀眾，莎士比亞一家可能也在其中。

五六月下旬，白天較長的時候，他們可能也會看到一年一度的天主教聖體節的大遊行，表演人類由創造、墮落，到救贖的命運。這些「神蹟連環劇」是中世紀戲劇的偉大成就，流傳到十六世紀晚期的科芬特里和英格蘭其他幾個城市。神蹟連環劇最早起源於向聖餐致敬的大遊行，是市民的重大事件，花費龐大，參與者眾。城裡各處有連環劇裡各種不同片段的演出，如諾亞方舟的故事、天使報喜、拉撒路的復活、十字架上的耶穌、墳墓前的三個馬利亞等等，通常在特別搭建的台架或馬車上，由信仰虔誠（或只是精力充沛、愛演戲）的市民演出。各別工會通常會預計各部分演出的花費和責任，有時根據各別演員的工作性質分配，如造船人演諾亞，金匠演獻禮的博士、麵包師演最後晚餐、製針工演耶穌釘十字架。

基督教改革派的新教徒對此的反對與敵意可想而知，他們極力宣傳主張廢除這類演出，因爲諸如此類的傳統天主教文化和儀式，正是他們想去除的。但這類戲劇並不只是天主教的儀式，也包括了許多市民的驕傲與娛興的成分。因此儘管反對者批評不斷，仍延續到一五七〇與八〇年代。一五七九年，莎士比亞十五歲時，可能還能跟家人在科芬特里看得到。神蹟歷史劇建立與觀眾之間的社區共識的力量，相信舞台劇能表現天地萬物的信心，以及尋常事物與狂歡節慶的巧妙融合，都影響到他後來的創作。

這些特別重大的節慶使莎士比亞了解到年月時節的重要，也形成他日後對劇院的觀念。許多傳統假日因遭受攻擊而逐漸衰微消失，有人認爲舊年曆給人太多機會玩樂，不去工作，有人則以爲某些習俗帶有天主教或異教的色彩。儘管如此，道德家和宗教改革者還是無法把節慶完全規範成嚴肅無情的形式。一五四九年基督新教大主教拉提姆寫說：「有一次我從倫敦回家的路上，經過一個地方」，

> 前一個晚上我傳信給那個鄉鎮，說明早聖周日我會去講道……教堂就在前面，我帶著馬匹跟同伴走過去，以為教堂裡會有很多人，可是卻發現大門深鎖。等了半個多小時，終於找到鑰匙開門，一個人出來跟我說：「先生，今天是『羅賓漢節』，我們很忙，沒空聽你講道，教區的人都為羅賓漢出去聚會了。」在那兒，我迫不得已的讓位給羅賓漢了。

這天村人忙的可能是五月的傳統競技，長久以來，於五朔節這天，群眾以喧囂吵鬧、常帶淫穢內容的儀式，來慶祝羅賓漢的傳說。

三十四年以後，有個言論家史督比斯生氣地反覆批判：

> 五朔節、聖神降臨節（復活節後第七個周日），或其他節期之間，青年男女、老漢人妻都跑到樹林裡，遊蕩終夜……整晚玩樂後，天明帶回樺木和樹枝……以及最重要的寶物「五月柱」，用二十或四十對角上戴花的公牛載回家。這五月柱（或者說是臭偶像）是他們最崇拜的東西，從頭到腳用線纏滿花草，有時畫上各種顏色，後面跟著兩三百個男女老少，對它致以最高敬意。他們把它豎立起來，頂端掛上飄揚的手帕和旗子，四周灑花，綁上青枝，旁邊擺上台閣、涼亭、花架，然後圍著它跳舞，就像異教徒崇拜代表完美的偶像或物品一樣。

史督比斯此文寫於一五八三年，莎士比亞時年十九。即使怒氣中可能誇大了民間古習俗的普遍性與持久力，史督比斯並沒有憑空捏造，雖然是從宗教虔誠的角度出發作批判，卻也讓讀者感受到這些習俗的吸引力。故此，傳統節慶雖不時遭受攻訐，仍持續到十六世紀以後。

莎士比亞會在他成長的史特拉福與附近的鄉鎮參與什麼樣的活動呢？是男女老少面帶喜悅，圍著飾滿彩帶花環的五月柱，歡然起舞；還是粗製爛造的羅賓漢劇裡，爛醉如泥的修道士塔克，三八挑逗的少女瑪莉安；打扮成主教的小男孩，裝做嚴肅的模樣，在街上遊行；打嗝又放屁的「混亂」大王，一陣顛三倒四、互換角色（意指聖誕節後第十二夜的舊傳統，當夜眾人角色身分顛倒互換，以為狂歡節慶）；亂七八糟的女追男、學生把老師鎖在教室外；扮成怪異動物、古英國南部民間傳說中的烏底烏野人和巨人手持火炬遊行；從莫里斯人傳統來的莫里斯舞者，膝蓋和腳踝綁著鈴鐺，腰上繫著柳條編織的「哈比馬」，騰躍起舞；吹風笛的、打鼓的，和傻子，穿著小丑的七彩花衣，手持丑角棒子和豬皮囊；剪羊毛和收割節裡的飲酒比賽、吃飯比賽，和歌唱比賽。最有趣的可能是聖誕節期間的假面啞劇，以一個瘋子跟他的五個兒子——「醃青魚」、「藍褲子」、「胡椒褲子」、「生薑褲子」、和甜胡椒先生——爲中心，還有個叫西絲麗，有時又叫少女瑪莉安的女子。瘋子先跟「哈比馬」和「野蟲」，即惡龍，打鬥。他兒子決定殺他，他們以劍抵著他的頸子，逼他跪下，立下遺囑，然後把他殺了。其中一個兒子「醃青魚」以腳踏地，使父親由死復活。這部戲演出的季節性與原始的節奏，加上毫無現實感，也許該稱做儀式比較適合。後來的劇情忽然轉成父子一起向西絲麗求愛，然後以怪異的劍舞和莫里斯舞結尾。

這些深植於英格蘭中部地區的民間習俗，對莎士比亞的創作影響重大，在他劇院觀念的形成上，比巡迴劇團到鄉間演出的道德劇更爲重要。民間文化在他作品裡處處皆是，在諸多隱喻裡，也在深層結構裡。《仲夏夜之夢》雅典樹林裡的情侶是五朔節情人相會的回憶；《皆大歡喜》雅登森林裡流放的老公爵是羅賓漢的影子；《第十二夜》中醉酒的托比爵士和《亨利四世上集》中的福斯塔夫也就是把世事搞得一場糊塗的「混亂」大王；《冬天的故事》裡被選爲宴會女王的潘迪妲，掛著花環，主持的是剪羊毛節，節慶上有跳舞的鄉村男女，還有狡猾愛偷東西的小販。

然而《冬天的故事》的作者用很多方式讓我們清楚知道，他不是民俗藝人。倫敦環球劇院舞台上演出的剪羊毛會，其實不是剪羊毛會，而是複雜悲喜劇的一部分；是都市人對鄉村生活的想像，以知識增加實際感，但又小心地和根源保持距離。莎士比亞是保持這種距離的大師，如果說他對鄉村習俗感同身受，他也同樣不爲其所役。雅登森林裡的情侶其實不是慶祝五朔節；老爵士並不眞的像羅賓漢；剪羊毛節上的女王不是牧羊人的女兒，而是國王的女兒；而如果一個發瘋的老父親成爲孩子的謀殺對象，也不是假面啞劇的怪異喜劇，而是崇高莊嚴的悲劇《李爾王》。沒有人能以腳踏地，使李爾王跟他的女兒柯苔莉亞由死復生。托比爵士和福斯塔夫跟「混亂」大王雖比較相近，後者在戲裡顚覆尊嚴、節制與禮儀，但莎士比亞的描述卻加上混亂結束後的情景，海爾王子盛怒中把酒瓶丟向福斯塔夫，喊道：「怎麼，現在是玩笑搗蛋的時候嗎？」（《亨利四世上集》五．三．五四）托比爵士宿醉被打後，抱怨說：「我最討厭酒鬼了。」（《第十二夜》五．一．一九三～九四）

莎士比亞雖保持距離，卻不帶防衛之意，沒有頑固堅持要作老練世故或學識淵博的模樣，也沒有自戀的緊抱都市人或宮廷式的姿態。他是根深柢固來自鄉村的人，幾乎所有的近親都是農人，顯然童年的他常在果園、菜園，周圍的原野、樹林，還有附近有著傳統季節節慶和民俗風氣的鄉野小村落裡玩耍。長大以後，他似乎接納了過去鄉村生活的一切，並未排斥或拒絕承認自己的本質。伊莉莎白女王時代一個教育程度頗高的文學批評家普頓漢，傲氣十足的用不屑語氣描述「男孩和鄉下漢」興高采烈地聽瞎眼琴師和酒店裡的遊唱詩人唱古老的羅曼史，又愛聽聖誕節晚餐上的聖誕歌，和老式婚宴上唱的歌兒。莎士比亞想當然是這鄉下漢裡的一個。對這愛好似乎未曾感到不安，雖然跟著又會嘲笑他們鄉氣十足。他帶著這背景到倫敦，就像帶家當，隨他高興時而採用。

莎士比亞對別人是否把他當紳士，當然是非常在意的，可是他對自己地位的關心，對社會成就的渴望，與貴族王室生活的著迷，並不需抹殺出身的世界。（也許只是太喜歡那世界，而捨不得把它放棄掉。）相反的，他以童年的經驗做為取之不盡的喻意來源，而且幾乎把所有經驗都用上了。

莎士比亞最早的歷史劇之一《亨利六世中集》（約作於一五九一年）有個野心勃勃、口才甚佳的角色約克公爵，談到他如何煽動剛愎的肯特郡農人凱德起兵作亂，說：「在愛爾蘭我曾見過這莽漢凱德」跟一群步兵作戰，

打了許久，他腿上中箭無數，
好似渾身是刺的豪豬一般；
最後獲救以後，我見他
歡騰雀躍好像在跳狂野的莫里斯舞，
搖著身上血淋淋的箭就像搖鈴鐺。

（三・一・三六〇，三六二～六六）

莎士比亞自己幾乎不可能打過仗，或者看過士兵腿上中箭，不過鄉下孩子的他當然看過刺蝟，成人後則可能見過伊莉莎白女王養在倫敦塔附近小獸欄的箭豬。當然也肯定看過「狂野的莫里斯舞」者近似狂喜狀態的歡騰跳躍。從這些景象裡，他創造出無人可擋的驚人形象凱德。更重要的是，這些視覺、聲音與儀式累積的結果，他建構出自己的劇場魔術。

這許多傳統民間儀式，以虛幻卻引人的超越時空性影響他超卓的想像力。不只如此，有個發生在附近，廣為時人所知的特殊事件，似乎也強烈影響到他對劇院的觀念。一五七五年夏天，莎士比亞十

一歲時，女王曾到英格蘭中部做皇家巡遊。由大隊侍從跟隨，女王珠光寶氣，有如拜占庭的神像，向人民展示，也查看她的王國，接收奉獻，讓她的接待者都破產。伊莉莎白一五六六年就來過這地區，一五七二年又來一次，她是這些事件裡的最高權勢代表，每個見到她的人都為之震懾恐懼。一五七二年官方是由華威地方書記官阿格連比做招待，莎士比亞可能認識這個當地顯要人士。可是就連學識淵博、容貌威嚴的阿格連比，見到女王時也忍不住發抖。女王伸出手讓他親吻並說道：「小書記，過來。有人告訴我說，你不敢看我也沒膽跟我說話，可是我比你還要害怕。」當然沒有人會相信亨利八世的女兒的禮貌說詞，更別提「小書記」自己了。

一五七五年巡遊的最高潮是七月九日到二十七日，這十九天裡，女王到凱尼爾沃思城堡造訪她鍾愛的萊斯特爵士達德利。凱尼爾沃思坐落於史特拉福東北約二十公里，整個大地區都為女王的造訪而火熱進行準備工作。當時身為史特拉福議員的莎士比亞之父，身分可能不夠高到可以當大型娛興節目籌備人、女王稱為她的「眼睛」的資格，但可想而知他一定帶了兒子去看熱鬧，看女王壯觀的抵達行列，由女神賽碧蘿、大力士赫克里斯、湖中女神、代表詩人的演員致拉丁文歡迎詞，火樹煙花、「野蠻人」與「應聲蟲」的對白、猛犬鬥熊戲、更多煙火、義大利人表演特技，及精彩的水上船隊表演。

萊斯特由於日來有失寵危機，顯然認為這是贏取女王歡心的機會，花盡心思安排所有可能的娛樂節目，其中也包括了鄉村秀。就像現代給來訪的顯要人士或富裕觀光客看的模仿文化秀一樣，當時的鄉村秀包括有老式婚宴、莫里斯舞蹈、刺槍戲（對靶子執矛的遊戲），以及科芬特里地方上「哈克周二」的傳統戲劇。萊斯特很清楚道德家和嚴厲的宗教改革者反對這類民間娛樂，但也知道女王愛看，不喜歡清教徒批判者，而且若有請願，她會同意讓這類傳統持續下去。

莎士比亞可能看過自己的地方文化在舞台上爲女王搬演，或者至少會聽到別人不厭其詳的描述，此外還可能看到由一名「議會管門人」的小官藍漢所寫長信，對此事極盡所能的描繪。這封信以便宜的印製，得以廣爲流傳，對從事女王的娛樂事業的人，是很有用的資料；而莎士比亞很快就加入了這一行。

藍漢的文章清楚指出，「哈克周二」劇的演出，是一幕謹愼處理過的文化政治秀。有個瓦石匠寇克斯跟一群「科芬特里的好心人」，聽說附近的萊斯特爵士正在款待女王，想盡各種娛樂節目讓她「欣悅歡愉」，因此呈請將他們的舊劇新演。藝匠認爲女王會喜歡這部紀念古代殺戮事件的戲劇，因爲它呈現了「我們英格蘭女子爲愛國而表現的勇敢」。討好女王的特殊喜好是自我保護的一種策略，藍漢很容易就歸納出來：「他們說，這是以故事爲背景，習慣上每年在我們城裡爲消遣而演出的戲，沒有粗野的舉止、天主教的儀式，或任何迷信，還能塡滿心思，讓人沒空想壞念頭。」這種聲明正是日後莎士比亞一輩子不斷重複的理論，爲某些特殊劇本以及一般舞台演出辯護說：被質疑的劇本是根據歷史（「以故事爲背景」），傳統形式的娛樂，沒有思想上的污染或不道德之處，能舒鬆人心，防止有潛在危險性的「壞念頭」的產生。意思是說，戲劇能安全的讓觀眾把心思放在古時候丹人的屠殺之景，不然可能會製造災禍，如醞釀不義之事、想望舊宗教，或孕育叛亂。

那麼，問題何在？爲什麼「哈克周二」劇「淵遠流長」還需要替它辯護？因爲藝匠說它「最近被置於一旁」，意指被禁演。其他人搔著頭說他們搞不懂，「不知道是什麼原故」。然後，像忽然間想到似的，找到一個解釋：「除非是因爲一些狂熱的教士，雖然爲人很好、學識很高，講道又好聽，可是對消遣娛樂有點太苛責了。」因此，凱尼爾沃思的表演就不只是爲了娛樂女王，或者說，娛樂女王的同時，總有個潛在的策略在底下進行。這裡的策略是讓女王對當地的教士施加壓力，讓他們停止反對大家所鍾愛的節慶活動：「他們會向女王陛下提出謙卑的陳情，好讓他們能再演出地方戲劇。」

「哈克周二」劇雖然經過精心策劃，並於女王坐的窗子正下方演出，效果卻是一塌糊塗。太多人物和劇情同時進行，婚宴和舞蹈引走了女王的注意力，「大群民眾和亂七八糟」允許進入庭園的人群（十一歲的莎士比亞可能是其中之一），也讓女王分心，伊莉莎白只看到戲的一小部分。科芬特里人大概是擠扁了，白費許多預演和策略安排。然而，出乎意外的，女王下令次周二再次演出。這回可成功了，「女王笑逐顏開」。演出者得到兩隻公鹿做享宴，加上五塊銀子，簡直狂喜：「啊呀！他們為那豐厚的獎賞興高采烈，因聖意的認可得意非凡，誇稱他們的戲劇從未受到如此尊榮，演員從未得過如此賜福。」這回成功在次年得到肯定，科芬特里的紀錄上有筆重要的記載說：「尼克霖市長……今年令『哈克周二』丹人被本市人民驅逐之劇，可再度演出。」

讓「女王笑逐顏開」的凱尼爾沃思節慶，據說花了萊斯特一天一千鎊的龐大費用，來製造讚美、驚歎、歡樂，以贏得這位非比尋常、難以預測，統治全國的危險女人的一笑。雖然慶祝節目壯觀迷人，但萊斯特爵士和其他許多人的注意力只集中在一個人身上。如果那來自史特拉福的天眞男孩果眞看到她，身穿素來聞名的豪華服飾，坐在轎子上，由特別挑選儀容俊美的侍衛扛在肩上，後面跟著妝扮富麗的宮女，那他可眞是看到當日最壯觀的戲劇場景了。正如女王曾如此坦承：「我們君王貴族就是擺在舞台上，讓世人觀看的。」

莎士比亞畢生事業裡，一直對王室天賦的權勢，那引燃群眾的興奮、教強人發抖的駭人顯貴，深為著迷。即使日後明白了權勢的黑暗面，知道其中的驕傲、殘酷與野心，孕育的危險陰謀、貪婪暴力，莎士比亞仍對皇室帶來讓人迷醉的愉悅與興奮保持興趣。直到創作晚期，原名《全是眞事》的《亨利八世》還帶有同樣的興奮，劇中對那位他在一五七五年凱尼爾沃思初見的女王，想像她誕生的故事。因爲事實上他的確是有那初見女王的一次，倘若不是在凱尼爾沃思，也會在別的地方，或者是節慶大遊行中，或者在宮廷的宴會上，那景象無疑點燃了他的想像創作力。不管他曾親眼見到，或是聽在場旁人談起，又或只是讀到藍漢的文章，凱尼爾沃思的事件似乎在莎士比亞的作品中留下許多痕跡。

萊斯特爲女王所安排最奢華的一項娛興，是一隻約七百公分長的機械海豚，從城堡旁的湖裡跳出水面。海豚腹中藏著管樂器，背上載著扮作希臘神話裡的音樂家阿里昂的歌者，藍漢說他對女王唱「悅耳的歌謠」，「歌曲韻律與情境極爲和諧」，

> 那歌聲是如此甜美，曲子由音樂家如此巧妙安排，樂器清理得如此乾淨，音調調理得如此精準；在這黃昏時刻，波平浪靜，樂音迴盪，女王座前，眾嘩俱寂，整個音調時空形成無與倫比的美妙和諧。這愉悅……這敏銳的想像，這觸動人心的活潑喜悅，我但願你想像自己在場，以神為證，我告訴你，就算我再聰明靈巧，也表達不出這景象。

多年以後，莎士比亞似乎還記得這鮮明的景象，《第十二夜》裡船長安慰薇奧拉她的哥哥可能沒有在船難裡喪生，說：「我看見他像阿里昂騎在海豚背上似的，浮沉在波浪之間。」（一．二．十四～十五）

更令人驚訝的是，一五九〇年代中期莎士比亞年約三十所作的《仲夏夜之夢》裡，有來自凱尼爾沃思的一景，並把伊莉莎白描繪成美麗的形象。女王可能看過這部早期的喜劇，說不定還是最早看到的莎劇，許多學者認爲此劇是爲貴族婚宴而作，當時女王也在場，劇團顯然覺得有需要加上一點奉承的成分。但是莎士比亞並沒有打散劇情，讓演員轉向女王致詞，相反的，他用回憶的方式引述一個取悅女王的神話。這段有關丘比特瞄準「西方寶座上的秀麗童貞女」的回憶（二・一・一五八），顯然暗指二十多年前萊斯特想贏取女王芳心的企圖。仙王奧伯朗問他的首要助手蒲克說：「你記不記得」，

有一回我坐在海岬上
見到一隻美人魚騎在海豚背上唱歌
她的歌聲如此婉轉諧美
教洶湧的怒海頓時平靜下來
好些星星都瘋狂的跳出軌道
來聽美人魚的歌曲

（二・一・一四八～五四）

如果我們自己大聲念一下最後三行，就會知道它們如何精緻完美的詮釋了「婉轉諧美」的歌聲。這奇異之美喚起舊時的回憶，據一位觀眾所說大概三十公里外都看得見的煙火，與水上船隊的壯觀之

景。戲中的演說接著向伊莉莎白年紀老大卻依然堅持童貞致以敬意：丘比特的箭錯失目標，「那位至尊的童女安然無恙／毫不動心，沉浸在純潔的思緒中」（二．一．一六三～六四）。細緻得體地讚美女王之後，戲又回到原先的劇情。奧伯朗告訴蒲克，本來瞄準童貞女的箭掉落在一朵小花上，它的汁液若是滴在睡著的人眼皮上，無論男女，都會愛上醒來看見的第一個生物。這愛液也就是全劇的工具，因誤滴在錯誤的眼皮上，而造成此劇的瘋狂混亂。

《仲夏夜之夢》裡海豚一景只是獨立事件，做為裝飾點綴而已，但美人魚之歌的描述，雖無關情節，卻傳達出劇中與劇作家創作深處某種重要訊息。凱尼爾沃思的回憶讓他看到兩種力量，美人魚之歌可以造成噤聲的秩序，也能招致瘋狂的吸引力。這種矛盾對莎士比亞的事業至為重要，即藝術既能使人平靜，也能擾亂人心。身兼劇作家與詩人的他，同時是禮教與顛覆的代言人。這雙重觀念也許可以回溯到十一歲時，他家附近的那場奇景：騷動不安的巨大群眾，因女王的出現而安靜下來，迫切想聽那原始詩人阿里昂的歌聲。

《仲夏夜之夢》表達的是，萊斯特極盡誇張能事的娛興節目想要傳遞的文化幻想，幻想一個神奇美麗的世界，帶有隱藏的強大力量與到處游離的性愛活力，除了那位「西方寶座上的秀麗童貞女」以外，所有生物都為其所役。這幻想世界離現實甚為遙遠：煙火不是滑落的星辰；騷動的群眾是聚在城堡湖畔，不是海邊；秀麗童貞女，不過是個滿口爛牙的中年女人；機械海豚大概不比昂貴的船隻好看多少；而海豚背上既非阿里昂，也不是美人魚，而是一名叫戈鼎韓的歌手。一篇未出版的文章評論當時節慶，說他的歌聲並不是頂好：

給伊莉莎白女王看的一場水上表演裡，戈鼎韓扮成阿里昂坐在海豚背上，可是表演時卻發現自己聲音粗啞難聽，他拿掉面具，聲稱自己不是阿里昂，也做不了阿里昂，只不過是說實話的戈鼎韓罷了。這粗魯坦白的舉動，反而比正常的演出讓女王更高興。

女王寬容的回應挽救了這天的興致，雖然表面上顯然是演出失敗。《仲夏夜之夢》也有相似的情景，觀眾看到的不是仙子在雅典樹林的夜光下飛翔，而是一群根本就是人的演員在舞台上笨重地走來走去。然而，冒著幻想會消失的危險，似乎反而加強了驚奇的效果。

萊斯特用巨大的錢財花費取得想要的效果，莎士比亞則以便宜得多的魔術來達成。《仲夏夜之夢》演員的酬勞每人一天最多六便士，劇作家靠的不是精緻的機械，而是語言，英國觀眾所聽過最美麗的語言：

我知道一處茴香盛開的河岸，
長滿櫻草和盈盈的紫羅蘭，
濃郁的金銀花、芳香的野薔薇，
漫天張起一幅芬芳的錦帷。
有時泰坦妮亞在其中酣醉，
讓花兒柔舞清歌撫著她入睡。

（二・一・二四九～五四）

莎士比亞在此之前已寫過與此截然不同的劇作《馴悍記》與《理查三世》，用的是比較強硬和精練的語氣做對話，但《仲夏夜之夢》裡，用他此處的形容詞來說，卻是極其濃郁的詩歌。《仲夏夜之夢》是少數莎劇中學者無法斷定其文字來源的作品。月光下群仙聚集的樹林，顯然是來自個人獨特的想像。「榆樹皺摺的臂枝」與「薊草上的一隻紅屁股的野蜂兒」（四・一・四一，十一～十二）是他近距離觀察所知。如果我們對他童年的了解無誤，他也將五朔節與哈克周二的個人經驗，與萊斯特爲皇室訪客安排豪華娛興節慶的歡樂記憶，時而用在作品中。

倘若一五七五年凱尼爾沃思的所見所聞，使莎士比亞了解到戲劇製造的幻境具有轉化現實的力量，他也同時了解到幻境底下的粗糙現實。《仲夏夜之夢》的最後一幕幾乎全都在諷刺這樣一個業餘戲劇娛樂的荒謬愚蠢、天眞無知，和不具說服力。科芬特里人爲女王和臣子演出的哈克周二劇，被他改成雅典藝匠爲貴族婚宴表演的「皮拉摩和愛人瑟絲貝的冗長短戲，非常悲哀的喜劇」（五・一・五六～五七）（《仲夏夜之夢》中的劇中劇，取自羅馬神話）。《仲夏夜之夢》劇中的新婚夫婦與觀眾一起嘲笑這齣劇中劇的怪誕荒謬與演員奇糟的演技，「都是些在雅典幹活賣力氣的人，從來用不到腦子，到現在才硬派上用場」（五・一・七二～七三）。其中一個笨藝匠細木工人斯納格，甚至學戈鼎韓的「粗魯坦白」，揭示自己的眞實身分。腦袋不太靈光的斯納格扮演獅子，從頭開始就很擔心自己的角色，其他演員也都怕他會嚇到女觀眾，因此演出時，他跟戈鼎韓一樣，說道：

> 各位太太小姐，你們的心再好也沒有
> 看到小老鼠地上爬就害怕，

現在看見一頭猛獅，發狂怒吼
說不定會全身發抖，受到驚嚇。
可是請放心，我其實是細木工人斯納格
並不是獅子……

（五・一・二一四～一九）

可想而知，這喜劇性的呆言呆語很能取悅在上位者，希修斯公爵說：「這頭畜生眞是溫和，良心也眞好。」（五一・一・二二二）。最上位者的微笑，正是這類表演向來的目標：即讓「女王笑逐顏開」。

《仲夏夜之夢》作於凱尼爾沃思節慶二十多年以後，代表了成年後的劇作家對童年大事記憶的回顧，也指出他當初離家看戲的行程距離。到一五九五年，莎士比亞顯然已清楚知道，他的事業是建立在倫敦的職業娛樂團體，不在傳統業餘表演。他的偉大喜劇，一方面說明了對傳統的精通，一方面卻又是擺脫傳統的表現。擺脫什麼呢？擺脫音調不分的戲劇，如曾被莎士比亞諷刺，普略斯頓不知所云的題目：《可悲的悲劇，兼具可喜樂事，含波斯王康百西斯的生平》；擺脫粗糙拙劣的語言、慢呑呑的音律，和假裝激動的亂喊亂叫；擺脫愚蠢記不住台詞的業餘演員，演技拙劣或害羞放不開，或者更糟的是，因爲太自得意滿、只顧表現自我而顯得怪誕的演出。表演《皮拉摩與瑟絲貝》的一群藝匠——織工波頓、修風箱的笛管兒、補鍋匠噴嘴兒、細木工匠斯納格、裁縫瘦鬼兒和導演木匠昆斯——就是劇場災難的選集。

《仲夏夜之夢》第五幕的笑劇是莎士比亞作品裡最有趣的場景之一，主要建立在知識教育與技藝訓練的優越感上，邀請觀眾跟舞台上興高采烈的上流社會人士，一起來嘲弄。這嘲弄宣告了年輕的劇作家已正式超越天真簡陋的業餘表演，在品味與技巧上進升到高級複雜的職業水準。但是它所引發的笑料，卻出奇的溫和可愛。是莎士比亞自己的藝匠背景，使荒謬的場景顯得精彩愉悅，而不流於令人厭煩。藝匠面對嘲弄，十分鎮定。莎士比亞在此達成雙重效果，一方面嘲弄業餘演員無法掌握戲劇最基本的形式，即持續扮演戲中角色，假裝看不見也聽不到底下的觀眾；另一方面又出人意料地賦予波頓與其同伴一種不尋常的尊嚴，與看戲貴族無禮的譏笑相對之下，顯得高之一等。

即使刻意表現自己跟鄉下演員的不同，莎士比亞常回頭來表示同情與一體，就如借用舊式道德劇和民間文化的同時，他知道自己作品與其大不相同卻又有相似淵源。他爲雅典藝匠擬設的職業並不是隨意亂選，因爲倫敦的劇院正需要細木工人、織工、木匠和裁縫；他們所表演命運多舛的情侶、致命的錯誤與自殺的悲劇，則是劇作家自己深感興趣的主題。寫《皮拉摩與瑟絲貝》諷刺劇的同時，他也在寫極其相似的《羅密歐與朱麗葉》，說不定還把兩個劇本一起擺在寫字台上。比較有自我防衛心的藝術家可能會儘量想辦法抹掉兩者之間的關係，可是莎士比亞製造的笑料並不是否定或掩飾的工具。喜波麗妲評論道：「我從來也沒聽過比這更蠢的話。」希修斯回答：「最好的戲也不過是人生的縮影；最糟的只要用想像補足一下，也就不會壞到哪裡去了。」她回道：「那麼只能說是你自己想像的功勞，可扯不上他們的想像。」（五．一．二〇七～一〇）戲劇靠的不是演員的想像，而在觀眾的想像，這正是重點，所以職業演員跟業餘演員的分別並不是最重要的考量，因爲兩者都要靠觀眾的想像力。之後，像是要確定這觀點似的，當皮拉摩自殺前說了這一段荒唐可笑的話：

過來，你凶神惡煞！
命運之神快來吧！
一刀割斷生命線吧！
割吧，殺吧；拉倒，完啦！

（五．一．二七三～七六）

喜波麗妲卻莫名的感動了：「該死！我倒可憐起這個人來了！」（五．一．二七九）

三十歲的莎士比亞創作《仲夏夜之夢》的時候，從深刻的個人經驗出發，延伸思考到自己的戲劇事業。他把劇院劃分爲兩面，一面是魔幻、近於無人的世界，以想像力超越現實的羈絆；另一面則完全是人的世界，由藝匠工人搭蓋起的物質世界，如建築、舞台、服飾、樂器等等，給予想像一個落腳的空間和名字。他了解，也要觀眾了解，劇院需要飛翔的幻象與平實的現世這兩面。

這現世構造了他的創作想像。他從未忘記自己出身的鄉村日常世界，與阿里昂面具後面那張普通人的臉孔。

第二章　少年之夢

大約一六八〇年左右，有個性情古怪、愛道是非的傳記作家歐伯瑞記載了一個關於史特拉福的傳說，說莎士比亞跟他父親一樣作屠夫學徒，有時跟別人輪流殺牛宰羊；「殺牛時，他會用一種優雅的手法，並作個演說」。好奇的歐伯瑞嘗試解答少年莎士比亞是如何解決工作問題，又是如何找到職業的；他想知道大約一五七〇年代晚期或八〇年代早期之間，莎氏離開學校，到一五九〇年代早期首次被列爲倫敦職業演員與劇作家，這中間發生了什麼事。

莎士比亞消失不見的這幾年，到底做了什麼，未曾在我們這個出了名的愛保存紀錄的社會留下一點文件遺跡，學者稱之爲「失落的年代」，這個謎題引起許多臆測。大約在他死後七十五年，便開始出現種種傳說，有些多少可信；也就是說，這個時候，那些認識他的人都過世了，但有些還活著的人小時候曾見過與莎氏同時的人，也問過跟他有關的消息。歐伯瑞所說屠夫的故事並不可靠，莎士比亞的父親不是屠夫，業界行規不可能允許他執業操刀，不過我們可以很有把握的說，莎士比亞年少時曾幫父親做家庭事業，爲他家在漢利街上那座漂亮的雙棟房屋裡的商店，製作買賣手套。

他無疑是在閒餘時刻寫詩，然而家人不太可能會辛苦賺錢來資助他的游手好閒。紙張是很昂貴的，一包整齊摺好割開的紙，約有五十小張，至少要四便士，等於八品脫的麥酒，比一磅葡萄乾、一磅羊肉和一磅牛肉、兩打雞蛋，或是兩條麵包還要貴。也許年輕的莎士比亞是躲在樹上寫作的，就像

《皆大歡喜》裡的奧蘭多一樣。爲了家計，家人會要求他工作，而我們也看得到他以特殊的詩人天分，在手套商這行業做過的一些奇怪貢獻。愛思賓納是一五八二年來到史特拉福擔任國王新校的校長，那是莎士比亞不久前畢業的學校，但這年他的弟弟應該還在學。十七世紀時有人在一本手札（一種習慣上用來記載有紀念性或奇人異事的筆記本）上寫了以下的字句，旁邊伴有一雙愛思賓納送給他當時所追求女子的手套：

禮物雖小啊，心意盡納。

亞歷山大．愛思賓納

（原文的「心意」用Will一字，也是莎士比亞名字William的暱稱）

這手套可能是從莎士比亞父親店裡買來的，因爲有人認爲下面這句題詞是名詩人留下的記號：「莎士貝爾留於校長給他情人的手套」（莎士貝爾可能是莎士比亞諧音或另一種拼寫法，「貝爾」與「一雙」手套pair押韻）。如果沒成爲劇作家，莎士比亞可能會留在家中工作，偶爾替人寫寫詩勉強營生，並偷偷在其間嵌進自己的名字。

事實上，他並未把這段生活完全置於腦後：手套、皮膚、皮革經常出現在他的劇作裡，並似乎反映出他對這門生意的從容與熟稔。羅密歐嚮往成爲朱麗葉手上的手套，以便觸摸她的臉頰；《冬天的故事》裡的小販，袋子裡的香手套「甜蜜如紅玫瑰」（四．四．二一六）；哈姆雷特問說：「契約紙不是用羊皮作的嗎？」赫瑞修答道：「是的，我主，也有用牛皮作的。」（五．一．一〇四～五）；

《錯中錯》裡的官差穿的是牛皮制服，看來就像「皮箱裡的大提琴」（四．三．二二）；《馴悍記》裡的彼特魯喬有個羊皮轠轡；《凱撒大帝》裡的補鞋匠修的是牛皮鞋底；根據《冬天的故事》，巡迴的補鍋匠背的是豬皮袋子。當莎士比亞要表達《仲夏夜之夢》裡奇幻的精靈世界時，他借用皮革業來作文字遊戲：蛇蛻下的「珐瑯皮」，「寬度夠做小仙子的衣衫」，而仙后隨從和蝙蝠作戰，「剝下他們的翼革／來爲我的小仙子們做外衣」（二．一．二五五～五六，二．二．四～五）。

對莎士比亞而言，皮革不只是提供生動細節的工具，也是譬喻的原料；顯然在他創造戲劇世界時，隨時會進入意識中。《第十二夜》裡小丑費斯特戲嘲語言可以如何被扭曲：「一句話對一個聰明人就像是一副小山羊皮的手套，一下子就翻了轉來。」（三．一．十～十二）年輕的莎士比亞在父親的手套店裡幫忙，無疑看過上好質料的「小山羊皮鞋的皮革」，具有伸縮性與柔軟度、價値甚高的精緻小山羊皮，給他深刻強烈的印象；茂丘西奧嘲弄羅密歐說：「啊，好個羊皮似的妙語橫生，一寸又一尺的越扯越長啦！」（《羅密歐與朱麗葉》二．三．七二～七三）《亨利八世》裡意願勉強的安葆琳，被告知：「只要你願意把那顆軟羔皮做的良心撐開一下」，就會收到國王的禮物了（二．三．三二～三三）。

除了皮革以外，莎士比亞的父親也買賣羊毛，這其實是違法的，按法律規定，只有經授權的羊毛商才可以做這一行，但是偷賣羊毛的利益頗豐，莎父在城裡鄉間有足夠的生意讓他冒此風險。爲了做生意，他得造訪各處羊圈與鄉下市場，可能也帶著大兒子去。《皆大歡喜》裡的牧羊人解釋他們何以不用宮廷的吻手禮節，因爲「我們的手常要碰母羊，你知道，牠們的毛是很油膩的。」（三．二．四六～四七）《冬天的故事》裡的鄉下人計算剪下的羊毛值多少時，用的「閹羊」和相當於二十八磅羊毛的「托得」等名詞，可能是莎士比亞小時候聽父親說過的：「讓我想想：每十一頭閹羊能剪下一托得毛，每一托得毛能賣一鎊幾先令；剪了一千五百頭羊，一共值多少錢呢？」（四．三．三十～三二）十九世紀時，莎父曾經用來做商店的房子被翻修，還發現地板下的土裡有遺留的羊毛碎末。

其他有關漢利街店鋪和周圍鄉村的資料，也都能在他的劇本與詩作裡找到蛛絲馬跡。一五六四年，即莎士比亞出生前三年，有個法律文件以拉丁文稱莎士比亞之父爲農夫。莎父定居史特拉福多年後，從事農業商品生意，也一直在買賣附近農地，因此莎士比亞一定常跟父母到鄉下去做生意。（伊莉莎白女王時代的史特拉福只有兩千居民，周圍農場與樹林離市區不過一箭之遙。）他作品其中一個最美麗迷人的想像，是輕鬆卻細緻精確地描述動物生活、氣候變易、花草細節，與自然的循環，同時也熟知鄉野生意有其季節性。《皆大歡喜》裡的郭林向客人解釋何以無法款待他們的原因：「我只是替別人看羊的，羊兒雖歸我飼養，羊毛卻輪不到我剪。」這不是都市人對鄉間牧羊人吹笛的浪漫幻想，而是更具眞實感的世界。牧人郭林又說：「我的東家小氣得很」，

而且他的茅屋，連同羊群和牧場都要賣了，
現在他不在家，我們這茅舍裡沒有一點東西
可以給你們吃的。

（二．四．七三～七五，七八～八一）

雖然熟知鄉村生活，見過牧羊人的「茅廬」，知道「牧場」內的放牧權，是跟羊群一起賣的；但

莎士比亞基本上並不是鄉下人，也不是他父親。父親對他的強烈影響，多半不在鄉人的智慧，而是在金錢的借貸與房地產買賣。莎父曾於一五七〇年間兩度爲借貸被告上法庭，而其房地買賣則是莎劇常用的現實世界題材，如劇中的地圖、契據，與出讓證書等。莎士比亞成人生活的主要傳記來源，即是房地產文件。傳記作家常感歎這類文件太多，缺乏較切身的其他證據，然而莎士比亞與其他劇作家大不相同，一生對房地產投資充滿興趣，因此這些文件可能比其他證據更切身。

從各方面看來，父親旺盛的企業家精力與野心，都顯示對早年的莎士比亞有著深刻影響。出身斯尼特原小村佃農之子的約翰．莎士比亞，當時事業地位正往上爬升。首先於一五五〇年代晚期娶了他父親地主的女兒馬利亞．雅登，這是他提升社會地位的一大步。雅登的姓氏具有重要的社會資本意義，是華威郡最顯赫的家族之一，可溯源至征服者威廉大帝一〇八六年所編列重要地產紀錄《地產清丈書》裡的地主，其房地產資料占了書中四大段紀錄。延伸到史特拉福北面與西面的大片樹林，在莎士比亞的年代還稱爲雅登森林。

雅登之父在家族裡不算是重要人物，充其量不過是有錢農戶。過世時的財產清單列有七頭母牛、八頭耕田的公牛、兩隻閹牛，與四頭剛斷奶的小牛；這清單說明他沒有刀叉餐具，表示他是一般社會地位較低的平民，用手與木碗食用，此外也沒有書籍。雅登的家產裡，最具文化色彩的是「畫帛」，相當於便宜的壁毯，通常寫有警句箴言。清單上列有走廊上掛的兩幅、起居室五幅，與臥室四幅。（莎士比亞寫《魯克麗絲失貞記》時，諷刺地引用了家裡學來的功課：「誰要是敬畏箴言或長者的訓誡／見了牆上的畫帛也會戒慎恐懼。」）我們不知道他的家人是否看得懂畫帛上的箴言，也許他們只是喜歡牆上字畫的視覺效果。

在重視王權的當時，跟王室沾了一點邊都算是了不起的事，能跟住在伯明罕附近宅邸帕克樓的富裕名流雅登先生攀上遠親關係，自然也是。雅登是每個對社會地位有野心的人想攀緣的姓氏，也是馬利亞最大的嫁妝。她雖是八個女兒裡最小的一個，卻是父親的最愛。父親於一五五六年過世時，跟其他好天主教徒一樣，把靈魂交給「全能上帝、聖母馬利亞與天上聖徒」，並留給小女兒一筆爲數可觀的錢和他最値錢的房地產——溫寇村的阿司比農場與其他土地。莎父可眞是結對婚了。

沒有確切紀錄顯示莎父何時從斯尼特原搬到史特拉福，開始當手套商學徒，不過鄰人很快就看出他的才幹來了。一五五六年，二十幾歲的他就被市府選爲試酒員，負責監察麵包與麥酒，這是大家公認「謹愼能幹」的人才能做的職位，要能「不爲個人好惡，而依良心智能作賞罰」。接下來幾年，他在市政府裡逐步高升：一五五八年到五九年當警員，負責維持秩序；解決罰款疑慮的罰款員；一五六一到六五年當內務官，負責財團房地產事項，管理收支債務、監督建築的修改事務；一五六五年當議員；一五六八到六九年當地方長官；一五七一年當上市議長。

這紀錄顯示他是令人矚目的好市民，傑出的地方政府官員，也是大家信任喜愛的人物。都鐸王朝重視權威，史特拉福的這些官位都是舉足輕重的要職。莎父當警員的那幾年，天主教徒與基督新教徒之間的強烈猜疑與暴力衝突，使維持秩序甚爲困難。當議員的得調查所謂生活「不道德」的市民做些什麼；下令逮捕逃離主人的僕役，或過了九點宵禁還遊蕩在外的學徒；決定是否要把所謂的「罵街潑婦」綁在「水椅」上，泡在亞旺河裡懲罰。而伊莉莎白女王時代地方長官的權力，跟我們觀念裡的市長，不可同日而語，沒有他的允許，無人可以在家裡接待陌生人。莎父的市府經常與地方權貴有連繫，如住大宅院的華威伯爵，祖先在中世紀時曾擁有史特拉福做爲封建采邑；又如附近夏勒寇的富豪盧希爵士，曾在家中款待女王；還有博學廣識、深具影響力的渥斯特主教參地斯。史特拉福並不在這些強勢人物的統轄領域之下，它是獨立的城鎮，於一五五三年併入皇家自治市鎮。但是地方權貴仍有相當大的權力與優勢，地方官必須有良好的溝通技巧與策略，來維護自己的權利。莎父想必深諳此道，否則市府的人不會信任他。

然而，莎士比亞十三歲時，父親成功上揚的事業開始走下坡。史特拉福十四位議員之一的莎父，十三年間只缺席議會一次，但從一五七七年起卻突然停止與會。議會裡想必好友不少，因爲他們不時減免他的罰款與稅金，並把他的名字保留在名冊上。過去他曾慷慨解囊，施捨窮人，如今卻情況倒轉。一五七八年議會團體投票決定向每位議員徵稅四便士，以補助窮戶，名列議員的「約翰．莎士比亞」得以免稅。這善意的舉動並不尋常，因爲不是所有經濟有困難的議員都得以免稅。另一次當他爲鎮上的保安隊購買配備，包括四名張貼告示人員、三人需要佩帶矛、一人需要弓箭，議會對他的課稅極低。他身上的某種特質，可能讓同事覺得有朝一日他總會回到市府來。然而他始終不曾回去參加議會，也一直付不出到期的款項，甚至已減低的徵稅。多年未曾與會的結果，莎父終於在一五八六年從議會除名，此時的他社會事業已然結束，在史特拉福已是無足輕重的人物，而個人的財務狀況也顯然惡化了。

莎父需要錢，緊急的需求使他做出當時所有家庭最害怕也最不願做的事，於一五七八年十一月，賣掉房子，借貸而居。不只是房子而已，幾年內他幾乎把妻子繼承的遺產全部花光，她出嫁時帶來的財產，一點一點地變換成現金，從她不事積蓄的丈夫手上溜走。莎父之父曾在斯尼特原耕作的農地，以四鎊出售；阿司比以微薄的租金出租，可能是爲了換取急需的付款；而一五七九年，位於溫寇的另一棟房子跟五十六畝地，以四十鎊借貸給妻子的姐夫，住荒原巴頓的蘭伯特。這些錢顯然很快就花光了，當次年借貸期滿時，莎父無錢付清借款，土地便因此丟了。幾年後，莎父兩次提出告訴，試著把土地要回來，可是法庭仍判給了蘭伯特。莎母帶來的嫁妝，到這時只剩下雅登的姓氏而已。

關於莎士比亞之父的財務危機，最顯著的證據是來自女王官員鉅細靡遺的法眼。當時政府亟欲統合宗教，雖然女王說她不想強制打開每個人的靈魂，詢問私人信仰，事實上卻盡可能壓制至少表面上看得出是反對官方基督新教的人。每個人至少一個月一次，要上英國國教聖公會教堂的周日禮拜，使用《公禱書》，由牧師講道或宣念由中央宗教權威所寫的訓誡。倘若違法不按時上教堂，則有罰款及其他懲戒。一五八一年之前，這些罰款還算少，也應付得來，之後因為政府開始有計畫性地對宗教異議份子採取嚴厲手段，而變得高到難以置信。

一五九一年秋天，政府下令每個郡的委員提出不按月上教堂者的名單。莎父之名出現在地方官員準備呈交的名單上，但被歸於另外一類，記著：「我們懷疑以下九人因害怕訴訟而缺席。」幾個月後，歸檔的報告改成：「據了解，以上這九人不上教堂，是因為害怕債務訴訟。」如果這解釋屬實，而非掩飾宗教異議，那麼這個曾當過史特拉福的地方警員與維持秩序的保安官的人，星期天待在家裡，跟其他許多人一樣，可能是為了逃避逮捕。這個公眾人物變成了隱士。

一五九一年，當莎父聲名沉寂之時，他的長子卻已飛出鳥籠，次年莎士比亞首次被稱為倫敦劇作家。但是父親丟臉的景況，長久以來日漸浮現檯面，對他而言是整個青少年時期的重要事件，在成年的過程裡，他一定敏銳地感受到事情出了嚴重的差錯，不可能對眼前的事漠不關心，因為父親地位消沉之時，正是身為長子與繼承人的他步入成年的時候。

到底莎父事業的衰頹起因何在？當時跟我們現代一樣也有商業週期，而英格蘭中部在十六世紀末的幾十年尤為困窘，顯然很少人會在經濟困難的時候，想買高雅手套之類的奢侈品。但是相較之下，許多巨賈安度危機，如史特拉福的另一位內務官史達利，在一五九四年九月二十二日一場延燒數條街的大火裡，喪失房產，財務上從此一蹶不振，但是仍舊讓長子亨利繼續念牛津，次年也把次子理查送去念。還有一個史特拉福的名人帕森，也是在同一場火災裡燒了房子，可也同樣把兒子送去牛津當議員和執法官。莎父的債務、借貸、罰鍰、損失，和公眾社會上的驟然消失，似乎說明有比手套商業週期衰落更嚴重的原因。

比較可能的導因是他其中一項主要收入的來源──私販羊毛，遭到政府嚴厲的懲治。一五七〇年代中葉，羊毛短缺，政府歸咎於非法從事羊毛買賣的人，莎父就曾兩次遭檢舉。一五七六年十月，女王的主要顧問樞密院召問羊毛商，十一月暫停所有羊毛業，次年令已知的羊毛私販每人購買一百鎊的債劵，以保證不再犯案。這筆大罰款，對莎父而言，無疑是青天霹靂。

惡運接二連三。一五八〇年，朝廷發出一張列有兩百多人的名單，命於六月某日出席西敏寺高等法院，接受制約，以「維女王與其臣民之安」。莎父的名字是其中之一。「制約」大概相當於強制的命令，是十六、十七世紀對輕度犯罪的主要防範措施。法院可以命嫌犯出庭，以其身家性命或整個家族的福利發誓，保證會守規矩，還要購買債劵做確據。現存的紀錄沒記載是什麼人為了什麼原因檢舉莎父，是因為他私販羊毛，還是酒醉爭鬧而遭檢舉？或是因為他的宗教信仰錯誤的緣故？無論如何，他為出庭找到四個擔保人，相對的他也答應為其中一人擔保。然而六月到期時，莎父與其擔保人皆未出庭，也不曾解釋缺席原因，法庭因而沒收了他們的錢。莎父為自己的缺席遭罰款二十鎊，加上另外二十鎊爲他答應擔保的諾丁罕製帽商歐得利的缺席罰金。然而其他的財務危機，使他付不起這筆罰金。

這許多事對他的家人影響嚴重，莎士比亞跟其他兄弟顯然不像史達利與帕森的兒子，得以上牛津念書。十八世紀早期莎氏傳記作者與編者羅伊，寫說莎父送長子去史特拉福文法學校學拉丁文，「但因景況窘困，家裡需要他幫忙，迫使其父令之退學，不得已停止了他拉丁文的進階學習。」羅伊曾誤以爲莎父有十個兒子，因此其他紀錄也可能同樣有誤。但是叫兒子休學在家幫忙的故事，倒還符合其一五七〇年代晚期財務困難的紀錄。畢竟在如此惡劣情況下，還讓長子去分析拉丁句型，也太奢侈怪異了。

鄉村喜劇《皆大歡喜》裡的奧蘭多罵他的惡兄長：「父親在遺囑上吩咐你好好培育我；你卻一心教我做農人，上流紳士的教養你就是不讓我沾邊學習。」（一．一．五六～五九）好的教育，是紳士與農人的區別所在，然而從各方面看，莎士比亞都未曾因未上牛津或劍橋而後悔，也沒表現出未以學者爲業的挫折感。莎作裡對學校沒有什麼特別的感情，如雅克在同一喜劇裡看到的「背著書包、滿臉紅光的小學生，蝸牛似的慢吞吞拖著腳步，不情願的嗚咽著上學堂」，並沒有表現出懷念在學歡樂時光的惆悵（二．七．一四四～四六）。《溫莎的風流娘們》裡拉丁課一景，也是一樣。此景想必跟莎士比亞在國王新校的個人經驗甚爲相近。裴琪大娘向威爾斯人伊凡老師抱怨：「我丈夫說，這孩子不長進，一點也唸不下書。」伊凡的威爾斯口音在英格蘭人聽來滿好笑的，他叫小威廉跟著他的步調說：

伊凡：威廉，「拉匹思」這個字怎麼解釋？
威廉：石子。
伊凡：「石子」又怎麼解釋呢，威廉？
威廉：石頭。
伊凡：不，是「拉匹思」，請把它記在腦子裡。
威廉：「拉匹思」。
伊凡：好乖的威廉。

（四．一．十一～十二，二六～三二）

此處莎士比亞技巧地回憶當日冗長煩厭的背誦課程，還有雙關語的學習，當然最好是淫穢的雙關語，對做學童的他，這想必是在繁冗學習中主要的心理解放方式。這門語言課把拉丁文的「所有格」（genitive）變成英文的「性器官」（genitals），還讓我們把拉丁文的「這個」（此劇前文提到的hic, haec, hoc）聽成英文的「婊子」（whore）：

伊凡：所有格（genitive case）的複數怎麼說，威廉？
威廉：所有格？
伊凡：對。
威廉：所有格——「呵郎」，「哈郎」，「呵郎」（原文horum，harum，horum為拉丁文文法中所有格的單複數變格）。

桂嫂：該死的賤妮子人格（原文Jenny's case，與genitive case諧音；Jenny可能是當時社會新聞裡犯通姦女子）！別提她的名字，孩子，她是個婊子！

（四・一・四九～五四）

莎士比亞每次提到學拉丁文，或學任何其他語言，都會用上許多髒笑話。《亨利五世》裡的凱瑟琳公主問英文的「腳」和「睡衣」怎麼說，老師的回答讓她甚為尷尬：「小姐，是『撫底』（「腳」foot發音）跟『坑』（走音的「睡衣」gown）。」公主和觀眾，或至少聽得懂這笑話的觀眾，聽到的是法文的「幹」（*fourtre*）和「屄」（*con*）。

凱瑟琳：「幹」跟「屄」？哎呀，我的天！這兩個字眼兒怎麼這麼難聽，這麼不正派，這麼粗俗，真不害臊！有身分的小姐是不說這種話的。

（三・四・四四～四九）

如果這類笑話還不夠好笑，什麼算是？即使四百年以後，也還能讓人格格發笑，在當初超長的上學日裡，一定讓繁重的課業減輕不少。但這當然不只是他驚鴻乍現的才藝，班強生為自己的羅馬劇和仿古歌舞劇加上學術註解，莎士比亞不但嘲笑他，還在上面塗鴉淫穢字句。

不再上學，表示他有比較多的時間做手套商業，有機會熟悉山羊皮和鹿皮的特質。所有兄弟姐妹大概都得幫忙家裡的生意，但是一五七〇年代晚期以後，也許就沒有多少生意可幫了。生於一五六六年的弟弟吉伯特，在城鎮的紀錄上記載為「襪商」，生於一五八〇年的愛德蒙，跟隨莎士比亞到倫敦，成為演員。生於一五七四年的三弟理查，卒年約四十，沒有職業的紀錄，但可能也沒成為手套商，因為倘若他跟父親的生意有關係，或有點成績，應該會留下一點痕跡可循。

哈姆雷特跟赫瑞修說，人常有「品性上的瑕疵」（一．四．十八．八），一些生來具有的傾向與弱點，會破壞大好人生。哈姆雷特在此說的是濫飲縱酒這丹人留下的風俗習慣，「把它破壞了還比遵守它來得體面些。」（一．四．十八）他抱怨說別的國家都叫我們酒鬼，這可恥的污名加在我們頭上：

> 就算我們多有成就，多崇高偉大，
> 也因此黯然失色。
>
> （一．四．十八．四～六）

哈姆雷特對這項缺點的評論甚長，出奇強烈的字句，彷彿是思維迫湧成句；但奇怪的是又無關主題，因為在這部悲劇的其他情節裡，他狡猾算計的叔父與同謀，並沒有被明顯描繪成酒鬼。《哈姆雷特》的其中一個版本把這段文字刪減掉，像是起錯頭似的，可能是莎士比亞決定不再強調這觀念。

這會不會是莎父事業衰落的另一原因呢？是不是這個曾在一五五六年當過市府試酒員的人，自己也不可自拔的喝上癮了呢？十七世紀中葉，當大眾開始對這位大劇作家的生平感到好奇，羅徹斯特的副監督溥命，寫下一些聽來關於這史特拉福手套商的事，有個在店裡見過他一次，詢問他出名兒子的人，形容這「笑臉常開的老人」回答說：「他是個誠實的好漢子」，然後像是受到挑戰似地說：「不過我可是敢隨時跟他開玩笑的。」這條軼聞記得太晚，不能當做可信的目擊者說詞，但也許多少說明了這人的眞實個性，一個和藹善良、以兒子爲傲卻又帶點競爭意味，而且因幽默年老，或其他因素而「笑臉常開」的人吧！

莎士比亞在畢生事業裡，一直在想酒醉的問題。他借由哈姆雷特的口雄辯滔滔地表達他的厭惡，可是也著迷於酒醉時的可笑蠢相、充滿活力的玩笑、親切可愛的胡言亂語、對社會禮儀的輕忽漠視、偶然乍現的洞察見解、使人肆無忌憚的魔術力量。即使描述喝酒可能造成的禍害，他也從來不用說教的語氣，《第十二夜》裡醉酒鬧事的托比爵士對清教徒馬伏里奧有此堅決的駁斥：「你以爲自己道德高尚，別人就不能吃喝玩樂了嗎？」（二・三・一〇三～四）莎劇最好的悲劇之一《安東尼與克莉奧佩屈拉》有一幕盛景，描述狂飲之後的皇帝，與人手拉手跳起「埃及酒神」舞（二・七・九八）。平日嚴肅謹愼的凱撒，酒後也不由自主地陷入迷亂的狂歡之中：「愈是拚命灌酒洗腦子，腦子卻愈發糊塗了！」「各位將軍，我們分手吧；看我們的臉燒得這麼紅。」（二・七・九二～九三，一一六～一七）

倘若凱撒的冷靜清醒讓他在權力的爭鬥裡占優勢，卻也使他遠不及放肆勇猛的安東尼受歡迎。《安東尼與克莉奧佩屈拉》裡眞正的貴族，不只是血統上也是個性上的貴族，跟放縱無度有密切關係，這觀點是莎士比亞從生活裡得到的結論，也延伸到他許多其他戲劇。莎父酒醉臉紅之時，在他善於觀察、想像豐富的兒子眼裡，也許比任何時候更像貴族。

劇中與縱酒有關的有小丑與搞笑角色，有失敗者也有國王。早期的劇作《馴悍記》，以「斯賴」

這個角色結實地強調了酒醉的景況，如喧嘩吵嚷、無意義的爭辯吵架、打破玻璃不肯賠錢。酒店老闆娘罵他流氓，威脅要叫警察時，這個醉醺醺的乞丐堂堂提出他的顯耀家門：「俺斯賴家從沒出過流氓，你去查查歷史吧，咱的老祖宗是跟著征服者理查萬歲爺一塊兒來的」（序幕一，三～四行），然後馬上倒地昏睡。後來一個貴族決定設計讓他相信自己是領主，斯賴在困惑中對自己的認知比較平實：「怎麼！你們把我當作瘋子嗎？難道我不是勃頓村老斯賴的兒子克利斯朵夫・斯賴嗎？論出身是小販，也曾學過手工，也改行走過江湖賣藝，現在幹的是補鍋匠的活兒。不信去問溫柯村賣酒的哈姬胖婆娘，看她認不認識我。」（序幕二，十六～二十行）

這部喜劇是莎士比亞剛搬到倫敦不久所作，帶有史特拉福附近地區的鮮明痕跡：勃頓村是表親蘭伯特住處，溫柯住的哈姬家可能是相識，也許連斯賴自己也是莎氏舊識，因爲史特拉福便有一個名叫斯賴的人。對莎士比亞而言，私底下悄悄地把這些自己熟悉的小事，搬上都市的舞台，爲愚昧鄉人的描述增添幾許眞實感，想必自己也樂在其中。也許跟他的喜劇角色一樣，他也爲自己當時的轉變感到惶惑不已。從鄉下無名小卒，到倫敦大城的職業演員與劇作家，他以細節往事提醒自己是史特拉福老約翰・莎士比亞兒子的出身來歷。斯賴這角色當然不是他對父親的描述，因爲莎父的成就與社會地位要高得多，但也許斯賴的醉酒、家門之傲、累積的債務、與不肯或無力還債，似乎都是對家裡的回憶，就像勃頓村與溫柯的熟悉地名一樣。

莎士比亞劇中酒鬼的最佳代表要算是福斯塔夫了。這胖得出奇的武士，老是跟人要西班牙與加那利進口的白酒，「給我來一杯白葡萄酒」幾乎成了他的格言。在《亨利四世下集》裡，福斯塔夫爲來自安達露西亞一帶桔瑞茲的「雪利白葡萄酒」的好處做了一段狂熱的讚詞，假裝很科學的分析它對智能和勇氣的鼓舞作用：

上好的雪利白葡萄酒有雙重作用。先是衝到你腦子裡，把四周所有愚昧遲鈍的烏煙瘴氣一起驅除了，使它變得敏銳機靈，才思備發，充滿活潑生動的有趣意象，這意象用聲音表達出來，就成了絕妙好詞。上好葡萄酒的第二個好處，是使血液暖起來。血本來是冰冷凝固的，讓肝臟顯得蒼白，那正是孱弱怯懦的標誌。可是白葡萄酒能叫血液發生熱力，使它從內部暢流到全身各處。它能教人臉上發光，就像一把烽火，通知全身這小王國裡的所有人民武裝起來；於是各處群眾，無論是身處要地或深居內地的平民百姓，都一起集合在主帥心靈的麾下，有了這雄厚的軍力，自然精神百倍，什麼勇敢的事都做得出來。這種勇氣也就是從白葡萄酒來的。

（四・二・八六～一〇一）

當然劇作家也有可能是從酒店裡聽來這類對酒的頌讚，或者是自己憑空捏造出來，而非出自其父之口。但父親從一度財勢興旺的地方官，淪落到躲在家裡逃避討債人的情況下，莎士比亞卻給這段演說一個出人意表的結論：「要是我有一千個兒子，我要教他們的頭一條世俗道理，就是戒絕所有沒味道的淡酒，專心一意的喝白葡萄酒。」（四・二・一〇九～一一一）也許意識到家裡經濟困難的同時，他也了解酒是父親的最愛，也是這墮落的手套商決定留給兒子的作人原則。

但是這並不表示莎士比亞一定要學父親一樣嗜酒。早期一項軼聞說他雖是好伴侶，卻不愛「老是與人為伍」，「不隨人放蕩佚樂，即使有人邀約，他也回信推說病痛不去」。歐伯瑞於一六八〇年左右劇作家過世多年以後才寫下這項記載，但奇怪的是這「推說病痛」的說法卻有可能是眞的。關於他在美人魚酒館與鄉下醉漢或酒話連篇的客人比賽喝酒，或迷戀他的貴族餽贈價值幾千鎊禮物的故事，大抵只是傳說而已，比較可能的是他常以禮貌的藉口推卻邀約，留在家裡。無論如何，莎士比亞穩定的創作說明了這項事實，否則很難想像他會有時間做這許多事：學習表演舞台上的角色、幫忙經營劇院雜務、買賣鄉村房地產與農產品、寫作精緻的十四行詩與長詩，並於近二十年間平均每年創作兩部偉大劇作。

莎士比亞由特寫角度描繪嗜酒的人，注意到他們雙腿不穩、鼻臉充血、語調含糊，卻又對他們有著不尋常的了解、愉悅，甚至喜愛之意。但他的同情又摻雜了其他因素，包括哈姆雷特所說酒精造成人才的巨大浪費。他從托比爵士身上看到的是一個壓搾姪女、欺詐朋友安德魯爵士的寄生蟲，應該讓女扮男裝、遭他欺負的柔弱姪女好好打上一頓；福斯塔夫身上，也有某些相似處，同是陷於泥淖不可自拔的紳士，只是後者陷得更深，人格更卑下，像誤入歧途的天才，憤世嫉俗、驕傲自滿，這是一個個性不健全的懦夫、善於誘拐卻又討人喜愛的魔鬼，也是不可信賴的父親。這兩個例子裡，酒醉似乎都跟歡樂、即席的機智，與勇往直前的高尚行徑相關連，但同時又聳人聽聞地揭發醉鬼無情剝削他人的狡詐奸計。當然他們的奸計注定要失敗，所有的大計畫、想像的財富、未來的夢想，最終都在成年兒子對象徵性父親的失望與輕視裡，聲消煙滅。當福斯塔夫在倫敦見到成功登上王位的海爾時，呼叫道：「上帝保佑你，我的好孩子！」海爾的回答是莎士比亞寫過最令人心碎的話：「我不認識你，老頭子」，去跪著祈禱吧！
頭髮都白了還賣弄小丑的模樣，多難看啊！
我長久以來夢見一個這樣的人，
這麼腦滿腸肥，這麼年老邪惡；
現在醒來，我真是憎惡自己的夢。

（《亨利四世下集》五．五．四一，四五～四九）

這是這部歷史劇的劇情裡，新上任的英格蘭國王對他超有趣又超危險的朋友說的話。然而海爾與福斯塔夫之間強烈感人、不比尋常的親密關係，卻很難讓人想像跟作者個人的背景毫無關連。

到底這失敗手套商的兒子是如何進入劇院的？沒有任何文件遺留下來。主要的證據，是世代以來熱情的崇拜者從莎士比亞留下的眾多作品裡蒐集尋思而來的線索，畢竟他的詩與劇作正是引起眾人對其生平發生興趣的原因，也多少暗示了他可能從事過的職業。

他作品裡常出現的法律情境與名詞，不只十分精確，而且用在最出人意表的地方，常使讀者懷疑他曾在地方律師的事務所做過事，處理過小訴訟案或契約權利之類的案件。這類工作無疑大半十分無趣，但也提供了許多題材，滿足他對新鮮字彙與奇特譬喻的胃口。我們可以想像，這個律師事務所的職員每天在印章文件的枯燥工作裡，讓他的想像漫遊，就像學童在拉丁文課上一樣，編織色情的幻想。這幻想幾年後變成莎劇中熱情追求年輕貌美獵人的女神，但還帶有當初職務的痕跡。維納斯喘息

中要求阿多尼斯的吻：「你的香唇，曾在我的柔唇上留下甜印」，

要叫這甜印永存，什麼契約我都肯立，
即使出賣自己，我也甘心情願，
只要你肯出價購買，做個好交易，
若是恐怕交易不夠妥善穩當，
那你就把印打在我火漆紅唇上。

（《維納斯與和阿多尼斯》五一一～一六行）

蠟漆印記的意象，在莎士比亞的生平裡，代表的不只是想像中的吻，而且也是爲期數月或數年的法律事務對詩人創作的重大影響。

也許吧！我們之所以相信莎作中許多皮革業名詞，來自他曾從事皮革業，乃是因爲客觀情勢下，他幾乎可以確定曾在父親的商店做過事。離開這項工作以後，我們碰到的是莎士比亞廣泛涉獵、精於吸收字彙的能力，以及轉化技術名詞爲私人情感思想的神來之筆。他對字彙的吸收應用雖非一致，以買賣房地產爲例，建築與建造商的名詞他就用得很少，然而太多理由讓我們難以用莎士比亞的語言界定他曾從事的職業。他無疑採用許多法律語言和觀念，但也對神學、醫學和軍事的語言觀念出奇地熟稔。難道他也做過這些工作嗎？有些對他戲裡軍事專有名詞的運用大感佩服的人，就曾經懷疑他可能因年輕沒有前途而到荷蘭去打過仗。他顯然愛好航海，也許也曾坐船到美洲，如拉雷爵士所說「去新

世界找尋金子、讚譽，與榮耀」。但事實上，他會有這些冒險，還能安全回到家的可能性，實在太低了。這些可能的職業，沒有一樣可以解釋他如何從史特拉福到倫敦的過程，它們都離他一生最重要的戲劇事業太遠了。

對一個具天分的青年來說，進劇院最明顯的方式是由學徒做起。但是莎士比亞於一五八二年十一月的結婚證書，證明十八歲的他還待在史特拉福。幾個孩子的受洗證：蘇珊娜於一五八三年五月二十六日，雙胞胎漢姆尼特與茱蒂絲於一五八五年二月二日，都說明當時他還住在那裡，或者至少常常回家鄉去。學徒通常由青少年做起，也不准結婚，更不用說在二十歲以前就養小孩。然而，劇院學徒該學的技藝給我們一些概念關於青年莎士比亞離校後曾學過的事，不管這些年裡他是以何為生。

莎士比亞的同事、朋友兼生意夥伴費歷卜的遺囑（留給「同事」莎士比亞「相當於三十先令的金子」），提供了一些資訊：「我留給之前的學徒吉兒波四十先令錢、我的鼠色絨襪、白綢上衣、一套黑綢衣、紫外套、長劍與匕首，和我的低音提琴；給我的學徒杉子四十先令錢、西檀琴、班朵琴，和一把琵琶，於其學徒契約期滿時交付。」遺贈的不只是金錢而已，前任與現任學徒還得到本行價值不菲的工具：戲服、武器，與樂器。杉子之所以必須等到學徒期滿才能得到餽贈，可能是費歷卜為了自己劇院的最終利益著想，以免年輕演員拿到錢跟樂器就轉而投靠對手劇院去。

費歷卜的遺囑說明了劇院對演員的一些要求。首先演員必須有音樂天分，至少要能彈奏費歷卜彈的絃樂器，即類似吉他的西檀琴、像似曼陀林的班朵琴（bandore，是班究五絃琴 “banjo” 一字的由來）、極為流行的低音提琴，和琵琶。第二件是演員要會用刀劍打鬥，或是至少要看起來像是會打鬥。籠統一點說，要活潑敏捷，伊莉莎白時期的戲劇不只有打鬥，還常有舞蹈，不管悲劇還是喜劇，總是以繁複的舞蹈做為演出的結束。（雖然很難想像《哈姆雷特》與《李爾王》的演員，在劇終時清掃舞台上的血跡，然後手拉手跳上一段精緻舞蹈！然而事實就是如此！）第三，如費氏餽贈所暗示的，演員要講究穿著，費歷卜的「鼠色絨襪」顯然是為了炫耀雙腿，在這女人身著長裙的時期，男人的腿是眾人視覺的焦點。

音樂、武術，最重要的還有昂貴的絲絨綢緞服飾（綢緞在當時指的是素面的絲布），可能是伊莉莎白時代訓練演員的最要件，要他們能維妙維肖地模仿紳士貴婦的舉止，意即，差不多全部來自人口百分之九十八不屬紳士之流的男子演員，得模仿其他百分之二的上流人士的儀態。當然並非劇中所有角色都是上流社會人士，無疑部分演員還專門扮演下層階級的角色，但演各式劇目的綜合戲院演員都要會演各式各樣的角色。這些戲院的金錢預算，無不致力投資營造上流社會的排場。他們最大的單項支出，除了建築物本身以外，要算戲服了，只因觀眾想看演員穿著精美華麗的服飾，扮演貴婦領主的角色。

矛盾的是，演員是官方界定的流浪漢，這個行業一直遭非難與輕蔑，他們是「無主之人」。無家無業，或不屬任何家門之人，可能遭逮捕、鞭打、手鐐腳銬，或加以烙印。（這就是為什麼他們依法自稱為貴族的僕人或同業公會會員。）然而他們事業的重心卻是把上流社會呈現在舞台上，以取悅眼帶歧視，包括真的紳士貴婦在內的觀眾。費歷卜遺贈給學徒的是本行工具，用來教他們如何裝扮與表演得像高級人士。費氏自己顯然想把表演帶到劇院以外，他買了一個跟自己完全無關的徽章，大名鼎鼎的紅龍徽章，後來被所屬徽章院的官員攻擊。

一個人為什麼會選擇某種工作，我們自己都很難了解，更不用說四百年前的莎士比亞了。他對語言的愛好、對舞台景觀的敏感、對虛構情景裡情欲挑逗的興趣，可能都是讓他選擇戲劇的原因。當時劇院以擬仿人物爲重心，也是極有可能讓莎氏選擇戲劇的原因，從莎士比亞的家境看，母親家世可溯源到雅登要地帕克樓，父親興旺一時後又家道中落，也許他是被此行需模仿上流社會生活所吸引。從現實角度看，這項選擇當然是滿奇怪的，當演員或劇作家可能是想爬升社會地位最糟的方式，就好像爲了要當貴婦而去當妓女一樣。但是就像傳說裡妓女變成貴婦的故事，有些行業具有弄假成眞的魔術力量，在舞台上，莎士比亞可以是父母所說以及他所自認的人物。

他雖然沒有正式劇院學徒的訓練，在史特拉福的青少年時期也一定學到許多後來需要的技藝。當地有才藝、精擅語言、想像力豐富的人很多，他可能跟一位鄰人學琴，跟另一位學舞，又跟別的學劍。也許是看鏡子或牆上影子，學習大聲演說，練習宮廷禮儀姿態。由於母親跟雅登帕克樓的關係，和父親墜落卻仍卓著的名聲，他也許認爲自己可以很有把握地成功扮演紳士的角色，完成父母的夢想。

莎父曾經有一個很高的期許，認爲他的成就可以使家族興旺，門楣光大。一五七五或七六年間，當他聲名正盛，財力顛峰，還未走下坡之前，曾向徽章院申請家族徽章，這是個人爲自己也爲子孫取得榮耀，提高地位的昂貴方式。通過官方拿到徽章，而非像費歷卜偷買而來，是比演戲還要實在的自我提升方式。

伊莉莎白女王時代的社會是普遍高度封建的社會：男人在女人之上，成人在孩童之上，長者在少年之上，名門在平民之上。違犯了這規則就有禍患臨身，譬如忘記讓位給比他高等的人，或是企圖在上位者之前搶先進門，未經思考地坐在教堂或餐桌上不該坐的位子上。史特拉福附近的鄉紳康伯，把一個叫奚卡司的人送進華威監獄，拒絕保釋他，因爲後者「沒有表現他所期望的敬意」。上流社會的人士生活在仔細量造的示敬儀式的世界裡，他們要求下位者無時無刻、無止無盡地重複表現尊重服從的儀態：鞠躬、下跪、脫帽，與奉承。相反的，工人幾乎無人示敬，休憩是他們的獎勵和榮耀。現代的穿著平民化，老闆和工人常穿同樣服飾，莎士比亞的世界則完全相反。這不只是錢的問題而已，據皇家告示，官方規定絲緞只有貴族才可以穿著。演員不在此限，但也不能在劇院以外穿著戲服。大致說來，政府官員與法庭對上流與底層階級的人，處理態度全然不同。連死刑也有分別，平民用吊刑，貴族用砍頭。

莎父雖離開農地從商，地位仍列爲自耕農，能爬升到上流紳士的地位，是改變社會形象重要的一大步。伊莉莎白女王時代的社會有許多小等級的區分，但最主要的分界線是鄉紳與「平民」或「下層人士」之別。這分界線一向是以血液來界定，是經由遺傳不可改變的事實。然而跨越界線同時也是有可能的，而且每個人都知道怎麼做。當時的史密斯爵士狡黠地觀察到：「說到上流紳士，」

在英格蘭很容易就當得上了。只要是學過國法的，念過大學的，教過人文科學的，簡單說，就是能無所事事，不需勞動，又有紳士的姿態表情、管理派頭的人，都可以稱為大人，因為這就是大家對鄉紳或其他紳士的稱呼……而且若有需要，徽章官也可以讓他用錢買個新造的徽章，假裝是察考舊紀錄裡時發現的名銜。

「念過大學」對當自耕農與手套商的莎父而言，是不能想像的事，顯然也沒想到要讓長子去做。

不過莎父的願望並未全然落空。如果你爬升到上層階級，第一件重要的要求就得生活得像紳士，也就是得「無所事事」，而且要維持相當程度的支出。其次就是要把攀爬的階梯藏起來，也就是說，要裝做你本來就已經在那兒。史密斯說你得向徽章院申請一個徽章。這個奇怪的生意以假造個人歷史，悄悄改變了社會結構。以金錢作交易，徽章官可以假裝是在舊紀錄裡發現這個其實是僞造者的申請人原來的身分。

事實其實沒有史密斯諷刺性的描述那麼簡單。要想有資格佩帶徽章，必須符合要求，由徽章院裡以嘉特勳章官爲首的一批官員監督審查。莎父的例子，是由地方官協助確認合格性，一位專家評論此類事件說：「設若其人具高級官位或公眾行政要務，或教會、或軍事、或民政……徽章官不可猶豫或拒絕此公眾人物於徽章之意願與要求。」史特拉福地方官正是此類「公眾人物」，因此，莎父呈交草書給官院時，想必很有信心能申請到徽章。買個正式徽章，雖非光明正大之事，但可以讓自己跟後代就自認的權利，永遠以之爲傲。當然，可以確定的是你得付錢。徽章的費用十分高昂。當窮困潦倒之時，爬升爲紳士地位就變成奢侈無望的事了，也許更像是諷刺，好比乞丐夢想要王冠。莎父的申請書因此束之高閣，遺忘到九霄雲外去。

然而，他的長子似乎並未忘記。幾十年後的一五九六年十月，這申請書被重新審查。莎父灰塵滿布的申請草書從架子上拿下來，上面描述的徽章樣式是：「金色。黑色對角線上，置一鍍銀之矛。以鷹爲代表紋章，銀翅開展，立於同色花環之上，持一金矛。前述事項下方，置一頭盔，兩側飾以纓縫紋綵。」這一次，他的申請奏准。是什麼人重新遞出申請，提供所需資料，付錢給倫敦徽章院惡名昭彰、貪婪傲慢又脾氣暴躁的院長德希克爵士？不會是年紀老大，財務情況似乎沒多大進展的手套商跟妻子，也不可能是兒女之中，做鄉下襪商的吉伯特、顯然無足輕重的理查、不太成功的演員愛德蒙，和未婚的女兒喬安。明顯的答案是已在倫敦劇場發展出斐然成就的長子威廉．莎士比亞。

他何必自找麻煩呢？劇作家的慷慨之舉最明顯的原因，是出於對自己有利的審慎考量，幫父親完成這夢想，是讓自己與子女躋身貴族之列。此時的莎士比亞無疑已在舞台上扮演過紳士角色，雖然也能把角色帶到劇院以外，可是大家都知道他只是扮演不屬於他的身分而已。如今有辦法從父親舊時的辦公處，取得原來只能假扮的身分，從此可以合法在劇院外穿著原本只能在舞台上穿的服飾。莎士比亞大半生的職業都在揣想國王、貴族、仕紳的生活，對這樣一個於社會封建階級特別敏感的人而言，這項特權的前景想必是甚具吸引力的。他會在遺囑上簽名「華威縣亞旺河畔史特拉福的威廉．莎士比亞，紳士」。他的繼承人與子孫後代，將遠離手套商店，甚至劇院，理所當然地以高貴出身自居，不帶嘲諷意味地宣稱（想當然是莎士比亞自己加的）徽章上的拉丁銘文：「不無權利」。

「不無權利」這銘文是不是有點自我防衛的意味呢？也許覺得自稱紳士會讓人不以爲然？如果是，缺乏安全感的不是窮手套商，而是他成功的劇作家兒子。因爲不管莎父的問題是縱酒或不智的金錢借貸，他其實是經由合法程序，即史特拉福的政府工作，申請紳士地位的，他兒子卻不是。對受過教育的人而言，很少有其他職業比演員更遭人非難的。莎士比亞對這項恥辱的尖銳感受，可以從他的十四行詩裡推測出來，說他好比染工的手，被所從事的媒介所汙染。也許就是這社會地位的羞恥心，覺得自己像別人眼中的小丑似的爬上爬下，使他用上這半挑釁、半防衛的家徽銘文。

書寫准予徽章的文書職員，在草稿上出了需要修改的顯眼錯誤，兩次寫下「不，無權利」，也許是無意，也許是狡猾的諷刺，這個逗點正好把銘文改成官方的拒請書。錯誤修改之後，銘文書寫正確，徽章終於賜下。但是對莎士比亞而言，缺乏安全感，或者說是名實不符的焦慮，卻不太可能就此煙消雲散，因為還有許多玩笑嘲弄與不愉快的舊事重提。大部分社會人士之間相互監管的表現，如不以為然的眉毛上揚、嘲諷表情、譏刺諧謔、揶揄戲弄，都是短暫一時的，難得超過一兩天，更別說四百年。但莎士比亞的例子，也許是遭受的侮蔑太多，也許是因為他名氣響亮，到如今我們還可以看得到遺留的痕跡。一五九九年宮務大臣劇團在新建的環球劇院演出班強生的諷刺喜劇《人各有怨》，其中有個叫索格里多的鄉下丑角，用三十鎊錢買了個荒謬可笑的徽章，相識的人譏笑地提議他加上羞辱的銘文「不無芥末」。身為宮務大臣劇團團員的莎士比亞，一定在預演與正式演出時不停重複聽到這羞辱。他也許不甚自在地跟著大家一起發笑，不然還能怎麼辦？

一六〇二年，還有另一件讓他不自在的事。住在約克的家譜學者，徽章官布魯克，不滿地向嘉特勳章官德希克爵士提出正式抗議，說他濫用職權，頒授給一些下層階級人士不該有的地位。布魯克列出二十三個例子，「演員莎士比亞」名列第四。

莎士比亞善於嘲弄假象，想必也知道自己會落人口實。也許他覺得不值得為此遭人非議，然而德希克所擬准予莎父所請的草稿上，有個手寫註解，可以解釋莎士比亞最後的孤注一擲。這條註解應該是根據付款申請人所提供的資料而寫，然後由徽章院的官員驗證。其中當然並未提及手套商店或非法羊毛及其他商品的買賣，德希克除了籠統沒根據地提到請願者卓越的祖先，曾「忠心勇敢地服侍」國王亨利七世外，另加註說莎父「與溫寇的雅登後代結婚」，曾為史特拉福正義和平服務的地方官，並擁有價值五百鎊的「大量土地房產」。

在一五九六年，這一切都像是一個遙遠的夢想，大概跟斯賴的「咱的老祖宗是跟著征服者理查萬歲爺一塊兒來的」相去不遠。莎父雖然喪失許多金錢，仍有一些財產，並非窮途末路，然而卻已不是申請書上所說「擁有大量資產之人」。莎士比亞可能告訴嘉特勳章官，其父上祖曾做過國王侍從、妻子來自顯赫家族、曾在地方政府從事高官要職，總而言之是擁有大量資產之人。這故事一筆抹殺了此人把妻子房產借貸一空、怕因債務被捕而不敢出門、跟同鎮市民的關係惡化，一五八二年還遭四人威脅，「因爲怕被殺或肢體遭殘」而請求保護。在新的申請書裡，莎父不只恢復舊日榮光，還被提升到從所未有的高位。

莎士比亞一生都抱持這恢復舊日榮光的夢想。《錯中錯》裡敘拉古的商人到敵方的城市以弗所找他失蹤的孿生子，被逮捕下獄，若付不出一筆大罰金就要面臨被處死的威脅。經過一大堆亂七八糟、插科打諢的夾纏混淆，包括其中一個兒子因債務被穿皮衣的官差（類似莎父當地方官時隨從的衣著）逮捕的情節，最後父親終於跟孿生子，還有三十三年前因船難失散的妻子重逢。商人的死刑與罰款得以免除，兒子的債務也解決，全家團圓，魔術般重建家聲。《威尼斯商人》裡的富商，在一連串的船難裡喪失所有財產，眼看就要被冷酷無情的猶太債主割下肉來，幸而想到一個聰明的方法詮釋法律，因此重獲所有失去的財物，還要到債主的錢。《第十二夜》裡，一對貴族子女在伊利里亞海灘船難裡失散。兒子惶然困惑，彷如身在夢境；女兒則假扮男子，化名西薩里奧，假身分使她失去原有的上流社會地位，變成僕役，但仍未忘卻自己的出身。當驕傲的女伯爵問她：「你的家世如何？」她答道：「比我現在的景況好，我原是出身良好、有身分的紳士。」女伯爵情不自禁地墜入情網：

> 我發誓你一定是

你的談吐、面貌，你的形體、舉止，和你的氣派，
五方面都能證明你的高貴。

（一．五．二四七～四九，二六一～六三）

「五方面的證明」指的是言談、容貌、行止、服飾與職業，雖然西薩里奧並沒有後兩項，卻戴有紳士的徽章。當兄妹最後終於偶然相會，彼此顯示原來身分：

西巴斯辛：你是哪一方的人士？叫什麼名字？父母又是誰？
薇奧拉：我是梅薩林人，西巴斯辛是我父親。

（五．一．二二四～二五）

他們不只恢復原有的社會地位，又與更高層階級的人聯姻，妹妹嫁給伊利里亞公爵，哥哥則娶得女貴族繼承人。

在這些例子裡，恢復舊日榮光的過程並不容易。敘拉古商人團圓的全家，因船難從來不曾住在同一屋簷底下。輕視高利貸的威尼斯商人，不僅重獲船隻損失，還得以「使用」放高利貸的猶太人累積的一半財產。孿生兄妹的故事，重逢與身分復原的成分，還不比與其新配偶的關係大。薇奧拉嫁的公爵，一直癡情於後來嫁給西巴斯辛的巨富女伯爵。這些爬升社會地位的成功例子裡，奇怪的卻還有一個反面的代表人物，夢想迎娶女伯爵的管家馬伏里奧。

馬伏里奧代表的是莎士比亞自己想達成紳士地位的黑暗面。討厭他的侍女瑪萊亞說他是「一頭裝腔作勢的驢子，背了幾句官話，就大桶倒出來」，意即他強記一些達官貴人的言談，以及高位者虛飾造作的語氣，還是個自戀者：「自信滿滿的，以爲自己多了不起，人見人愛似的。」（二．四．一三二～三五）就像莎士比亞在十四行詩裡自承的「自戀之罪」：「我相信我美麗的容貌、正直的體態、無匹的忠誠，天下無人可比！」（六二．一，五～六）馬伏里奧的敵人根據這些特性向他展開報復，要叫他成爲一個「大笑柄」（二．三．一三二）。

馬伏里奧的荒謬，不只是本性惡劣或嚴厲的清教徒性格，還有夢想當上紳士的舉動。他的荒謬舉止，十分接近包括莎士比亞自己在內的演員必須學習的過程。瑪萊亞告訴她的同謀：「他已經在那邊太陽光底下對著自己的影子練習禮節有半個小時啦！」（二．五．十四～十五）等他走近，一群人可以聽到他自言自語地預演著對未來的幻想：「當上了馬伏里奧伯爵！」其中一個同謀者耳語道：「現在他可著迷啦！瞧他越想越得意。」（二．五．三十，三七～三八）觀眾也一起跟著看這個「著迷」於扮演角色的人，穿著戲服、加上道具與對白，即席創作出演員所稱的後台故事：

……那時我已跟她結婚了三個月，坐在我的寶座上……

睡罷午覺，撇下奧麗薇亞酣睡未醒，我身穿繡花絲絨袍子，把我的家臣都叫了來……

那時我擺出一副做主子的氣派，先目光凜凜地向眾人掃視一圈，好讓他們知道，我很清楚我目前的身分，他們也得明白自己的地位；然後吩咐他們去請我的托比老叔過來……我的七個僕人恭恭敬敬地前去找他。我皺皺眉頭，給我的懷錶上了上絃，或者呢，撫弄我的……（碰一碰自己的手

鍊）什麼珍貴珠寶之類的。（二・五・三九～五四）

馬伏里奧後來被誘入圈套，穿上黃色交叉吊帶襪，臉上擺著愚蠢的嘻笑，被當做瘋子關進牢裡，受到殘酷的羞辱。這是莎士比亞最佳的喜劇情節之一，卻也是劇作家內心深處的一個結，包括對他自己和父母申請上流社會地位的強烈嘲弄。

即使在悲劇和悲喜劇裡，莎士比亞也一直對重建名位的題材深感樂趣與諷刺。《李爾王》的高潮處，受盡折磨的老國王，打敗邪惡的女兒，重得他所有失去的事物與「國家大權」（五・三・二九九）。然而至愛的女兒柯苔莉亞卻死在他的懷裡，接著他也在絕望痛苦、幻想她還活著的假象裡死去。雅典的泰門也有同樣命運，失去所有財產跟朋友，獨自住在森林裡，當他餓到挖樹根充飢時，卻挖到最不想要的金子，又變回大富翁，觸發他深惡痛絕的憤恨。《冬天的故事》裡，國王萊昂提斯與十六年前因妒忌而幾乎錯殺的妻女重逢，但時間已造成巨大的鴻溝，萊昂提斯說他的妻子「臉上沒那麼多皺紋，沒有這麼老」（五・三・二八～二九）。他唯一的兒子，瑪米利烏王子，與忠臣安提戈努，成了他妒忌心的受害者，再也無法從死裡復生。重建舊日榮光帶來的情緒強烈地表現出來，所有似乎無法挽回的失落終於被挽回，但恢復的卻不是原來的事物，而是擬造的幻象，或者最糟的是，更強烈的失落感。

莎士比亞在職業生涯的晚期又回到這個情節主題，在《暴風雨》裡用近乎純粹的形式來表現：一個國王被剝奪王位，跟哺乳中的女兒一起被丟進大海上的破船，因船難來到奇異的海島，數年後，用魔法打倒敵人，重獲失去的王權。這些都是大家十分熟悉的傳統主題，但是莎士比亞以特別強烈的筆法，重複想像財富、身分、地位失而復得的故事，令人印象深刻。

莎劇裡這許多關於重建舊日榮光的故事，跟他重新申請紳士地位，並沒有直接的關係。藝術的形式很少如此清楚直接地反映實際生活，有的話也比較難令人感動。莎士比亞從事的行業要接觸上千人，這些人不可能對一個史特拉福手套商的生意或社會地位有興趣。不過他可能試過用很多方式呈現給觀眾，而他對同一故事主題持續的興趣，也似乎並非偶然，也許他覺得這些重複的故事適合戲劇演出，又或者是他魂縈夢繫所致。他的想像雖遠飛天外，卻是植根於實際的生活情境，或者說是來自這些情境造成的希求渴望與挫敗感傷。因此，《仲夏夜之夢》裡遙遠神祕的雅典，或《冬天的故事》裡浪漫的波希米亞，都可以讓我們看到在漢利街長大，夢想自己是紳士的青年莎士比亞。青少年晚期，母親妝奩盡去，父親地位下跌，使他醒悟到這夢想已然飛逝。然而，不管是生活或創作，都顯示他並未放棄夢想。

他的劇作裡，常常在看來幸福快樂的生活裡，突然發生一場不可預知的災難、恐怖與失落，其中船難是他最愛用的表現方式。最明顯的是金錢物質的失落，但更糟的是身分的失落。隨風浪上到一個不知名的海岸，沒有朋友、熟人、社會關係，這些災難常伴隨姓氏的消失或改變，跟著即是社會地位的消失與改變。莎士比亞的角色常常要宣稱自己的貴族身分，因爲所有傳統可見的標誌，都被海浪沖走了。

在莎士比亞的想像裡，父親的失敗也許就像是一場船難，只是沒有紳士地位可以當安全的靠山背景。他家最好也只到可以申請徽章，變成紳士的地步。當然母親也可能告訴他許多關於帕克樓雅登家的故事，或甚至曾擁有雅登森林的顯赫祖先，《地產清丈書》裡記錄了四大段土地的領主特區爾。那麼他可能認爲，自己的家族就要因父親的工作而重建聲名，就像當日雅登家族與生俱來的貴族身分。這夢想似乎也一直跟著他。一五九九年，在舊的徽章申請書重新提出後三年，另一個成功申請到的雅登家徽，被加在莎士比亞家族的「古徽章」之上，幾乎可以確定又是他的傑作。雖然最後他的墓碑上只有一個莎士比亞家徽，但是此舉代表的意義非常清楚，他要說的是：我不是人家僱用的僕役，也不是該打的流浪漢；我不是在舞台上假裝紳士的人；我是眞的紳士，以父親對女王的服侍與優越的表現，以及母親的顯赫家世，而得以配戴家徽。另一個半隱藏的代表意義則是：我以工作的成果與創作，使家族重返家道中落前的繁華景象；我肯定了母親的顯赫姓氏，並重建父親的聲名；我宣稱有權使用失去的家族遺產；我創造了自己的家族遺產。

第三章　宗教恐怖

就算莎士比亞十幾二十歲就決定要當演員，也不可能就孤注一擲地前往倫敦去戲院碰運氣，一路上以遊唱耍把戲，換取幾分錢買食宿。英格蘭在伊莉莎白女王的時代，倘若有人想離鄉而居，基本上是找麻煩，因爲這個社會對流浪漢非常不信任（莎士比亞後來在作品裡，對無家可歸與失去靠山者的苦難，有許多描寫）。中世紀武士的冒險與遊唱詩人的時代，如果眞存在過，也已成爲陳年往事，或是幻想故事。托缽巡遊的修道士與朝聖者，在當時人的記憶裡，當然是有的，但教會已經被政府改頭換面，朝聖舊地也遭關閉，被狂熱的改革份子破壞無遺。路上雖有流浪漢，處境卻極其危險。單身無伴的女子無可避免地會遭人攻擊強暴，男子這類危險雖然比較少，但也需盡可能有人保護。需要巡迴旅行的行業都要遵守許多規定，所有小販與補鍋匠必須從居住的郡縣，取得由兩名保安官發下的職照，否則會受到官方或非官方的迫害。四肢健全的乞丐或者無所事事的流浪漢，有可能依法被捕，由地方保安官調查懲治。一六〇四年的流浪漢法案，延續從前的法令，規定能歌會舞、會耍把戲或能說會道都不能當做居無定所的藉口，否則就會歸類爲流浪漢，這其中包括戲劇演員、鬥劍人、鬥熊人、遊唱詩人、行乞學者、航海船員、看手相的、相命的，等等人。倘若流浪者拿不出擁有土地或服侍主人的證據，就要被綁在柱子上，公開鞭打，然後送回家鄉，做他生來該做的職業，或者當工人，不然就套上手銬腳鐐，等人收他爲僕。

很少人有特權過游手好閒的生活，大多數人物質缺乏，無法容忍沒有特權的人不工作，用莎士比亞的話說，就是不「獻身苦力」。苦力的報酬，至少在理論上，可以換來個人的社會地位。社會的規範嚴厲得可怕，十六世紀中葉的法令，惟恐鞭笞與手鐐腳銬太仁慈，規定流浪漢應加烙印，強迫當奴隸。雖然證據不足以確定這類嚴苛的法令當眞執行過，在這種風氣之下，一個對未來不確定的鄉下青年，也不會爲了妻兒生計，甘冒此險，大膽抱著希望到大城市去，像狄更斯小說裡的米考伯先生說的，也許會碰到什麼好運。

十七世紀的作家歐伯瑞喜歡道聽塗說，他記下的隨筆說，莎士比亞並未馬上找到戲院的工作，或直接從史特拉福搬到倫敦找工作，還說「他在年輕時做過鄉下一所學校的校長」。歐伯瑞大多數關於莎士比亞的閒言閒語，我們都得帶點保留的態度，但這一條比其他的有根據，因爲他是聽演員畢斯頓說的。畢斯頓是莎士比亞在宮務大臣劇團同事的兒子，因此這項傳記資料是直接從認識莎士比亞的人而來（他們曾於一五九八年同台演出《人各有癖》，並一起做過演出紀錄）。沒有人能確定莎士比亞是在「鄉下」的哪個地方當老師，但是從一九三七年開始，許多學者認爲他很有可能在蘭開郡待過一陣子，也許兩年，受聘於天主教徒巨富紳士賀頓，賀頓死後，則受聘於他住在盧佛附近的朋友赫斯克爵士。

都鐸時期黑暗邪惡的宗教衝突，也許可以解釋爲什麼一個剛從學校畢業的青少年，會從英格蘭中部跑到北部去，如何跟有勢力的天主教家族扯上關連，爲什麼這個家族會聘用他，而不用劍橋、牛津畢業有職照的老師。

史特拉福跟全國各地一樣，表面名義上是信奉基督新教。一五三三年，亨利八世爲了離婚，也爲了修道院大筆財產，宣布自己為「英格蘭教會最高領袖」，正式脫離羅馬教皇的管制。但是，十六世紀早期的英格蘭家庭的宗教信仰，基本上是支離破碎的，許多人的內心也同樣支離破碎。要是沒有一群人聚集在一起，堅持舊有信仰，或一無反顧地改信基督新教，一點也不為天主教感傷，就太不尋常了；可是倘若堅信天主教，當亨利八世違抗教皇權威時，卻沒有一點對自己國家的驕傲與忠誠，也不是合理的事。這矛盾的情結，一直到亨利的兒子愛德華六世掌權的一五四七到一五五三年間，英格蘭的統治階層決定堅固基督新教之時，仍然存在。這幾年的重要改革，使回返天主教變得更困難。

新的英格蘭教會領袖說，世人並非經由羅馬天主教的彌撒與儀式而得到救贖的，乃是因信得救，且唯有信才能得救。因此不只是失去保護的修道院與有名的朝聖地遭到攻擊，教堂裡的祭壇、雕像、十字架、壁畫，都被宣稱為引誘世人成為迷信無知之徒的偶像，因而被銷毀、塗抹、砸爛。狂熱的破壞行動還延伸到其他由來已久的信仰表現方式，包括儀式、歷史劇與一般戲劇。

天主教儀式的最高潮，是對聖體祭餅的崇拜。盛裝華服的教士，背對群眾，半藏在大形十字架後面，舉起聖餅祝聖。此時，鈴聲敲響，信徒由低頭禱告中抬起頭來，仰望神奇轉化成上帝血肉的麵包。基督新教的言論家對這些天主教儀式裡的祭餅，有許多帶敵意的稱呼，如「圓羅賓」、「箱子裡的傑克」、「蠕蟲的食物」之類，並侮蔑地稱彌撒儀式為「教皇的戲院」。

他們承認彌撒是動人的表演，可是只不過是做假戲、編造謊言與幻象而已。寫過反天主教戲劇的狂熱新教徒貝爾，顯然認為劇院有其存在價值，但無關乎信仰崇拜。麵包本身不會像天主教說的，奇蹟式地轉變，只是肅穆的紀念方式，應在桌上，而非祭壇上進行。宗教改革者一直控訴的醜聞是，聖經只有教士才識得的拉丁文譯本，俗世男女無緣接觸（英文譯本被天主教權威視為異端，而焚毀殆盡）。一五二〇年代，新教徒得到出版業的支持，出了英文版聖經，以改革主義爲原則，大量通行，並鼓勵識字者教一般民眾所謂樸實無華的眞理。接著又把祈禱文翻成英文，並頒布《公禱書》，使所有信徒都能了解崇拜內容，用自己的母語一起參與禱告。

這是英文發展史上的重大轉捩點，人們靈魂最深處的倚靠，得以用熟悉平常的日常用語表達。丁道爾與柯藍姆是兩位最高執行官，要是沒有他們兩個，沒有偉大的英譯本新約，與詞藻華麗、字句鏗鏘的《公禱書》，很難想像會有莎士比亞的出現。

他們的成就得來不易。丁道爾的文字，在對教義甚爲保守的亨利八世看來，太過強烈激進，一五二〇年被迫出走歐陸，最後被天主教的權威人士逮捕，處以絞刑。坎特伯利大主教柯藍姆，於愛德華六世統治期間，領導新教的改革，可是當愛德華於一五五三年病逝，王位傳予信仰天主教的姐姐瑪麗女王，她即位後馬上改變宗教政策，而柯藍姆與其他來不及逃亡德國或日內瓦的新教領袖，都於一五五六年在牛津被焚燒而死。這些死刑的記憶，成爲後來傅克思的新教大作《殉道者書》的主題，使十六世紀晚期的人誠惶誠恐，也加深了改革者反羅馬天主教的強烈情緒。

然而風水輪流轉，當瑪麗女王死於一五五八年，身後未留一子半女，教會可又是一場大翻身，二十五歲的伊莉莎白很快就讓大家知道，她的國家必須回歸她父親與弟弟統治期的宗教。她雖然對極端的改革採取謹慎的態度，卻仍於就王位前三天，一五五九年一月十四日，在遊行中發表她的新教觀點。在渠帕塞的小康地，一個扮成眞理的象徵角色向她獻上英文聖經，她取過書來親吻，將它舉高，然後抱在胸前。幾天後，當西敏寺的僧侶拿著燻香、聖水與蠟燭，向她致以祝福，她很無禮地斥責道：「把那些火把拿走，大白天我們看得很清楚。」接下來幾個月，重建的祭壇飾物與雕像被除下，祭壇又改回簡單的桌子，《公禱書》取代了天主教的古祈禱文。剛從愛德華六世的夢魘時期出頭的天主教士，又被迫改從新教教義，或是消聲匿跡，出走海外，又或者用比較危險的方式，改裝躲藏在天主教徒紳士的家裡。

剛開始壓力還算小。伊莉莎白女王說她的興趣是在服從與統一，不在乎信仰是否純粹。裴根認為她不想「開窗子透視人民的心思與私密」。她要的只是大家在外在行為上對王權與官方宗教組織的皈依，特別是定時參與國家批准的教會崇拜集會，他們不會問你：是不是還渴望天主教的聖餐禮？相不相信煉獄的存在？認不認為教士有權赦罪？如果老鼠吃了祝聖過的聖餅，是不是也吃了耶穌的血與肉？等等之類的問題。她的官員雖然有時不太友善，大抵是照一套規定行事。一直到他們認為新教的教會組織受到危險威脅的那一天，情況才改變。

一五七〇年五月，莎士比亞六歲時，一個富有的天主教徒菲爾頓，在倫敦主教的門上釘了封教皇將伊莉莎白女王逐出教會的敕令書。羅馬教皇庇護五世還加了一道命令，要所有在她治下的天主教臣民「不可服從她，或她的訓誡、命令，與法律」，否則也會被逐出教會。菲爾頓被拷打刑虐，以叛亂之名，判處死刑。英格蘭的天主教徒因此被視為極端可疑的危險份子。

這個後來被封為聖徒的教皇，為什麼會置信徒於如此不堪的情境？因為他和許多人都認為，伊莉莎白是讓英格蘭回歸天主教的唯一大障礙。他很有信心大多數一般英格蘭人還是維持對舊信仰的忠誠，而一五六七年委託的調查揭示，英格蘭有五十二個貴族堅信或傾向天主教，只有十五個是堅決的基督新教徒。問題是對宗教的忠誠是否能轉化成政治行動，而教皇認為有可能。於是，這道敕令點燃了一連串陰謀控訴、爾虞我詐的恐怖事件，持續了整個伊莉莎白漫長的統治時期。

史特拉福跟整個十六世紀的英國各地一樣，也經歷到同樣的宗教劇變、緊張情勢，與矛盾情結。當地的修道院與修女院，於一五三〇與四〇年代遭受劫掠，而包括住夏勒寇的盧希家族在內的一些人，則因搶來的財物而富甲一方。一五五〇年代，當莎士比亞的父親搬到史特拉福時，附近還到處是燒過的柴灰，那是當地新教徒領袖（包括科芬特里的嵩德司、格洛斯特的胡伯、牛津的拉提姆等人），被瑪麗女王統治下復甦的天主教徒燒死的殘跡。等到伊莉莎白繼位，天主教徒又再次面臨惡運，雖然即位之初，女王的氣質與政策都比較溫和，寧可採取罰款、貶謫與禁獄，不喜藉法庭處死不服者。曾在史特拉福為莎士比亞之姐、莎家長女喬安施洗的天主教士戴歐，後來被革職，由忠貞的新教徒貝區哥斗取代，於一五六四年四月二十六日為莎士比亞施洗。這實在不是生辰吉日，除了宗教動亂以外，七月中黑死病肆虐，年底之前全鎮就死了整整六分之一的人口。這一年在史特拉福出生的嬰兒，近三分之二活不滿一年。也許莎士比亞的母親曾帶她的新生兒到鄉下去避幾個月瘟疫。

對莎氏父母的上一代而言，養兒育女的年代，一定是氣氛詭異，處處充滿了危險與不安。在他們的有生之年，英格蘭從一個極其保守的羅馬天主教國家（亨利八世曾於一五二〇年代批判馬丁路德，教皇因而賜予他「信仰衛士」的頭銜），變成以國王為最高首領的天主教，又變成謹慎保留的基督新教，接著是比較激進的新教，再改頭換面變回軍事化的羅馬天主教，然後是伊莉莎白的基督新教重新再來。這些政治掌權者，沒有一個有宗教容忍的遠視。每一次改宗換教，都是一場控訴迫害，腥風血雨。

大多數人還能忍氣吞聲，依循官方法令，調整自己的信仰，以應付政治的變動。為了生存，有些人採取牆頭草政策，儘量避免兩邊的強烈立場，以免遭受這些以愛世人為名，行虐待殺戮之實者的迫害。但是，對那些相信崇拜儀式會決定個人靈魂的最終命運者（其實也就是堅持強烈立場者所作的宣言），官方宗教的朝令夕改，一定讓他們痛苦不堪。親人好友互相對立，地方鄰社分崩決裂，甚至父母與子女、丈夫與妻子反目相對，而內心世界更是充滿恐懼悲哀與痛苦。

不只是虔誠教徒很難隱忍低頭（或者應該說，保住腦袋），有野心的人也是。重要人物如強勢貴族、地方權貴、女王樞密院會員，當然都要公開表態，就連莎父之類的地方小官員也是一樣。一五五八與五九年間當警官時，他就得在天主教瑪麗女王與基督新教伊莉莎白女王的轉換期間，維護天主教徒與基督新教徒之間的和平相處，這無疑是困難重重的任務，但是至少他還能應付得來，也許是勉力維持一種中立的氣氛。但是做內務官、議員、地方長官，他就得執行政府政策，不只是維護和平而已。

莎士比亞出生前幾個月，跟後來幾年裡，當內務官的莎父負責監督史特拉福市府教堂的「修繕」工作。此處的「修繕」一詞不過是委婉的說詞而已，他得付錢叫工人買白漆，破壞中世紀的壁畫，如聖海倫發現十字架、聖喬治屠龍記、聖湯馬思貝克特之死，與拱門上方的最後審判日。這樣工作還不算結束，工人還得砸掉祭壇，在原處擺設簡單的桌子，並除下十字架壇（即上置十字架的長屏風，界於中堂與唱詩班之間，用來擺設被釘十字架的上帝形象，讓信徒觀仰之用）。然後市政府的人把天主教士一度用來表現彌撒神祕性的華麗服飾賣掉。讓我們想一想這些作爲：莎父雖然沒有親手去做任何一件，也不可能單獨決定這些事，但他要負擔這些責任，在行政上，他簽署了一五六四年一月十日、一五六五年三月二十一日，以及一五六六年二月十五日的文件；在道德良心上，他也該負責任。

他付款請人做什麼？有宗教改革的宣示、對傳統天主教徒進行有計畫性的制裁法案、迫使民眾宣示服從並參與新教會。這些作爲都有其神學背景，是由冷靜的知識份子不帶感情地討論出來的精微哲理與教義。可是史特拉福發生的事可沒有什麼精微的哲理可言，當內務官的他付錢讓人持鐵鎚鑽鉤，用暴力摧毀了做崇拜的教堂外貌。

莎父因職務所需，付錢叫人做這些破壞行動，扮演的是官方的忠實新教徒，與地方宗教改革的執行者。市議會上他投票罷免天主教官員艾莒沃司，雇用新教徒貝區哥斗來取代天主教士（貝區哥斗學問高深，擁有一座收藏了許多古典人文與宗教書籍的圖書館）。我們很難估量莎父做這些事時有多少熱誠，也許他是個狂熱份子，可是事實告訴我們沒有這麼簡單。

這個雇用新教區牧師貝區哥斗的市議會，奇怪的是也雇用了國王新校連續幾任與天主教關係密切的博學校長。校長必須在表面上歸屬英國國教聖公會，因爲這個職位，要由官方的堅決新教徒華威伯爵與溫徹斯特主教批准，但是顯然每一位私下都忠於舊信仰。從這些人事挑選看來，莎父跟他的同事應該不會嚴格鑑定他們是否舊教徒，或是測試他們的意識形態。相反的，教育史特拉福下一代的這些人，不只對聖母與聖徒還有崇拜之意，甚至還保有深切的天主教信仰，對此他們卻是睜一隻眼閉一隻眼，甚至暗地默許。莎士比亞七歲到十一歲之間的老師杭特，原本來自北英格蘭的蘭開郡，是當時最固守舊信仰的地區，一五七五年他斷然決定離開史特拉福，到歐陸去念督艾的天主教神學院，後來成爲耶穌會會員。這個極端的決定，表示他將一輩子流放國外，或只能偷偷回國，因爲官方會盡可能把他捉拿到案，以煽動叛亂罪名處以極刑。杭特當史特拉福校長的那幾年，顯然沒有把自己的信仰完全私藏，至少帶了一個學生戴卜地跟他到督艾去。戴生大概比莎士比亞大七八歲左右，戴家住在附近的索特釐，原是天主教家族。杭特可能在學童裡尋找其他反對英國國教的人選，而莎士比亞或許是其中之一，因爲他母親跟當地重要的天主教家族有遠親關係，甚至可能跟戴家有關連。

杭特和戴卜地的出走，似乎並未影響到史特拉福官方對下一任校長的選擇，從牛津聖約翰學院畢業的研究員金肯斯，帶了一封他的天主教建校者懷特爵士的推薦信前來。聖約翰學院跟所有其他牛津劍橋的學院一樣，名義上隸屬基督新教，因爲教育機構不能跟其他的宗教有關係，可是一向以歡迎願意對女王效忠的天主教徒出名。這種雙重意識在英格蘭十分普遍，就是許多所謂的教會天主教徒，內心堅守天主教信仰，外表又密切附和官方的教會。同樣也是聖約翰研究員的天主教大學者康平恩，金肯斯可能認識或受教。如何在這雙重意識上保持平衡，金肯斯想必是瞭如指掌。虔誠的康平恩自己就在國教的約束下明哲保身，以絕佳的學識，使新教的萊斯特爵士與伊莉莎白女王大爲佩服，然而卻在一五七二年前往督艾修課，成爲教士，列名耶穌會員，在布拉格任教，並回英格蘭祕密傳教。

金肯斯從一五七五年到一五七九年的四年間，在史特拉福任教，跟杭特一樣，也是莎士比亞生命中的重要師長。莎士比亞離開國王新校前後，金肯斯辭職，由另一位牛津畢業生柯騰繼任。柯騰跟杭特一樣出身蘭開郡，也有強烈天主教背景，應該教過莎士比亞的弟弟，莎士比亞當然是認識他的。柯騰的弟弟柯盾由牛津畢業後，出國就任天主教士神職。

一五八〇年六月，由康平恩帶頭，柯盾跟另一個耶穌會員琶松斯祕密回國傳教。柯盾原打算到史特拉福附近，特別是索特釐村去，他帶了一封好友兼同事戴卜地教士的信給他家人。五年前還在國王新校念過書的戴卜地，給了柯盾幾件天主教的象徵品做信物，其中有一個勳章、幾塊羅馬錢幣、鍍金十字架、一串玫瑰念珠，並在信裡要家人「接受傳信人極爲重要的建議」。

不幸柯盾沒有到得了索特釐。他在歐陸錯信了一個叫史列得的英國天主教徒，不料史列得密告他，向官方詳盡精確地描述他的樣貌，他們稱他為「尋覓者」，在各處海港守候，等他在多佛一上岸，就捉拿到手。他有一段短暫的逃亡，因為押解他到倫敦的人剛好是個祕密天主教徒，放他逃走。但是一五八〇年十二月，輪到這個押送人面臨牢獄之災時，柯盾終於自行投案。

倫敦塔獄卒偵訊柯盾的方式，是用一種恐怖的刑具「拾荒者之女」，以鐵環慢慢拉彎犯人的脊椎，直到破裂為止。但是官方顯然沒有從這些刑虐裡拷問出多少祕密，可以馬上進行審判。柯盾在塔裡被關了將近一年，政府才捉拿到其他的同夥，在一五八一年十一月判以叛國罪名。一五八二年五月三十日，用駭人的死刑方式，對大眾昭示政府的盛怒。囚犯被綁在囚車後面，拖過公開執行死刑之地泰本泥濘的街道，通過兩旁譏嘲的人群，然後吊在絞具上，趁著一息尚存，取下來閹割，開膛剖腹，腸子拉出來，在他將死未死的眼前焚燒，最後斬首裂肢，屍塊展示，以為警告。幾年後，戴卜地也遭受同樣命運。

柯盾的被捕，一定讓史特拉福的市議會震恐不已。連續雇用三個天主教校長是一回事，可是有叛國嫌疑的天主教士要到附近來造訪他在此地當校長的哥哥跟戴家，可又是另一回事。一五八一年十二月，弟弟被判刑後一個月，柯騰辭去國王新校的教職，回北方去。可能是市議會暗示他離開，也可能是他覺得在天主教的蘭開郡比較安全，因為華威郡的司法官盧希爵士，正緊鑼密鼓地加強搜索喬裝的教士，跟反英國國教的同夥。

政府幹麼對一個年輕的牛津畢業生教士帶幾個珠鍊緊張兮兮呢？從天主教的觀點看，這是一個富有理想主義的英雄，拋棄所有的平靜安適、事業榮耀，與家人親屬，每天冒生命危險為信徒團體備戰。像柯盾這樣的教士，在歐陸接受神職，偷渡回到與自己宗教敵對的國家，為了逃避告密者，會找個同情天主教徒的家庭做庇護。可能裝成家僕或家庭教師，卻私下講道、偷設聖壇行聖餐禮、聆聽告解、爲臨終者做最後禱告儀式，或者也像戴卜地一樣爲人驅邪。然而從基督新教的觀點看，他最多只是個被迷惑的可憐傻瓜，要不就是危險的狂熱份子，爲外國政權服務的叛謀者，亦即由羅馬惡勢主導，盡力要使英格蘭重返教皇一干人的權勢掌控。

新教徒的恐懼其來有自。羅馬天主教會就曾鼓勵英格蘭的天主教徒起來叛變，意思非常清楚，教皇貴格利十三世於一五八〇年聲稱，暗殺英格蘭的異端女王，不算大罪。這項聲明明明白白是一道准殺令。柯盾正是在此時，帶了那一小袋天主教的象徵信物，在前往史特拉福附近的途中遭到逮捕的。難怪他哥哥在鎮上的教職爲期不長，莎士比亞的父親和他市議會的同事一定覺得分外不安，特別是那些跟天主教徒有親戚關係的人，因爲政府的偵查很容易就會循跡牽連到他們。

此類恐懼乍看似乎挺荒謬的，柯騰校長又沒有做錯什麼事，可是這幾年的危險期間，任何恐慌與威脅都是眞實不可小覷的。伊莉莎白就位早年遇到的暗殺行動，肯定是改變英格蘭宗教氣氛的重大因素。從事後的角度看，當時許多人以爲英國的新教徒會像法國新教徒一樣遭大屠殺，這樣的恐懼看似沒太大道理；然而當時處處皆是的陰謀疑雲，與英國天主教徒可能會歡迎並支持外國侵略，種種疑慮卻是理性而實在的，因爲許多天主教徒遭受刑獄，難免會使人民加強對外國的支持心理。隔著遙遠的時空從今天看來，當初那許多虔誠的英格蘭天主教徒，會對這樣一個極力壓制他們的政權效忠到底，實在是不可思議的事。

英國國教會的法令規定彌撒爲非法，除了《公禱書》裡的儀式以外，都屬違法，不按時上教區教會的人則罰款一先令。一五七一年，教皇發下逐出教會的敕書後，國會規定攜帶任何教皇訓諭到英格蘭，或稱女王爲異端，都屬叛國。到國外接受神職，或帶任何信仰物件進國內，或者「從羅馬主教手上接受象徵物、十字架、圖像、珠鍊等之類虛有其表的無用之物」，都是違法。一五八一年，由於耶穌會的祕密任務，國會又規定，自己接受、或使他人接受天主教會，以反對王室者，是爲叛國。等到一五八五年，當天主教士就是叛國，庇護或幫助教士是違法，一五八五年後變成死罪。若不參加地方教會的新教儀式，罰款高到天文數字的一星期二十鎊。雖然這項罰款無法經常強制繳納，對不上教會的人，卻是一種家敗身毀的威脅。甚至付得起罰款的少數人，也學一些較貧窮的天主教家庭，一旦小孩長到十六歲，即開始罰款的年紀，父母就把他們送到附近遠一點的地方，讓他們少受點政治壓迫。

假設柯盾是在史特拉福被捕，就很有可能由司法官領頭，挨家挨戶地搜索。由於他在倫敦被捕，使得史特拉福當地的天主教徒免於一場大規模的恐怖事件，可是一五八〇年的耶穌會任務行動，以及隨後幾年間糾纏不清的陰謀疑雲，造成日益緊張的謠言、窺探，幾家可疑的反國教者並遭突擊搜捕。許多家庭藏匿的祕密，可能都被查出來，而漢利街上的莎士比亞家可能也不能幸免。如果莎士比亞的母親是跟她父親一樣虔誠的天主教徒，也許會有不少宗教信物，如玫瑰念珠、勳章、十字架，就像在被捕教士身上搜到的東西一樣。要是搜查者找得仔細點（這些人的搜索是惡名昭彰的徹底，往往把所有房間的每樣東西都拆開來看），也許會發現一件具有高度危險性的文件——一本天主教的虔敬「靈性遺囑」，上面顯然有莎士比亞之父的名字，跟他表面上歸附改革派的信仰不相符合。

這份原始文件已經佚失，我們只有從抄寫本得知其內容。可是如果我們想像當時做這種信仰聲明要冒多大危險，如今能找到一丁點殘痕遺跡，都算是極其難得的事。十八世紀一個磚石師傅在莎士比亞一家曾住過的房子裡重新砌牆時，在屋椽和磚瓦之間，發現以線縫補成冊的六頁文件。除了第一頁以外，這份文件傳到莎士比亞作品的大編者馬隆手上，將它出版，可是後來發現其中的筆跡與拼字有點反常，轉而質疑它的眞實性。雖然到今天我們還是不知道這份文件是眞是假，二十世紀的另一新發現卻大大支持了這項假設。這個文件的內容來源，是義大利的偉大政治家與學者樞機主教博羅米歐所寫的宗教儀式書。耶穌會員康平恩與琶松斯曾在返英途中，在米蘭跟博羅米歐小住，可能親自從他那兒拿到這篇文字。之後經翻譯印刷，字裡行間留下空間，讓信徒嵌進自己的名字，這些本子偷渡到英格蘭，祕密發布。康平恩行經英格蘭中部時，曾停留在離史特拉福約二十公里的拉普沃，招待他的主人是堅信天主教的蓋慈比爵士，蓋慈比又是雅登的姻親。莎士比亞的父親也許是從幾個同情耶穌會的祕密團體取得這份文件的，這些團體也正是盧希與華威郡官方想要摧毀的。

「靈性遺囑」的內容跟莎父當內務官負責破壞聖像的暴力行動，幾乎全然相反。由此看來，莎士比亞的成長過程裡，不只父親執行地方宗教改革的身分與母親奉行的天主教之間大有隔閡，父親的內心也有許多衝突存在。一方面，他要當議員投票解雇史特拉福的教士，由改革派牧師取代，以官員身分簽發命令，叫人洗刷掉古老的壁畫、砸壞祭壇，還要代表市鎭扮演討好的公眾人物，與盧希之類的狂熱新教徒周旋；另一方面，他又把自己的名字放在「靈性遺囑」裡，祈求聖母馬利亞與聖徒聖溫尼費德的保護，強烈地表達自己不值得當「神聖天主宗教會員」。他應該是幫忙雇用天主教校長杭特、金肯斯、柯騰的官員之一，甚至可能是反英國國教者，爲了逃避上教會，要他的市議會朋友用躲債的藉口來掩飾。

也許祕密天主教徒的身分才是莎父的眞面目，而新教地方官只不過是他在現世具野心的外表。又或者，莎父大半生信奉的是新教，只因疾病或爲撫慰妻子，暫且回歸以前離棄的天主教。身爲長子的莎士比亞會知道眞相嗎？他能不能確定哪個才是自己「眞正的」父親呢？是在現世快速爬升的那一個，還是因心裡的恐懼與渴望，而把自己關在家裡以求平靜的那一個？他也許察覺到父親在扮演一個不太知道虛構與現實界限的角色。也許聽到父母低聲的爭吵，看到他們的祕密行動。順此推論，他也許會下一個奇怪卻很有可能的結論，即父親既是天主教徒也是新教徒。莎父只是不肯在兩個對立的信仰團體之間做選擇。許多莎士比亞認識的人都過著這種兩面生活，外表歸依官方的新教體系，至少做到可以保住工作的地步，可是內心依附的還是舊信仰，如校長杭特、金肯斯、柯騰，應該都是例子。可是莎士比亞會看得出來，父親要的不只是如此而已，他兩邊都要，畢竟看夠許多變動，難說哪一天又會來一場戲劇性的大改變。他不只要今生，也要身後的保障，認爲兩邊不管看來多不相容，還是可能同時擁有。與其說他過的是兩面生活，還不如說他有雙重意識。

莎士比亞自己呢？一五七九到八〇年，他十五六歲要離開學校之時，是否也面臨這種雙重意識的需要呢？莎劇中有許多證據顯示他的雙重或多重性，有些時候，他似乎同時是天主教徒也是基督新教徒，有時又對兩者深表懷疑，《哈姆雷特》就是最好的例子。然而成年後的信仰掙扎，並不能代表他青少年時期的信仰（如果他知道自己信什麼）。也許從一些街談巷語、蛛絲馬跡，可以讓我們有些概念，就像從老牆古痕窺見出模糊的人影畫像。

奇怪的一件事是，史特拉福的幾位校長都跟遠在北方的蘭開郡有關係。蘭開郡一帶一直保持強烈的天主教色彩，柯騰家在此地，與財富勢大的天主教徒賀頓的主要住宅，僅有十六公里之遙。學者何尼曼等人認爲，賀頓可能請柯騰推薦年輕有爲的人當他們小孩的家庭教師，要的不是持有職照的校長，因爲他們會是地方主教規定的基督新教徒，而是私人家教，可以教他們整個大家族的孩子。他可能推薦了剛離開學校，因父親的財務困境無法上大學，正在找工作的莎士比亞。柯騰要找的，不只是學業成績良好的人（這個人剛好是全國最具驚人才氣的年輕人），而且是個好天主教徒。因爲虔誠的賀頓，私下一定非法包庇不少天主教士，還擁有許多違法的祭儀物品，收藏大量被禁或質疑的書籍，他們要的是可以信賴的人，跟其他僕役一樣，可以保守他們的危險祕密。

有個小線索指出莎士比亞可能住過蘭開郡，但是跟宗教沒有太大關係，倒是與戲劇有關。賀頓在一五八一年八月三日的臨終遺囑上，把自己所有「樂器與戲服」留給弟弟，如果弟弟不想保留演員，就給赫斯克爵士，並說「誠請赫斯克爵士善待如今在我住處下榻的蓋龍與莎士夏特，自行雇用或轉介給其他好主人」。質疑者說「莎士夏特」不是「莎士比亞」，又說莎士夏特是當地很普遍的姓氏。然而，當時對姓名字音的拼寫是出了名的隨便，譬如說在不同的紀錄上，馬羅也可以是馬盧、馬黎、莫黎、馬林、馬泠、馬吝。從莎士夏特姓氏相似的拼寫，他與柯騰、賀頓的關係，以及莎士比亞未來的職業，與其他瑣碎的關連上看來，不少學者相信他就是史特拉福的莎士比亞。

這個早熟的青少年，在柯騰的推薦下，是一位聰慧謹愼、受過良好教育的天主教徒，於一五八〇年來到北方當教師。從上述遺囑可知，他很快就開始跟賀頓家的戲班一起做戲劇表演，一開始大概只是娛興，後來逐漸認眞起來。不管教書的成績是好是壞，他的演戲天分必然立時吸引了主人與全家的注目，就像《第十二夜》裡的西薩里奧，使他快速超越其他年長僕役，成爲主人的最愛。賀頓於一五八一年八月死後，莎士比亞可能轉而投靠赫斯克，或如賀頓所要求，轉介給別的主人。可能的人選是赫斯克的鄰居，有權有勢的第四任達比伯爵史坦利，與其子史欠莒大公費迪南多，他們比赫斯克對戲劇更有興趣，雇用了一個兼具才藝與野心的戲班子，由樞密院發予職照，稱爲史欠莒大公劇團。其中主要演員，勘浦、博普、漢明居、費歷卜、卜萊恩，是後來莎士比亞加入的倫敦宮務大臣劇團的台柱。莎士比亞跟這個劇團接觸的確切年代已不可考，但是他們的關係成爲他後來事業的主軸，這個意義重大的關係，至少最初的照面，有可能是在一五八一年英格蘭北方。

如果莎士比亞眞的住過北方，那麼他過的會是混合戲劇與危險的生活。一方面是燦爛多采，首次顯露天分的時機。莎士比亞的個人魅力、音樂技巧、即興才華、演戲能力，甚至寫作天分，都在他家人朋友的生活常軌之外的舞台表演間，逐漸展現出來。他的表演可能並非完全是公開的，但也不只是私底下茶餘飯後的娛興而已。赫斯克家富可敵國，賀頓與史坦利則是封建時代的大人物，他們是財大勢大的舊世界代表，尚未完全融入都鐸王室的階級制度，正如尚未融入國教一樣。擁有小支由侍衛與隨從組成的軍隊，還有大群聯盟、親屬、佃農。這許多周圍眾人諂媚恭順所養成的驕傲，使他們爲了博得「家主」的名聲，表現得格外慷慨大方，大宴賓客之餘，也常有戲劇表演，以爲娛興。精彩的表演有助於提升主人高尚大度的形象。蓋龍的即興技巧與演員天分，我們不得而知，可是莎士比亞的表現證明足以讓他贏得幾年後倫敦首席劇團的一席之地。至於他的想像能力，在這些蘭開郡富豪紳士的大廳裡，就算只有一丁點的展露，其強烈感染力，都足以解釋何以賀頓臨終時會留下那樣的遺囑了。

另一方面，莎士比亞過的卻是充滿祕密的生活，比方說，某處上鎖的櫃子裡藏有彌撒用的聖杯、書籍、祭袍之類物件，某位神祕的陌生人帶來關於蘇格蘭馬莉女王或西班牙軍隊的不祥傳言，還有種種有關陰謀的耳語。連最低微的僕役都知道，這許多事要是洩漏出去，整個家族都要大難臨頭。蘭開郡在此當時，瀰漫的是帶著希冀、懷疑與焦慮的緊張氣氛。莎士比亞可能在此寄居的時期，也正是耶穌會士康平恩前往此地，尋找女王臣民之中最頑固的天主教徒所提供，比較安全的住處。蘭開郡在女王樞密院的眼中，是「天主教徒的罪惡淵藪，是全國最多犯罪行爲與私藏祕密的非法人士之地」。一五八一年八月四日，賀頓把莎士夏特推薦給朋友赫斯克爵士隔天，樞密院下令到賀頓的堂兄弟「蘭開郡賀通家」搜索康平恩的文件。當年年底，赫斯克因家中藏匿反國教者而下獄，當時莎士比亞可能已投靠其門下。他的娛興表演，大概是混合了節慶與倉皇的氣氛。

康平恩與琶松斯主導的行動，激發了天主教徒的虔誠之心，也使政府大爲警戒。不只教皇正式授權暗殺女王，還有一支由英格蘭天主教徒單德領導的遠征軍到愛爾蘭去，企圖引發叛亂以反抗殖民的新教徒，但慘遭失敗。一五八〇年十一月十日，他們無條件投降，包括婦女與教士在內的六百多個西班牙、義大利軍隊與愛爾蘭聯軍，被拉雷爵士所領英軍屠殺盡淨。英人冷血兇殘的手段，意在嚇阻更進一步的侵犯，但教皇與其同盟國意欲顛覆伊莉莎白政權、收復天主教領域的決心也是無可置疑的。即使那些數量甚眾，死忠於伊莉莎白女王的英國天主教徒，也不免在心裡點燃一線希望，或許耶穌會教士的虔誠英勇之舉，會使他們遭扼殺的信仰重新抬頭。

全國的天主教徒都在祕密傳閱一篇人稱「康平恩大言」的文章，這個一度是牛津研究員，如今變成國家緊密捉拿要犯的人，在文中解釋他的任務，用一種近乎洋洋自得的順命語氣寫道，「在這忙碌、監視與多疑的世界」，他很可能終究會遭逮捕，被迫招供其計謀，因此，爲了節省所有人的時間和麻煩，他乾脆事先告解。他的任務不是來干擾政治，而是「來講授福音、主持聖餐禮、教導平民、改變罪人、辨正錯誤」。他當然知道官方會說，這些事由天主教士來擔任，正是想干擾政治，也知道他們會以暴力制裁。可是他跟同伴「決定絕不棄絕你們，若非爲你贏得天堂，便死在你的刀尖上」。對於以國際陰謀入侵英格蘭的陰險「計畫」的罪名，他大膽玩弄文章：

說到我們的團體，你要知道，全世界所有的耶穌會，以傳承與人數之眾，必然會勝過英格蘭的教會；我們已經結成聯盟，要與高采烈地背負你交給我們的十字架，對你的回轉永不絕望。我們會有人留下來享受你的泰本死刑架、讓你們拷打刑虐、或在牢裡關死為止。我們計算過要付出的代價，計畫已經開始執行了；這是上帝的計畫，誰也無法違抗。信心既立，必也重建。

康平恩在此流露的崇高信心，也可以明顯從這篇文章的標題看出，他說雖然讀者會討厭他「粗野無禮，大言不慚」，卻對天主教信仰的明顯眞理有十足信心，相信自己負有與任何新教徒辯論的責任。他的字句有種怪異的特色，彷彿不是活在充滿陰謀詭詐與刑求牢獄的現世，而是學者騎著書本來場俠客武士競賽的世界。他說：「我謙請立時與他們所有重要人士戰鬥，並鄭重聲明，此役之中，武裝越多的我越歡迎。」

在康平恩看來，英格蘭新教官方的殘酷手段，正表示他們害怕公眾自由言論，也正表現出他們的無望。這些挑戰延伸到他用拉丁文寫的一本較長的學術著作《十項理由》，原名《無望的異端邪說》。這本書是他在躲避官兵捉拿的幾個月裡構想出來的，其間不時改裝、搬家，還有許多風聲鶴唳，驚險逃亡。一五八一年冬末春初在蘭開郡，他以一段僅有時間與安全處所，手邊還有書籍可看的時刻，坐下來寫成此書。但即使是身在北方，他仍被迫數日一遷，以混淆政府間諜與密告者的視聽。穿著僕役的服裝，由一位舊日門生與妻子帶領，在反國教者的家門之間，倉皇疾走。十九世紀的作家辛普森寫了本很不錯的康平恩傳記，說「在他們的帶領下，從復活節到聖神降臨周（四月十六日）之間，他造訪了沃靈頓家、塔伯特家、紹氏沃思家、赫斯克家、樞機主教兄弟的遺孀艾倫女士、賀頓家、魏祠比家、瑞格梅登家」。

莎士比亞很有可能在赫斯克家或賀頓家的藏匿之所，親眼見到這位大名鼎鼎，正遭追捕的傳教士。康平恩的造訪當然是祕密的，但也不只是私下幾個人知道而已，數十甚至上百信徒會聞訊前來，許多人睡在附近的穀倉庫房，以便早起聽他講道，領受他發下的聖餐。他會換下僕人的衣服，穿上教士的祭袍，花半個晚上聽人告解，爲人解決道德難題，給予勸告。這交換耳語的其中一個，會不會是從史特拉福來的那個年輕人呢？

讓我們想像當時他們兩人坐在一起，一個是十六歲初生之犢的詩人演員，一個是四十歲的耶穌會教士，對莎士比亞而言，康平恩會是極富魅力的人物，即使他的死敵也承認他有天生的領袖魅力，也許莎士比亞甚至會從他身上看到一種跟自己類似的氣質。不是宗教上的虔誠，因爲雖然此時的他算是堅決的天主教徒，足以信賴不會洩密，然而後來的大量作品，卻找不到一點宗教上的挫折感。比莎士比亞大了二十幾歲的康平恩，出身低微，卻以個人的智識口才與敏捷反映，吸引眾人的注目；愛好書籍，卻也同時爲現世所吸引。他博學多聞，但非自創新意，而是善於以清晰優雅的語言和身上散發的感染力，爲傳統想法注入新生命。他的作品機智富想像力，又熟諳即席創作，混合了思考的嚴肅性與強烈的戲劇性質。如果年少的莎士比亞跪在康平恩腳前，他看到的會是自己的另一個影子。

即使僅有短暫的照面，這位耶穌會士也許也會注意到這個年輕人不同凡響的一面。康平恩是個具天分的老師，曾在較安全的時刻，寫過一篇關於教育的論文，說理想的學生應出自天主教家庭，心智「清晰靈敏、熱切渴求，記憶快活愉悅，聲音響亮甜美、能高能低，行動舉止，活潑朝氣、溫和有禮，整個人有如智慧的殿堂一般」。在學時期，應該讓他浸淫古典文學之中，熟悉「（詩人）維吉爾的莊嚴、奧維德的歡樂優雅、賀拉斯的韻律、與西尼加戲劇性的演說」。好學生不是只被動地接受高等文化，還要精擅樂器，具備口才與寫詩的天分。簡單說，如果飽受逃亡困頓的康平恩有機會好好觀察，會發現少年莎士比亞正是這樣一個學生。

話說回來，也不盡然如此，因爲莎士比亞並非志在康平恩所擬的高等教育計畫，如哲學、數學、天文學、希伯來文，還有最重要的神學。此外他無疑也違反了康氏計畫中的一項重點，還盡可能違反到底。康平恩所說的理想學生，是要念詩寫詩，可是重要的一項例外是，絕不可讀寫愛情詩。

不管莎士比亞眞的親眼見過康平恩，或只是由一五八〇與八一年間的大量傳言風聞其名，他可能既欽羨又不服。每個見過康氏的人都看得出他的勇氣、魅力、說服力，與親和力，至今我們還可以從他的字裡行間一窺其人。但他也全心全意相信自己知道那唯一永恆的眞理，值得爲之生死以赴，樂於爲之犧牲，也希望他人如是。當然他沒有想當殉道烈士。在布拉格教書時曾對樞機主教艾倫說，他無意返英，只是爲教會做有價值的事工，在爲戰鬥而設的教會下，獻身爲士兵，當上將一聲令下，不管勝算多少、情勢如何險惡，都要沉著以赴。或許他會帶年少的莎士比亞或任何值得帶領的人，跟他同行。他是個狂熱份子，或者說得精確一點，是一位聖徒。而莎士比亞從來都知道，所有聖徒都是危險份子。

又或許比較正確的說法是，莎士比亞並不完全了解聖徒，就他對聖徒所了解的範圍來說，又不太喜歡他們。他劇作中大量富麗堂皇的角色裡，夠格稱爲聖徒的少得奇怪。早期的歷史劇裡有聖女貞德一角，可她卻是女巫跟蕩婦。亨利六世有聖徒的傾向：「把教皇的三重冠冕加在他頭上，那樣的地位才最適合他那一心向道的精神」（《亨利六世中集》一．三．五九～六〇），可是卻軟弱得可憐，更因此丟了他的王位。《愛的徒勞》裡那些納瓦拉宮廷裡的優雅青年，立誓要過「潛心冥思」人生哲理的苦行者生活，要像戰士一樣跟「人世許多數說不盡的七情六欲」搏鬥（一．一．十四，十），可是不久就屈服在法國公主與其侍女的魅力之下。《一報還一報》裡嚴厲的安奇羅是個「從不承認有感情衝動」的人（一．三．五一～五二），但是很快就開始圖謀強迫美麗的見習修女依莎貝拉跟他上床。至於依莎貝拉，對保持貞操的聖召堅持雖然令人感動，但為之不惜犧牲兄弟性命的決心，卻不免少了人性。

莎作中有許多不同形式的英雄主義，但是為理想觀念或組織機構而不惜犧牲自我的剛烈英雄，卻不是其中之一。我們看不出他對教會有深刻的感情。其中幾個顯而易見的天主教人士，如《羅密歐與朱麗葉》裡的勞倫斯神父，基本上是富同情心的角色，但不是因為他們是教會裡的高階人物。相反的，莎劇常把權高位重的主教描寫成討人厭的人物。他鮮為人知的歷史劇《約翰王》，雖把時空設於十三世紀早期，卻錯以後來十六世紀才有的強烈新教徒立場，對教皇加以攻擊。約翰王憤慨地質問教皇使者，說教皇怎麼可以用自己的意思強迫一個「神聖君王」？

> 樞機主教，你不能編造出一個
> 像教皇那樣渺小無用又荒謬可笑的名義，
> 來叫朕回答他的訊問。
> 你就這樣回報他，再加上一句英王親口說的話：
> 義大利教士不得在朕的領土上抽捐徵稅；

在上帝庇護之下，朕乃是人間至尊，
憑藉主宰一切的上帝給予朕的權力，
朕可獨自統治國土，
無需凡人的協助。

（三·一·七四～八四）

這段直率明顯攻擊教皇的新教語句，當然不能代表從小受洗爲天主教徒的莎士比亞長大後的想法，以及當初他在康平恩面前的心態。莎士比亞一生熱切相信的，是帶有性愛暗示的聖徒精神，正是康氏要學生千萬避免的感情與題材。

羅密歐：好聖徒啊，那麼我要禱告請求你的允許，
　　讓手的工作交給嘴唇吧，不然我可苦惱死了！
朱麗葉：聖徒是不遷就的，不過你的禱告已蒙允許了。
羅密歐：那就別動，讓我領受恩准。（吻她）
　　這一吻洗清了我的罪過。
朱麗葉：那麼你把你的罪過留在我唇上了？
羅密歐：啊，我唇上的罪留給你了？指責得好！
　　讓我收回來吧！（又吻她）

朱麗葉：你接吻是從書上學來的嗎？（意指羅密歐的吻臻於完美，另一解釋指他照章行事，不夠熱情）

（一・五・一〇〇～一〇七）

康平恩會看得出此處的天主教痕跡，但其中神學與儀式卻被巧妙地轉化成欲望與滿足欲望的方式。

《羅密歐與朱麗葉》裡這段遊戲式的美麗文字，寫於一五九〇年代晚期，距莎士比亞與康平恩可能相遇的時間約十五年。莎士比亞以其劇作家與詩人的才能，混合了取代與替換的技巧，將傳統的宗教題材轉換成世俗的表演，這種混淆神聖與世俗的特色，正是他近乎所有作品的成就。早期所作的《仲夏夜之夢》中，新婚夫妻的新床接受祝福，仙子用「田野裡的仙露」取代聖水來點灑（五・二・四五），是被新教徒禁止的天主教流行儀式。晚期所作的《冬天的故事》，則興奮地描述了一段莊嚴的祭典，說教士穿著「神聖法衣」主持祭典，可是典禮做的不是彌撒，而是阿波羅神殿上的祭師發布神諭：

我要說，
給我印象最深刻的，是那神聖的法衣——
我想應該叫做法衣吧——
以及披上法衣的祭師那種肅穆的神情。

啊，在獻祭時，
那祭典是多麼隆重莊嚴，又神聖！
（三·一·三～八）

這段文字並不是對彌撒的諷刺，也不是爲了逃避政府監察法眼的暗地致敬，然而卻說明了莎士比亞其實是完全把天主教吸收爲詩意創作之用。這種用法與康平恩的目的相距不只千萬里，而如此差距在一五八一年的蘭開郡可能業已十分明顯了，也許還特別是在此時此地。

莎士比亞沒有宗教聖召的感動，對傳教缺乏某種篤實信心，還有身爲青少年的他對肉體的自覺，但這些氣質個性還不是最重要的因素。雖只身爲僕役，他會輕易感受到自己遠道來住的此地，除了宗教問題以外，還有一種奇怪危險的氣氛。英格蘭北部一向是反抗中央王室權勢之地，他所寄住與工作的家庭，幾近叛國。一五九〇年代早期讓他在倫敦打響名聲的早期歷史劇，都是有關叛亂的故事，必然是來自經常接觸的熟悉事物。雖然安全地把時空設於十五世紀英格蘭，故事取材於歷史，卻得超越史書，給予角色眞實感。他的想像之所以受歡迎，來自個性強烈、桀驁不馴、野心勃勃的男女，爲爭權奪利不惜冒險以赴。這些人物很可能來自於當年在北方寄居時的所見所聞。

如果莎士比亞眞的在一五八一年見過康平恩，不管他曾當面暗示，或熱情直接地鼓勵，扛起十字架，參加天主教信仰的聖戰，莎士比亞也許心裡會戰慄退縮，不敢接受。賀頓的遺囑可能是他平生首次被認定爲演員，開始知道自己的才藝與能力，他不會讓自己陷入一個光榮卻叛逆的十字軍自殺行動。如果他的父親既是天主教徒也是基督新教徒，莎士比亞將是兩者皆非。

倘若莎士比亞就是賀頓遺囑裡的莎士夏特，他在蘭開郡最少待到一五八一年八月，才回史特拉福去。康平恩當時已離開此地，琶松斯要他回倫敦去監督其書《十項理由》的祕密印行。印刷工人在巨大的危險下趕工，在牛津大學的開學日六月二十七日前印好，當日湧進聖馬利亞教堂的學生與研究員，發現數百本裝訂成冊的《十項理由》放在位子上等著他們。幾星期以後，康平恩在回蘭開郡的途中，中伏被捕，帶到倫敦塔，丟進牢裡，被取了個好綽號「好不容易」。經過四天的痛苦折磨（牢房讓犯人無法站直或躺平），忽然被帶出牢房，在監視下坐船到權勢巨大的萊斯特伯爵的宅第，這是多年前一度要贊助他的人。跟萊斯特在一起的有貝德佛伯爵和兩個國務大臣，更令人驚訝的是，伊莉莎白女王也在場。他們問他到英格蘭來做什麼，他回答是爲了拯救靈魂。伊莉莎白於是直接問他承不承認她是他的女王，康平恩說：「不只是我的女王，也是我最合法的執政者。」女王抓住「合法」一詞問說，那麼教皇是否「合法」將她逐出教會，要她的臣民不服從她呢？這些問題正是康平恩描述爲「血腥，僞善，有意置我於死地的問題」。他立刻就領悟到如果自己照她所要求的回答，不只可以讓他自由無罪，女王還說得很清楚，會讓他名利雙收，只是他做不到。康平恩被帶回倫敦塔，審問，刑虐，判爲叛國，最後與柯盾和其他人一起被處死。

這些可怕的事，莎士比亞大概只能從傳言，或政府扭曲事實的報導得知。康平恩被捕是全國的大消息，他當然會聽說，無疑也會爲康氏在刑虐下供出的庇護同黨姓名，而憂心忡忡。（康氏的供詞被官方大肆吹噓，雖然眞假仍有爭議，但後來蘭開郡與其他各處的逮捕行動，還有康平恩在絞架上的供詞，顯示他洩漏了許多不願洩漏的祕密。）

莎士比亞可能也會聽到或讀到，這個耶穌會教士自被捕到處死之間，發生的特殊事件。康平恩挑戰大家來辯論天主教優點的誇張「大言」，與祕密發行的《十項理由》，顯然激怒了官方。八月底某日，康平恩在毫無預警下，被提出牢房，帶到倫敦塔的禮拜堂。在警衛環繞下，其他天主教罪犯也被帶到現場，有優先權的大眾擠滿一室，他面對兩個新教神學家——聖保羅院長諾威爾與溫莎院長戴韋的質詢。這兩人是出名的神學辯論家，座前堆滿了書本筆記。另一桌坐的是另外兩位立場極端的名人，葛雷法學院的傳道人查克與劍橋神學講座教授惠特克，做在場公證人。罪犯是有機會自辯，可是設定舞台和規則的是政府。

康平恩抗議說他沒有時間準備，也沒有書本筆記，還受到「非人的刑虐」。倫敦塔的副官哈普藤爵士厚顏無恥地說，犯人「很少絞挾，應該叫挾刑，而不是拉扯四肢的架刑」。康平恩有尊嚴地回答他自己「是最好的見證與說明，因爲他知道那痛楚」，但別無選擇地接受這條件極不公平的辯論。然後，據所有大眾輿論，他打垮了對手。官方十分懊惱。接下來幾個星期，又找來新的辯論家開了三次辯論會。這回不准天主教徒在場聽講，並刻意限制康平恩回答的範圍和方式。直到他們滿意，可以宣稱勝利。然後把他帶到泰本的絞架，在大群觀眾前吊死，把他的屍體切成四塊。其中一個站在附近觀看的新教徒渥浦，當劊子手把康平恩的屍塊丟進滾水時，濺了一滴血水在他衣服上，他立時覺得自己必須改信天主教。渥浦後來前往歐陸，成爲耶穌會教士，又被送回英格蘭，也同樣被逮捕處死。這就是聖徒與殉道者的作爲。

不用說莎士比亞從未提過康平恩此人。也許《李爾王》裡那個無辜的角色艾德加，因其私生兄弟惡意中傷而被迫改裝逃生，有對這位逃亡教士與其同僚的祕密回憶。放逐的艾德加說：「聽說外面出了告示通緝我」；

幸虧我躲進一棵空心的老樹，
才逃脱了追捕。港口是去不得了，
到處戒備森嚴，要把我捉拿。
只要能逃得了，
我總得保全這條命……

（二・三・一～六）

艾德加並非傳教士。莎士比亞想必要與一五八一年春冬之事，愈無干係愈安全，而沒有捲入那場訴訟、刑虐與死刑的噩夢，也一定讓他大鬆一口氣。

隔年，莎士比亞回到史特拉福。也許他終究答應冒個小險，可能跟不幸的柯盾有關，爲他到三公里外索特釐村的戴卜地家傳遞那「極其重要」之事。因爲莎士比亞回來不久，顯然開始在往索特釐的原野間來回走動。他是否眞爲那亡命教士傳密信給他家人呢？我們不得而知。但是肯定十八歲的他曾到過那個村落，因爲他就是在此見到父親舊識哈塞威的長女安妮。哈氏是堅信新教的農夫，於幾年前過世，安妮當年二十六歲。一五八二年夏天，莎士比亞跟她做愛，彷彿是表明決心的一種方式，要跟康平恩事件、跟宗教與叛國的耳語，及「拾荒者之女」刑具與恐怖的絞架，這一切劃清界線。這個祕密也造成他生命的重大轉變。十一月他們結了婚，六個月後長女蘇珊娜就誕生了。

第四章　婚姻愛情

如果莎士比亞一五八二年回到史特拉福，是因為他所寄居的蘭開郡情勢緊張，或者他這年夏天，是冒險去索特鰲傳遞消息或祕密宗教信物給戴卜地家，那麼對安妮．哈塞威的追求，就是對這個恐怖世界的叛離。安妮的世界，跟北方那個危險世界，是完全相反的兩極。後者，包括了那位跟學生戴卜地離開英國去上神學院的杭特校長，他的周圍關係所形成完全男性的權力世界；為保護康平恩、琶松斯、柯頓，與其他耶穌會教士，而共同保守的祕密共識；還有為信仰不惜個人性命的青年所組成的祕密天主教組織。可是就算情況沒這麼糟，就算莎士比亞只是個沒社會經驗的青少年，只接觸過自己家人跟國王新校，安妮都是個令人驚訝的選擇。莎士比亞家幾乎肯定是傾向天主教，安妮則幾近肯定是反方。安妮父親在遺囑裡交代自己要「正當埋葬」，這是清教徒的專用辭彙，指他們喜用的簡單純粹的葬禮儀式。安妮的兄弟也要求同樣的葬儀，「但願來日復活，接受上帝選民的獎賞」。「上帝選民」指的當然不會是康平恩，或是莎士比亞母親所屬的天主教徒雅登家族。

安妮還代表了另一層面的背離，她有個不太尋常的身分，是屬於自己的女人。伊莉莎白女王時代年輕未婚的女子，很少有權決定自己的生活，通常是由父母做主，為女兒決定婚事，理想上會徵求她的同意，但並非絕對。安妮二十幾歲雙親俱逝，父親遺囑留給她一些錢為生，至於婚姻，以當時的話來說，「完全由她自己做主」。她的獨立，從某方面看來，對年輕男子是極富性吸引力的，何況她還有決定的自由。莎士比亞一生對這種女子的興趣，也許是從安妮的自由啟發而來。他也許覺得從自己家庭的束縛裡得到解脫，或者也是對性愛困惑懵懂的解放。當時道德家認爲演戲會引起性興奮，如果具想像力的青年學子莎士比亞，眞的在演普魯特斯戲劇時，有類似經驗，即跟另一個男孩演愛情戲時，感受到性愛的興奮，那麼安妮則提供了一個回歸正統的方式，解決了他懵懂複雜的性傾向。

用想像來解決性欲的方式，效果雖短暫卻不可小覷；但安妮所給的，則是完全不同的強烈歡愉。從《維洛那二紳士》、《馴悍記》、《冬天的故事》、《暴風雨》，從所有莎作皆以求愛爲中心的主題看，至少我們可以如此斷言。他比世上任何人都了解也表達得更深刻，一直盤踞在他腦中的主題，是調情做愛，不是指肉體關係，而是舊式傳統裡的引誘、懇求、相思。當然，這種了解也許跟他所娶的女人沒什麼關係，而且至少在理論上不一定跟他的生活經驗有關係。但世人之所以想探討莎士比亞的生平，卻是因爲深信他的劇作與詩作，並非來自其他人作品的啟發，而是他身心靈的親自體會。

成年後的莎士比亞對鄉村青年求愛的滑稽行徑有很有趣的描寫，譬如在《皆大歡喜》裡，嘲弄沉迷酒色卻愛上牛奶女工的鄉巴佬，親吻「母牛的乳頭，因爲擠奶的是她那皸裂的玉手」（二．四．四四～四五）。但是取笑的背後，也許是莎士比亞以扭曲諷刺的筆法，回憶自己青少年時期的笨拙嘗試。這個嘗試的結果，可能多過他的預期。這年夏末，安妮已懷上了孕。

莎士比亞的婚事，自從十九世紀的大傳記家傳里布司爵士發現一份奇怪的文件後，變成後人瘋狂著迷的問題。這份文件記載於渥斯特主教的註冊簿上，日期爲一五八二年十一月二十八日，是一張四十鎊的合同（在當時是一筆大數目，相當於史特拉福校長年薪的兩倍，倫敦裁縫師年收入的八倍），用以支付「莎格士比牙」與「渥斯特轄區的處女，史特拉福的安妮．哈似威」的婚禮。

這對新人，或是他們的家人，要婚禮愈快舉行愈好。合同裡並未說明理由，但是至少有個正式紀錄可以解釋：正好六個月後的一五八三年五月二十八日，他們的女兒蘇珊娜受洗。雖然合同裡用的是「處女」一詞，但渥斯特轄區內史特拉福的安妮．哈塞威，卻絕對不是處女。

一般婚禮，須先在所屬地方教堂公布結婚預告，然後於三星期後的周日舉行。這種程序所要求的時間間隔，是宗教教典裡的一種怪異想法，此外還規定教堂月曆上的某些時段不准公布結婚預告。一五八二年十一月下旬，禁令時日已相當迫近。但只要付一筆錢，宣誓保證婚禮不會有任何阻礙，能夠及時進行，是可以免除上述程序，立刻取得結婚許可的。但是爲了支持宣誓有效，除了發重誓之外，還必須用合同的方式，向轄區官方保證不會臨時有意外之事發生，譬如一方已婚、父母不同意跟較低階級者聯婚、或學徒契約未滿不准結婚之類，官方得交由法庭辦理的事。如果沒有類似事件發生，合同便不生效。

我們不知道莎士比亞父母是否同意十八歲的兒子娶一個二十六歲懷了孕的新娘。當時的英格蘭社會跟現在一樣，會認爲十八歲結婚太早，史特拉福一六〇〇年男子婚娶的平均年齡是二十八歲（這是最早的可信數字）。娶大他這麼多歲的女子也不太尋常，因爲當時女人平均比丈夫小兩歲。例外的大半是上流階級，爲了家族財產的交易聯姻，孩子很小就定親了（在此情況下的婚姻，夫妻常在婚後多年才同居圓房）。安妮有點繼承來的財產，但不算太多（她父親的遺囑規定給她的婚禮六鎊十三先令四便士），有社會地位卻經濟困窘的莎父，也許會希望兒子能娶個比較有錢的媳婦，帶一筆豐厚的嫁妝過門。如果莎氏父母眞要反對，他們可以打官司，說兒子未成年（法定成年是二十一歲），但是沒這麼做，可能是因爲莎父與安妮父親是舊識之故，他們的關係有法律文件可以證明。但總之在父母眼裡，兒子娶的並不是什麼好對象。

莎士比亞自己呢？幾世紀以來，沒有太多十八歲的男孩在此情況下急於結婚，當然也許莎士比亞是例外。當劇作家的他絕對有能力想像這種缺乏耐心的狀況。羅密歐在卡普萊家舞會後的第二天早上，告訴勞倫斯神父：「我們是在哪裡相遇，怎樣墜入情網，如何交換了盟誓，這一切我都可以慢慢告訴你；可是無論如何，請你一定答應就在今天替我們成婚。」（二・二・六一～六四）

《羅密歐與朱麗葉》裡描繪情侶瘋狂急迫的神態，混合了幽默、嘲諷、尖刻、不表贊同，可是也表現出對年輕人急於結婚的心情與等待中的折磨，有著最深刻的了解。在有名的陽台一景中，雖然羅密歐與朱麗葉才初識，彼此便交換了「愛情的盟約」。這場莎劇中最熱烈的愛情戲末了，朱麗葉告訴羅密歐：「要是你的愛真是光明正大，你的目的是在婚姻，明天就給我一個口信。」她若知道「何時何地你要舉行婚禮」，就會「把我的命運整個交託給你，把你當成我的主人，跟隨你到天涯海角」（二・二・一六九，一八五～八六，一八八～八九）。

所以羅密歐才會在第二天一早跑去見神父，而打發奶媽去問羅密歐口信的朱麗葉，則急切等待消息，「這些上了年紀的老婆婆啊，最會裝死，手腳遲鈍，慢吞吞，笨重得要命。」等奶媽終於慢條斯理地回來，朱麗葉卻難以從她臉上探出那最要緊的答案：

奶媽：唉，把我累壞了。讓我歇口氣吧！
　　趕了這麼多路，這身老骨頭可疼死啦！
朱麗葉：我但願拿自己的骨頭，替你受苦，好交換你的消息。

得了，求求你，快說吧！好奶媽，快說呀！

奶媽：耶穌呀，急什麼？不能等一下嗎？

你沒見我氣都喘不過來嗎？

朱麗葉：你既然氣都喘不過來，怎麼還能有口氣

說你喘不過氣來？

你花那麼多時間推三阻四的

要是你乾脆告訴我，不是一句話就完事？

……

我跟他的婚事他怎麼說？怎麼說呀？

（二・四・十六～十七，二五～四六）

像這樣激切的難耐，再沒有人比他寫得更有技巧、更深入的了。

羅密歐的迫切，表現得還比較草率，反而是朱麗葉一方，描述得較爲完整強烈。與此類似，理所當然應該是懷孕三個月的安妮，比莎士比亞還要著急，並立下前述合同。一五八○年代伊莉莎白女王時代的未婚母親，當然不至於跟一八八○年代的維多利亞女王時代一樣，會不時遭受社會強烈無情的指責羞辱；但是未婚懷孕在當時社會上的羞恥與名譽的敗壞，也夠嚴重的，大家對非婚生子甚不以爲然，因爲孩子衣食都要錢，而安妮的六鎊十三先令四便士，是要等她找到丈夫才拿得到的。

爲趕著結婚而定下的這張昂貴合同，是由新娘父親生前的兩位朋友——史特拉福的農夫山斗子和

李茶生所公布。年紀輕輕就要當爸爸的新郎，對他們的慷慨幫忙，也許十分感激，但是更大的可能是他不得不勉爲其難，可能還非常地勉爲其難。如果急迫渴望結婚的羅密歐是劇作家的回憶，他也會想起那被打鴨子上架，強迫跟他睡過的女人結婚的新郎。小丑柯思塔跟愛裝腔做勢的阿馬多說，他引誘的村姑「已經懷了兩個月的身孕啦！」阿馬多還想找台階下：「你在說什麼呀？」可是柯思塔堅持：「她肚子大了。那孩子已經在她肚子裡叫啦，它是你的。」（《愛的徒勞》五．二．六五八～六三）阿馬多不是羅曼蒂克的男主角，跟《一報還一報》裡的盧契奧和《終成眷屬》的伯特倫一樣，是以嘲諷、厭惡與輕視的筆調描繪的人物。但也許這正是莎士比亞在回顧自己婚姻時的感覺。

早期作品《亨利六世上集》裡，有個角色拿被迫和自願的婚姻做比較，說：

強迫的婚姻好比是座地獄，
一輩子雞爭鵝鬥，不得安寧，
相反的，自由的婚姻就幸福和諧，
有如人間天堂。

（五．七．六二～六五）

諷刺的是，這個伯爵角色說服國王決定的婚姻，結果卻很不幸福；但是，此處傳達的幸福夢想很實在，也說明「強迫的婚姻」幾乎一定不會快樂。也許莎士比亞在一五九〇年代早期寫此作時，是在反映他自己婚姻的不美滿。也許格洛斯特狡黠的觀察：「匆促草率的婚姻很少會有好結果」（《亨利六世下集》四・一・十八），或者《第十二夜》裡奧西諾公爵的勸告：

女人應該找一個
比她年紀大的男人，這樣他們才匹配，
不會失去她丈夫的歡心。

（二・四・二八～三〇）

當然這些文字都有它們各別不同的劇情場景，但寫作的卻同樣是那個十八歲匆促跟一個比他老的女人結婚，而後把她留在史特拉福，獨自出走的作家。寫奧西諾的對話時，他怎可能不想到自己的生活，婚後的失望、挫折與寂寞呢？

另外還有一份文件，增加了莎士比亞是被迫結婚的可能。莎格士比牙與安妮・哈似威爲婚禮而簽的合同，日期是十一月二十八日；可是渥斯特的地方檔案裡，還記載了前一天十一月二十七日，莎士比爾與葛拉屯廟的安妮・合宿里的婚禮執照。華威郡還有其他姓莎士比亞的人，也許是同名的人剛好也在此時結婚。可是就算這只是巧合，到底那個葛拉屯廟（離史特拉福八公里）的安妮・合宿里，又是什麼人呢？會不會是莎士比亞眞心所愛，急於迎娶的女子，可是卻被山斗子和李茶生強迫押送去跟懷了孕的安妮・哈塞威結婚呢？

這個可能性引發了一些小說家的興趣，博莒司的美妙幻想是「寒涼的十一月裡，他趕馬上葛拉屯廟。入冬的兆頭才剛顯露，他縱馬走在霜露濃重的路上。索特鼇的兩個來人硬生生攔住他，點名道姓叫他下馬」。但大多數學者應該會比較同意葛瑞做了許多研究後於一九〇五年所下的結論，認爲寫執照的書記員只是搞糊塗，把哈塞威寫成合宿里。多數學者也認爲莎士比亞多少是有幾分願意，只是他結婚當時的感覺，誰也不知道，而其後三十二年的婚姻生活裡，對妻子的態度，我們也只能猜測而已。從結婚證書到遺囑，莎士比亞對自己的夫妻關係，不曾留下任何私人或直接的紀錄；或者就算有，也沒流傳下來。他雖然文采過人，我們卻找不到一封給安妮的情書，沒有一點苦樂同享的跡象，沒有片語隻字的叮嚀，甚至沒有任何財務關係的紀錄。

十九世紀有一張畫，多情善感地描繪莎士比亞在史特拉福家中，對家人朗誦自己所作的一部劇本的情景，他的父母在遠處聆聽，他腳前坐了一隻狗，三個子女環繞身旁，妻子則從針線女工裡抬頭，以愛慕的眼神注視他。此情此景，倘若眞有過，也一定非常罕見，因爲婚後大半時間，他都住在倫敦，妻兒則顯然留在史特拉福。這並不一定表示他們關係疏遠，因爲夫妻必須長時間分隔兩地的例子所在多有。但在莎士比亞的時代，如此遙遠的距離，要保持親密關係，想必極其困難。更困難的是，安妮很可能不識字。莎士比亞世界裡的女人，當然大部分都不識字，或者識字甚少，可是這種普遍現象不能改變一項事實，即莎士比亞的妻子很有可能從來也沒念過他的作品，如果他從倫敦寄信給她，得要鄰人代爲讀信，若是她想告訴他什麼當地的閒言閒語、父母的身體狀況、唯一兒子生了病之類的事，得派個傳訊人才行。

說不定那些樂觀的人說得對，雖然多年兩地相隔，他們仍維持良好關係。渴望莎士比亞有好婚姻的傳記作家，強調說他一賺到劇院的錢，就爲妻兒家人在史特拉福買了一座漂亮房子「新地」，說他一定常常回史特拉福看他們，又說他不幸早死的前幾年，提早退休，以便回史特拉福定居。有人更假設安妮跟孩子一定跟他住在倫敦很長一段時間。有名的博古學家傅銳浦，說《科利奧蘭納斯》以下的字句，「沒有人比他更公平坦白地這樣說過『婚姻義務』之樂」：

我曾經熱戀我的妻子，
為她發過無數摯情的讚嘆。
但現在見到你，高貴的英雄，
我的心狂喜跳躍，更甚於第一次見到新婦
跨進我家門檻。

（四．五．一一三～一七）

然而如果這些字句眞如傅銳浦所說，是劇作家自己對多年前感覺的回憶，那回憶卻是苦澀多於甜蜜，因爲這是武將奧菲迪斯看到他長久夢想要殺的人時，心跳興奮之下所說的話。

也許，莎士比亞沒寫婚姻之事，正表示他的婚姻出了嚴重差錯。這個藝術家幾乎把自己生活中所有發生的事情，全部都用上了。除了極少數例外，他關心所有相關的行業機構與個人關係。他的求愛詩無人可比，比方十四行詩裡那位老邁的詩人與俊美的青年、喘息的維納斯與勉強的阿多尼斯、《皆大歡喜》的奧蘭多與羅瑟琳、《馴悍記》的彼特魯喬與凱特，甚至醜惡變態的理查三世與貴婦安妮。他也擅於描寫家庭關係，尤其是對兄弟之間致命的勾心鬥角，與父女間的複雜情結，特別感興趣，如《仲夏夜之夢》裡的伊吉斯與赫蜜雅、《奧賽羅》裡的勃拉班旭與苔絲德夢娜、李爾王與三個可怕的女兒、佩力克爾斯與瑪莉娜、《暴風雨》裡的普洛士帕羅與蜜蘭達。然而，雖然婚姻是他男女主角奮鬥的最終目標，雖然家庭分裂是他執著的悲劇主題，但是對眞實婚姻生活的描寫，卻是少得出奇。

當然他也讓我們看到一些描述婚姻的精彩段落。幾對劇中的夫妻落得彼此憎惡，如《李爾王》裡的奧爾巴尼厭惡地說：「噢，貢納莉呀！你還配不上大風吹在你臉上的塵土呢！」她反擊：「沒用的懦夫！我看你只配讓人打嘴巴，長個腦袋該讓人羞辱……喲，好個男子漢大丈夫！喵！」（學貓叫嘲笑丈夫像貓一樣柔弱）（四・二・三十～三一，五一～六九）但是莎劇中夫妻的疏離，大部分是比較幽微複雜的。多半是妻子的感覺遭受冷落或漠視，《亨利四世上集》裡的潘西夫人凱特問丈夫飛將軍哈利：「我到底犯了什麼過錯，這半個月來沒能跟我的哈利同床共枕？」她其實是沒犯錯，原因是出在飛將軍全心全意在策劃謀反，可是她受冷落的感覺卻很眞確。飛將軍決定向妻子隱瞞事實：

可是聽好，凱特，
以後不准問我到什麼地方去，
或是為什麼理由。
我要去哪裡，就去哪裡。總之一句話，
今晚我就得離開你，好凱特。
（二・四・三二～三三，九三～九七）

這次謀反是飛將軍全家族的事業，他是被父親與叔父拖下水的，雖然結果一定會牽連到妻子，她唯一得知的方式，卻是從他睡不安穩的夢話裡聽來。飛將軍率性直接地表達他對婚姻的厭惡，解釋他只是無法相信她：

我知道你是個聰明人，可是再聰明，
也不過是我哈利．潘西的妻子；
我知道你很忠實，但總歸是女人，
沒有別的女人比你還能保守祕密，
因為我很知道你不會洩漏不知道的事。
我對你的信任，就到此為止。好凱特！

（二．四．九八～一〇三）

這些話聽來幽默生動，就像飛將軍一向的說話方式，可是在此描述的婚姻關係，卻是彼此的孤立。（同一劇中，還有另一個類似的生動例子，說摩提麥跟他的威爾斯妻子：「這是最讓我惱恨的事，我妻子不會說英文，我不會說威爾斯話。」（三．一．一八八～八九））

莎士比亞在《凱撒大帝》裡回到這個主題。普魯特斯的妻子波希雅，埋怨丈夫蓄意對她隱藏心事。波希雅不像潘西夫人，並未遭丈夫床笫冷落，可是不跟她分享內心世界，卻使她覺得自己像個妓女。她說：

我不是你自身的一部分嗎？
可是也只是有限的一部分吧！
不過是陪你吃飯，伺候你睡覺，
有時候跟你談談天而已。我的存在
難道只是讓你尋歡作樂？假如不過如此，
我波希雅只是普魯特斯的娼妓，不是他的妻子。

（二・一・二八一～八六）

莎劇在此處與其他地方提出的問題，是夫妻之間能有多少程度的契合，然而莎士比亞所給的答案卻是少得可憐。

在那個時代裡，並不只是他覺得難以描述或想像完全親密的婚姻關係。清教徒花了幾十年的時間改變社會文化與大眾心理，堅持婚姻關係的重要性。到一六六七年彌爾頓出版《失樂園》時，才有重大的改變。婚姻不再是缺乏獨身恩賜者安慰式的獎賞，不是教條許可用來避免姦淫罪的方式，甚至不只是為了傳宗接代或承續家產；而是一個長久相愛的夢想。

不管莎士比亞是迫切渴望還是勉為其難地答應跟安妮結婚，我們不清楚他到底有沒有上述的夢想。彌爾頓寫了一篇重要的文章，提倡離婚的可能性，是其來有自的；有離婚的可能，才能滿足婚姻對深刻情感的渴求。在不能離婚的時代，大多數作家似乎都同意最好的辦法，是無可奈何地開開婚姻生活的玩笑，沉默謹慎地度過大半婚姻過程，然後寫情書給配偶以外的任何人。但丁熱情的《新生》

一作不是寫給妻子朵娜蒂，而是給小時候一見鍾情的碧翠絲。佩脫拉克也是一樣，雖然可能是位神職人員，所作公認歐洲最佳情詩的十四行詩，是給美麗的蘿拉，不是爲他生了兩個小孩喬萬尼與法蘭西絲卡的無名妻室。英國的錫德尼爵士所作十四行情詩《艾斯特菲爾與史黛拉》（拉丁名 *Astrophil and Stella* 意指「慕星人」與「星辰」），其中他所愛慕凝視的星辰史黛拉，是已嫁爲他人妻的戴薇若，不是自己的髮妻瓦欣函。

安定舒適的婚姻，是合理的願望，可是也不過如此而已，如果缺乏你所渴望之事，或者夫妻關係惡化，互相仇視，也沒辦法終止婚姻，從頭再來。一五八〇年的史特拉福，沒有離婚這回事存在，連想都想像不到可以用此解決婚姻問題，更別提有人會付諸實行。莎家之類的社會階層是沒有人離婚的，其他人也極少有。他跟當時所有人一樣，不管婚姻結果是好是壞，不管他選擇的人（或是選擇他的人）一年後他還愛著還是厭惡，結了婚就是一輩子的事。

但是，莎士比亞爲什麼不願或無法表現婚姻的內在情境？社會大眾普遍對婚姻期望低微，最多只能解釋一部分原因。因爲他確實描述出對婚姻親密關係的渴望與挫折感，雖然渴望者幾乎只限於女性。莎劇中對被冷落的妻子最深刻的描寫，除了潘西夫人與波希雅以外，要數《錯中錯》裡的阿麗安娜了。《錯中錯》是一部鬧劇，根據羅馬戲劇的模型改編而成，普魯斯特的原作對這個妻子的角色完全沒有賦予同情，近劇終時還開玩笑地把她搬到台上販賣；正因如此，莎士比亞對她的悲痛如此精確的記述，就更顯得奇特：

> 唉，丈夫啊！你是怎麼啦？

怎麼忽然像換了一個人？
我們兩人已結合一體，不可分離，
你這樣把我遺棄不顧，就是遺棄了你自己。
啊，親人啊！不要離開我，
要知道，你把一滴水灑進大海裡，
要想把它原樣收回，
不多不少，是辦不到的。
我們兩人也是這樣，離開我，
你也帶走了一部分的我。

（二・二・一一九～二九）

這段話原是用在一個喜劇場景，因為阿麗安娜無意中說的是她丈夫走失的孿生兄弟，而不是她丈夫。可是這段話的長度與強烈的苦楚，卻很難讓人發笑。

接下來這部喜劇搞出一團瘋狂的混亂，劇終阿麗安娜擔上害丈夫發瘋的罪名（其實不是她的錯）：「妒婦的長舌比瘋狗的牙齒還毒」（五・一・七〇～七一），但她所受的苦，卻是不變的事實。莎士比亞被此題材吸引，彷彿是因為他熟知某個被冷落或拋棄的配偶悲慘的心境。在劇中兄弟相認的興奮高潮裡，沒有一般期待中的夫妻破鏡重圓一景。《錯中錯》跟他大部分其他戲劇一樣，似乎規避了夫妻復合的問題，或夫妻一心共度一生的可能。

莎劇中偶爾也有稍爲親密的夫妻之情，如《冬天的故事》，九個月身孕的赫梅昂妮對丈夫萊昂提斯的小小嘲弄，顯露夫妻之間除了依賴焦慮以外還可能有的感情。萊昂提斯無法說動久住的好朋友再多留一陣，求助妻子，當妻子成功辦到時，他大爲誇獎，可是赫梅昂妮卻馬上抓到他話裡的把柄：

萊昂提斯：他答應了沒有？
赫梅昂妮：他願意住下來了，我的主人。
萊昂提斯：我求他時他可不願意。
　　赫梅昂妮，最親愛的，你的三寸之舌從來沒說過
　　這樣動聽的話。
赫梅昂妮：從來沒說過？　　（一．二．八八～九一）

這些簡單的句子表面上看不出有什麼弦外之音，但戲劇裡對話的語調具有高度的敏感性。也許赫梅昂妮已聽出丈夫話裡有病，於是直覺地想把話題轉爲夫妻間的嬉戲：

赫梅昂妮：從來沒說過？
萊昂提斯：除了一次以外。
赫梅昂妮：怎麼，我說過兩次動聽的話嗎？前一次是什麼時候？

請你告訴我，用你的誇獎
把我撐得像頭養肥的家禽一樣心花怒放。

（一・二・九一～九四）

這段話就像一般夫妻間平常的對談一樣，既不代表任何意義，也代表了所有的意義。赫梅昂妮如一般傳統稱丈夫為主人，但她用一種隨意、平等的語氣跟他說話，帶了性愛暗示的戲謔與溫和的嘲弄，接受丈夫讚美的同時，也一邊拿來取笑。萊昂提斯明白自己原先說錯話，很快地從「從來沒」改口成「除了一次以外」，然後說了懷孕妻子想聽的話：

啊！就是
那難挨的三個月終於熬到盡頭，
我終究讓你伸出你那白皙的手來，
答應委身於我的時候，你說：
「我永遠是你的人了。」

（一・二・一〇三～七）

這是莎士比亞作品中最長的一段夫妻對話，雖然是在朋友和其他人在場的情況下，有點正式的意味，卻強而有力地表現出纏綿的愛戀、緊密的牽連與玩笑的嬉戲。萊昂提斯和赫梅昂妮能以玩笑的態度，回顧共度的往日，沒有顧忌地互相嘲弄，卻又關心彼此的想法和感覺。在建立家庭以後，款待賓客之際，他們之間還有性吸引力存在。但正是在這稍帶張力的親密時刻，萊昂提斯忽然猜疑起妻子的忠貞。這猜忌造成後來一連串的不幸事件，結局雖有感人的夫妻復合一幕，但赫梅昂妮此時的注意力，卻只集中在失而重逢的女兒身上，對她所擁抱的萊昂提斯一句話也沒說。

《冬天的故事》似乎告訴我們，萊昂提斯與赫梅昂妮的婚姻裡一度有過的感情、性愛與心理的親密關係，那既悅人也擾人的愛情，無法維持，更無法修復。與此劇甚為相似的悲劇《奧賽羅》也是如此，苔絲德夢娜對婚姻的熱情與勇氣——

我愛這摩爾人，要跟他相守，
我不顧一切跟命運對抗的舉動，
可以代我向世人宣告。
（一・三・二四七～四九）

——似乎反而觸發了丈夫致命的妒忌心。也許這個只維持一兩天就破裂的關係，不該稱為婚姻關係。

不過這些至少是夫妻，莎劇中有許多重要的已婚角色，在劇情開始之前早已跟配偶生離死別了，消失不見的大部分是妻子的角色，如布林柏克之妻（《理查二世》）、夏洛克太太（《威尼斯商人》）、廖那托之妻（《無事生非》）、勃拉班旭之妻（《奧賽羅》）、李爾王后（《李爾王》）、普洛士帕羅之妻（《暴風雨》）。偶爾對話裡有一痕半爪他們的身影，如夏洛克的太太名叫麗亞，給了丈夫一隻綠石戒指，卻被女兒潔西卡無心賣掉，換來一隻猴子。有的只給一點小小暗示，如《仲夏夜之夢》裡形容過世的女子；「可惜她只是個凡人，生下這孩子就死了」（二．一．一三五），其他的莎士比亞提也沒提。

人口統計顯示伊莉莎白女王時代的英格蘭生產危險率甚高，但也沒有高到可以解釋莎劇中許多配偶不見的原因。（莎父死後七年，莎母才過世，莎妻雖較他年長，仍在他身後七年才死。）顯然莎士比亞不想要《馴悍記》裡的米諾拉太太來對女兒的婚事挑三揀四，或是《李爾王》的王后跟他吵退休以後要做什麼。

文學作品裡鮮少有幸福美滿的婚姻，正如少有好人好事的描寫。但大部分十八、十九世紀的小說，都想說服讀者相信年輕浪漫的情侶努力到頭終於結婚之後，會在彼此身上找到最深的契合，即使小說情節裡真正描寫到的婚姻大都平淡無聊，甚至糟糕透頂。奧斯汀的《傲慢與偏見》裡，班奈特先生與太太的關係是一片愁雲慘霧，夏綠蒂與頑冥的柯林先生也是一樣，可是卻跟讀者保證依麗莎白與達西會與眾不同。莎士比亞連在他最歡樂的喜劇裡，也沒有一點這種想說服觀眾的意圖。

《皆大歡喜》裡的羅瑟琳說：「男人在求婚的時候是四月天，結了婚就成了十二月的天氣；女人做姑娘的時候是陽春五月天，一旦做了妻子，氣候就變了。」（四．一．一二四～一二七）羅瑟琳也許並不眞心說這些話，她只是假扮成小男孩，玩笑地試探奧蘭多對她的愛，可是卻說出了日常生活裡諷刺的眞理。《溫莎的風流娘們》裡的蠢材史蘭德，有時也會無心說出一些認眞的觀點：「就算開頭沒多少愛情，不過結了婚，大家慢慢搞熟就不生疏了，也許上天保佑，那時候愛情會一天比一天淡薄，我想會是一生二熟三冤家。」（一．一．二〇六～一一〇）在此預期的是一段幾乎無可避免的過程，正如《無事生非》裡貝特麗絲所歸納的簡潔公式：「求婚、結婚、後悔。」（二．一．六十）

這句話要說悲觀，還不如說幽默又實在，雖然不是每個婚姻都是如此。即使對結果心知肚明，劇終的時候，貝特麗絲和班尼迪也跟莎士比亞其他喜劇中的情侶一樣，踏上婚姻之途。這些戲劇的引人處，部分在於明知現實，卻不禁止情侶享受當下的快樂和對未來的樂觀。莎士比亞一點也沒有想說服觀眾這些情侶的婚姻會是例外，相反的是他們剛好是上述公式的例子。觀眾被邀請進入愛情的魔術圈，明知道這只是短暫的幻象，但至少在劇情的當下，仍然可以樂在其中。

莎士比亞的想像裡，很少給我們情侶會長久幸福快樂的希望。《仲夏夜之夢》裡萊杉德與赫蜜雅的愛瞬間即逝，而第米特律跟海倫娜之間的戀情，只維持在眼上所點的愛情花蜜發生效力的期間。《馴悍記》倘若演員演得好，也許會讓觀眾相信，彼特魯喬和凱特雖然老是吵架，彼此卻有強烈的性吸引力；可是劇終給了兩種同樣不快樂的婚姻版本，一個是結婚後兩人還是吵個不停，另一個則是妻子失去自己的意志，服從丈夫。《皆大歡喜》的結局圓滿，只是因爲沒有人非要去想羅瑟琳和奧蘭多，以及試金石所說「一對對鄉村的男男女女」（五．四．五三），結了婚以後的家庭生活是什麼樣子。《第十二夜》裡的薇奥拉因爲一直都穿男裝掩飾身分，觀眾不用看她打扮成一副端莊淑女的模樣，劇終時奥西諾好像是許配給他娘娘腔的男朋友似的。劇情裡沒有暗示他們的關係是好搭配，或者將來會多幸福美滿。《威尼斯商人》裡，潔西卡和羅倫佐偷了潔西卡父親夏洛克的錢一起享樂，可是他們的相互嘲弄笑鬧裡，卻有一種明顯不安的語氣：

羅倫佐：正是這樣一個夜裡，
潔西卡從猶太富翁的家裡逃了出來，

跟一個沒出息的情郎從威尼斯
一直走到貝蒙特。
潔西卡：正是這樣一個夜裡，
年輕的羅倫佐口口聲聲說愛她，
山盟海誓騙走了她的心，
可是沒有一句是真的。

（五．一．十四～十九）

這種不安的氣氛，同時混雜了追求財富、缺乏互信與背叛的恐懼，延伸到波希雅與巴杉尼，甚至劇中次要角色侍女奈莉莎與朋友葛建諾的關係也是如此。跟《無事生非》裡的喜蘿與年輕無情的柯勞第比起來，這些都算是新婚夫婦，理應有快樂的前景。但只有此劇的貝特麗絲和班尼迪，是所有主要喜劇的情侶之中，唯一有可能維持親密關係的一對。如果觀眾不去計較他們的互相攻擊，忘掉他們是受人捉弄而墜入情網，就不會拿他們的話當眞，而相信他們其實是眞心相愛的。

讓我們停下來，把事情理清楚：莎士比亞在一五九〇年代後半期所作的一連串喜劇，是愛情戲的傑作，絕妙地描寫出欲望和興匆匆趕著要結婚的衝動，然而似乎極少有一對情侶是從內在眞正適合對方的。他們之間有的是沒完沒了的相思、挑逗與追求，但卻奇少有互相了解的長期許諾。嚴肅有禮、稍帶遲鈍的奧蘭多怎麼能眞正接納羅瑟琳呢？自我中心的奧西諾又如何能了解薇奧拉？這些情侶還是興高采烈地正式宣稱爲婚姻佳偶的好配對呢！有個明顯的證據，可以證明莎士比亞自己知道這些愛情喜劇裡的問題，幾年後於一六〇二年與一六〇五年間，他寫了兩部喜劇，讓所有這些快樂情侶的潛在問題浮現檯面。

《一報還一報》劇終瑪莉娜堅持要嫁給拒人千里的安奇羅，一個不停撒謊造謠、作惡多端，最後被揭穿的男人。同一個奇怪的劇情高潮裡，文森修公爵向一直堅持要進修女院的依莎貝拉求婚。彷彿這還不夠糟似的，公爵懲罰惡漢盧契奧的方式，是命他娶被他弄大肚子的女人。盧契奧說：「求殿下開恩，別叫我娶個婊子。」可是公爵毫不留情，堅持要用這跟「拿石頭壓、抽鞭子，再吊死」一樣痛苦的懲罰方式對付他（五．一．五〇八，五一五～一六）。《終成眷屬》的安排更糟，賢慧美麗的荷倫沒理由的愛上粗俗的伯特倫伯爵，雖然他心不甘情不願，最後荷倫還是贏得婚配。這配錯對的夫妻，實在很難想像會有什麼幸福的未來。

《一報還一報》和《終成眷屬》裡，幾乎所有婚姻都有一方是被強迫的，幸福美滿似乎遙不可及。這兩個劇本是出了名的苦澀，人稱「問題喜劇」，其中不完滿的結局，並非不小心造成的，而是對婚姻長期幸福深帶懷疑的表現，雖然劇中一直堅持婚姻是解決人類欲望唯一合法完滿的方式。

莎劇中有兩對夫妻是重要的例外，《哈姆雷特》裡的葛特露德與克勞迪斯，以及馬克白夫婦關係親密，可是卻怪異駭人，雖然感情緊密眞切，卻讓人十分不安，甚至害怕。惡人克勞迪斯漫天謊言，談到對妻子的感覺，卻意外的誠懇溫柔：「我的生命和靈魂是這樣跟她連結在一起，就像星球離不開軌道，我也離不開她。」（四．七．十四～十六）葛特露德這方面似乎也是一樣用情眞摯，不只讓克勞迪斯把哈姆雷特當成親兒子，當哈姆雷特設計劇中劇揪問叔叔的良心時，她還對他加以斥責：「哈姆雷特，你大大得罪了你的父親啦！」（三．四．九）更明顯的是，當萊阿提斯衝進皇宮時，她冒著生命危險，英雄式的庇護丈夫。萊阿提斯是爲被謀害的父親波洛紐斯來討血債的，莎士比亞在此正如許多重要關鍵時刻，在文中提示如何安排舞台上的演出，葛特露德顯然是橫身阻擋在丈夫和尋仇者之間，以肉身攔住盛怒的萊阿提斯，因爲克勞迪斯說了兩次：「放開他，葛特露德。」當萊阿提斯質問：「我父親呢？」克勞迪斯直率地答道：「死了。」葛特露德立刻接上：「可不是他殺的！」（四．五．一一九，一二三～一二五）

後人對這部劇本的註解繁多，可是這簡單的六個字卻很少有人注意。葛特露德是想把殺氣騰騰的萊阿提斯對丈夫的敵意引到另一個人身上——殺死波洛紐斯的眞兇，哈姆雷特王子。她並不是想讓愛子被害，可是全心全意的本能卻是在救丈夫的命。這並不表示她是同謀共犯，劇中一直沒告訴我們她是否知道克勞迪斯謀殺自己前任丈夫，哈姆雷特的父親。克勞迪斯承認殺死哈父，不是對妻子告白，而是自己關在房間裡，在禱告中試著清理良知。

在哈姆雷特驚恐厭惡的眼裡，葛特露德與克勞迪斯的親密關係，不是基於共享祕密，而是強烈的性吸引力。兒子對中年母親的性愛深感噁心：「你不能說那是愛情，因爲到了你這年紀，情欲該已冷卻了。」可是他知道母親的情欲並未冷卻，想像她跟叔父「泡在一張汗淋淋油膩膩的床上，在沸騰的淫欲裡打滾，在骯髒的豬圈裡調情做愛」的景象。這髒念頭召來他對父親的幻象（或者眞是他的鬼魂），讓他暫時分神。等鬼魂消失，哈姆雷特又回到原先話題，叫母親「今晚克制一下」（三．四．六七～六八，八二～八三，一五二）。

如果《哈姆雷特》裡的夫妻關係有點讓人噁心，那麼《馬克白》就教人害怕。此劇中馬氏夫婦談笑一如眞實夫妻，幾乎是莎劇裡獨一無二的例子，馬克白愛憐地叫妻子「最親愛的心肝」，不讓她知道自己正在安排殺害朋友班戈，好在事成後讓她更高興。後來宴客席間，班戈鬼魂現身，只有馬克白看得見，眾人對他的大吼大叫驚訝不止，馬夫人則忠實地爲丈夫掩飾：「坐下吧，尊貴的朋友」，

王上常常這樣
從小就有這毛病。請各位安坐，
他只是一時發病，一會兒就沒事了。
（三・四・五二～五五）

然後試著讓丈夫恢復過來，對他悄聲說：「你可是個男子漢？」（三・四・五七）

馬夫人一次又一次在這些話裡夾帶的半隱藏的性譏嘲，是此處的重點所在。這就是她用來刺激丈夫謀殺國王的主要方法：

是男子漢就應當敢作敢為。
要是敢做比你自己更偉大的人物，
那就更是一個男子漢。
（一・七・四九～五一）

這性譏嘲對馬克白管用，是因爲夫妻間明白對方內心深處的恐懼和欲望。他們的交集是都想幹下這件謀殺案：

我餵過奶，
知道做母親的怎樣疼愛那吸吮自己奶汁的嬰兒；
可是我做得到，在它看著我微笑的時候，
從它柔軟的嫩嘴裡拔出乳頭，
一下子砸碎它的腦袋，
要是我發下這誓，你也要發誓幹這件事。
（一・七・五四～五九）

詭異的是馬克白也被她的狂想挑起性欲：

你應該只生男孩子，
憑你這毫無忌憚的膽量
只該生男子漢。
（一・七・七二～七四）

這些對話讓觀眾得以探見這個婚姻的內在深處。馬夫人怎麼會有如此血腥的想像？馬克白對她的狂想的反應是恐懼、性興奮、嫉妒、心悸，還是有同樣邪惡的共識？答案在莎士比亞如何看待婚姻中夫妻關係的意義。

這個場景，與馬氏夫婦的關係，最令人驚訝的是他們深深了解彼此的心思意念。馬夫人首次出場時，是在看丈夫的來信，寫他遇到女巫預言他會當上國王：「我想我應該把這消息告訴你，我最親愛的有福共享的伴侶，也好叫你高興，知道你命中有多大的福分。」他等不及回家再告訴妻子，要馬上跟她分享這個幻想。馬夫人這一方不只立刻參與了這想像，還開始想到自己所了解的丈夫本性：

可是好叫我擔心的，是你那天性
憑這副軟綿綿的心腸，要幹也不能乾脆
你希望做一個偉大的人物
不是沒有野心，
卻偏偏少了那份該有的狠勁。
你的欲望很高，但又希望只用正當的手段，
一方面不肯玩弄機詐，一方面又巴不得非份佔有。
我的大老爺，你想要的那東西，
在跟你喊：「你想要，就得這麼幹！」
其實你也不是不肯幹，
而是害怕幹。

（一・五・九～十一，十五～二三）

由簡單的觀察開始，到幾乎複雜得過頭的豐富詮釋，生動地表現出這個妻子能夠了解丈夫內在糾纏曲折的個性，並想與他合而爲一：「趕快回來吧，讓我把我的剛強灌進你的耳朵。」（一・五・二三～二四）

由此莎劇一方面怯於描述婚姻，另一方面又給我們兩個親密夫妻的恐怖例子。讀莎作很難不跟莎士比亞自己的生活做聯想，他的長期婚姻關係有大半時間選擇跟妻子分居兩地，不管理由是什麼，也許莎士比亞只是害怕跟配偶或任何人太接近，無法讓別人完全進入他的世界；也許他只是在十八歲那年結錯了婚，得一輩子接受這後果。也許他對自己說：大部分婚姻都是錯誤的婚姻，即使爲愛情結婚也是一樣；你不該未經考慮就急著結婚；年輕男子不該娶年紀比他大的女人；被迫不得已而結的婚好比十八層地獄。除此之外，編寫《哈姆雷特》、《馬克白》和《冬天的故事》時，他可能還告訴自己，親密的婚姻關係十分危險，那人人夢寐以求的美滿婚姻只不過是種威脅。

莎士比亞也許也覺得自己跟安妮的婚姻，從開始就注定是失敗的。他重複告訴觀眾，婚前保持童貞是極其重要的。朱麗葉雖然稱暗夜裡跟羅密歐交換的誓言爲「盟約」，卻很清楚地表明當夜不能讓他滿足（二・一・一五九，一六七）。一旦神父爲他們主婚，有了婚禮的保障（《羅密歐與朱麗葉》裡的這個婚禮不是公開社會儀式，而是瞞著雙方宿仇家族而做的誓約），朱麗葉才得以拋開女兒家該有的矜持。這對小情侶極其坦白自信，對自己的欲望毫不羞怯，就如朱麗葉所說，他們「不再爲眞情流露的行爲而羞愧」（三・二・十六）；但必須在發了婚誓之後，才能坦然付諸行動。雖然是祕密匆促的婚約，卻基於純眞的愛情。正式的婚禮儀式似乎是性行爲的先決條件，有一種神奇的效力，可以讓欲望的實現完全適度合宜，而不再是骯髒可恥。

《一報還一報》作於《羅密歐與朱麗葉》八年之後，莎士比亞在此劇中描繪類似自己青少年時期的情景。柯勞第與朱蓮私下訂婚（柯稱之「眞正的婚約」），尙未舉行公開儀式就上了床，「我們私下裡尋歡取樂，卻在朱蓮身上留下遮不住的痕跡」（一．二．一三一，一三一～三二），如今未婚妻懷孕的事實已無法掩飾。因政府新實施的無情法令，柯勞第以「通姦」罪名被逮捕判處死刑。奇怪的是，他似乎認可這項罪名，「眞正的婚約」沒有公開儀式也是徒然，他的話裡充滿自我厭惡，認爲惡運臨頭全是因爲沒有節制性欲：

人追求欲望的滿足，
就像飢不擇食的老鼠吞下毒餌一樣，
也會飲鴆止渴，送了自己的性命。

（一．二．一〇八～一一〇）

人類本性的欲望，在婚姻裡可以坦然合宜地表達，可是在婚姻之外就成了毒藥。

莎士比亞對婚前性行爲的極端想法，也許跟兩個成長中的女兒有關。最明顯的是在《暴風雨》裡一個父親對追求自己女兒的男子的嚴厲警告。普洛士帕羅這段話雖是莎士比亞晚期所作，仍可看出他對自己不快樂婚姻的回顧，並歸咎於多年前的起因。普洛士帕羅對斐狄南說：「娶我女兒吧」，然後半詛咒半預言地加上：

如果在神聖莊重的儀式沒有舉行
婚禮尚未完成以前，
你就先侵占了她白璧無瑕的貞操，
你們的結合將不會得到上天美滿的祝福；
只有那冷淡憎恨，反目相向，
教你們的合歡床雜草叢生，
讓你們變成一對冤家。

（四・一・十四～二二）

這段生動強烈的話，遠超過劇情所需，似乎是源於婚姻不諧的痛苦。普洛士帕羅警告說，若是在「神聖莊重的儀式」之前就發生性關係，上天就不會降福（「美滿的祝福」），婚姻難免有折磨，這剛好就是莎士比亞與安妮的婚姻情況。

倘若這些字句眞反映了莎士比亞自己的婚姻，倒也不一定注定他一生沒有愛情。夫妻之間的反目、不快，與嘲諷，他當然是知道的，但他並沒有退縮，也沒有爲了逃避而否定情欲。情欲在他的作品裡，處處可見。但他對愛情的想像與經驗，很有可能都是在婚姻之外滋生而來。安東尼與克莉奧佩屈拉是莎劇中最有名的情侶，也是淫亂的最高代表。他的愛情詩是古往今來英文詩裡最強烈複雜的作品，那一系列十四行詩寫的不是他的妻子，也不是對妻子的追求詩，而是他跟一個青年男子的糾葛關係，和對一個風情萬種的黑髮女郎的迷戀。

這些十四行詩裡同性戀與淫亂的故事，幾乎完全沒有莎妻安妮的影子。有些批評家認爲第一四五首「愛神親手捏就的嘴唇」在結尾的對句裡曾提到她。詩裡的敘述者回想愛人曾對他說過一句可怕的話：「我恨……」，然後把他從噩夢裡拉回來：

她把「我恨……」的恨除去，
救了我的命，說──「不是你」。

有人認爲「恨除去」（hate away）是安妮娘家姓氏「哈塞威」（Hathaway）的諧音。果眞如此，這首詩就是很早期的作品，說不定是現存最早的詩作，作於當初追求期間，後來併入十四行詩集中。這也許可以解釋此詩反常的韻律，因爲這一系列的其他詩作都是十音節，只有這首是八音節；其中癡愚的言行，也像是早年作品。

他沒辦法控制自己，這就是當初讓他迫不及待要結婚的衝動。可是婚後三年，他就設法跟妻子分居了。離史特拉福兩天的顛簸行程，讓他跟漢利街與後來的新地的家保持了安全的距離，完成他的驚人之作，賺進大筆財富。在倫敦的租屋裡，他可以有自己私人的生活，也許這就是歐伯瑞所說，他不愛「老是與人爲伍」，「不隨人放蕩荒淫」的意思。既非酒店常客，也不是密友熟伴，他親近與愛欲的對象，只有他知道是誰。喬伊斯在《尤里西斯》裡代表他的另一個自我角色戴達勒斯，有一段關於莎士比亞婚姻的極佳想像：「他贏得的女人心，都是溫柔的人兒：有巴比倫的妓女，有法官夫人，還有豪放的酒館掌櫃的娘兒。好比『狼入羊群』囉！而新地大宅裡，有個體態鬆垮的可恥婦人，想當初她曾像肉桂那麼鮮艷、嬌嫩、可人，如今枝葉盡凋，青春盡逝，就怕要踏進棺材了，而且還沒有得到寬恕。」

一六一〇年左右，財富累累的莎士比亞，由倫敦退休，回到住在史特拉福「新地」久違的妻子身邊。這是否表示他終於跟她達到某種親愛的關係了呢？大約作於此時的《冬天的故事》，原以爲永遠失散的夫妻，最後終於復合的感人結局。也許這眞是莎士比亞對自己婚姻的幻想，可是就算如此，這幻想也跟眞正發生的事實配合不來。一六一六年一月，當莎士比亞病危將死之時，寫下遺囑，仔細地把近乎所有財產留給大女兒蘇珊娜，包括新地大宅以及史特拉福與附近土地，和「穀倉、馬廄、果園、花園、土地、房產」。對另一個女兒茱蒂絲、唯一尚在的妹妹喬安、其他幾個親朋好友，他也分配了一些，還捐了一小筆錢給城裡的窮人，可是大部分房地產都歸蘇珊娜和她的丈夫賀爾，他們顯然是莎士比亞臨終時最鍾愛信賴的人。當他離世之時，不願想像自己的財產歸妻子所有，要讓它們從自己長女傳到她尚未出生的長子，再傳長子，如此一代接一代地傳下去。爲了別無干擾與阻礙，他設定蘇珊娜夫妻爲遺囑的執行人。他們當然會把莎士比亞所訂對他們自己極爲有利的計畫付諸實現。

至於結婚三十四年的妻子安妮，他什麼也沒留，一點也沒有。有些人爲了坦護這個明顯的缺失，說遺孀不管怎樣都可以承繼過世丈夫三分之一的房地產。但有人也看過同時期有些考慮周詳的丈夫在遺囑裡特別註明這一項，因爲事實上遺孀並不一定保證可以繼承丈夫遺產。莎士比亞的遺囑是他的人際關係的最後證據，這份文件是把一生小心累積的財產，就他記憶中的親朋好友，做最後的分配，可是令人驚訝的是，他對妻子隻字未提。不只是他沒有用傳統夫妻間代表親密的用語，譬如「我的愛妻」、「我親愛的安妮」之類的話而已，他的遺囑裡的繼承人都沒有這類用語，也許莎士比亞或寫遺囑的律師只是選擇用一種比較冷靜、不太私人的語氣來寫。然而問題是，莎士比亞最早立下的遺囑草稿裡，一點都沒有提到安妮的名字，就好像她被一筆勾消了似的。

也許他女兒蘇珊娜或律師曾提醒他這項疏失，也許當他臥病在床，精力漸逝之時，想到自己跟安妮的關係，那當初的性吸引力、婚後的失望、自己或對方的不忠、跟別人的親密關係、兒子的早死、自己對她根深柢固的厭惡。他在三月二十五日添加了幾項遺囑，大部分是爲了防止女兒茱蒂絲的丈夫侵占他留下的錢，此外他終於提到了妻子。遺囑的最後三頁，他小心地特別註明家族的世代傳承，以確保家產會盡可能地傳給女兒蘇珊娜的長子，並贈予茱蒂絲一個「鍍銀大碗」，其餘所有「物品、動產、租約、碗盤、珠寶，與家具」都給蘇珊娜。最後一項新修訂是：「我留給妻子次好的床鋪與其設備。」

學者與其他作家極力想爲這些字句找個正面的解釋，如同時期有其他遺囑，也把最好的床留給別人，而不是給妻子；又如，他留給安妮的床可能是他們結婚時的喜床（最好的床可能是留給重要訪客）；床的「設備」，即床上的裝飾，如床罩與帷幔，可能很値錢；甚至如亞當斯希望的：「次好的床雖然比較不値錢，但也許比較舒服」。總而言之，如一九四〇年的一位傳記作家如此樂觀地說服自己：「這是做丈夫的對妻子的溫柔記憶。」

如果這是莎士比亞對妻子的溫柔記憶，我們實在不敢想像他對她的侮辱是什麼樣子。說他溫柔，畢竟只是一種希望之詞罷了，這個花了一輩子想像愛恨情仇種種幽微變化的人，心思哪會如此單純？立遺囑的人指明一項特定物品，究竟是不是企圖抹殺他遺孀應得的三分之一身家財產，不讓她繼承財物，就有待法律歷史學家來一辯是非了。然而，遺囑文字裡所帶的敵意，似乎說明了莎士比亞的信任、快樂、親密，與最好的床，是在別處，而不是在自己的妻子身上。

詩人鄧恩對升起的朝陽說：「你只須照耀我們這裡，光芒就會遍及四方；／這張床是你的中心，這四壁是你的穹蒼。」他可能是文藝復興時期的一大例外，寫了許多熱烈的情詩給妻子。《葬禮》一詩中，想像自己跟所愛女人身上的信物一起下葬：

> 不論誰來裝殮我，請勿損壞
> 也不要詢問
> 我臂上那圈頭髮編就的鐲子。

《遺骨》一詩回到同一幻想，「一圈手鐲般的金髮圍著骨頭」，希望想在墳裡擠進另一具屍體的掘墓者會想到「這裡躺著一對恩愛的情侶」而放棄。鄧恩的夢想，是希望自己與愛人的靈魂，可以「在忙碌的最後時日，在這墳地相逢，小停片刻。」

莎劇中最有名的情侶——羅密歐與朱麗葉甜蜜狂熱的青春情愛，和安東尼與克莉奧佩屈拉之間世故卻（帶點諷刺性的）強烈的中年愛欲，也有同樣的幻想。不明就裡的羅密歐以為朱麗葉已死，在卡普萊家族的陵墓裡沉思：「啊！親愛的朱麗葉」，

> 你為什麼還是這樣美麗啊？
> 難道那沒血肉的死神也是多情種子？

憑他那枯瘦醜惡的模樣，
也想把你藏在這陰森地府裡做他的情婦嗎？
真教我擔心啊！我要永遠陪著你，
再不離開這黑沉沉的地府。

（五・三・一〇一～八）

當朱麗葉醒來，發現羅密歐自殺，也趕著陪他赴死。克莉奧佩屈拉也有同樣的求死之心，希望在死後的另一世界跟安東尼相會結婚：「丈夫啊，我來了！」（五・二・二七二，二七八）戰勝的凱撒知道該如何處理：

抬起她的眠床來，
把她的侍女抬出陵墓。
她要和她的安東尼同穴而葬；
世上再不會有第二座墳墓
懷抱這樣一對聲名顯赫的情侶。

（五・二・三四六～五〇）

莎士比亞對愛情的夢想是如此強烈。臨死前，他想原諒妻子，因此把次好的床留給她；可是想到死後的冥界，卻不願跟這女人有瓜葛。他在史特拉福教堂聖壇上的墓碑，有四行銘文：

好朋友，看在耶穌份上，
莫要挖掘這裡的墓葬。
容此碑石者老天保佑，
移我骸骨者將受詛咒。

有人告訴一位在一六九三年來拜墳的人，說這銘文是「他死前所寫」。果真如此，這該是莎士比亞最後寫下的文字。也許他只是深怕自己的骸骨會被人挖出來，丟到附近的停屍間，可是更害怕的也許是哪一天他的墳墓會被人挖開，讓妻子安妮的屍骸放進來吧！

第五章　勇闖倫敦

一五八三年夏天，十九歲已婚的莎士比亞，在漢利街的大宅子裡，跟妻子與新生女兒，連同父母、妹妹喬安、弟弟吉伯特、理查、愛德蒙，還有他們負擔得起的幾個僕人，一大家子住在一起。他可能在手套商店裡工作，也可能當老師或律師助理賺點錢。閒暇時一定還寫詩、學琴、習劍，磨練扮演紳士的能力。如果他曾寄居北方，那段時日已成過往雲煙。如果他曾在蘭開郡當過職業演員，也暫時將它置於腦後了。倘若他曾與天主教那牽涉到陰謀、聖徒、殉教的黑暗世界有過接觸，想必更嚇得決定要劃清界線了。如今他過的是平凡人的生活。

一五八〇年代中期（確定年代不明），莎士比亞離開史特拉福與家人，前往倫敦。他是爲了什麼，又是怎樣踏出這重要的一步，我們不清楚。直到最近，傳記家開始對十七世紀末牧師戴威子寫下的故事感到不滿意。戴威子說莎士比亞「偷竊人家的鹿兒兔子，尤其是從盧希爵士家，可是運氣不佳，盧希常叫人把他鞭打一頓，或把他關一陣，最後逼他離開本地，開始了他的大進展。」十八世紀初的傳記作家兼編者羅伊，印了一份類似的故事，說他的「放縱行逕」使他被迫「離開本鄉與原來的生活」。據羅伊所說，莎士比亞交上壞朋友，開始跟偷獵鹿的年輕人來往，好幾次跟他們一起到史特拉福六公里多以外，盧希爵士在夏勒寇的園子偷獵。

為此他被那位紳士告發，他覺得懲罰太嚴厲，為了報復，寫了一首歌描述爵士。這首詩歌也許是他最早的詩作，雖已佚失，但據說因文字過份毒辣，反而加重了他的懲罰，使他被迫離開華威郡的家人事業一段時間，到倫敦避風頭。

到十八世紀中葉，約翰遜博士爲這故事加上了一些相關續集，說莎士比亞爲了逃避「罪犯牢獄之災」而離開家，可是卻落得身無分文，舉目無親，自己孤身一人在倫敦。爲了爲生，他在劇院門口替沒有僕役的人牽馬。約翰遜說：「不久所有人都要莎士比亞牽馬，而不要別的侍者。這是好運的開端。」莎士比亞當成功牽馬童的故事滿吸引人的，可是兩個世紀以來，沒有幾個傳記作家拿它當眞。問題部分是在學者搜尋檔案發現莎士比亞家沒那麼窮，即使是莎父走下坡的時日，還有親朋好友支持，他父親從來沒有眞的窮途潦倒，因此年輕的莎士比亞離鄉背井，孤身窮困，在劇院前替人牽馬的景象，是不太可能的事。

至於偷獵鹿的故事，十七世紀末有四個版本流傳，近來傳記作家抱持懷疑的態度。首先是盧希爵士這段時期在夏勒寇並沒有鹿園；其次，鞭刑並不是當時對偷獵的法定懲戒方式。但這些爭議並沒有定論。盧希在此時期雖沒有圍籬的園林，但確實有個私人養殖場用來養兔子和其他獸類，可能也包括鹿。他雇人看管這些動物，以防偷獵，顯然很關心自己的財產權。一五八四年，他還向國會提出防偷獵的法案。至於鞭刑，也許不是法定的懲罰方式，但保安官有可能以此給少年犯一些教訓，尤其若是偷獵者和其父母有反國教嫌疑。身爲保安官的盧希爵士，因爲自己是受害者，當然不適於當此案的審判官；但要相信這些地方權貴會乖乖守規定，小心避免利益衝突的話，也未免太天眞了。

那麼，問題並不在證據有多少，而在這些想像的事件對莎士比亞的生平與作品有什麼影響與意義。他被告的罪名，如今已經沒有人認爲有多大意義，傳記家也漸漸不再提起相關的故事。但是在莎士比亞的時代與近十八世紀之時，偷獵的想法有一個特別的共同點，即用此事件做爲有力的工具，來重組當初讓這年輕人離開史特拉福，事情發生的前後順序。

對伊莉莎白女王時代的人來說，偷獵鹿主要不是因爲飢餓或是走投無路，而是一種冒險遊戲。牛津的學生一向以這種胡做非爲的惡作劇出名。首先，這是個大膽的遊戲。侵入權威人士的土地，殺死大獸拖走，不被巡邏的人抓到，需要高度技巧與冷靜的頭腦。早期的莎劇中，有人說：「咦！你不是常常射到母鹿，當著看守人的面前把它捉走嗎？」（《泰特斯．安特洛尼克斯》二．一．九三～九四）這是有技巧的騷擾某人的擁有地，對社會秩序象徵性的破壞，對權威的暗地挑戰。這挑戰是應該有限度的，遊戲的規則是機巧狡詐，而且知道界限。一是不能打看守人（否則輕罪就變成了重罪），二是不能被抓到。偷獵鹿是爲了獵殺的快樂，也是祕密行動與施展詭計的愉悅，知道能冒險到多大程度，而且逃脫得了。

莎士比亞在一生劇作生涯裡，是個最佳偷獵者，熟練地進入標明爲他人的領域，拿到他想要的東西，然後當著看守人的面前，帶了獵物離開。他尤其善於偷取屬於上流社會的事物，他們的音樂、姿態，與語言。當然，這只是個譬喻而已，並不是證據可以證明他年輕時眞的偷獵過。我們知道的，還有那些寫下這傳說的原作者也知道的是，他對權威的態度很複雜，既狡猾討好，又暗中挑釁。他會極端的批評他們，能看穿他們的虛僞、謊言與幻象，對掌權者爲自己所做的宣言，幾乎暗中批判盡淨。但又十分隨和幽默、溫和委婉，像帶著歉意似的。如果這種跟權威的關係不是天生個性使然，而是後天學習而來，那麼他以前就可能有過跟他們交手的不愉快經驗。

這故事的所有版本裡都有件事出了差錯，即莎士比亞被抓並遭嚴厲懲治，覺得超過自己應得（或法律允許）的懲罰。據說他因此做了一首報復歌。如所預期，這首歌出現了好幾個版本，但沒有一個富有詩意，也沒人相信是莎士比亞的眞正作品。像「要是『驢戲』是盧希，有人這樣叫他；那盧希就是『驢戲』，不管它是什麼意思！」之類。不過，認爲莎士比亞對加諸於身的嚴厲懲罰不滿，寫了侮辱的文字攻擊盧希的個性或他妻子的名聲，這樣的想法還滿有意思的。

現代傳記家的懷疑，大致是基於相信莎士比亞不是這種人，而像盧希這樣位高權重，也招惹不起。優秀的莎翁傳記作家松鵬，向來態度溫和，觀察到「盧希爵士在大眾眼中，是令人敬畏的人物，但私底下卻不是那麼嚴厲。他曾爲一個誠實的紳士和生病的僕人寫過證明書」。但是十七世紀末散播上述故事的嚼舌者，也許對當時那世界的情況比較了解，他們知道像盧希那種人，一方面是個性愉快又熱心公益，如在夏勒寇款待女王、招待演員班子、在瘟疫期間果斷決策，可是另一方面也可以是殘酷無情的。他們也知道，寫下任何反對權威人士的文字是很危險的，可能會被加上「誹謗官員」的罪名，而這類文字正是在下者的主要武器。最重要的是，他們相信一定有件嚴重的事情發生，讓莎士比亞離開史特拉福，不單單是因爲他對婚姻失望，也不只是因爲當地的工作機會有限。

換句話說，他們不相信莎士比亞到倫敦去，只是爲了尋找新的工作機會。不管他是幫忙經營父親困頓的生意，或是在律師事務所當窮代書，或者在學校教基本的拉丁文法，他們相信要不是有突發事件，莎士比亞會照原定的常規繼續他的生活。隨著家庭土地抵押、完成教育、別無職業、有妻子與三個兒女要養，他的生活常規已經漸漸定了下來。這些傳布謠言的人，聽說了一些事，相信他惹上權威人士而不得不離開，這權威人士就是盧希爵士，又相信他寫的文章跟這麻煩有關係。

早期的傳記作家不僅四處搜尋這首佚失的諷刺詩，還細細檢查已出版的莎作，想找出他早先跟這位暴躁的保安官的接觸。幾世紀前，羅伊與戴威子就已指出《溫莎的風流娘們》的開場裡，莎士比亞描寫自大的法官夏祿（夏祿原文Shallow，意指淺陋之人）抱怨福斯塔夫殺了他的鹿，威脅要告到以刑虐拷打出名的大法院去。夏祿依靠的是尊嚴，如姪子史蘭德所說，他是「紳士出身」，「不管是什麼公文、保單、帳單、契約，他都簽上『徽章大人』」。「對啦，我是這麼寫的，我家三百年來都這麼寫的」（一．一．七～十一）。引觀眾發笑的是他的自我誇大，尤其是視如珍寶地重複使用仿拉丁文的「徽章大人」（Armigero）一詞，彰顯自己配戴徽章的身分。這嘲弄包括了整個上流社會的階層，那些對自己家族承繼而來的貴族出身過分引以為傲的人士，甚至不屑跟那些剛爬上紳士階級的人相提並論。（有人認為當時的家族，必須擁有徽章超過三代以上，才能算是真正的配戴徽章者。）但是羅伊與戴威子認為，夏祿這角色是專門用來嘲弄盧希爵士這個當初告莎士比亞偷獵他的鹿的人。

這理論顯然是從莎劇對盧希家族的徽章開的玩笑而來。盧希家的徽章圖像是一隻淡水魚「鱸絲」（英文Luce，梭子魚，與盧希家姓氏Lucy諧音）。史蘭德說不只夏祿自稱「徽章大人」，「他以前的世代子孫就是這樣寫的，以後的祖祖宗宗也會這麼寫；他們家的徽章上就繡著十二條白鱸絲魚呢！」（一．一．十二～十四。史蘭德是個傻子，說話顛三倒四，此句應該是「他以前的祖祖宗宗就是這樣寫的，以後的世代子孫也會這麼寫」）接下來的對話，到現在還意思不明，許多現代的演出索性把它刪除，即使是莎士比亞當代的人可能也一樣難以明瞭。那是牧師伊凡的威爾斯口音，無心地把「鱸絲」（luces）說成「蝨子」（louses），把「徽章」（coat）說成「鱈魚」（cod），即伊莉莎白女王時代

「陰囊」的俚語。正如同劇中的教室一景，正經的場合裡偶爾插進淫穢的玩笑。這些對話，表面上看來是完全無心的諧音，卻暗中侮蔑了盧希的家族徽章。

但果眞莎士比亞是用象徵文字來報復這個當年羞辱他、告他犯法的驕傲人士，那也是沉默多年後半隱半藏的報復。《溫莎的風流娘們》作於一五九七到九八年，離當初讓莎士比亞離開史特拉福的事件至少有十年。比此劇更接近當年事件的早期劇作《亨利六世上集》裡，劇作家似乎想跟盧希和解似的，把他的祖先盧威爵士描寫成可敬的人物。

「徽章大人」的諷刺既不尖酸又不刻薄，這是一個傷口業已痊癒的人，平靜輕微的嘲弄取笑。並沒有堅持要在劇情人物以外，指射某個特定的嘲弄對象，因爲很少有觀眾聽得出話裡說的是華威郡這位名人，而果眞有此影射，也只是爲了劇作家自己和少數幾個朋友而已。嘲弄一個以徽章爲傲的人的同時，劇作家也悄悄地轉而嘲弄了自己。因爲《溫莎的風流娘們》的寫作年代，正是莎士比亞成功申請到父親當年想申請的紳士地位，終於可以稱自己爲「徽章大人」的時候。也許正是因爲自己成功申請到家族徽章，他才能夠取笑盧希，也同時跟自己對社會地位的渴求保持一種距離。

莎士比亞是兩面意識的大師。他一方面付錢去買家族徽章，一方面又諷刺這種矯飾自負的舉動；投資房地產，又在《哈姆雷特》裡醜化像自己一樣的商人；把生命精力投注於劇院，卻又嘲笑戲劇，後悔把自己放在舞台上。他似乎把所有看過的文字、碰過的人、有過的經驗，全都運用在他豐富超絕的作品裡，然而同時也努力隱身幕後，不讓自己跟觀眾太接近，以免顯露自己脆弱的一面。至於當年跟盧希那段恩怨，也許他在一五九〇年代寫下那個小笑話時，已經埋藏了自己心裡一度有過的恐懼。

即使搬到倫敦就業爲演員和劇作家，也許他還擺脫不了年輕時曾跟華威郡的權威人物衝突的事。

但不管當初是為什麼離開家鄉，他其實都很有理由把它拿來改寫淨化一番。無論偷獵之事是否曾真的發生，盧希鹿園的傳說背後，可能隱藏了一個更嚴重的麻煩。寫《溫莎的風流娘們》之前多年，莎士比亞也許私底下跟別人說過一個帶點喜劇性的不幸故事，來解釋自己離開史特拉福的原因，以為掩飾，因為故事有部分是真的，所以更具說服力。這故事告訴我們，盧希扮演了其中一個角色，跟法官夏祿這角色一樣討人厭；還告訴我們，莎士比亞遇到麻煩，但沒有遭受懲罰，就像一向以惡作劇出名的牛津大學生一樣。故事裡被刪除掉的部分，是盧希所導致比維護鹿園還要嚴重得多的威脅，即他對反國教者的迫害，史特拉福彷彿仍是那個平靜沉睡的鄉鎮。

然而，史特拉福在一五八〇年代跟別處一樣，一般人的生活並不太平。康平恩和其他耶穌會士被捕受審處死之後，英格蘭的宗教動亂沒有因此平靜下來。這不只是國際間的勾心鬥角，和野心家的陰謀暗算而已。就算莎士比亞從來沒有接觸過殉教思想，或只是鄉下小鎮每天只為家常瑣事煩惱的平凡人，也沒辦法假裝沒有信仰上的問題。這個時代，只要有一點思考能力的人都做不到。

許多英格蘭人對宗教政策很不滿，包括天主教徒，還有更多的激進新教徒，覺得無法用自己希望的方式做崇拜。不用說莎士比亞認識這些人，他自己的家人可能就是其中之一。比較虔誠的人對情勢憂心忡忡，因為相信自己與親朋好友的永生救贖，端賴崇拜方式與其表達的信心。舉例來說，華威郡有位來自埃底石桐的薩馬維拉的年輕紳士，從一五八三年夏天起，常在丈人家跟一位園丁辯論。他們辯的無關花草，這個園丁名叫霍洱，是個天主教士，躲藏在薩氏丈人家裡尋求庇護。

此時的莎士比亞還是無名小卒，一個走下坡手套商東飄西蕩的兒子；薩馬維拉則受教牛津，家境富裕，出身良好，又有人際關係。但這兩個華威郡的年輕人也許有遙遠的關連，薩馬維拉娶了帕克樓愛德華．雅登的女兒，可能跟莎士比亞母親馬利亞．雅登有遠親關係。也許這兩個表兄弟從小就被灌輸了同樣的觀念，渴望英格蘭能重建舊信仰。

如果莎士比亞的這種渴望逐漸淡化遠去，薩馬維拉就被它的力量愈吸愈深入到危險的境地。霍洱與薩馬維拉後來的審判檔案裡說，霍洱教士當初跟他談的是天主教在英格蘭的情況，天主教徒如何把希望放在貌美卻遭劫的蘇格蘭馬莉女王身上，談被逐出教會的亨利八世私生女伊莉莎白女王道德如何敗壞。他詳述有關女王最愛達德利的猥褻傳言，提醒這年輕人教皇已明白昭告英人不須順從女王，並贊許西班牙天主教徒最近暗殺新教徒奧蘭治親王的企圖。

同時，也許是巧合，薩馬維拉的姐妹給了他一本西班牙神父格拉納達所作《祈禱與默禱》的翻譯本。此書一五八二年印製於巴黎，譯者黑立司在前言寫了一封信，哀悼英格蘭的教義分歧，異端邪說、不信基督、與無神論者的興起。他說這些邪惡之事是世界接近末日的告示，撒旦正瘋狂地想打最後一場勝戰。他說這本書對年輕的貴族紳士特別有用：「記得你比那些父母微賤、地位卑下的人，有更大的從善可能。」

薩馬維拉深受感動。這本書似乎把他推向一個可怕的決定——要單槍匹馬去除掉國家王座上的毒蛇。一五八三年十月，他離開妻子和兩個小女兒，帶了一個僕人前往倫敦。不久就打發掉僕人，單身上路。他沒能走遠，在六公里多以外過夜的旅店，有人聽到他對自己大喊要去槍殺女王。他馬上遭到逮捕，幾天後就被帶到倫敦塔訊問。

官方顯然知道這年輕人精神不正常，但卻把他說的話當眞。不然就是想拿他來殺雞儆猴。他們立刻又逮捕了他的妻子、姐妹、丈人、丈母娘、霍洱教士一干人。薩馬維拉跟丈人被判叛逆罪，處以死刑。死刑前一晚，薩氏在牢房裡上吊自殺，可是還逃不了被分屍示眾以為警告的命運。他的丈人愛德華·雅登頂多不過是個公開的虔誠天主教徒，只因錯選了一個瘋女婿，竟遭受到叛亂份子的恐怖命運。他們的頭顱被砍下來插在標竿上，展示於倫敦橋頭。

莎士比亞在史特拉福，至少聽過眾人對此事議論紛紛。他後來想把莎士比亞的家徽與雅登家徽合而為一，似乎暗示了對這個遠親關係多少有點關心。也許他只慶幸自己沒跟那些遇到的天主教人士有太多瓜葛，不過有幾個奇怪的線索告訴我們，他對此事的態度沒這麼單純。

莎士比亞顯然讀過這本使薩馬維拉走上絕路的天主教書籍，並加以吸收運用。哈姆雷特在墳地上憂鬱的冥想：「你想亞歷山大在地下也是這副光景嗎？……也發出同樣的臭味嗎？呸！」（五．一．一八二～八五）可能是從格拉納達對死亡的沉思而來：「一個王子活著的時候，世上有什麼比他的身軀更尊貴？當他死的時候，又有什麼比同樣這身體更可厭？然後地上挖個兩公尺多的坑，也只有這樣一個小空間來容納他的身體（雖然亞歷山大大帝不包括在內，這整個世界大概都放不下他）。」此處與許多其他的相似觀點顯示的，也許只是這兩個華威郡的年輕人雖然個性與命運大不相同，卻有著同樣的文化背景。

薩馬維拉與莎士比亞之間還有一個更錯綜複雜的關係，他們不只看過同樣一本書，也被同一個人迫害。薩馬維拉被捕後，附近一帶的主要地方官，就是忙著逮捕搜索天主教可疑家庭、調查僕役等等的保安官，盧希爵士。

盧希生於一五三二年，早在當地有相當的影響力。十四歲娶了一個富裕的女繼承人之後，在夏勒寇蓋了一所大宅院，伊莉莎白女王曾在一五七二年親自造訪，並且贈與他女兒一個琺瑯製的雙菊蝴蝶

（皇室仔細編列的禮物單上有此記載）。盧希的帳簿顯示他有四十幾個僕役，包括一群演員，科芬特里的地方紀錄上稱他們為「盧希爵士劇團」。

盧希有很強的基督新教資歷。小時候有一段時間曾受教於後來寫了宗教改革名著的傅克思。傅克思的《使徒行傳與不朽事跡》一書，較廣為人知的另一名稱為《殉道者書》，這部歷史是描述那些為了改革後的眞正宗教而犧牲生命的人的故事，為每所英國教會所必備。書中包括了瑪麗女王時期被燒死的近代人物，如有名的改革先鋒歐德卡索爵士，與一四七一年處死的柯伯罕大公。

傅克思住在夏勒寇當家教時，還沒有寫這本影響深遠的歷史書，可能連構想都沒有，但背後的想法已深植在他心裡，似乎也影響到年輕的徒弟盧希。他們相信英格蘭是上帝挑選要在末日與反基督者與其邪惡幫手羅馬天主教會奮戰的人士。盧希成為全國新教黨派裡最軍事化的活躍份子。他被萊斯特伯爵封為爵士，成為國會一員，以推動反教士改裝為僕役的法案，強力支持宗教改革而聞名。

薩馬維拉被捕之時，盧希是執行任務的主要人物，在耶穌會教士的陰謀危機下，負責探察天主教共犯。他是個危險人物，也許不算邪惡奸險，卻很強勢剛硬，自認為上帝執行聖旨，毫不留情。政府似乎認為愛德華．雅登的事件關係到他整個家族，盧希因此對他的相關人特別有興趣。說不定他曾聽說莎士比亞的母親馬利亞跟愛德華．雅登的妻子馬利亞有關係。莎父在史特拉福當警官時，應該就認識了盧希，知道他會做出什麼樣的事。如果莎家私下同情天主教，一定對時勢很緊張。

當地的天主教徒嚇得趕緊把所有相關文件或宗教物品都藏起來。樞密院祕書寫給倫敦長官的信說：「除非你能讓薩馬維拉、雅登、霍洱教士、薩氏之妻與姐妹直接供出你想找的東西，否則我們實在不可能在這裡找到什麼證據，因為此縣的天主教徒老早把他們房子裡所有可疑的物品都清理一空了。」這個報告讓我們看到罕見的現實細節，當政府官員到天主教徒家大聲敲門，不耐地趕著要開始搜查之時，大家倉皇燒燬或埋藏罪證，如玫瑰念珠、十字架、聖徒畫像等，類似情況一定常常發生。史特拉福漢利街上的莎士比亞家，大概也不例外。

他們的恐懼沒有隨著薩馬維拉和雅登之死而消失。盧希於一五八五年回到華威郡，帶了國會一年的成果凱旋而歸。他幫忙推動的「反耶穌會、神學院教士，與其他類似不服者」法案獲得國會全體一致同意，但在三讀之時，一個獨立會員裴里起來反對，說它是「帶有叛國性質的手段，只會為英國人民招致血腥、危險和絕望，而且那些沒收來的大筆罰款財物，只會飽入某些人的私囊，不會給女王什麼好處。」他馬上就被逮捕審問，結果發現他跟反對女王的天主教陰謀人士有點模糊的關連。請願要他以叛國罪處死的人裡，盧希是最活躍的一個。一五八五年三月二日，裴里被吊死，並剮腹破腸。政府規定，全國所有的牧師都必須講道，同聲指責想要暗殺上帝所選君王伊莉莎白女王的人，並慶賀她得以從邪惡的叛亂份子手上逃脫。

大獲全勝的盧希，態度想必比之前更加強硬機警。一五八〇年代中葉不斷有陰謀傳言要謀殺女王，以被她囚禁的天主教徒蘇格蘭馬莉女王取代她，在此情況下確實有提高警覺的必要。樞密院委員與數百位新教徒立誓，要是伊莉莎白女王遭暗殺，他們會把繼位的天主教假君王殺掉。謠傳在英國的叛亂天主教徒教唆之下，西班牙的菲力普二世正整合艦隊，數目足以帶領一支軍隊橫越英吉利海峽前來入侵。就是在這極度緊張的時刻，莎士比亞跟盧希起了衝突，才決定要離開這是非之地。

莎士比亞的孿生子生於一五八五年二月，據此，他似乎到一五八六年夏天還留在史特拉福，但沒多久就離開妻兒前往倫敦去了。也許他碰到好運，有機會逃離此地，譬如碰到從前寄居北地時見過的史欠莒大公劇團，或者聽說另一個巡迴劇團剛好需要一個演員。萊斯特伯爵劇團一五八四到八五年，就在附近的科芬特里與萊斯特演出，一五八六到八七年也在史特拉福演出，薩塞克斯伯爵劇團也有類似的行程。

學者近年來發現，最有可能的是女王劇團，當時全國首屈一指的巡迴劇團。女王劇團於一五八七年造訪史特拉福時，正好短缺人手，因爲他們一個重要演員倪爾，六月十三日晚上九點到十點之間在附近的檀城醉酒打鬥，被同事濤尼殺了。缺乏經驗的莎士比亞不太可能取代名演員倪爾，不過女王劇團爲了應變突然的角色遞補，也許有多餘角色會用新手。如果莎士比亞眞是從這個劇團開始他的事業，應該會特別小心，不讓自己對天主教任何僅存的忠誠度，以及跟盧希在偷獵以外的衝突洩漏出來，因爲學者認爲女王劇團是在一五八三年爲新教做政治宣傳而成立，在紛擾的國內散播對王室的熱忱。

如果有任何一個劇團願意雇用莎士比亞，不管薪資多麼微薄，對他都是可以離開史特拉福的好理由。然而這對妻子和三個幼小的兒女而言當然不算是什麼好運，即使他答應寄錢回來，而且會儘快或是儘量常回家，無論如何都像是遺棄了家人。不管是爲了什麼理由，此舉代表的意義在當時誰都不清楚。從倫理道德的觀點看，現代哲學家稱藝術家高更爲追求藝術而遺棄家人爲「道德上的幸運」，也許莎士比亞也是爲此離家。也就是說，如果莎士比亞覺得心裡有件重要的事要做，必須拋開家庭責任，也得等到夢想達成才解釋得了當初的決定。他是爲了道德上的需求，也是爲了碰財務運氣。

倘若莎士比亞加入某個劇團，也不會馬上就到倫敦去。假設女王劇團在一五八七年六月雇用了他，也還會繼續在英格蘭中部的城鎮與好客的貴族家巡迴演出。這年夏天八月，全劇團或是部分團員已經到東南部去了（女王劇團常常分隊巡迴），年輕的莎士比亞也許第一次在這兒看到多佛的石灰崖海岸（《李爾王》裡有令人印象深刻的描寫）。然後他們沿路經海梓與坎特伯利等城鎮，前往首都。這路線也許讓莎士比亞有機會在自己熟悉的鄉下環境裡，從容磨練演技，譬如學一些舞步、知道如何快速換裝、怎樣讓群戲或戰爭場面顯得有說服力，並開始掌握戲劇的精神。他必須能夠過目成誦，伊莉莎白女王時代的戲劇界競爭強烈，要是沒有過人的記憶力和即席而作的驚人天分，是無法生存的。莎作顯示他有獨特的才情，能深入不熟悉的世界，精通所有的複雜技能，幾乎立刻就讓自己在其中從容自在，游刃有餘。不過，連最訓練有素的演員，都會對倫敦舞台的迫近感到緊張，更別說是新手了。

倫敦是個充滿新人的城市，每年都有新來乍到的鄉下人，大都是十幾二十歲的青年男女，爲了工作前途，目睹財勢景象，夢想不凡奇遇而來。不幸不少人卻是早死的命運。倫敦鼠輩橫行，擁擠不堪，遍地汙染，易生火警，又時有動亂，是極其危險又不健康的地方。就一般的危險程度而言（以現在的標準看是高得嚇人），倫敦集合了所有的傳染病，其中最可怕的是黑死病，一次又一次地橫掃全城，引起恐慌，許多人全家盡歿，大半附近地區也因此遭殃。即使沒有瘟疫的期間，倫敦地方教區的紀錄上，死亡人數總是高於出生人口。可是，這城市就像是不可抗拒的誘惑，仍然不停地擴張。

大部分新增人口工作居住的地區，限於泰晤士河南岸與羅馬人一千四百年前所造的砲門石牆之外。高大的城牆上，是連串間隔的城門，如今城門雖已不存在，名字卻還保留下來，如拉得關、歐得關、跛關、泊船關，倫敦人如今都還聽得到這些地名。城牆在莎士比亞的時代雖然多少還算完整，也已經不太明顯了。原來寬廣的護城河，早先幾個世紀還很深邃，淹得死不小心掉進去的人馬，此時已經被塡平，當時一位觀察家說「就在埋藏有城牆的上方」，新土地出租做爲木工場、園地、住宅。

城牆東邊以巨大猙獰，最早由征服者威廉大帝所建的倫敦塔爲界；西邊到誇稱有全歐洲最長中堂的聖保羅大教堂。更西邊，沿著泰晤士河北岸，是一棟接一棟的大樓，原本是教會權貴在倫敦的住所，如今由於宗教改革的緣故，變成權勢貴族和皇室寵臣的下榻處。譬如閃亮的新貴拉雷爵士，就在從前達倫主教開庭之處宴客，南安普敦伯爵則住在巴斯主教和圍洱祠主教的華廈之中。每一家都有私人的船塢，以便這些富豪跟他們身著制服的侍從，可以划船到位於上游白廳皇宮覲見女王，或是到附近的國會開會。要是不幸一點，也可以划船到下游的倫敦塔，進入那教人心驚膽戰的「叛徒門」。

到處皆是的小工廠、造船廠、倉庫；巨大的菜市場、釀酒廠、版畫店、醫院、孤兒院、法學院、市政廳；還有製衣商、玻璃工人、做籃子的、燒磚頭的、造船的、木工、鐵匠、服飾商、皮貨商、染工、金匠、魚販、書商、賣蠟燭的、賣布的、賣雜貨的，和他們成群不受教的學徒；更不用說那許多政府官員、朝臣、律師、商家、牧師、教師、士兵、船員、守門人、運貨人、船夫、旅館主人、廚師、僕人、小販、吟遊詩人、賣藝人、詐賭者、老鴇、妓女，與乞丐，所有這許多人，使倫敦人口滿出邊界。這是一個不停變動的城市，以前所未有的速度改頭換面。十六世紀末生於倫敦的骨董大專家史投，晚年寫下一部關於這城市的精采實錄，詳細記錄了數以千計自己生平所見的種種改變。舉一個例子來說，史投回憶小時候有個聖克萊兒教派的修女院，叫做明諾里，他曾到院裡的農場去買「半毛錢一大瓶的牛奶……總是剛擠下來還是熱呼呼的」。由於宗教改革，修女院拆毀，史投說現在是「漂亮的大倉庫，用來儲存武器和戰事裝備」。至於農場，新主人本來用以牧馬，後來把它劃分成幾塊種植園地，以增加收入，如今他兒子和繼承人過的生活「就像上流社會的紳士一樣」。

市政府的寡頭政治，連同警官與市長，用種種規定勉力控制城市秩序；可是這些強制手段，卻由於人數太多而困難重重。有些以自由區知名的地帶也不受他們的司法管轄。這些地帶在幾十年前是大修道院，加上附屬的倉房、大花園，與農場，由於是宗教機構，得以免除市政法律的管轄，包括「黑修道士」區、「奧斯汀修道士」區、聖三一的修道院、歐得關，還有史投買半毛錢牛奶的明諾里等地。宗教改革以後，修女與僧侶走散一空，建築與土地轉手私人，可是免除法令的特權依舊，這些新主人對市政府官員的禁令視若無睹，譬如演戲這種官方視爲壞事或醜聞的活動仍照常舉辦。

此外，環繞城市的綿延郊區，更是幾近沒有法規。當時人有生之年的記憶裡，這些地區原是地廣人稀。史投回憶年輕時，「主教關」附近還是「明朗寬敞的田野，可以讓市民漫步、打獵，或休閒消遣，讓清新甜美、有益健康的空氣，提升低迷的精神。」可是他埋怨如今此地就如別處一樣，「遍地不停地蓋滿建築物」，骯髒的草屋、小住宅、菜園子、工場、垃圾堆之類，「從西邊的『狗仔溝』，一直到『白教堂』還要再東邊一點」。不只是一度秀麗的城郊遭受污染，交通也變得很嚇人：「馬車夫只管在馬背後鞭策前進，不管後面有什麼人車；載貨的坐在貨車上睡覺，讓馬兒帶他回家」。史投說，更糟的是，年輕人好像都忘了怎麼走路：「這世界只靠輪子行動，不知道上一輩一向喜歡走路」。

英格蘭還有別的忙碌的大都市，如果莎士比亞年輕時旅行過，應該看過一兩個，可是沒有一個能跟倫敦相提並論。倫敦人口近十萬，比英格蘭與威爾斯的第二大城，約大十五倍；全歐洲只有那不勒斯和巴黎比它大。它旺盛的商業活力，正如當時人所說，就像「全年無休的市集」。意指倫敦完全脫離了全國其他各地的季節生活步調；而且也不像其他城鎮有地方性的深刻認同感。英格蘭也只有在這城市，四周的人不認識你跟你的家人，不知道你的生活細節，你的衣食與家用也不是認識的人所製造。因此這裡不只可以隱姓埋名，也是找尋夢想最好的地方，你可以逃離原始出身，變成另一個人。

我們幾乎可以確定莎士比亞有這樣的夢想，因爲這正是當演員的重點、劇作家的主要寫作技巧，也是讓觀眾願意掏錢看戲的因素。他也許還有其他自己個人的理由，想要逃離跟盧希的恩怨、逃開妻兒，以及缺乏遠見的父親的手套商業與非法買賣羊毛的事業。他在戲裡一直不斷重複角色與家人分開的劇情，讓他們改變身分，投入不熟悉的領域，譬如《皆大歡喜》雅登森林裡的羅瑟琳與西莉雅、《第十二夜》伊利里亞海岸的薇奧拉、《李爾王》裡在山坡上的李爾王、格洛斯特公爵與艾德加、《泰爾親王佩力克爾斯》裡在塔薩祠的佩力克爾斯、《冬天的故事》裡在西西里的嬰兒潘迪妲、《辛白林》裡在威爾斯山裡的殷娜琴，以及所有在《暴風雨》精靈島上的凡人。

然而，這些場景的靈感很少來自倫敦城。倫敦也許是變形幻想的主要場景所在，當然也就是莎士比亞改造自己的地方，但並不是塑造他戲劇想像的所在。他的同僚班強生，原是住在查令十字路附近哈祠紅巷一個磚頭師傅的繼子，所作的《煉金術士》與《巴梭羅繆市集》就表現出對自己生長城市的熱愛。其他同時代出生於倫敦的劇作家，如德克與米德爾頓，也同樣對一般市民的生活充滿興趣，如製鞋業者、妓女、開店的、船夫等。但是倫敦讓莎士比亞感興趣的，主要是它比較罪惡可厭的一面。

莎士比亞在很早期的歷史劇《亨利六世中集》裡，描寫肯特郡一群低階層的叛亂份子，由鐘錶業者凱德領導，到倫敦來顛覆社會秩序。凱德應許的是一種原始的經濟改革：「將來在咱們英格蘭，三個半便士的麵包只賣一便士，三道箍的酒壺要改成十道箍。我還要把喝淡酒的人，判作大逆不道。」（四・二・五八～六十）這些叛亂份子是「一群衣衫襤褸的鄉巴佬和莊稼漢，既粗野又殘忍」（四・

四・三一～三二），要把國家的文件紀錄都燒掉，廢除文字，打開牢房，把囚犯都放出來，讓噴水池裡裝滿酒，把貴族都處死。凱德的跟隨者說：「頭一件事，是把所有律師都殺光。」（四・二・六八）

莎士比亞用一連串狂野的場景，混合怪誕的笑鬧和夢魘，邀請觀眾一起跟他想像倫敦被來自鄉村瘋狂好戰的文盲暴民控制的情景。這個幻想似乎是剛到倫敦的新手劇作家散發個人精力的表現。這部早期歷史劇裡的上流社會角色往往很僵硬，不太有說服力，尤其是國王一角，幾乎完全只是代號而已；可是下層階級的叛亂份子，卻極其生動活潑。莎士比亞好像已經掌握到戲劇寫作的精髓，能把自己和出身背景分開，各別賦予生動的形象，然後一邊嘲笑、一邊害怕，同時也毀滅他們。

他特別強調叛亂份子的破壞性，就好像要說自己跟這些叛逆的文盲農夫、大聲喧嘩的屠夫跟織工絕無關連。最後殺了凱德的有錢鄉紳喊道：「死吧！該死的傢伙，生養你的婆娘會有報應！」（五・一・七四）然後殺得還不夠似的，又把劍捅在死屍上。這麼興高采烈殺死的，不只是搶劫財物的仇敵，也是莎士比亞身爲文人的對敵。從凱德的第一個受害者身上，我們可以窺見他改裝掩藏的自我畫像。凱德問一個不幸被亂黨抓到的書吏說：「你是常常簽寫自己的名字呢，還是像忠厚老實光明磊落的人那樣，用記號畫押？」

書吏：老爺，感謝上帝我受過良好教育，會寫自己的名字。
群眾：他招供了，把他帶走！他是個渾蛋是個叛徒！
凱德：我說，把他帶走！把他的筆墨套在他脖子上，吊死他！

（四・二・八九～九七）

寫下這對話的劇作家，父母曾以記號畫押簽名，他自己可能還是家裡第一個會寫自己名字的人。可是，在暴徒帶著對財富的幻想，與小本行的熟稔知識，向倫敦蜂擁而來的同時，我們也看到莎士比亞的另一面。

第二個叛徒：我看到他們了！我看到他們了！是白斯特的兒子，那個溫漢姆村的皮革匠……

第一個叛徒：他可以把咱們敵人的皮剝下來做狗皮。

（四．二．十八～二一）

皮革業正是莎士比亞父親的本行，也很可能是他自己的本行，「狗皮」是手套商用來稱次等皮革的名詞。因此他跟這些怪誕人士非常相近，甚至跟他們的領頭凱德也出人意外地類似。凱德自稱「出身名門望族」（四．二．四三），跟莎士比亞自己根深柢固對上流地位的夢想與冒充的行徑正好相同。

莎士比亞歷史劇的題材，是取自於歷史書，自行取捨改編，並加以戲劇化，特別是哈爾的《蘭開斯特和約克兩大著名家族的合一》與霍林舍德的《英格蘭、蘇格蘭及愛爾蘭編年史》。他把十五世紀暴徒凱德的時代推前，加上一三八一年的農民暴動細節。但就像《錯中錯》的以弗所，與其說是古代的小亞細亞，還比較像莎士比亞時代的倫敦；《亨利六世中集》裡的中世紀英格蘭，也一樣充滿了莎士比亞當代熟悉的事物，而非古代另一個世界。

而倫敦那些前所未有的密集人潮，擁擠在大街小巷裡，過往於大橋小墩上，蜂擁進旅店、教堂與戲院內，這才是整個戲劇場景的重點。莎士比亞對這個大城市的第一個也是維持最久的印象，似乎是這些人潮的景象跟他們的吵雜聲、氣息、喧囂與潛在的暴力。在《凱撒大帝》裡，他又回來描寫嗜血暴民的景象，在街上胡亂搜索殺了他們英雄的共謀犯：

市民丙：先生，你的名字呢？確確實實地說。
西納：確確實實地說，我的名字叫西納。
市民甲：把他撕成碎片！他是個奸賊！
西納：我是詩人西納！我是詩人西納！
市民丁：撕了他，他的詩很爛！撕了他，他的詩很爛！
西納：我不是參加密謀的那個西納。
市民丁：不管它，他的名字叫西納。把他的名字從心裡挖出來，再放他走。
市民丙：撕了他！撕了他！

（三・三・二五～三四）

《科利奧蘭納斯》裡也有同樣爲了麵包暴動的市民，對社會秩序造成嚴重威脅。埃及豔后克莉奧佩屈拉想像她會被同樣的暴民，「那一大堆操百工賤役的奴才，穿著油膩的圍裙，手拿木尺斧錘」，抓住她遊街示眾。想到他們「濃重腥臭的氣息」，高聲歡呼羅馬的勝利，就足以讓她決定要自殺了（《安東尼與克莉奧佩屈拉》五・二・二〇五～七）。

就算場景設在羅馬、以弗所、維也納，或是威尼斯，莎士比亞的都市背景都是以倫敦做爲藍本。

古羅馬人也許是穿寬袍，不戴帽，但《科利奧蘭納斯》裡的暴動市民達到目的時，卻把帽子丟向天空，就像伊莉莎白女王時代的倫敦人一樣。但是莎士比亞只有在很早期的歷史劇裡，這樣毫無掩飾地把這些倫敦人放在他工作與生活的城市場景裡。妄想自大狂凱德，在如今康能街附近的著名地標上宣稱：「且聽我坐在這『倫敦石』上把命令頒布：在我統治的第一個年頭裡，這撒尿的水管只准淌出紅葡萄酒，費用由市政府負擔。」（四．六．一～四）他對跟隨者說：「好啊，諸位，現在你們幾個人去把蘭開斯特皇族的薩伏伊宮殿拆掉，其他的去把律師學院夷為平地。」（四．七．一～二）摧毀法院、噴泉湧酒，正是窮人的烏托邦夢想。難怪中產階級的市民要恐慌逃離，而下層階級的「一夥地痞流氓」（四．四．五十）則群起支持亂黨。

當亂民抓到他們最痛恨的敵人賽伊勳爵時，凱德對他控以諸多罪名：

> 你存心不良，設立什麼文法學校，毒害敗壞咱們國家的青少年。以前咱們祖先在棍子上面刻道痕子就能計數，沒有什麼書本，偏偏你想出印書的法子，還違背王上和他的尊嚴，建了一座造紙廠。我要直接告訴你，你身邊那些人張口閉口什麼動詞名詞，這類可惡的字眼，任何基督徒的耳朵都不能忍受。
>
> （四．七．二七～三四）

造紙廠和印刷機在凱德叛亂時代的英格蘭並不存在，但這個時代上的錯誤沒有什麼太大關係，莎士比亞有興趣的是他自己思緒的原始來源，那個文法學校，把他從畫記標籤（棍子上記著債務多少）

的世界，帶到印刷書籍的世界。

莎士比亞對那些瘋狂叫嚷他們厭恨現代事物、鄙視學習，並崇尚無知好處的人，甚感興趣。即使是那些攻擊文人的粗人，在他的想像裡，也不只是怪誕愚昧的形象，還聽得出他們的悲傷，這是典型的莎士比亞：

你用了許多保安官，他們動不動就傳召窮人，問他們一些答不上來的事情。你還把他們關進大牢，只因為他們不識字，就把他們吊死。可是正因為不識字，他們才最有資格活在人世。

（四・七・三四～三九）

罪犯可以因爲不識字而免罪的想法，似乎很瘋狂，但是凱德提出的抗議，是針對英格蘭當時一條同樣瘋狂的眞實法律：如果罪犯可以證明他識字，通常是念一首聖經詩篇，就可依法律規定歸類爲教士，官方應由宗教法庭審判，而這法庭是沒有死刑的。許多這類刑案的結果，是識字的小偷和殺人犯安然無事地出獄，雖然這樣的機會僅有一次。取得這種教士權益的罪犯，小偷會被烙印「T」字（「小偷」Thief的第一個字母），殺人犯則烙上「M」字（「殺人犯」Murderer的第一個字母），再犯第二次就一定處死。因此，凱德看來難以理解的控訴，其實合情合理：「你還把他們關進大牢，只因爲他們不識字，就把他們吊死。」其他看似難以理解，對名詞動詞和文法學校的憤怒與反對，也就因此可以理解了。凱德下令把賽伊勳爵跟他女婿克隆麥爵士，一起斬首，眾人把兩個首級插在竿子上給他看時，他說：「他倆活著的時候親熱得很哩！讓他們兩個親個嘴吧。」看得高興，便提議上倫敦街頭遊行：「把這兩顆人頭拴在馬前，作開道的儀仗，我們去騎馬遊街，遇到拐角的地方，就讓它們親個嘴。」這恐怖的景象原是爲了激發更多的血腥暴力，他喊道：「上魚街！直搗聖馬格納斯角！殺呀打呀！把他們統統扔進泰晤士河裡去！」（四．七．一三八～三九，一四二～四四，一四五～四六）

聖馬格納斯角位於倫敦橋的北端，也許是莎士比亞最初踏進這城市的地點。他很可能是跟加入的劇團演員一起旅行。也許當他們接近首都之時，曾彼此笑談從前暴動的屠夫、紡織工人如何在倫敦浩蕩遊行。無論是什麼情況，劇團演員一定想吸引眾人的注意力，讓大家知道他們進城了，並且要在何時何地演出。他們會計算好到達的時間，挑選人最多的路線，穿上最俗麗的戲服，敲鑼打鼓，揮旗舞幟。如果從南邊進城，他們會行經南沃克大街，然後穿越倫敦橋。

那麼，莎士比亞看到倫敦的第一眼，也許是這座大約兩百四十公尺長的宏偉建築。一位法國訪客勃麟稱之爲「全世界最美麗的橋梁」。上面擁擠的馬路，以二十座十八公尺高、九公尺寬的橋墩支撐。兩旁是高樓商店，排列在水面的支柱上，許多商店販賣絲綢、襪子、絨帽之類的奢侈品，而有些建築本身就很引人注目，譬如賣雜貨的一座十三世紀的雙層石屋，原本是奉獻給聖徒貝克特的禮拜堂，曾經是爲亡魂做彌撒的所在。建築與建築之間的空隙，可以看到大河上下游的壯觀景色，尤其是西邊；天上盤旋著食屍鳥；河裡是成千上百的天鵝，一年拔一次羽毛，爲女王做棉被和椅墊。

但有一樣特別景觀必會攫獲莎士比亞的注意；那是吸引觀光客的重要景點，總會向新來的人指出。南沃克那端的橋頭，有兩扇拱形物構成「大石門」，上面的竿子插著砍下的人頭，有的只剩骷髏，有的半烤焦曬黑，還認得出是什麼人。這些不是泛泛的小偷、強暴犯跟殺人兇手。尋常罪犯通常數百個一起掛在城市邊界的絞架上，觀光客都會被告知，橋上的人頭原屬於因叛國罪受刑的紳士貴族。一五九二年造訪倫敦的一個外國遊客算了算有三十四個人頭，一五九八年另一個遊客說有三十多個。莎士比亞第一次過橋或不久之後，一定了解到那許多人頭裡有薩馬維拉和與莎母同姓、可能是他遠親的愛德華．雅登。

岳父與女婿的人頭掛在竿子上相對獰笑。「他倆活著的時候親熱得很哩！讓他們兩個親個嘴吧。」那景象想必對他有重大的影響，而且不只是表現在《亨利六世中集》裡他所創作的凱德一景。如果他曾在蘭開郡待過，那幾個月危機重重的生活，也已經讓他學到一個大教訓，懂得小心謹慎、掩飾虛構的必要。當史特拉福的緊張情勢高張，陰謀暗殺與外武入侵的謠言滿天之際，這些教訓想必更加強了重要性。但倫敦橋的景象，是最強而有力的一課，它告訴你：要謹愼自持，莫落入敵手；要聰明、堅強、實際；要精通隱匿與迴避之道；要保住你肩膀上的腦袋瓜。

對一個極欲聞名於世的詩人與劇作家，這是很難辦到的事。但這些教訓也許讓莎士比亞決定要讓世人看不出他眞實的一面。他的私人信件在哪裡呢？他一定擁有一些書籍，可是爲什麼幾世紀以來，學者遍尋不著？或者說，他爲什麼不像班強生、鄧恩或其他許多同時代的人一樣在書上簽名呢？爲什麼在他大量精采的作品裡，找不出對政治、宗教、藝術直接的個人想法？爲什麼他所有的文字，即使是十四行詩，都以喬裝掩飾的方式，不讓人看清他的眞面目與內心深處的想法？久來學者總認爲一定是因爲世人漠視或意外遺失，亦即當時人認爲這位劇作家的個人意見不重要，所以沒有記錄下來，也沒有人想到要把他的私人信件加以保存，因此這些文件可能留給他女兒蘇珊娜，後來被賣掉，用來包魚，或裱褙書籍，或乾脆燒了。也許吧！但是當日他進倫敦城看到的斷頭，也許在莎士比亞進城的第一天就對他說話——而他也很可能記住了他們的警告。

第六章　城郊生活

在他成長的世界裡，田野就在街道盡頭，近在咫尺。如今四周環繞的，是綿延數里的住家、倉房、小菜園、工廠、造槍廠、燒磚廠、風車，還有臭水溝和垃圾堆，擴張到倒塌的倫敦城牆以外。這是莎士比亞首次認識的城郊。現在他才知道對田園的渴望是什麼意思。

倫敦人喜歡到野外散步，呼吸新鮮空氣，尤其普遍相信瘟疫是由空氣與臭味傳染，更加強了大眾對鄉野的喜愛。住在市中心的人，穿越燻臭擁擠的街道，手持花束嗅聞，或是拿丁香塞鼻子，在室內燒香燭、燻煙，好讓城裡傳染疾病的臭氣遠離。鄉野甜美的空氣對他們來說，眞正是可以救命用的。瘟疫期間，有錢人把出城當逃命，其他一般人也一樣渴望到野地裡去走走。

從市中心出發步行，精力充沛的話，還是可以很快走到圍籬的牧場，看到牛兒安詳放牧，洗衣婦晾衣服，或染工把布撐在張衣架上的景象（今人用「撐在張衣架的鉤子上〔to be on tenterhooks〕」形容如坐針氈，由來於此）。雖然在莎士比亞的時代，倫敦人一度易尋的寬闊空間已逐漸消失，但還是有其他地方吸引市民，譬如城門外或河對岸的市郊。許多客棧旅館供應飲料食物和私人房間（在當時毫無個人隱私的社會是很難得的），其中不少還滿體面的，譬如位於泰晤士河南岸南沃克著名的披風旅店，就是喬叟的朝聖團出發前往坎特伯利的起點。城北的芬士貝里原野上，有射手巡遊，找尋射標練箭，一邊留意避開行人（一五五七年有一名孕婦跟丈夫散步路過，被飛箭射中頸部而死）。其他的休閒場所，包括練槍的射擊場、鬥雞場、角力場、保齡球場、歌舞場、虐囚台與絞架，以及排排壯觀的「休憩所」，也就是妓女戶。訓道人士對最後一項當然強加指責，並命其關閉，但是官方採取的反對行動總嫌不足。《一報還一報》的場景雖設於維也納，但看來聽來怎麼都像倫敦，其中提到執政者著手道德改革活動，下令拆除「城郊的妓院」（一．二．八二～八三），卻未能實現。

這個擁擠的城市，其實是被這許多不同的娛樂區四面環繞住的。這是莎士比亞大半生事業的所在地，他把這些事物全盤接收運用在自己的想像裡，即使是現在看來無關緊要的小事，比方說保齡球他就深受吸引，特別是球的滾動方式是借由重量從側面迴轉，因此要擊中目標，只能假裝瞄準別處。這意象一再回來，成為精妙的技巧，使他鋪設出出人意料的情節轉折。箭術、角力、刺擊槍靶，以及所有伊莉莎白時期的運動與競賽，他也一樣感興趣，即使沒有直接描述（如《皆大歡喜》裡的角力一景），也一再拿它們當做意象使用。

城郊有些比較刺激的娛樂，也觸動莎士比亞的想像力。亨利八世遺留給他的皇室子女看鬥牛和鬥熊的嗜好，把牛或熊圍在柵欄裡或綁在柱子上，以惡狗激怒挑釁，有時還會「累死」牛隻。這些公牛似乎多半無名無姓，可是大熊卻不同，牠們不但有名字還有個性，如「薩克森」、「白粉」、「石頭」、「守財奴」，後者通常蒙住眼睛，以增加趣味。這是英國特有的娛樂，外國訪客常在他們的遊記裡提及，而伊莉莎白女王也以此招待來訪的外交大使。飼養動物的費用，來自娛樂事業本身的收入，因為有大群觀眾買票進入圓形的木製大競技場來看表演。另一項稍微不同的流行娛樂，是把猿猴綁在馬背上，以犬攻擊。有位觀眾描述：「看到那馬在狗群裡亂踢亂蹦，猴子在上面尖聲怪叫，土狗掛在馬耳朵和馬頸子上，真是好笑極了！」

《溫莎的風流娘們》裡的傻子史蘭德說：「你們城裡也有熊嗎？……我挺愛看鬥熊的。」（一．一．二四一，二四三）莎士比亞顯然親眼見過熊園，他有職業上的理由對所有能刺激觀眾的事物感興趣，但並不著迷。他用諷刺的手法，把這項娛樂寫成讓史蘭德之輩自覺像男子漢的工具。史蘭德吹牛說：「我就見過那頭著名的薩克森大熊逃出來二十次，我還親手拉住牠的鍊子。可是我告訴你，那些娘兒們呀，一看見就嚇得又哭又叫的不可開交。可是說實在的，也難怪她們受不了，那些畜生都是長得又難看又粗野的。」（一．一．二四七～五一）

伊莉莎白女王時代的人把熊當作醜惡的極至，是所有粗劣暴力的代表，莎士比亞也常反應同樣的觀點，但他還掌握到別的意義。馬克白在敵人包圍下說：「他們把我逼到角落裡，我逃不了啦！但是困獸猶鬥，我一定要像熊一樣掙扎到底。」（五．七．一～二）這當然不是什麼對鬥熊或謀殺的感言，馬克白是叛賊，到頭來終於得到應得的報應，但是這場景暫且制止了競技場上的粗糙笑料，發掘出鬥熊戲裡殘酷不堪的另一面。

為什麼伊莉莎白女王與國王詹姆士一世時代的人，會喜歡看這樣噁心暴力的表演呢？其中的特別贊助人還是顯赫的都鐸與斯圖亞特王室（十七世紀末有人企圖恢復這項「皇家娛樂」，但自從一六五五年清教徒士兵射殺了七隻熊後，鬥熊從此一蹶難振）。這問題很難回答，正如難以解釋為什麼我們自己會喜歡看殘酷的表演。但是與莎士比亞同時代的德克給了我們一個解釋：「最後一隻瞎眼熊被綁在柱子上，不用狗去逗牠，而是由一群基督徒如煤礦工、載貨車夫、船夫擔任差役的任務，用鞭子抽打『守財奴』先生，一直打到牠的老骨頭流出血來。」觀眾在這個例子裡看到的是怪誕的鞭笞場景，正因怪誕所以可笑。這是社會上普遍常用維持紀律的方式，父母常鞭打子女、老師鞭打學生、主人鞭打僕役、差役鞭打妓女、警官鞭打流氓和「身強體壯的乞丐」。競技場上的演出製造了一種怪異的雙重效果，莎士比亞後來常著力運用：一方面告訴我們事實，說這是我們維持秩序的方式；另一方面又對之質疑，說這方式很荒謬。

倫敦就像一個戲院，沒完沒了地上演著刑罰。莎士比亞當然在來倫敦以前就親眼見識過體罰實例，史特拉福就有鞭笞柱、枷鎖、鐐銬，但是倫敦塔丘、泰本、石密斯原的公開絞架台上，新娘井、模峽汐監獄，以及倫敦古城牆內外許多其他地點經常上演的殘暴刑罰，對他是全新的經驗。官方烙印砍殺罪犯的情景，幾乎每天都可以看得到。倫敦可以看到刑罰的地點，並不限於上述的特定區域，有些殺人犯會帶到案發現場附近，砍斷右手，然後流血遊街到執行死刑的地點。任何住在這個大城市的人，幾乎都逃避不了這種場面。

走過這些街道，隔幾天就看到這樣的場面，會是什麼情境？住在這樣的城市裡，看流行娛樂以鞭打瞎眼熊或表演悲劇來反應這些持續不斷的刑虐，又是怎樣的狀況？我們不知道莎士比亞是否有意要向世人見證這些殘酷的司法儀式（對殘酷場景比他有興趣的劇作家還多的是，好像跟公眾虐囚與劊子手比賽殘忍似的）；但他的劇作一再出現類似情境，《泰特斯．安特洛尼克斯》裡拉維妮亞斷手割舌的慘酷命運，伊莉莎白女王時代的演員很容易表現得詳盡具象又寫實，因爲他們看過劇院附近的斷頭台上類似的實景演出。當莎劇演員展示理查三世或馬克白血淋淋的頭顱時，觀眾可以很容易聯想到眞實的情景。

莎士比亞並不只是給一般鄙俗大眾想看的東西而已，他自己顯然對四周不時的刑場執法興趣濃厚，但並不表示他支持這類刑罰，反而帶有強烈的反感。莎作中最可怕的刑虐場景是《李爾王》裡格洛斯特伯爵被弄瞎一景，劇作家很清楚地表示，這毫無疑問是不道德的魔鬼行徑。但是描述這邪惡場景，也不是要全盤否定自己社會野蠻的刑罰制度。《奧賽羅》的結局裡，傷天害理的伊阿哥不肯解釋他為什麼要設下那些奸計：「問我也是白問，你們知道的，早知道了。從現在起，我一句話也不說。」威尼斯的官員有信心讓他招供：「酷刑可以逼你開口。」（五．二．三〇九～十，三一二）即使逼供不成，這些威尼斯人也一定要叫這惡徒遭受該有的報應。伊阿哥在剩餘的劇本裡沒有再說一句話，我們不知道酷刑是否讓他改變口供，但是如政府官員所說，他們會用盡方法加強延長他的痛苦：

對這奴才，我們要用所有精巧的酷刑
讓他多受點罪，
而且越久越好。

（五．二．三四二～四四）

雖然刑虐伊阿哥救不回苔絲德夢娜的性命，也挽回不了奧賽羅已毀的人生，但《奧賽羅》一劇要觀眾接受這是正當的措施，不管如何殘忍可怕，它總是一種彌補道德規範損壞的象徵方式。政府的刑虐是莎士比亞和他的觀眾共同的生活經驗，也是從這角度去看待，並不只是把它當成悲劇來看。在他最歡樂的喜劇《無事生非》的高潮結局裡，所有的疑惑解除、誤會澄清，卻還有空間想到齒輪和夾指頭的刑具。唐強是其中類似伊阿哥但比較蠢的惡徒角色，他的奸計揭發，被迫逃亡。柯勞第與喜蘿破鏡重圓，準備要跟貝特麗絲與班尼迪一對甜蜜情侶同時完婚。班尼迪興高采烈地要人奏樂：「我們不如趁結婚前先跳一回舞吧！」當使者來報，唐強被捕，他說：「這會兒咱們先別理他，到明天我自會給你想出一些新鮮的法子懲罰他。吹起笛子來吧，樂手！」（五．四．一二一～一二三，一二一～一二二）

這就是（或至少有一部分是）住在倫敦這樣一個城市，每天看無止盡的恐怖刑罰上演的生活情況。這景象是生活的一部分，大家也就如此接受它，祕訣是知道什麼時候該看，什麼時候不該看，什麼時候該懲罰，什麼時候該歡舞。痛苦與死亡的地點附近，就是歡樂的地帶，河岸區的刑架很靠近妓院，這對莎士比亞而言，也是另一個想像的來源。莎劇裡常有妓院（稱爲stews）角色，如《亨利四世下集》裡的妓女桃兒．貼席與《一報還一報》裡的老鴇「過熟大娘」，還有他們賣淫行業裡的其他同行。劇中對他們的素描形象令人難忘，正如其他各色淫媒、門房、酒保和僕役。妓院在他筆下是疾病、惡習與亂象的所在，但也是滿足人性根深柢固需求的地方；它把不同人士集中一處，男人與女人、紳士與平民、老人與青年、學者與文盲，在層級分明的社會裡有少見的同志情誼。更重要的是他把妓院寫成一個小行業，在勝算不大的強烈競爭、粗魯沒同情心的顧客、和敵對的地方官之間，謀取微薄的利潤。

妓院的這些性質，使莎士比亞（也許還有大多數當時人）在想像中把它跟另一個城郊的事業——劇院連在一起。莎士比亞在此之前不久才接觸到的劇院，後來成爲他事業生活的中心，但英格蘭在他出生時還沒有任何劇院有獨立的建築，它們跟別的「娛樂區」結合，和所有舞蹈、音樂、耍把戲、狩獵、刑罰、色情行業，連在一起。其實戲劇模擬與現實，還有各種娛樂形式之間的界限，往往是模糊不清的。妓女在看戲的觀眾裡找生意，反對劇院的人認爲她們還在戲院後場的小房間賣淫。

有位一五八四年造訪倫敦的外國人，描述他在一個八月午後於南沃克所見到的壯觀表演：

三層高的圓形建築裡，大約有一百隻大型英格蘭犬，每隻以木柵分隔，各別鬥三隻熊，第二隻比第一隻大，第三隻又比第二隻大。之後，他們帶進一匹馬來讓狗追趕，接著是一隻勇猛的公牛。接下來一些男女從另一個包廂出來，舞蹈翻騰、互相打鬥；有人在觀眾席裡丟麵包，大家都爭相搶奪。場中央的一朵玫瑰花被火箭點燃，裡面忽然掉出許多蘋果和李子來。眾人爭搶蘋果的時候，玫瑰花噴出火箭，掉到觀眾身上，造成很大的驚嚇，但也讓他們樂得很。最後火箭、煙火從各處四射而出，戲劇到此結束。

「戲劇到此結束！」現代人應該很少會把這個俗麗兼嚇人的表演叫做戲劇，但是伊莉莎白女王時代的倫敦卻奇怪地把鬥獸跟戲劇表演混合在一起。兩者都讓市政府很討厭，認為他們造成交通堵塞、秩序混亂，使人游手好閒，又不利公眾健康。這就是為什麼他們把表演地點選在議員市長的管轄之外，如南沃克之類的地方。訓道人士與教士也以同樣的理由攻擊他們，威脅上帝會懲罰所有愛看藐視神的汙穢表演的人。他們吸引平民百姓，也都有貴族贊助保護。兩者甚至在極其相似的建築裡執業。「希望劇院」即是其中之一，同時有鬥熊和戲劇的表演。一六一四年班強生的《巴梭羅繆市集》在此演出時，有位演員說還可以聞到前一天鬥熊的臭味。「希望劇院」的主人韓思婁是當鋪商、放利人、兼劇團經理人，同時也是妓院主人。從某方面看，倫敦的娛樂事業和收入是相互交流的。

然而，劇院（除了「希望劇院」以外）跟其他各式各樣的競技場最不同的地方，是一項極為重要的創新，有專門的建築物，而不是在私人廳堂、庭院或馬車後面，以蠟燭照明表演。劇場建築只有在最近才出現於倫敦，比狩獵晚得多。一五四二年南沃克的地圖已經標示了主要大街上有座鬥牛場，但是要到一五六七年才有第一棟獨立的公眾劇院，即倫敦富商卜萊恩在司台埔泥蓋的「紅獅」。這是很有勇氣的投資，因爲自從羅馬帝國淪亡後，英格蘭就沒有蓋過這種建築。我們對「紅獅」所知甚少，也許它很快就被拆除或改做其他用途，但是在勇猛無畏的卜萊恩看來，這想必是很有希望的賭注，因爲九年後他又做了一項更重要的投資，這回他找了自己的連襟柏畢駒當事業夥伴。柏畢駒是個細木工人，後來改行做演員，投靠萊斯特伯爵旗下。他的木工技術大概最少跟他的演技一樣重要，因爲他是建造這座複雜的多邊形木製建築的重要一員，企業界把它就叫做「劇場」。

這名字跟文藝復興的想法相合，用字面的意思表示要重建古代傳統。「劇場」一詞呼應古代的「圓形劇場」，在一五七六年還不算是大家熟悉的字眼。不出意料的，「劇場」幾乎馬上就遭到教會人士的攻擊，說它「模仿羅馬舊異教的劇場形式」。柏畢駒和卜萊恩很有先見之明地把它蓋在城市入口主教關之外，索低渠郊區聖井的自由區租地上。這裡原是班尼第教派的修女院，歸女王樞密院管轄，不歸市府。教會人士可以嚴厲攻擊，市府長老可以威脅恫嚇，可是戲還是照演不誤。

莎士比亞到倫敦來之前已經看過也演過戲，但卻從來沒見過獨立的劇院建築。也許聽過旁人詳述，也許看過親友遊倫敦畫下的詳細素描，但總有親身首次涉足的那一刻。他看到的是一座長方形的高台，凸出伸展到大場子的中央，旁邊有分層的迴廊環繞。給「地面觀眾」站著看戲的場子是露天的，但舞台上方蓋有彩繪篷蓋，稱爲「天堂」，以兩根柱子支撐。離地一公尺半的舞台，四周別無護欄，演員舞劍打鬥之時，要很清楚自己站在什麼地方才行。舞台上有一扇活板門，底下是儲藏室，稱爲「地獄」，可以用來製造強烈的戲劇效果。舞台後面是木板牆，上面有兩扇門讓演員上下場用，有些劇院在兩扇門中間設有簾幕，可以在較小的場景裡做正式入口。後牆這些門的上方，有分隔成包廂的迴廊，是最貴的觀眾席。這迴廊的中央部分，可以做爲舞台場景使用。莎士比亞立刻（或者很快）就開始想像怎樣使用這個舞台空間，譬如用做陽台或城堡牆上的圍欄。

在沒有燈光且極少布景的情況下，要製造現代劇場常用的幻象，範圍實在很有限，但他們屢試不爽地證明觀眾不需在黑暗裡才能想像夜晚時分，或是要看到紙造的樹才能想到森林。伊莉莎白女王時代的觀眾重視的是服裝的幻象效果，戲台後牆背後是「化妝室」，供演員換裝之用，戲台上的頂篷很周到地保護這些華美的戲服不致遭到雨水損壞。劇院的整體設計，功能極佳，又具彈性。巡迴劇團在貴族紳士的美觀市政廳與私人廳堂演出，雖有其優點，但是演員得不斷重新思考演出方式，改變排演來適應不同空間，還要在不合劇情的物件中間配合應變。任何從鄉下來的年輕演員或胸懷大志的劇作家，進到倫敦的劇院，一定都覺得自己是死了，上了戲劇天堂。

從某些角度看，這天堂給人一種舒暢熟悉的感覺。迴廊環繞的開放空間，讓人聯想到倫敦和全國各地偶有露天戲劇演出的客棧院落（一般大都是在大廳表演）。客棧的老闆（當時人稱「管家（housekeepers）」）出租地方，連同戲服和道具給巡迴演員，表演結束時，演員傳遞帽子向觀眾收錢。年輕的莎士比亞在來到倫敦以前，可能已經不只一次用這種方式收過錢，雖然他的劇團一五八〇年代也開始試驗在客棧門口收入場費。新的「劇場」和其他學它蓋的公眾劇院，採用的方式不同，但他們的擁有人卻都以「管家」自稱，就好像把劇院當成客棧似的（大概這就是爲什麼我們還稱戲開演爲「店家燈光（houselights）」暗下，稱劇院滿座爲「店家客滿（full house）」的原故）。

事實上柏畢駒和卜萊恩的投資的確也包括一家客棧，坐落於今利物浦街車站附近恩典教會街上的「十字鑰匙」店，演員有時也在此演出，但他們的主要劇場是在另一棟建築裡，讓企業家可以全面實施新方法，要觀眾看戲之前先在門口付錢。劇終時，演員就只要求掌聲鼓勵，請大家下回再來。「票房」（box office）從此誕生，在當時原是個上鎖的錢箱。這項創新對演藝事業者與顧客的關係，有重大的改變，收入必然也立時大增，因爲很快就有另一所「帷幕劇院」在附近開業，其他劇院也陸續跟進。一毛錢就可以讓你進場，跟人群站個兩三小時，來回走動，買蘋果、橘子、花生、瓶裝麥酒，或是盡可能地擠到舞台邊緣。再加一毛錢就可以上到環繞劇場邊緣的迴廊座位，有屋頂可以避雨（有時是躲大太陽）；三毛錢呢，你就可以坐在低層迴廊的「紳士包廂」裡有椅墊的座位，有個當時看戲的人說這是「最舒適的位子，不只可以清楚地看到所有事物，也可以讓別人看得到你」。

這種付款方式有一部分原是爲了確定財務清楚，第一毛錢是給演員的，第二、三毛部分或全部歸「管家」。可是兩位事業夥伴不久就反目分手了，卜萊恩指控柏畢駒偷竊錢箱裡的錢，因爲他有祕密鑰匙。他們跟許多伊莉莎白女王時代有金錢糾紛的人一樣，鬧上法院。一五八六年卜萊恩過世時，他們之間的相互控訴還沒有解決，反而更糾纏不清、積怨成仇。最高潮的是一五九〇年十一月十六日的一場大對戰，卜萊恩的遺孀帶著同伴到「劇場」來索取她應得的部分收入，柏畢駒夫妻從窗戶探出頭來叫罵，說他們的妯娌是淫婦，其他來要錢的是無賴。他們最小的兒子柏畢騎時年十六，拿掃把打其中一個要債人，據證人的說詞，他「很輕蔑侮慢地玩弄證人的鼻子」。這個拿掃把的粗野男孩，就是後來陸續演出哈姆雷特和莎劇許多主角的名演員，這是最早跟他有關的紀錄。

莎士比亞進入的戲劇世界，是個短暫不定、投機競爭的世界。劇院有許多大聲反對的敵人，宗教與訓道人士指控它是維納斯與其他異教神祇的廟堂，清純天眞去看戲的良家婦女，很快就被引誘成放蕩不拘，男人被誘人的小男演員激起性欲，神的話語遭受嘲弄，虔誠的教徒被醜化，嚴肅的官方被藐視，還把叛亂的思想植入大眾心裡。諾斯布克牧師大發雷霆說，「要是當人妻的想知道怎樣欺騙丈夫，當丈夫的想欺騙妻子，想知道怎樣扮淫婦求愛，怎樣搶奪背叛、誘惑諂媚、說謊謾罵、背信忘義，怎樣謀殺毒害、叛逆王上，怎樣揮霍金錢、追求欲望、洗劫破壞城鎮、懶散怠惰、褻瀆侮蔑、吟唱汙穢情歌、口出穢言、驕矜狂妄……」，就去看戲。這單子上條列的壞影響還多得是，念得讓人氣都喘不過來，多年來許多其他教士又陸續添加更多項目。這還不夠，劇院的死對頭說，觀眾也跟戲台上的表演同樣惡劣。葛森於一五七九年寫道，在劇院裡「可以看到大家為了坐在女人旁邊，磨肩接踵、前推後擠，關心自己衣服有沒有被踩到、留意有沒有碎屑掉在自己膝蓋上、背後的靠墊會不會讓他們痠疼、耳朵上不知道戴的是什麼名堂，看他們吃蘋果打發時間、用腳相觸調情……搔弄挑逗、眨眼媚笑，劇終的時候把男人帶回家。」訓道人士酸溜溜地說，那麼多人可以高高興興地坐兩個小時看戲，卻受不了坐一個小時聽講道，實在是很糟糕的事。

這些指控的目的是要關閉劇院，可是除了使周日禁演以外，他們的反對不出意料的反而加強了大眾的興趣。傅羅瑞歐在一五七八年出版的英義成語集裡說：「我們要去哪裡？去『公牛』看戲，不然就去別的地方。」傅羅瑞歐生於倫敦長於倫敦，是義大利新教徒難民的兒子，他的語言小冊子就像現代的語言教學用書一樣，旨在一般日常的對話用途。他接下去說：

你喜歡喜劇嗎？
喜歡，放假的時候去看。
它們真是有意思，可是傳道士不准它們上演。

為什麼啊？你知道為什麼嗎？
他們說，戲劇不好。
那為什麼還要演戲呢？
因為大家都愛看呀！

「因爲大家都愛看」，擁護戲劇的人條列了許多理由，說它懲善罰惡、教導禮儀，又可以讓人心思不致想去做壞事，等等；但是劇院之所以存在並且興盛，完全只因爲上自女王下至學徒全都愛看戲的緣故。

權高勢大的貴族、重要的政府官員，以及女王自己，都保護公眾劇院和劇團。他們認爲，如果國內有什麼危險顚覆的勢力，也不是劇院，而是劇院的對敵，那些心懷不滿、又一天到晚愛管閒事，想掃盡所有俗世娛樂的新教激進份子。可是女王和她的顧問給予劇院的保護當然不是無條件的，他們對群眾的聚集也一樣很緊張。不管是出於偏執的妄想，還是眞實的壞經驗，他們的表現，就好像群眾注定是危險的，很容易就會變得很暴力，一有機會就會攻擊上級社會和重要機關。雖然官方文件總是強調女王對她所愛臣民甚具信心，很多她不留意說出來的話卻流露出強烈的懷疑。當錫德尼爵士跟比他社會地位高的牛津伯爵，在網球場上互相推擠，伊莉莎白女王給他上了一課伯爵和武士之間的差別，警告他：「要是一般平民知道你自己都不尊重階級頭銜，你能想像會發生什麼事嗎？」

伊莉莎白女王的官員擔心無法掌控公眾表演，即使只是一小群人聚集都會引起官方的警覺，他們派遣耳目到酒店客棧去探聽別人的談話，然後回報任何可疑人事，又發布文告，要民眾注意「出言不服」的人。政府警告那些「躲在角落和破落戶偷聽消息和爭議，然後散布謠言」的人。倫敦市內的流浪漢是會遭受嚴厲懲罰的。難怪劇院雖有強勢靠山，也要小心謹慎。

莎士比亞於一五八〇年代晚期來到倫敦時，可能是戲班子裡雇用的一名演員，他進到的是一個還算新的戲劇場地，雖然劇院基本輪廓還未成形，但就其仍然開放持續演變的觀點看，還是很新穎的。劇團長久以來已經習慣不斷旅行的遷徙生涯，身分經常變動，團員常短期分團又重聚。城市裡公眾劇院的興起，加上渴求娛樂的人口快速增加，至少讓這些劇團有機會在一個收入可觀的定點做大部分的演出。他們有時候還是會出外演戲，但是用馬車載服裝道具、匆促湊合找地方演戲、老是要跟地方官員打交道的種種，已不再是他們職業生涯的中心。

但即使是最成功的劇團，要轉移到以倫敦爲中心的定點，並不容易。巡迴無疑是很累人，表演幾次就要收拾上路，但是演員只要有少數幾個戲碼就可以勉強混過去，在倫敦可不行。開放的大圓形劇場，可以容納兩千多人，而市內人口雖然就十六世紀的標準而言算多，也不過只有二十萬。要想在經濟上生存下去，一季只有一兩齣戲成功賣座，可以持續演出，是不夠的。劇團必須吸引觀眾，而且是大量觀眾，讓他們養成一次又一次來看戲的習慣。這表示需要常常更換戲碼，一星期可以多到五六齣。演藝事業因此大得驚人，每個劇團大約一年要有二十部新戲碼，加上上一季持續演出的二十部。

公眾劇院造成的蓬勃機會，莎士比亞似乎很快就掌握住。在劇院裡表演的劇團對新劇本的需求極大，他可以自行創作或與他人合作，來滿足這個大胃口。這個時機再好也沒有，因爲既沒有作家公會，又不需取得特殊介紹信，也沒有什麼必須的裝備來從事這項冒險。倫敦使他發掘出從史特拉福帶來初萌芽的寫作與演戲的野心。

莎士比亞晚年時，有人說他下筆速度驚人。他的朋友也是對手班強生說：「演員常常向莎士比亞致敬，提到他寫作時，不管寫什麼都沒塗改過。」但尖酸地加了一句：「我說啊，眞希望他能改改那一千行。」從現存莎劇與詩作的多種版本看來，莎士比亞的確是悄悄塗改了幾千行文字，我們有強力證據可以證明他大量修改過自己的作品。但是大家對他下筆如神的印象依舊，甚至還延伸到他的早年作品。他很容易就可以下筆寫作，看書過目不忘，並熟讀吸收了幾部深具啓發性的模範劇本。雖然年輕缺乏經驗，他仍泰然自若地開始寫起劇本來。雖說如此，有些跡象顯示莎士比亞之所以成爲專業作家是因爲有一件事使他在戲劇藝術上深受震撼。

歷史作者史投寫說，倫敦「是一隻強大的手與工具，讓所有想望成眞」。讓想望成眞的，是從一五七〇年代起興起、開業並繁盛的大劇院，如「劇場」、「帷幕劇院」、「玫瑰劇院」、「天鵝劇院」、「環球劇院」、「紅牛劇院」、「吉星劇院」、「希望劇院」。莎士比亞幾乎剛到倫敦，就碰到劇院滿足人欲望的最好例子，一五八七年他剛涉足這城市，觀眾蜂擁進入「玫瑰劇院」去看海軍上將劇團演出馬羅的《帖木兒》。莎士比亞幾乎可以確定看過此劇（以及不久後的續集），也許還看了不只一次，說不定是他在劇院裡看到的第一齣戲。從他早期作品所受影響，可以看出此劇對他一生深刻的作用與轉變。

馬羅驚人殘酷的戲劇所激起也滿足的夢想，是統治政權的夢想。主角是賽西亞的窮牧人，以堅定的決心、旺盛的精力、極度的殘忍平地掘起，征服了大半當時已知的世界。此劇由史詩的筆法寫成，充滿了喧嘩吵雜的音響、異國的視覺奇觀，還有戲台上的血流成河，旗幟飄揚，戰車横越舞台，大砲隆隆作響；但它的中心意旨，是以文字的魔力對權力意志的表揚：

包含我們四元素的本性，
在胸中作戰，想要統領，
教我們大家要心懷大志。
我們的靈魂能夠了解
這世界不可思議的結構，
也能測量每顆星辰的軌跡，
卻仍不斷追求無限的知識
如同無休止的天體不停移動，
要自己不眠不休，勉力為之，
直到取得那最成熟的果實為止——
那最大的喜悅，唯一的快樂，
世上皇冠的甜美成果。

（二・七・十八～二九）

在此劇中，所有學校教會、講道文告、與嚴肅的宗教書籍諄諄告誡的道德法規，全都束之高閣。世上至高的好處——「最大的喜悅，唯一的快樂」——不是對上帝的沉思默想，而是擁有王冠。在此不需依據血統階級、神授君權、遺傳義務，也沒有道德的羈束；有的是動蕩暴力、全力以赴，直到掌握（或夢想掌握）最高權力爲止。

帖木兒一角，是由海軍上將劇團裡一位極具天分的年輕演員，當時年僅二十一歲的阿利安扮演。比他大兩歲的莎士比亞看到他的演出，也許想到自己要是還不開始，大概就當不成倫敦戲台上的首要演員了。阿利安是個眞實的例子，長像高貴宏偉，聲音優美清晰，足以吸引掌握大群觀眾的注意力。扮演這個「昂首闊步、咆哮怒吼」的角色，一舉成名之後，他接下去又演了浮士德、巴拉巴斯，以及許多其他重要角色，娶了韓思婁的繼女，從演藝事業裡賺到大筆財產，成立了一所出色的教育機構——達利奇學院。

當演員的莎士比亞從阿利安對帖木兒的詮釋學到的，是如何讓演技強而有力，但是莎士比亞的詩人天性讓他了解到另一件事，即吸引觀眾的魔力並不只是演員的好聲音，甚至也不是主角勇往直前要取得、能教他狂喜的世上王權。令觀眾著迷沉醉的，是劇本史無前例所用的無韻詩，強大的力量與命令式的措辭，充分表現出帖木兒的威武雄壯。作者馬羅以不押韻的十音節五重音，製造流暢動態的效果，是他在戲劇上的一大成就。這些文字絕不只是誇張的修辭，想像平凡世人若能搖身變成偉人，會說出什麼樣的話來。它吸引人之處在於其「不可思議的結構」，即其微妙的韻律，如一連串單音節裡忽然蹦出「心懷大志」的雙音節字（「教我們大家要心懷大志」原文Doth teach us all to have aspiring minds句中，只有aspiring一字是雙音節），以及「果實」（fruit）變成「成果」（fruition）的美妙音律（「直到取得那最成熟的果實爲止」和「世上皇冠的甜美成果」的原文爲Until we reach the ripest fruit of all和The sweet fruition of an earthly crown）。

莎士比亞在此之前從未聽過類似的文字，當初他在華威郡看的道德劇或是神蹟連環劇當然不會出現這類文字。他想必告訴自己說：「你現在不是在史特拉福了。」對一個從小看道德劇和神蹟劇的人而言，戲台就好像被「放縱」一角用無與倫比的語言力量控制了似的。也許在戲的開頭，馬羅的狂妄劇情還沒有完全展現之時，莎士比亞跟其他觀眾還等著殺人無數的暴君被打倒拉下，畢竟那是宗教劇裡「放縱」和希律一向的結局，可是他看到的卻是一幕接一幕瘋狂殘忍的戰利，勝利的辭句愈來愈讓人興奮。劇終時，惡毒的征服者喊道：「幾百萬靈魂坐在冥河岸」，

等著開隆撐船回來。（開隆是冥河上的船夫）
地獄與天堂滿是
我送去的鬼魂……

（五．一．四六三～六六）

誰也沒法讓帖木兒回頭，他對現存的規則制度既無畏懼，也不敬服：「皇帝國王都死在我腳底下。」（五．一．四六九）他殺死無辜的大馬士革處女，娶了戰敗的埃及蘇丹的美麗女兒季娜葵特。然後，令人震驚憤慨的，戲劇終了啦！觀眾鼓掌歡呼，因為所有大眾被教導到麻木要珍視的事物，全都被他蔑視踐踏盡淨。

對莎士比亞而言，這是一個極為重要的經驗，全面挑戰了他在美學、道德與職業上的想法。更大的挑戰是，馬羅跟他背景極為相似，同樣在一五六四年出生於鄉下城鎮，不是出身有錢紳士之家，而是平民鞋匠的兒子。如果沒有馬羅，莎士比亞無疑還是會寫劇本，但是一定非常不同。他給我們的印象是，在馬羅的影響下，他下定決心，不只要以演戲為生，而且要為他所演的戲寫劇本。莎士比亞最

早以劇作家知名的劇本《亨利六世》上中下三集，處處是《帖木兒》與其續集的影子，影響之大使早期研究莎劇文字的學者認爲《亨利六世》一定是他跟馬羅合作的作品。這些劇本在風格上確實很不統一，莎士比亞是有可能跟其他人一起寫成，雖然如今很少學者相信馬羅是其中之一。比較可能的是，莎士比亞以新手之姿跟合作人學習馬羅的成就創作而成。

馬羅的兩部《帖木兒》劇，是來自他自己個人的奇特經歷，包括當間諜、反間諜、僞造者、無神論者，但同樣重要的是他貪婪無厭的廣泛閱讀。帖木兒的生平細節可能是取材自通行的英文書，但學者說他一定也從這些書溯源到市面上比較少見的拉丁文書籍。劇中一些細節顯示馬羅甚至參考了土耳其原文書的資料，這些書在他有生之年還沒有西歐文字的翻譯。最重要的是，劇中充斥的外國地理名稱，是來自不久前才出版的昂貴地圖集，荷蘭大製圖師歐提里亞斯所作的《寰宇概觀》。一個製鞋匠的兒子怎麼能看得到這些書呢？答案一定是劍橋大學的人文圖書資源。馬羅於一五八一年註冊入學，當年七月大學圖書館收到一部歐提里亞斯的地圖集，而馬羅就學的聖體學院也早已擁有一部。

莎士比亞沒有這類資源可以運用，但他在倫敦的一位朋友可能在這方面幫了他的大忙。菲耳德於一五七八年從史特拉福來到倫敦做印刷學徒，他父親跟莎父是舊識。菲耳德的師傅，是從巴黎逃難來的新教徒佛脫利亞，事業頗爲興旺，出版學校用書、喀爾文的其中一版《基督教要義》、拉丁文公禱書、法文書，以及許多重要古典書籍。這書單聽來滿無趣的，但是佛脫利亞有時也會冒一些險，譬如出版義大利異端神學家與激進哲學家布魯諾的重要作品（他後來在那不勒斯被燒死）。他最有名的出版品中，有一部正是莎士比亞最喜歡的書——諾斯爵士翻譯的普魯塔克《傳記集》，這本書是莎劇《凱撒大帝》、《雅典的泰門》、《科利奧蘭納斯》，更重要的是《安東尼與克莉奧佩屈拉》的主要來源。

菲耳德的新行業成績斐然，在佛脫利亞底下做了六年學徒之後，又跟另一個印刷業者做七年學徒，一五八七年進身印刷同業公會，即「出版公會」。這年佛脫利亞過世，菲耳德娶了他的遺孀賈克琳，接手他的事業。到一五八九年，他已成爲印刷業大師傅，有一所忙碌的工作室，出版廣泛可觀又具有知識挑戰性的作家作品。他一定也擁有競爭對手出版的書，並有機會接觸其他書籍。對他從史特拉福來的年輕劇作家朋友來說，他簡直就是無價之寶。

做爲詩人的莎士比亞，雖也夢想過身後永世的名聲，卻似乎不曾把它跟印刷書籍連在一起。即使後來他的劇作出名，擺在聖保羅教堂庭院的書攤子上販賣，他也沒什麼興趣要讓自己的劇本印刷付梓，更別說去確定版本的正確性。他似乎從不曾想過，最後他會活在紙上，就如活在戲台上一樣，而他成爲作家的命運，會跟首次在黑修道士區朋友的印刷店裡看到的技術密切結合。

莎士比亞在門開處看到的，是倫敦書市活躍心臟的第一手景象——排字工人曲身看文稿，伸手到盤子裡抽出活字塊，排成幾排；印刷工人把完成的活字「版」（即固定活字塊的框架）上墨，轉動螺旋印刷機，把上墨的版子壓在放著全開紙張的機床上，然後放開印刷機，把紙張摺疊成頁；校對工人訂正錯誤後，交給排字工更正，最後紙頁交由裝訂工縫裱成冊。這一切看來就像是一場有趣的表演（莎作裡有許多蓋印記號或符號的意象），但是對他而言，最興奮的事應該是可以接觸到書籍。書是很昂貴的，對一個年輕的演員和沒經驗的劇作家來說，是不會有錢買得起的，可是好勝的莎士比亞如果要面對馬羅巨作的挑戰，他需要書籍。

莎士比亞怎麼會想要寫三集關於十五世紀亨利六世紛亂政治的戲劇，來跟《帖木兒》對抗？我們不知道。也許原先並不是他自己的主意，因爲有證據顯示，當時他可能參加的女王劇團，對馬羅的成功很眼紅，決定要反擊。他們可能邀請莎士比亞加入這項已進行中的計畫。當時劇本常常是合作寫成，成名的劇作家可能也很歡迎幫手。也許剛開始他只是給一些小建議，然後發現自己參與負責的部分越來越多。另一個可能則是他從一開始就擔當了所有責任。不管如何，他跟合作人都需要書，就像馬羅需要書一樣。主要書籍如英文歷史，哈爾的《蘭開斯特和約克兩大著名家族的合一》、蒙茅斯的《英國史》、包德溫的《史鏡》等，最重要的是霍林舍德剛出版、不可或缺的《編年史》，這些菲耳德跟他的舊師傅佛脫利亞都沒有出版，但很有可能擁有幾部，讓莎士比亞有機會看到。

莎士比亞決定要寫一部史詩，就像馬羅的戲一樣，但必須是英國的史詩，都鐸制度之前紛爭血腥時代的描述。跟馬羅一樣，他要重建一個已逝的世界，創造誇張驚人、奮鬥至死的角色，但這回戲台上不是異國東方世界，而是英國本土的古代世界。歷史劇的理想是要把觀眾帶回到久已爲人忘懷，卻仍奇異熟悉、極爲重要的時代。這想法雖非完全新穎，但莎士比亞爲它注入的精神、力量與信念，卻是前所未有的。跟莎士比亞後來在同類劇作的成就相比之下，《亨利六世》三劇還算粗糙，可是卻讓我們清楚看到劇作家如何沉思尋覓，從霍林舍德的《編年史》找出資料，讓他可以模仿馬羅的《帖木兒》。

雖然確實是模仿，卻不表示照單全收，而是帶質疑的回應。馬羅的戲，把全世界的勃勃野心都集中在單一倔人的超級英雄身上，莎士比亞的三部曲裡則充滿許多像帖木兒的怪誕人物，包括我們前面提到的農夫凱德，後來才知道他原來是約克公爵的無知傀儡。約克瘋狂嗜權，正呼應帖木兒的大言不慚：

我要在英格蘭掀起一場墨黑的暴風雨，
把千萬生靈颳進天堂地獄。
這翻江倒海的風暴要變本加厲，
直到那黃金王冠落在我頭上，
像光芒萬丈的陽光一樣，
將這場狂飆怒濤平息。

（《亨利六世中集》三・一・三四九～五四）

馬羅式的語氣，在約克邪惡兒子理查的話裡，更加明顯：

戴上王冠是多麼稱心如意的事！
那裡面有個極樂世界，
詩人能想像到的幸福快樂，裡面一應俱全。

（《亨利六世下集》一・二・二九～三一）

虐待狂的快樂，不再只限於男性世界，還延伸到強勢的瑪格麗特王后，她對敵人約克耀武揚威地說：

漢子，你為什麼一聲不吭？你應該發狂呀！
我這樣嘲弄你，就是要讓你發狂。
跺腳吧！咆哮吧！暴跳如雷吧！好讓我載歌載舞！

（《亨利六世下集》一．四．九十～九二）

女人能如此殘酷野蠻，就連兇狠的約克也驚訝不止，叫道：「你這裹著女人皮的老虎心啊！」（一．四．一三八）當體制崩潰瓦解時，誰都想當帖木兒。

馬羅對東方國度的想像裡，驕矜狂傲、無惡不作的狼子野心造就了一個大帝國，雖然殘酷無情，卻也燦爛輝煌。《帖木兒》續集裡，帝國終歸毀滅，但只是因爲世上所有事物終究都要毀滅，這其中沒有道德教訓，只有肉身必朽的殘酷現實。莎士比亞對英國歷史的想像裡，狂妄的野心導致一團混亂，無法控制的殘殺內亂，最後失去國內外權勢。馬羅的主角雖然殘忍無情，又或者正因他殘忍無情，掌控支配世界一如神祇，高興做什麼就做什麼，他說：「我怎麼想，事情就一定要怎麼辦。」（四．二一．九一）莎士比亞的次等帖木兒恰好相反，儘管身爲王后公爵，卻像精神不正常的小鎮罪犯，有能力幹下窮兇惡極的壞事，卻一點都沾不上偉大的邊。

這個限制有一部分是因爲莎士比亞缺乏寫作經驗，至少在這段時期，他還無法做到像馬羅那樣萬夫莫敵、偏執狂妄的豪言壯語。但一部分也出於他個人的選擇，不肯像馬羅歡歡喜喜地賦予帖木兒巨大無限的權勢一樣，給他的角色同等地位。即使是頑強勇猛的英國武將塔伯特，也是如此。且看帖木兒有如大力士賀克里斯的形象，再看塔伯特，卻剛好相反。奧凡涅伯爵夫人把他引誘到城堡來，看到他卻失望地說：「我看外面的傳說是言過其實了。」

這樣一個軟弱無力、縮頭縮腦的矮子，
怎麼可能叫敵人魂飛魄散！

（《亨利六世上集》二．三．十七，二一～三）

塔伯特是普通凡人，當邪魔聖女貞德率法軍大敗英軍之時，他跟兒子被殺身亡。這世界沒有一個人是超凡無敵的，就連聖女貞德也一樣，不久就被捲土重來的英軍俘虜，被判玩弄巫術，綁在柱上燒死。

一五八〇年代晚期，大群觀眾蜂擁去看《亨利六世》。這是莎士比亞在戲劇上的首次大捷，穩固了他以寫劇作為生的職業。觀眾去看的，不是擁有無上權力的幻想，相反的是為了社會暴亂和內戰的恐懼而來。他們似乎也來感受悼念英雄的犧牲逝去。當時的劇作家納煦說：「勇士塔伯特若是在墳墓裡想到，他死後兩百年會在戲台上再次得勝，屍骨（多次）最少有萬名觀眾以淚銘記，從扮演他的悲劇角色身上，想像目睹他所灑的鮮血，他會多麼高興啊！」納煦可能是跟莎士比亞合寫《亨利六世上集》的作者之一，所以不算是客觀的見證人，不過即使他誇大其詞，也至少說明了此劇在商業上的重大成功。阿利安在這齣悲劇裡遇到對手了，那是演塔伯特的演員，很有可能是柏畢騎；而馬羅的詩人想像天分，也遭到挑戰，一個從史特拉福來的小演員、此時還不知名的天才。

第七章 大學才子

即使莎士比亞在《亨利六世》上演賣座之前沒見過馬羅，不久之後也一定會碰到他，還有其他許多為倫敦戲劇界寫作的劇作家（當時人稱他們為詩人）。這是一群不同凡響的作家，像魔術一樣同時出現在這個特別的時刻，就如許多偉大畫家同時集中於佛羅倫斯，又如紐奧爾良或芝加哥某幾年內，似乎有無數爵士樂和藍調音樂家一起出現。當然這其中有的是完全湊巧，但總有公眾機構和文化因素促成這些巧合。十六世紀的倫敦，這些因素包括了都市人口的急速成長、公眾劇院的出現，以及新劇本競爭市場的形成。此外也包括識字人口普遍大量增加、教育方式使學生對文字效果高度敏感、社會與政治對大排場的喜愛、宗教強迫教區大眾聆聽冗長複雜的講道，還有活潑變動的人文風氣。有潛力的知識份子選擇很少，教育制度超越了現有社會需求，受了高等教育的人若是不想在教會或法律界找工作，就得自行發掘可做的職業。戲院雖然不體面，卻是其中一項選擇。

一五八〇年代晚期的某一天，莎士比亞走進一家店，最有可能的是位於索低渠、南沃克，或河岸區的旅店，發現許多首要作家在一起吃飯喝酒，包括馬羅、華森、洛茞、畢爾、納煦、葛林。可能也有其他劇作家，如蓋德或賴里，只是賴里生於一五五四年，比其他人都年長得多，蓋德後來跟馬羅一起住，但這群人跟他總是保持距離，因為他的劇本雖然成功，卻以代書苦工為生，幫人謄寫文字，這是自認優雅高尚的作家鄙視的卑微職業。這群劇作家的共同點，是極端邊緣份子和高傲勢利的組合。

劇院的邊緣性，是馬羅引以爲樂的原因之一，他自己過的就是惡名昭彰的冒險邊緣生活。但馬羅只是這許多劇作家裡的一個極端的例子，其他人也有同樣的傾向，反映出劇院使人個性變動、喜愛冒險的誘因。馬羅最要好的朋友華森，生於倫敦，念過牛津，但中途休學，十三四歲到歐陸旅行念書，說是去學「說各種不同發音的文字」。後來回倫敦，表面上學法律，但似乎也牽涉到雙面間諜與高額詐賭的事件。同時他也投身文學界，而且很快就掘起成爲最有學識的人物之一，二十四歲時就出版了索福克里斯《安蒂崗妮》的拉丁文譯本、創作拉丁文詩、把佩脫拉克與塔索之作譯成拉丁六音步詩，並自懷亞特與塞蕊以來，首次用流行歐陸的十四行詩形式，以英文做實驗。

華森在緊張忙碌的生活裡，還抽空寫時下流行的英文戲劇。米歷茲於一五九〇年代晚期對劇院做的調查，把華森與畢爾、馬羅、莎士比亞同列「最佳悲劇作家」。有個控訴他詐騙的對敵，用尖酸的語氣說他「可以在一部劇本裡想出二十個杜撰的故事和詐欺的行徑，就像他每天都在做的事一樣」。華森的劇本沒有一部留傳下來，現在我們知道他最有名的事，是幫馬羅跟一名客棧老闆的兒子布拉德烈在街頭打架。事情發生在靠「劇場」和「帷幕劇院」不遠的豬巷，結果華森的劍插進布拉德烈的胸膛約十五公分。馬羅和華森以謀殺罪嫌被捕，但最後以自我防衛的理由獲釋。

華森跟同志弟兄馬羅的血緣關係，可以從他的高深學識、文學野心，與狂暴詐欺、漂泊不定的奇怪組合看出端倪。我們對這群莎士比亞年輕事業剛起步時遇到的所謂大學才子作家，也可以大致想見其形象了。但也不是所有這群人都像馬羅和華森一樣兇惡。比莎士比亞約大六歲的洛茞，畢業於牛津後，開始學法律。他是倫敦市長大人的次子，有高尚富裕的前途，母親臨終還留給他一筆錢念書與開創法律事業。可是這事業前途顯然不是他想要的，因爲他休學投身文學界，斷送了母親的遺贈與父親的好意。大約在莎士比亞創作或與人合寫《亨利六世》三劇時，洛茝也寫了自己的劇本《內戰傷痕》，描述黨爭毀國的故事，由海軍上將劇團演出。洛茝此劇與其他參與合作的劇作，都未顯示卓越天分，但他也沒有把所有希望都放在劇本創作上。一五八八年，他起航探險加納利群島，帶回一部文學新作，浪漫愛情散文《羅瑟琳》，形容爲自己「在海上作成的勞苦成果，每一行都有一道浪濤起伏打濕的痕跡」。因此，洛茝跟馬羅和華森一樣是大膽冒險的人。一五九一年，他跟凱文迪緒航海到巴西與麥哲倫海峽，回來後述說這段冒險故事。但是他的個性沒有那麼狂暴，也許跟他一起喝酒會比較輕鬆一點，不用擔心你的錢包被扒或有生命危險。

這群作家的另一成員畢爾，是位倫敦鹽商兼會計的兒子，在牛津念書時就以喜歡惡作劇與生活放蕩出名，甚至有一本書把他可能的狂野事蹟編年出版；但他也很早以詩人才華與翻譯幼里庇迪斯作品成名。似乎有時演演戲，同時也大量創作抒情詩、田園詩、歷史劇，與流行戲劇。可能莎士比亞初識他的時候，他已出版了詩詞讚譽朋友華森，爲市長大人寫了歷史劇，還寫了一部戲《巴里斯的指控》獻給女王。當時他可能在寫《阿卡紮戰役》，這是他對馬羅大受歡迎的《帖木兒》的個人回應。這些狂熱活動，沒有一項讓他賺進多少錢，妻子帶來的嫁妝很快就被他花光了。但他一定是這夥人裡的開心果，朋友納煦說他是「當今最會給人樂子的人」。

納煦是不輕易讚美的人，在這群大學才子裡，他是最尖酸刻薄的諷刺家。一五八〇年代晚期剛到倫敦，就以一系列反清教徒的小冊子表現出他的譏刺天分。他比莎士比亞小三歲，父親是赫里福郡小教區的助理牧師。在劍橋公費拿到學士後，又繼續念了一兩年，從此可以自稱「紳士」。他的第一個出版作品是一封給「兩所大學紳士學生」的書信，這位傲慢無禮的年輕人對當時的文學創作予以苛刻的評論，無情的批判裡，卻又夾雜了對他最要好朋友的讚許。

納煦稱讚畢爾、華森及其他幾人「深具才智學識」，但是對平地掘起之人分外刻薄，說「那些爬上戲台的傲慢傢伙，以自我膨脹的誇張無韻詩，自以爲文采超越他人」。納煦的華麗文風，有語意模糊之趣：「他們包裹想像的方式，是某種殺牛騙術。有如醉漢行徑，因爲別無立時發洩男子氣概之方，乃將滿腔憤慨，付之於十音節詩行那滔滔不絕、音響隆隆的詩句，氾濫成災地灌輸給觀眾。」這些朦朧漂亮的修辭背後，卻有一個極其清楚的觀點：有些人只受過文法學校的教育，就膽敢用無韻詩寫劇本給戲院演出。這種厚顏無恥的鄉巴佬，只會一點或甚至沒學過拉丁文、法文、義大利文，生來該做僕役或小鎮法律事務員的人，竟敢從事這項「藝術工作」，模仿比他優秀的大學畢業生寫詩做韻，以爲可以躍升新行業：「你若在寒霜早晨好好求他，他會給你一整部《哈姆雷特》，或者說，一些悲劇對話。」這篇文章作於莎士比亞的《哈姆雷特》多年以前，文中指的可能是蓋德，因爲他沒有上過大學，曾經從事法律事務員與僕役，並寫過一本如今已佚失的劇本《哈姆雷特》。但是文章以概括性語氣所做的嚴酷評論，也完全適用在莎士比亞身上，而莎士比亞自己也一定看得出來。

納煦這封信，附在葛林陰森可怕的浪漫小說《曼那風》的卷首。葛林後來成爲莎士比亞生活中的重要一員，他是這群作家的中心人物，雖然不是最有成就的一個，馬羅遠超於他，納煦以惡徒爲題材的狂野小說《不幸的旅客》、畢爾的迷人劇作《老婦譚》，甚至洛茲仿古羅馬詩人奧維德的古雅詩篇《席拉的變形》，也不是葛林寫得出來的。但他是個誇張的人物，極具天分、博學多聞、自戀自大，不知羞恥與節制的無賴。比莎士比亞大四歲的他，出身諾利奇窮人家庭，但卻跟馬羅和納煦一樣，拿到獎學金進劍橋讀書，一五八三年拿到碩士，之後又在牛津拿到另一個學位。除了這些顯赫的資歷外，他還娶到「一個身家良好的紳士之女」，看來前途似乎很有希望（有一段短時間他曾想學醫），但欲望卻引領他到另一個方向去。敗光妻子的妝奩之後，他拋妻棄子前往倫敦，還不確定該以何為生。

葛林寫了一個故事，描述自己如何被招募爲戲院寫劇本，可是由於他說謊成僻，常杜撰自己的生活，因此他說的故事全然不足採信，但至少讓當時的人覺得有可能是眞的，我們也可以把它當成一種文學起源的傳奇。他說「羅伯特」（他的自稱）當時坐在路邊樹叢，怨歎命運不順遂，有個陌生人看出他是紳士，只是時運不佳，對他說：「我猜你是個學者。有學問的人還窮困潦倒，眞是可惜了！」

葛林接著敘述他錯認對方的社會地位。他問這位親切的陌生人，學者要怎樣才能找到賺大錢的工作，對方說他自己業界的人都是聘用學者爲生的。

羅伯特說：「你是做什麼行業呢？」

他答：「說實在的，先生，我是個演員。」

羅伯特說：「演員！我還以為你是有錢的紳士呢！要是從外表行徑判斷的話，我說你應該算是個大人物了。」

此處若單從字面看，演員模仿紳士「外表行徑」的好演技足以在身分地位上亂眞，也就是使莎士比亞選擇這一行的原因。然而對葛林而言，足以亂眞的表演終究是假的，演員可以假扮有錢的大人物，可是本身也還是一文不值。

演員若要成功扮演假身分，不只需要昂貴的服飾，還得要有具說服力的言談，也就是詩文，那是假紳士扮不來的，因此他需要雇用像羅伯特那樣受過教育、有教養又需要錢的眞正紳士。葛林說他簽了約，跟這位演員進城，住進一所「零售店」，也就是妓院。他不用再挨餓，「如今羅伯特成了出名的重要劇作家詩人，錢包如同海潮，時漲時消，但鮮少缺乏，因爲他的工作備受尊重」；然而他濫用了自己的學識和天分，平日的同伴成了詐賭牌局的、僞造者、小偷，骨頭被梅毒摧殘，肚子因「大量喝酒」而膨脹，變成「完全浮腫的形象」。偶爾也有短時間的懺悔，到處告訴別人他要洗心革面，可是一有誘惑就又馬上回復原樣。「紳士的妻子」求他回家去，他還嘲弄了她一番。跟情婦和私生子到處搬來搬去，欺騙客棧老闆、積欠旅店錢不付、又躲避債主。「如此詭詐多端，簡直別無良性」。

這就是葛林的自畫像。故事寫到一半，他揭開薄面具說「從這兒起就把我當成那所謂的羅伯特吧」。這樣一個惡名昭彰的騙徒，會如此坦白承認，眞是令人驚訝的事。他以貪杯暴食的生活與精力充沛的文字聞名，還有一文不名、言行不一，對下層社會的熟悉、短時間改過自新的企圖，和無可避免的墮落，也都爲人所熟知。他寫說自己有一次回到諾利奇，聽到一場講道深爲感動，決定要改變生活方式，浪蕩朋友聽了都嘲笑他，害他的決心又崩潰。他跟情婦柏艾瑪生了一個短命兒子，取名爲福吉納特斯（原文Fortunatus，意指「幸運」）。艾瑪的兄弟柏開廷是個賊黨頭子，後來被吊死在泰本刑架上。葛林無疑從這位頗有造詣的自家人聽到不少內部消息，寫了一些小冊子賺錢，以一副儼如人種誌學家的姿態，向高尚文雅的英國人介紹倫敦人口密集社會裡的詐欺者、騙子與小偷，如「招搖撞騙的」、「順手牽羊的」、「混吃混喝的」、「矇混打諢的」、「千面人」等。他雖然擁有大學學位，兼以傲氣淩人，卻有盜賊的品性與行徑，尤其得意自己一劇兩賣，把劇本《瘋狂奧蘭多》同時賣給女王劇團和海軍上將劇團。朋友納煦稱他爲「騙子國的國王、千面人的皇帝」，而葛林顯然把演員當成他詐騙的最佳對象（至於他自己和其他紳士劇作家，只不過是被剝削的人）。演員的夢想是要冒充紳士，而葛林的夢想，則是把自己變成憤世嫉俗、愛擺架子的倫敦惡霸，這方面他可是成就非凡。

劍橋腐儒哈維是葛林的死對頭，他說：「倫敦有誰沒聽過他放蕩孟浪、無法無天的生活？」又寫說，這個有碩士學位、受過高等教育的人，把自己打扮成「一頭惡漢似的亂髮，一身不相稱的服飾，還跟一堆不合宜的同伴打混。」他那誇張的吹噓自炫、粗俗的丑角模樣、胡亂模仿新流行，使他醜名在外。可是他也是不可小覷的人物，可以狡猾到用職業賭徒本行的骯髒伎倆騙倒他們。他沒有任何道德約束，生活是一塌糊塗，誓言可以打破，又滿嘴褻瀆髒話。哈維盡可能地搜集了他許多惡行，詳加敘述，包括暴飲暴食、東搬西走、招待朋友吃飯中途溜走不付錢、遺棄賢妻、典當劍袍、找妓女當情婦、還生了個「不幸」的私生子（哈維把葛子之名「幸運」改爲「不幸」Infatunatus，諷其早死）、雇用情婦的兇惡弟兄當保鑣、這個連襟後來被處死、他對長上的粗野無禮，還有缺錢時「寫此厚顏無恥的文冊、荒謬誇張的短劇，和肆無忌憚的誹謗文章」。哈維對葛林的劇作，不只用「荒謬誇張的短劇」來形容，還把它跟另一項醜聞連在一起：「他常常去河岸區、索低渠、南沃克，和其他骯髒的地方」。劇院是葛林眞正所屬的地帶，不管怎樣都可以在附近找到他。

這也是莎士比亞在一五八〇年代晚期來到的地方，而葛林也就是這群劇作家的中心人物。莎士比亞遇到他們的時候，大家年紀都在二三十歲左右，不難看出馬羅是其中的大天才，但是這群魯莽飢渴的作家群裡最醒目的，卻是那神氣活現的葛林，頂著兩個碩士學位，紅髮高聳、胃口超大、精力奇旺。

莎士比亞和葛林這群人的關係，也許一開始很友善，他一定對這古怪人物和他不同凡響的朋友很有興趣，甚至著迷不已。也許馬上就看出來，這些人會是他踏入作家行列的開始，而且有生之年都會記得他們，還把他們的形象，用在創作想像裡。《帖木兒》給他的震撼，只不過是對這群人著迷的反應之一。莎士比亞念過華森的十四行詩跟洛莒的《席拉的變形》（《維納斯與和阿多尼斯》借用了其中一節）；可能曾和畢爾合作寫成血腥的報仇悲劇《泰特斯．安特洛尼克斯》；一再暗用納煦的諷刺機智，可能也把他用做《愛的徒勞》裡毛特一角的模型；在事業高峰之時，他把洛莒的浪漫愛情散文《羅瑟琳》改寫成《皆大歡喜》；職業生涯末期，想把過時的「冬天的故事」搬上舞台，便拿葛林如今已為人遺忘的《潘多斯托》，一個關於妒忌的故事，加以戲劇化。莎作裡鮮少有來自史賓塞、鄧恩、裴根、拉雷等與他同時代偉大作家的影響；對他意義最重大的當代作家，無非當初剛到倫敦不久，在劇院附近的邋遢旅店遇到的這些人。

另一方面，這群輕狂作家和領袖葛林，也許一開始覺得莎士比亞是個好相處的人。畢竟所有人對他的描述，都說他是個愉快的同伴，親切幽默。即使早在此時，他的寫作天分無疑也已顯露出來，有可能原先是受雇幫納煦或畢爾寫亨利六世的劇本，然後表現出才情；又或者他自己一手承攬了歷史劇的寫作。無論如何，他在劇作上出人意表的成功使他贏得眾人的尊敬。不只納煦出版致意，說發生了一件驚人大事，上千觀眾為一個死了兩百年的英雄落淚，連馬羅也動容，更不可置信的是，馬羅仿莎劇寫了一部英國歷史劇，寫愛德華二世如何因對英俊情人的強烈愛情而毀，其悲劇一生與死亡的經過。好幾位作家也開始學著寫英國歷史劇，只是馬羅的成就最接近莎士比亞。許多線索可以看出莎士比亞的早期劇作引起這群作家的重視，也許因此開始想跟他攀交情。

然而這些作家可能也對他非常失望。當然首先而且最重要的是，莎士比亞沒有這個團體的主要資格，即上過牛津或劍橋。就都鐸王朝的標準看，這個作家小團體算是很民主的了，因爲他們不重視出身與財富。如納煦所說，他的家族「家譜比祖傳家產還要長得多」，跟補鞋匠兒子馬羅可說同出一爐；洛莒是倫敦前市長的兒子，卻不在乎跟雙親住在諾利奇窮地方、離閃亮市政廳甚爲遙遠的葛林一起喝酒。重要的是，他們不是念過這所大學就是另一所。即使尖酸刻薄如納煦，對自己的劍橋聖約翰學院也有溫馨字眼來描述，離校多年後寫說他「深愛大學對知識從始至今的甜蜜孕育」。葛林畢業多年後，還在一封提款書信上簽署「寄自克萊兒學院書房」。

大學教育象徵重要的社會地位，這些作家當然再樂於誇耀也不過。但平心而論，它也代表了對學習的重視。納煦熟讀十六世紀義大利劇作家阿黎提諾與十六世紀法國作家拉伯雷的作品，然後拿希臘文、拉丁文、西班牙文、義大利文隨興造字。畢爾學納煦，把哈維所作的拙劣六音步詩拿來嘲弄一番。華森年輕時翻譯的《安蒂崗妮》，簡直就像是各種不同拉丁詩句的寓言式習作，集合了抑揚格、莎孚詩體、抑抑揚格二音步詩、揚抑抑揚格與種種詩韻組合。莎士比亞當然也是學識豐富的人，早期劇作《錯中錯》即顯示他在拉丁喜劇知識上的嫻熟，但他既無法也沒興趣學華森那樣炫耀自己的學院知識。

此外，莎士比亞出身鄉野，更重要的是他並未把自己的背景置於腦後。他放棄父親的職業，離開雙親，可是並沒有像洛莒那樣詛咒父母；雖然離開妻子與三個子女，但沒有像葛林那樣過河拆橋。他沒有浪子的邪惡魅力，甚至創作想像也還是跟鄉村生活的地方瑣事結合在一起。如果這群年輕狂放的作家驚訝地發覺到這個看來像鄉巴佬的人，原來對許多事深思熟慮；看出他的想像力比自己的還要不遵守傳統；思慮敏捷、字彙廣泛，凡事吸收運用的驚人能力；那麼他們也許會對他在道德上的保守格外惱怒。《亨利六世》三部曲就可以看出這保守道德觀，把馬羅在《帖木兒》裡大膽挑戰的傳統教訓，重新加以肯定。但另一方面，我們也可以看到莎士比亞不願讓自己陷入狂野混亂的生活。歐伯瑞寫說莎士比亞「不願隨人放蕩佚樂」，沒有指出是什麼特別情況，但我們可以想見這個邀請人大概是葛林。

莎士比亞也許感覺到這些大學才子的優越感與傲氣。若是他們沒有藐視他就奇怪了，不用說他一定也可以感受到。他們在一五八〇年代晚期與九〇年代早期出版的作品，莎士比亞都沒有寫下一點評論，當然別人也不會邀請他寫。他自己似乎也不曾要求大學才子爲他寫評論，就像他們常爲彼此作評一樣。總之沒有類似的文章出現。他不曾加入他們的文學討論，而且一直都被這群刺耳喧囂的社團排斥在外，又或者是他讓自己置身於外。畢竟這是一個很快就忙著經營劇院事務的人，並且穩定地創作（不用說是佳作連篇），持續二十多年，累積了大筆財產，不曾惹上牢獄之災，躲過讓人身敗名裂的法律訴訟，投資農地和倫敦房地產，在家鄉買了當地最好的房屋，四十幾歲就退休了。這個行爲模式，並非突如其來，而是很早就建立了，也許是在他自史特拉福逃出、抵達倫敦那幾年混亂困惑的痛苦年月之後的短期之內。

莎士比亞看看四周這些給劇團寫劇本的紳士詩人，學習他們作品中的生花妙筆，跟他們打交道，也欣賞他們驚世駭俗的輕狂生活。從他後來的職業生涯，我們可以比較完整地想像出他的反應。他看到這些人對自己大學學位、優秀的拉丁文和希臘文的驕傲，看到他們的嘲笑諷刺、草率輕忽，也看到他們可以夜以繼日地喝酒，然後半醉之中，隨便湊些東西給印刷廠或劇團演員。因此知道，很有可能不管他寫什麼，在他們眼中他永遠都只是個演員，不是詩人。雖然有時候他們也會對這個來自史特拉福的年輕人有點緊張，《亨利六世》的成功畢竟讓他們另眼相看，但也許認為他不過是個天眞老實，容易占便宜的人。尤其是葛林，老是用抓兔子的滑稽故事引人發笑，大概很有信心把莎士比亞當成那隻兔子。

有件事倒是不容置疑的，莎士比亞是以劇作家身分為劇院寫作，而不是像葛林一幫人以詩人身分自居。他不是唯一的演員兼劇作家，卻是最好的一個，而演員也很快就發現了他的價值。對財務他一定也表現得格外謹愼，值得信賴，跟那些大學才子剛好相反。柏畢駒與勘浦的公司有一份一五九四年十二月的財務文件提及莎士比亞的名字，可見此時他已是劇團財政的負責人之一。他知道如何把錢放進自己的皮包裡，而且保留在那兒。

葛林剛好相反。一五九二年八月，他跟人吃晚餐，納煦也在場，吃過醃魚，喝過萊因酒，就病倒了，可是顯然口袋空空，因此朋友都棄他而去。要不是有個叫伊森的窮鞋匠跟太太好心收留他，照顧他到死，恐怕會跟無家可歸的乞丐一樣死在街上。葛林的老對頭哈維為了要挖他的醜聞，親自跑去詢問伊森的太太，他的許多描述可能是出於憤怒怨恨，我們可以不予置信，譬如這無恥的流氓「身上長了蝨子」，恐懼萬分，求人給他喝「一毛錢一瓶的白葡萄酒」；可是有些抑鬱的細節卻頗為眞實。哈維寫說，那女人告訴我這個快死了的人如何「迫不得已借她丈夫的衣服，好換洗自個兒的；如何把他的衣褲和佩劍賣得三先令。可是他的裹屍布就要四先令，昨天在碑德嵐附近新教堂墓地的葬禮，花了六先令四便士，除此之外，他還不知道欠了她的窮丈夫多少錢。那好心的女人給我看一張他簽下的十鎊契約。」她還給哈維看一封葛林寫給他所拋棄的妻子的信：「桃兒，以我們年少時的愛為憑，如今我的靈魂安歇，我要你付錢給這個人，因為要不是有他跟他太太，我會死在大街上。」

葛林還有另一個遺願，要伊森太太在他頭上放個「月桂花環」，他要戴著詩人的桂冠進墳墓，即使爲他加冠的是鞋匠之妻。哈維以酸酸的語氣預言這告別式：「害蟲（指屍蟲）吃害蟲，終究會清乾淨」；不過也提供了比較完整的墓誌銘：

看啊！一個狂野的腦袋，裝滿瘋狂的主意、上千奇想，這是一個學者、言論家、朝臣、惡棍、賭徒、愛人、士兵、旅遊者、商人、掮客、工匠、拙劣工人、訟棍、演員、騙子、叫罵者、乞丐，也是各形各樣的組合、恣意妄為的無能者，像裝滿赤裸不道德事物、不值一看的倉房，為流氓傻瓜寫作、瑣碎無價值的作家，無所事事的代表、空自幻想的典型、虛榮浮華的借鏡。

從這個長單子看來葛林似乎長長一輩子做盡罪孽，他自己也常以憂鬱的老人語氣回顧年少的浪子生涯，可是死時也只不過三十二歲而已。

這個作家團體的其他成員，也很快就隨著他們的領袖到墳墓去了。同一個月內，即一五九二年九月，年約三十五歲的華森過世，死因不明，也許在瘟疫肆虐的那一年，死亡無需說明原因。他的兩本詩集於身後印行，朋友當然都看過手稿，但其名聲傳揚，卻是爲另一個不太名譽的理由，有人在法庭上說他犯了兩件極其惡劣的詐欺案。隔年五月，華森的朋友馬羅在一場酒店的打鬥裡喪生，據說是爲了帳單一事，時年未過三十。

喜愛狂歡作樂的畢爾，爲朋友華森和馬羅之死，出版了一篇感人的詩篇。幾年後，可能是在一五九六年，他自己也走了，年未及四十，據說是死於一個「噁心的疾病」，大概是梅毒。這群作家裡最年輕的原始成員納煦，死於一六〇一年，年三十三歲，由他哀戚的牧師老父埋於鄉村墓園。

莎士比亞在一五八〇年代晚期碰到的六個念過大學的年輕劇作家裡，只有洛莒一個活過四十，到當時人認爲長命的年紀。但他放棄了詩文小說的文學生涯，轉讀醫藥，成爲當時最爲知名的醫生之一。他死於一六二五年，壽年六十七。

一五九三年以後，葛林、華森、馬羅都已過世，年未三十的莎士比亞不再有強大對手。他延續《亨利六世》的成功，寫下佳作《理查三世》，以血腥的《泰特斯·安特洛尼克斯》一劇，粗糙但精力充沛地實驗寫作悲劇，又以《維洛那二紳士》、《馴悍記》和《錯中錯》表現出喜劇的創作大能。他是大獲全勝了，但卻招來怨恨。據說葛林到臨終臥病在床，還一直寫文章批評他。這傳言並非全無可能，葛林本來就是那種竭盡全力寫作駭人聽聞的小文冊的作家，他身後留下的文字，由一位印刷書商、有時兼寫劇作的薛投，印製出一本《葛林千萬悔恨換來的一點聰明》，趁葛林屍骨未寒就趕印出來。此書大概大部分是薛投自撰，或跟別人一道寫成，傳言說可能是納煦；但其中有葛林一向怒氣勃發的標誌。他大聲斥責自己，危險地指控馬羅爲無神論的「名悲劇作者」，然後把矛頭指向莎士比亞。

葛林重申舊日詩人與劇作家之間的對立，警告他的紳士朋友馬羅、納煦和畢爾不要相信那些「講我們的話」的「傀儡」、演員。演員只不過是依附在作家衣服上的邊線而已，要不是有「我們的顏色做裝飾」，根本就不會有人看見，誰知道這些忘恩負義的傢伙，卻在他最需要的時候離棄他。到這裡爲止，葛林的話也許可以用在柏畢騎或阿利安身上，可是他們又不算演員兼成功的劇作家。爲了把他們包括在內，葛林（或是他的代筆人）以他一向的伎倆轉移陣地：「是的，別信任他們，因爲有隻突然竄紅的烏鴉，拿我們的羽毛美化（beautified）自己，他的老虎之心披著演員外皮，自以爲能夠胡謅無韻詩，比得上各位大師；這個十足的「樣樣通」還洋洋得意自認是舉國無雙的「莎震景」（Shakescene）！」約克在《亨利六世下集》裡，即以「裹著女人皮的老虎心」形容那個殘忍恐怖的女人，在他眼前揮舞沾了他被殺孩子的血手帕。

莎士比亞看到這些扭曲自己形象的文字時，也許認爲葛林是控訴他無情無義，又或者是說他文章不加節制，大言不慚地使用比他優秀的作家風格。這段侮蔑的文字意思含糊不清，但莎士比亞應該很清楚其中包括了社會地位一事，「新抖起來（的暴發戶）」是指一個人硬要躋身不屬於他的地方，一隻裝扮成夜鶯卻啞啞叫的烏鴉，明明只是下等賤役、「粗俗馬夫」，卻把自己想成「萬能先生」，自以爲是有造詣的詩人，其實只不過是模仿別人創作的「猴子」。

這些擾人的字眼，特別是由臨死之人所說（至少大家是這麼說的），就好像一個臨終的詛咒，在當時社會是很嚴重的事。《葛林的一點聰明》文章結尾，覆述了一個蟋蟀與螞蟻的伊索寓言，至少有位現代文評家何尼曼看出其中的另一項侮蔑之意。葛林自己當然就是那隻頑皮的蟋蟀，無憂無慮地在草叢裡跳來跳去，找尋樂子。如果何尼曼說得對，那隻吝嗇的螞蟻，「暴躁的小蟲」，就是莎士比亞，拒絕幫忙「沒有食物、乏力無助」的朋友。這個詮釋指出葛林曾經向當時已經手劇團財務的莎士比亞求助被拒，所以才以怨恨諷刺的筆法把他描述爲新抖起來的烏鴉、粗俗馬夫、猴子和蟲。

莎士比亞回應這項人身攻擊的方式，大有助於我們對他的了解。他並未直接回應，也沒有如哈維般發動言論反擊。但他一定悄悄地做了非常有效的處理，因爲那本文冊出版不到三個月，薛投就寫文章否認自己在裡面加過隻字片語，那「全都是葛林寫的」。至於他自己呢，大家都知道他總是「在印刷時阻止對學者的惡毒謾罵」。莎士比亞如今總算被當成上過大學的「學者」了！

不只如此，薛投還寫說，自己當時並不認識那兩位對葛林的攻擊動怒的劇作家，「其中一位，我不想認識」。他沒說名字的這位劇作家，不用說是馬羅，天性警覺小心的薛投顯然認為，在一五九二年十二月當時，與他結識不是很安全的事。但另一位就不一樣了。薛投如今了解到，當初他應該阻止葛林對這第二位劇作家的不當評論付梓印刷，因此扭曲事實、油腔滑調地解釋道歉說：「我很抱歉當初沒有阻止此書的印行，原來的錯就算是我的錯吧！因為他專業表現的優越品質，我沒看出他的態度有何不妥。」這位被冒犯的人，薛投也沒有指名道姓，但最有可能的是那隻「新抖起來的烏鴉」。所以，在此之前的三個月裡，薛投一定曾與莎士比亞對談過，或者至少有機會親眼見過。他似乎突然了解到莎士比亞「專業表現的優越品質」（這是對戲劇寫作與表演，一種油腔滑調、拐彎抹角的說法），接著說出另一個讓他改變論調的動機：「此外，各界高層人士都說他處事誠實正直，作品優雅幽默，值得稱許。」「各界高層人士」指的是社會重要人士，有權有勢，足以讓我日子不好過，還告訴我莎士比亞人格高尚，寫作風格「優雅幽默」、靈巧精緻。

莎士比亞自己，在葛林的人身攻擊出版之後，對薛投一句責備的話也沒說，卻得到道歉，大概是那只能無能地咕噥的可憐哈維作夢才想得到的。接下來的幾年內，莎士比亞和薛投的關係算是十分熱絡的，他們跟其他幾位劇作家合作了一部關於湯馬斯摩爾爵士的劇本，只是顯然沒上演過。

這件事大抵是解決了，但還有後話。葛林說的那句「拿我們的羽毛把自己美化得一副豔麗模樣」，想必是刺到他了。一六〇一年，當《葛林的一點聰明》跟那個肥胖的流氓作者老早已消失不見之時，莎士比亞不尋常地縱容了自己一回。《哈姆雷特》裡以文采自命的波洛紐斯，回想自己「在大學裡念書時」「算得上是個出色的演員」（三．二．九一，九十），曾演過凱撒大帝。他對克勞迪斯與葛特露德說，哈姆雷特寫給自己女兒一封情書：「猜猜這裡面說些什麼？」接著唸起信來：「『給那天仙般的，我靈魂的偶像，最美化的娥菲麗！』然後這老臣忽然蹦出一個文字上的批評：「這一句不好，太遜了：『美化』兩個字太遜了。」（二．二．一〇九～一一二）

《第十二夜》裡的小丑費斯特說：「三十年風水輪流轉，這回他總算遭到報應啦。」（五．一．三六四）莎劇自一五九〇年代起，處處都有狡獪模仿、扭曲改寫他往日對手的文字。《溫莎的風流娘們》裡情欲大發的福斯塔夫說：「讓老天爺下雨下的是山芋春藥吧，讓雷打的是《綠袖子》的淫曲兒，讓親嘴糖梅子和春情草像冰雹雪花一樣飄落下來吧！」（五．五．十六～十八）荒謬醜化了洛莒的《才子之窮困與世人之瘋狂》一書。畢爾的《阿卡紮戰役》裡，摩爾王對久未進食的母親憂傷的話：「撐著點，卡莉波麗……好好吃了，養胖點，我們好去跟敵人打仗」，變成《亨利四世下集》裡的酒店鬧劇：「吃吧喝吧！養得白白胖胖的，我的美人兒卡莉波麗。」（二．四．一五五）說這話的是神氣活現的醉漢火槍，在此之前還把帖木兒對他綁在馬車前拉車的國王有名的笑罵：「嗨！你們這些嬌生慣養的亞洲劣馬，一天就只能拉二十里嗎？」改成一堆誇張的胡說八道：

難道負重的馬
和挨壓的嬌生慣養的亞洲劣馬，
一天還走不上三十里路，
竟敢自命為凱撒、「駭你伯」和特洛伊的希臘人了嗎？

（火槍誤把羅馬大將漢尼拔Hannibal說成「駭你伯」cannibal，意指「食人族」）（二・四・一四〇～四四）

類似的例子還多得是。要是所有大學才子的作品都流傳到後世的話，學者一定找得到更多相似的文字。

這些打油詩告訴我們的是，莎士比亞畢竟不過是個凡人，會拿文字當武器反擊嘲諷對手，引以爲樂，即使對方已不在人世。但是他作品中更出人意外的是對葛林的回應。福斯塔夫的相好妓女桃兒・貼席嬌嗔道：「你這婊子養的，巴梭羅繆市集上賣的漂亮小肥豬，什麼時候才肯洗手，不再白天打架、晚上捅人，收拾收拾你這身老骨頭好歸天去呢？」胖武士答道：「算了吧，桃兒，別講喪氣話，別老讓我想到我的末日。」（《亨利四世下集》二・四・二〇六～一〇）我們越深入那個粗野爛醉、不負責任、自誇急智的福斯塔夫的酒店世界，就越接近葛林的世界，妻子桃兒、情婦艾瑪、殺人犯連襟柏開廷全體家族。

福斯塔夫跟他的朋友有一種卑鄙無賴的吸引力，就像當年那群狂野的倫敦作家對年少的莎士比亞的吸引力一樣。離倫敦橋不遠，福斯塔夫出沒的骯髒東市裡，海爾王子進到城市人群裡他前所未知的世界，特別喜歡學他們說話的方式：「他們把大口喝酒叫作『臉上上點大紅顏色』。你要是喝酒的時候中間喘了一口氣，他們就會喊『哼！』叫你『乾了』。總之啊，我在一刻鐘之內就把門路都摸熟了，以後一輩子都可以跟補鍋子的用他們的語言聊天喝酒了。」（二・五・十三～十七）劇中暗示這語言課程有其政治意圖——「等我當上英國國王，東市所有的年輕小伙子一定會爲我效勞」，但同時似乎也暗中描述了莎士比亞自己年輕時在酒店學他人語言的情景。福斯塔夫和海爾的關係也是如此，他們之間互相攻擊卻極具創造性的語言遊戲，正是那些大學才子的拿手技能：

海爾王子：……這滿臉通紅的膿包，這壓破床墊、騎斷馬背的傢伙，這座大肉山——

福斯塔夫：他媽的，你這餓死鬼，你這矮子皮，你這乾牛舌，你這公牛雞巴，你這風乾鹹魚——啊，等我喘口氣再說！你這裁縫碼尺，你這刀鞘，你這弓袋，你這倒插的爛劍——

（《亨利四世上集》二·五·二二三～二九）

這正是葛林與納殉之輩最有名的把戲，以大量喜劇式的狂妄語言，公開互相侮辱爭吵。也許莎士比亞也參與過這遊戲，不管怎樣，他已精通熟習，超越他們了。

更重要的是，王子跟他的怪朋友，那個「滑稽的傢伙、關畜生的豬圈、水腫的膿包、龐大的酒囊、塞滿五臟六腑的衣袋子、肚滿腸肥的烤牛」（二·五·四〇九～一三）在一起玩扮演遊戲，預演場景，改編老式過時的戲劇。這些戲劇遊戲也彰顯了一些黑暗面：君主政治不過是由天才無賴表演的一場戲而已；海爾的父親亨利四世並不比福斯塔夫還有資格當國王；福斯塔夫雖取代了海爾父親的地位，卻岌岌可危，為了怕被海爾拋棄，他可以背棄朋友，而海爾卻打算把他們一古腦全都丟掉。福斯塔夫假扮王子向父王求道：「不，我的好陛下」，皮多可以攆走，巴道夫可以攆走，波因斯可以攆走，可是可愛的福斯塔夫，善良的福斯塔夫，真誠的福斯塔夫，勇敢的福斯塔夫，老當益壯的福斯塔夫，千萬不要啊，把他從你的哈利身邊攆走，千萬不要把他從你的哈利身邊攆走。攆走這胖子就是攆走整個世界。

（二．五．四三一～三八）

對此，扮演父親的海爾只冷冷地答道：「不行，我已經決定了。」

這場精彩的即席扮演，不僅探討劇中角色的關係，也深刻探討了莎士比亞與葛林一幫人的關係。或者不如說提供了一道線索，讓我們看到莎士比亞在多年後，當這群人大多歹命去世，而他自己已然功成名就，成爲英國首要劇作家之時，如何回顧這段關係。莎士比亞在《亨利四世上集》這段對話之前，就讓海爾在一場妙語玩笑後，如此說過：「我早把你們都看透了」，

不過暫時
跟你們在一起無聊鬼混，
可是我正在效法太陽，
它也許容忍污濁的浮雲
遮蔽它的壯麗容顏，
然而當它要恢復原形大放光明時，
世人的渴望，將要對它格外驚奇讚嘆。

看它如何衝開那些污穢醜惡、
像要把它扼殺的霧障。

（一・二・一七三～八一）

葛林與福斯塔夫的相似，讓我們看到莎士比亞如何把這些「污穢醜惡」的人物當源頭，創造出燦爛豐富、充滿魅力的角色。葛林的確是夠低俗的，身兼酒鬼、騙子、撒謊專家，跟他自己堂皇的說詞相比，見識其實窄得可憐。這正是福斯塔夫的個性，就如海爾從他口袋搜出來的物件，一項項條列有「酒店的賬單、妓院的條子，和一小塊潤喉用的一毛錢的糖，好讓你說起話來更加沒完沒了」（三・三・一四六～四八）。不用花多少工夫，海爾就發現福斯塔夫的大話有多麼空洞不實，只有傻瓜才會把他的話當眞，而明眼的海爾當然不是傻瓜。要知道葛林的眞實生活情況有多平凡邋遢，也不需要什麼特別的天分。比較吃力，也比較有意思的，是不需要撒謊欺騙就可以嘗到幻想世界裡的滋味。從福斯塔夫身上可以看出，對莎士比亞而言，葛林是缺乏內在實質的寄生蟲，但也是荒唐怪誕的巨大神人，好比希臘神話裡的醉漢賽倫諾斯，或法國作家拉伯雷《巨人傳》中難以駕馭的班努赫鳩，在眞實世界的化身。

莎士比亞掌握到葛林生命裡最大的矛盾，以牛津劍橋的畢業生身分，在低級酒館裡跟一群惡徒鬼混，把它轉變成福斯塔夫極度曖昧的社會地位，以武士身分周旋於王太子與小偷群之間。福斯塔夫捕捉到葛林的吃喝嫖賭、「水腫」大肚、揮霍才情、利用朋友、厚顏無恥、低俗魅力，也捕捉到葛林有名的悔改誓言，老是大聲嚷嚷要改過卻爲期甚短，還有他嚴肅的說教可以毫不費力地突然轉成不遜的笑話。福斯塔夫扮成被誘入歧途的天眞少年角色說：「我沒認識你以前，海爾，我是什麼壞事都不懂的；現在呢，說句老實話，我簡直比壞人好不了多少啦！我非洗手改行不可，我一定要洗手改行！上帝在上，要是我再不改過，我就是個奴才，注定永遠都當不成基督教世界的王子！」（福斯塔夫在此是模仿海爾身分說話）海爾就像嘲諷葛林決心的朋友一樣，只簡單地回了一句：「明天我們去哪兒搶些錢來？」「他媽的，隨你的便，孩子，哪兒都有我一份。要是我不去，就叫我奴才！」（一・二・八二～八九）這就是他的洗心革面。

福斯塔夫並不是葛林的直接翻版（葛林既非武士也非老人），同樣的，妓女桃兒・貼席也不是葛林拋棄的鄉下好髮妻桃兒的忠實畫像，酒店老闆娘桂嫂也不是借錢給他、在病床前照顧他的伊森太太。莎士比亞在此，正如他處，將實際的生活經驗納入作品中，但通常是用顛倒扭曲、改造掩飾的方式處理。重要的是，我們不應把這改造想像的層面卸除，把取材的事實看得比轉化的作品還重要，而應該把它看成提升莎作成就的工具。莎士比亞採用葛林的浪蕩生平，想像出極其大膽創新的作品，也成就了英國文學上最偉大的喜劇角色。

當然葛林也不是此角的唯一來源，福斯塔夫是來自各色各樣不同的題材，就像莎士比亞許多令人難忘的角色一樣，大半是從文學作品而非實際生活取材而來。莎士比亞對周遭世界的了解方式跟我們一樣，是從所見所聞的人物故事取得經驗。當他在酒店裡看到大聲喧嚷的士兵誇口自己如何大膽冒險的行徑時，他是透過讀過的小說角色的眼光來觀察，同時根據眼前的眞實人物來調整自己的虛構角色。

莎士比亞創造福斯塔夫這個角色，一如平常，原是取材舊劇，即女王劇團曾在倫敦及各處巡迴演出的《亨利五世的輝煌武功》。這部劇作甚為簡陋粗糙，作者不知名，描述海爾王子如何近乎奇蹟似的由一位青年浪子，轉變成英雄國王。其中包括了帶壞海爾的放蕩武士歐德卡索爵士，跟他的同黨流氓小偷。莎士比亞採用這個人物（原本用其本名，後來因歐德卡索爵士後代抗議，才改成福斯塔夫），在空架子上建造了他巨大的想像創作。他拿那個自己曾見過老是炫耀武事成就、卻遇危裝死的吹牛士兵，跟另一個喜劇老典型——老是口渴肚餓、假裝不知道欠了多少帳單，讓有錢的贊助人去付錢的寄生食客——結合在一起。再加上道德劇裡的「惡」角無恥無禮、拚命追求享樂、擅於引誘天真少年墮落的性格。把這些特質，結合上較新的文化典型，那些吹嘘自己德性，私底下卻縱容個人私欲的虛偽清教徒。只要想想這許多渣滓片段的文字來源，就可以看出莎士比亞的轉化是多麼徹底且出人意表了。

當他坐下來寫《亨利四世》時，自己一定也很驚訝筆下湧現的事物。可以想見的是，他原先可能是要寫類似幾年後的劇作《終成眷屬》裡活潑但較傳統的角色帕羅。帕羅這角色具有所有那位大聲誇口、引誘少年的惡棍特質，觀眾對他最後的失敗是歡欣鼓舞；然而莎士比亞在此想像雖未臻高峰，卻做了一項奇怪的安排，讓我們回頭看到福斯塔夫的無可匹敵。帕羅的結局是徹底的丟人現眼，在他的朋友同事前被剝光羞辱，如此顏面掃地，有人叫他乾脆自殺，才是唯一榮譽可敬的舉動。可是他根本沒啥榮譽心，結束自己生命的事他連想都不肯想。帕羅離開時悲傷地說：「這下我的官位可丟了」，但馬上就轉移心情：

可是我還是照舊吃吃喝喝，睡得爛熟，

像當官時候那樣。像我這樣的人，
什麼地方混不過去。

（四．三．三〇八～十一）

這就是生命活力！

這生命活力在福斯塔夫身上，可謂發揮到無與倫比的地步，也正是在所有跟「榮譽」這個字有關的事物，如名聲、尊嚴、天職、信用、誠實等，都剝除盡淨之時，他的生命活力燃燒得最旺盛。打仗前夕他說：「榮譽能替我重裝一條腿嗎？」

不能。重裝一隻手臂嗎？不能。能讓傷口不疼嗎？不能。那麼榮譽一點都不懂外科手術嗎？不懂。榮譽是什麼？一個詞罷了。榮譽這個詞又是什麼東西？到底榮譽是什麼？空氣。好聰明的答案！誰有榮譽呢？星期三剛死那個人。他能感覺到榮譽嗎？不能。他能聽到榮譽嗎？不能。那麼榮譽是無法感受的了？不錯，死人是感覺不到的。可是活人能享受榮譽嗎？不能。為什麼？因為旁人總少不了說閒話。所以說，我不要什麼榮譽！

（《亨利四世上集》五．一．一三〇～三八）

不久後，福斯塔夫站在為國王英勇作戰犧牲的華特．布倫爵士的屍體旁邊，把空洞文詞與真正重要的事之間的對立，說得更加明確：「我可不喜歡華特爵士這種咧著嘴的榮譽。還是給我生命吧！」

（五．三．五七～五八）

福斯塔夫似乎確實擁有一種神祕的內在生命力，彷彿可以超越莎士比亞取材的生活與藝術原始來源，以及有他出現的劇作。就某種程度言，莎作或可能整個英國文學裡，沒有其他角色可與他相比。最早記載於一七〇二年的一個戲劇界的傳說裡，伊莉莎白女王不只喜歡莎士比亞這個偉大的喜劇角色，也感受到他的內在生命力，因此命作者寫一部福斯塔夫談戀愛的戲。據說他在兩星期內就寫成了《溫莎的風流娘們》，並於一五九七年四月二十三日，嘉特勳章設立周年紀念宴會上首演。幾世紀以來，這個胖武士得到許多人的喜愛，他在莎士比亞還在世時就已經名聞遐邇，整個十七世紀都一直有人提到他，早於十八世紀就有人以整本書來探討他。許多仰慕者試圖找出他神祕力量的來源，如高度的機智與刺激他人機智的能力、蔚為奇觀的活潑彈性、兇悍具顛覆性的聰明才智、歡樂洋溢的活力。每項特質都看似眞實，卻又還有難解之處有待詮釋，彷彿這無賴自己具有一種力量，不肯讓人詮釋或操控。

莎士比亞自己顯然在控制這個自創的角色上，頗為吃力。這部歷史劇下集的高潮裡，海爾加冕為亨利五世，當福斯塔夫出現時，海爾無情地打碎他對戰利品的妄想：「我不認識你，老頭子。」（《亨利四世下集》五．五．四五）這是再明確不過的拒斥。福斯塔夫從王室跟前貶除，不然就要判處死刑。國王以冷嘲的語氣，對那一度是「我荒唐行徑的教唆與誘導者」提到他肥胖精力的眞正最後去處：「要知道墳墓為你張著嘴，比誰都要大上三倍。」（五．五．六十，五一～二）可是不一會兒，福斯塔夫就好像已經從困境脫離出來了：「陪我去吃飯吧！來，火槍副官；來，巴道夫。今晚他一定會找我進宮去。」（五．五．八三～八五）劇終時，莎士比亞宣告會讓他再回來，收場白的致辭演員說：「請各位再耐心聽我說一句話。如果諸位對肥肉還沒有生膩的話，我們這位卑微的作者就打算把這故事再繼續演下去，讓約翰爵士繼續登場。」（二二～二四行）彷彿福斯塔夫不肯接受剛結束的象徵性劇情似的。

然而當莎士比亞眞的坐下來，開始動筆寫故事續集，關於亨利五世在阿琴科特戰勝法軍的劇作時，卻改變了主意。福斯塔夫冷嘲熱諷的反英雄姿態、對掌權者理想化宣言的醜化、以及堅持把肉身的需求擺第一，證明與領袖魅力和軍事英雄的頌讚無法相容。莎士比亞在這頌讚裡，不是沒有自己的質疑與見識，但是爲了要推動劇情，讓海爾不再只是個假國王，福斯塔夫在兩部連續劇裡所表現的精彩嘲諷與懷疑態度，勢必要加以制止。因此莎士比亞決定對觀眾失信，把他的喜劇傑作從《亨利五世》裡除去，還詳細描述他死時的情景，好讓他永遠消逝。桂嫂的敘述令人難忘：「不早不晚，就在十二點到一點鐘的光景——恰好在落潮漲潮交替的時辰，他兩腿一伸，動身了。」

他還在摸弄著被單，玩弄著花兒呢，過會兒又對自己的手指尖笑起來；我一看見這光景呀就明白啦：早晚要走路了。你看他鼻子像筆那麼尖，嘴裡還嘰咕著「綠油油的田野」什麼的。「怎麼啦，約翰爵士？」我跟他說：「嗨，大爺，你支撐著點呀！」誰知他嚷道：「上帝呀，上帝呀，上帝呀！」這樣連喊了三四聲。我安慰他，跟他說，別想什麼上帝吧，我還期望他那會兒還不用傷神費心往那方向想。這麼說了以後，他就叫我給他腳上多蓋些棉被，我把手伸進被窩裡去一摸，那雙腳就像石頭一樣，沒一點暖氣！接著，我又摸他的膝蓋，再又往上摸，往上摸——哎呀，全都冷得像石頭似的！

（《亨利五世》二・三・十一～二三）

此處的劇情並非死亡場景，莎士比亞小心地不讓它出現在舞台上。他和觀眾都知道，這是一個偉大的劇作家殺了他最偉大的喜劇角色的場景。當然從福斯塔夫的生活形態看，他的眞正死因一定是縱欲過度，類似葛林的醃魚與萊因酒那最後一餐，但劇作很清楚地表示這是一幕象徵性的謀殺：「是王上使他心碎了呀！」（二・一・七九）

葛林一幫人雖然鹵莽嗜酒、勢利放浪，卻看得出莎士比亞的可畏處：「有隻新抖起來的烏鴉，拿我們的羽毛把自己美化得一副豔麗模樣。」他熟習竄改技巧，曉得如何摘取他人作品，以爲己用，有掠奪盜用與消化吸收的驚人能力。在莎士比亞這方面，知道自己不屬於這群兇猛的蝗蟲幫，似乎也拒絕了對這貧困走投無路的無賴施以援手，如葛林所暗示那樣。

在《亨利四世》裡，作者從海爾王子身上看到自己，並且把種種情境混合投射在他的角色上：一方面試驗性的參與社交，一方面又小心地保護自己，保持距離；知道從酒店裡學來的語言遊戲與角色扮演有什麼實際功用；並且冷靜接受別人指責他自私算計。莎士比亞回顧自己在一五八〇年代晚期的經歷，告訴我們當初他的所作所爲只是爲了生存。但他給自己（或者不如說是海爾）加上的冷酷面貌，只不過是他跟葛林關係的一個層面而已，也許並不是最重要的一項。因爲如果莎士比亞從葛林身上取得什麼，也就是說如果藝術家從任何遇過的人身上取得靈感，他同時也做了一種不可思議的慷慨施捨，把他塑造成作品角色。其中完全沒有感情用事，而且如果他說的是實情的話，也不完全是同情的角度。有同情心的話，他會慷慨解囊，資助葛林，那就太愚蠢、不實際了，也很容易會被濫用。莎士比亞的慷慨是藝術上的，而不是金錢上的。他賦予葛林一件無價的禮物，把他轉化成了福斯塔夫。

第八章　情郎情婦

印刷書商薛投並不是唯一有意要攻擊莎士比亞爲「新抖起來的烏鴉」的人。謠傳納煦也有一份，甚至可能是朋友葛林臨終遺言的捉刀人。這傳言其來有自，畢竟這位上過劍橋的諷刺家，早先已出版過許多文章，嘲笑教育程度較低的演員爲「假冒的烏合之眾」，輕率地試圖模仿優秀作家寫作無韻詩。納煦大概會很高興別人因此認爲他有代筆之嫌，因爲他就是以攻擊別人而贏得鹵莽機智的名聲。但他一定也在跟旁人的對談中，起了不甚尋常的擔憂。雖未改變好辯之習，卻趕緊出版文章，否認跟《葛林的一點聰明》有任何關連，說它是「撒謊的無聊文冊」。他用盡方法激烈否認，要讓人相信：「要是這本書裡有我的隻字片語，或是跟它的寫作印行有一點私下的關係，上帝會完全摒棄我，不要我的靈魂。」這話聽來頗像是恐慌的悲鳴。

究竟是誰讓納煦這麼緊張？答案一定是某位權高勢大之人，而不是新抖起來的莎士比亞自己。但究竟是誰呢？最可能的人選，是第三任南安普敦伯爵芮歐西思里身邊的人。十九歲的伯爵本身當然不太可能自己親身當跑腿，但是就像《第十二夜》裡的奧西諾公爵一樣，他有許多依附的紳士樂意爲他執行命令，做他的中間人。（幾年後他曾提到有一次到某地去，身邊「只有十位或十二位」平常的隨從。）這次的跑腿人選，可能是他的法文與義大利文教師傅羅瑞歐。傅氏是從義大利逃難來的新教徒之子，生於倫敦，當時已出版了好幾本語言手冊，還有一本六千義大利諺語概要。後來又作了一本重要的英義字典，並以活潑生動的文字翻譯了蒙田《隨筆》，莎士比亞常用到這本譯文。傅羅瑞歐跟班強生成爲好朋友，此外有證據顯示，他在一五九〇年代早期，已經對劇院十分熟悉。

以南安普敦的身分，應該不會跟劇院後台的爭鬧有什麼牽連，要是他眞的差遣了傅羅瑞歐之類的人來傳遞命令，那麼一個身居高位的伯爵怎麼會認識莎士比亞呢？一如平常，此處的關鍵連結史料已經遺失了，也許再也找不回來，但是劇院裡社會階層性一向模糊不清，不同階級的人當然是有可能在此碰面的。演員跟貴族屬於完全不同的社會階層，但是劇院卻是另外一回事：妓女、小偷、邋遢學徒擠在下面的場子裡，貴族則坐在昂貴的「貴族席」，倚著靠墊，抽著煙斗或嗅著香盒看戲，也讓人觀看。

一五九〇年代的早期，有人形容南安普敦「年輕愛幻想」，很容易「衝昏頭」，而且顯然是劇院的愛好者。當時的觀察家曾記下這位年輕伯爵跟朋友拉特蘭伯爵「在倫敦時，每天只去看戲打發時間」。也許其中一次，南安普敦被莎士比亞的演技或寫作天分或英俊活潑的外貌所吸引，於是等他下戲後跑到後台去結識他，或要求相識的人介紹，又或者乾脆召喚約見。他們最有可能的初識時間，是在一五九一年間或一五九二年初，當時伯爵已從劍橋畢業，正在宮廷伺候女王，並在葛雷法學院念法律。

朝臣與法學生是劇院最狂熱的贊助人，但是對南安普敦而言，也許別有另一番樂趣，當時他有極大的婚事壓力，看戲讓他可以暫時用想像逃避現實。這其中的利害關係並非感情上的原因，而是金錢上的壓力，而且是一筆巨款。他還小的時候，父母有一場驚天動地的決裂，父親說母親犯姦淫，因此從此不准她再見兒子。之後，他還不足八歲，父親就去世了，這個年輕富裕繼承人的監護人是英國最有權力的人，伊莉莎白女王的財政大臣伯利勳爵。年老的伯利對他成長過程的監護還算周到，讓他住進自己家裡，雇請優秀教師教育他，然後十二歲小小年紀就送他進劍橋大學。然而，整個監護制度卻腐敗到極點，最惡劣的一點是監護人有法定權利爲被監護人安排婚姻。如果被監護人到了二十一歲，不同意跟安排的對象結婚的話，就得賠償被拒對方家庭的重大損失。伯利「剛好」就爲南安普敦安排跟自己的孫女兒結婚，又「剛好」任職監護官，要是南安普敦膽敢拒婚，他可以規定罰款的多少。少年伯爵後來果眞拒婚，等他到了年紀，被罰了五千鎊令人咋舌的數目。

這件婚事，是南安普敦十六、七歲之時首次提出，他拒絕的理由不是這個女子，而是婚姻本身。親戚後來逐漸看出這不是他一時的情緒，而是堅定的決心時，警覺此事對家族財產大爲不利，於是開始對他施加壓力。問題是，這個年輕伯爵太有錢了，對自己的財產土地不甚經心，大筆財產損失根本嚇不倒他。他也不在乎監護人不高興，或者少有接觸或根本沒聯絡的母親和其他遠親對他的要求。

在這情況下，他的家人與伯利勳爵只好改用其他策略，不再強調物質的重要，因爲這方面失敗得很慘，而是在他的心理下功夫。這策略是要進入南安普敦的內心世界，找出他反對婚姻的原因，然後改變它。他們用的其中一個辦法是詩歌。

這策略並不算太蠢，這個頑固任性的少年貴族，受過良好的人文教育，在詩歌文學的浸淫中成長，大家都期待他長大後會成爲藝文的重要贊助人。如果他不肯接受長者的嚴肅勸導，也許會比較願意接受委婉技巧的方式。一五九一年，他收到一首爲他而作的優美拉丁詩《納西塞斯》，這是他生平收到的第一首獻詩。《納西塞斯》覆述愛上自己水中倒影的美少年，爲了擁抱影子而淹死的故事。詩的作者是伯利的祕書克拉潘，詩中對南安普敦的告誡看來也夠清楚的了。

克拉潘也許是出於己意，對主人的被監護人提出自戀危險的警告，但更有可能的是出於伯利的意思。眼看時間迫近，南安普敦轉眼就要在一五九四年十月六日滿二十一歲了。克拉潘的詩所傳達的訊息是，到一五九一年，期限的陰影已經使身邊的人想盡辦法要說服他。這個線索引領我們回到莎士比亞身上，有可能伯利或南安普敦母親身邊的人，看出少年伯爵對這位有前途的演員詩人的才氣人品很欣賞，不管這人是誰（富豪貴族的一舉一動總是有人密切關注），他也許會聰明地想到請這位詩人來說服帶女子氣的自戀少年伯爵結婚。這項委託，也許可以解釋莎士比亞超凡絕俗的一百五十四首十四行詩集的前十七首。這些詩作多年後終於印行出來，可能是經由莎士比亞的同意，雖然我們並不確定。

莎士比亞的十四行詩開篇幾首，顯然有特定對象，一位絕美「任性」（六．十三）的少年，不肯結婚，以致在「獨身生活」（九．二）裡自我消磨。詩人小心地不過分指明身分，因爲要是看得出是直接在對伯爵說話，那就太冒失也太不知分寸了。事實上每首詩都暗藏有一個原則，可以否認其中有任何特定對象。也就是說，如果有人看了生氣質問，詩人總是可以說：「你誤會我的意思啦！我根本不是在寫他呀！」但是如果如許多人認爲的，這些詩眞是爲南安普敦所寫，那麼莎士比亞是完全贊成克拉潘在《納西塞斯》裡提出的觀點，認爲這年輕人是愛上了自己，如第一首說他「只和自己的明眸定情」（一．五）。

但是，莎士比亞的策略跟克拉潘剛好相反，並不教這美少年棄絕自己的影像，明白自戀的傾向，反而告訴他不夠愛自己：

照照鏡子，告訴你那鏡中的臉龐，
說這臉兒該另尋替身了。（三．一～二）

只要他站在鏡前，熱切地看看自己的影子，好好想想自己的俊美，這個年輕人應該會知道該怎麼做——製造一個自己的影像。只有「重修殿堂」，複製自己的方式，把自己投射到未來，才是眞正愛自己。只有傻子才會「甘心造墳／埋葬對自己的愛，絕自己的血統」（三．三，七～八）。

對十四行詩的詩體而言，這個生育的主題分外不尋常，也許史無前例。一般十四行詩的特色是寫對愛情的追求、對失戀的悲歎，或剖析自己的熱情，沒有人會告訴一個青年，爲了複製自己的美麗，應該去生個孩子。如果莎士比亞的十四行詩是讚美青年的未婚妻，那麼至少表面上還有點合乎傳統。在此情況下，他的角色可能像遠距離的婚姻安排中雇用的畫家，爲求婚對象繪畫肖像一般。可是事情完全不是如此。他出人意表地明白勸告青年不要手淫，「耗費在自己身上」，「只和自己做買賣」（四．一～二，九）；應該跟女子有性愛。至於誰是孩子的母親，他顯然認爲無關緊要。他寫說，沒有女人會拒絕他，「哪裡有女人美到她那處女地／不願讓你來耕耘？」（三．五～六）

莎士比亞給青年的複製想像裡，不是完全沒有女性，但卻把女性的肉身角色減到最低成分，描寫成一塊未經耕耘的處女地，還沒有養殖過成熟的玉米穗。若是出生的孩子長得像母親，這計畫就破壞了，因爲目標是要製造跟父親完全一樣的形象。這青年可以在一塊無名無形象的養殖沃土上，播下自己完美無瑕的種子。既然對象不重要，無名無形象，那何不乾脆接受監護人爲他選的對象？詩人說青

年的面貌有著一般人認爲只有女子才有的美：「你是你母親的鏡子，她在你身上／喚回了自己可愛的青春四月天。」（三．九～十）

最近發現有一幅南安普敦的肖像畫，可能畫於莎士比亞寫這十四行詩的時期。這幅畫令人驚訝的改變了我們對莎詩的理解，原本看來誇張的語言，卻極其接近事實。畫中人長髮微鬈、櫻桃小口，自知是「世上鮮艷的珍品」（一．九），明顯自戀的少年，更重要的是他模糊的性別（久來被誤認爲女子肖像），爲莎士比亞十四行詩開頭幾首超乎尋常的怪詩，做了生動的注解。

一六〇九年，整部詩集集結成冊，首版名爲《莎士比亞十四行詩》。莎士比亞的名字以大型字體印製，顯然是希望有好市場。這段時期的印刷書籍，大多數都想方設法，大力鼓吹，不是用獻辭或作者書信，就是用其他方法跟有權有勢的贊助人攀上關係，可是這本書卻沒有跟任何人有明顯的關聯，也沒有確切地告訴讀者這些詩原本是寫給誰的。出版商在首版裡著名的獻辭也沒什麼幫助：「獻給刊行這些十四行詩的唯一促成人W．H先生，祝他喜福盡享，並願我們的永生詩人所預示的不朽，終將實現。T．T」。我們不知道這段文字跟莎士比亞有沒有什麼重要關連，或只是跟出版商索普（Thomas Thorpe）有關，他的縮寫名字T．T似乎指出這獻辭只是他自己的。而如果我們眞能證明這獻辭是莎士比亞所寫，而非索普，也還是不知道其中那位「唯一促成人」「W．H」是故意把南安普敦伯爵的名字亨利．芮歐西思里（Henry Wriothesley）開頭字母H．W反寫，還是另指他人——說不定是潘布魯克伯爵威廉．赫伯特（William Herbert），因爲他後來贊助過莎士比亞，一六二三年莎士比亞的對開本就是指名獻給他和他的兄弟菲力普。一五九七年，這位出身愛好文學家族的富豪貴族，剛好也有婚事壓力。莎士比亞十四行詩集開篇幾首，接近一五九〇年代早期的風格，在時間上，南安普敦是最佳人選；後來的詩，大多數風格則似乎作於一五九〇年代晚期與十七世紀早期，這段時間，就比較有可能是赫伯特。會不會如某些學者所建議的，莎士比亞先後爲這兩位年輕人寫詩，並在其中巧妙地重複運用了愛情的象徵呢？還是這些愛情詩原是詩人爲自己的求愛對象所寫？我們無從確定。世代以來，學者熱切研究，卻最多只能夠猜測而已，不管是謹慎還是亂猜，總有人嗤之以鼻，引起更多不同的猜測。

這一百五十四首十四行詩的排列方式，似乎有個模糊的故事大綱，其中的角色除了多情的詩人與美少年以外，還有一兩位詩人的競爭對手和一位黑女郎。讀者很容易確認莎士比亞是發言人。當時許多愛情詩人用巧妙的化名掩飾身分，如菲力普．錫德尼（Philip Sidney）自稱艾斯特菲爾（Astrophil，意指「慕星人」，把自己名字菲力普Philip嵌在其中）、史賓塞是自己詩中的牧人「柯林．克勞特」、拉雷（Walter Ralegh）即其詩中的「海洋」（Ocean，因爲他的名字Walter與「水」water的發音相同）。但此處卻沒有類似的掩飾，正如標題所說，這些是《莎士比亞十四行詩》，而且詩人還屢次用自己的名字做雙關語，如：

只要女人有心願，你就有主意，
還有額外的意欲，太多的心願。

（一三五．一～二）

（文中的「主意」、「意欲」、「心願」皆用Will一字，與莎士比亞小名威爾同一字）

這是讓眾人飛蛾撲火也似的，拚命把這些句子跟莎士比亞的生平做聯想臆測的主要原因。這些詩寫得最好最驚奇的效果，是一種切膚的親密感，彷彿爲我們開了一扇門，進入莎士比亞最私密的隱居地。但是其他人物則小心地加以掩蓋，作者顯然不願意讓讀者確認他們的眞實身分。

歷來學者費盡心力，想找出這位主要的對手詩人和「黑女郎」究竟是誰。前者會不會是馬羅或查普曼？「黑女郎」是不是侍衛長的前任情婦、詩人蘭妮兒，或是宮女妃彤，抑或妓女黑露西？如果把前十七首十四行詩裡的青年認定爲南安普敦是太過草率，那麼想確認其他詩中人物毋寧是更加草率。問題有一部分是因爲隔著遙遠的時空，我們找不到以下關鍵問題的答案：莎士比亞在倫敦的社交圈包括了哪些人？這些詩的寫作期間有多長？詩集印行的排列順序是不是莎士比亞自己安排的？他有沒有同意詩集印行面世？這些詩有多少是他自我抒發的成分？

然而這些人際關係細節之所以不清楚，還不只是因爲時代遙遠而已。整個十四行詩集的寫作方式，正是有意在畫面上蒙上一層半透明的簾幕，就像伊莉莎白女王時代的人喜愛的薄紗布料，只讓大眾看到一些朦朧的身影。原來的標題頁中間，「莎士比亞十四行詩」底下還有「在此之前從未印行」幾個字。這項重要的告示（除了兩個小例外，算是精確的描述，見下文），暗示了這些詩早已爲人所知，只是在此之前沒有人買得到。當時的讀者很清楚，十四行詩通常不是爲了要付梓印行，一般人只要有錢有興趣就可以買到的。重要的是要把詩作在適當的時機交付給適當的讀者，當然最明顯的就是詩人的感情對象，還有詩人與他愛人的親密社交圈裡的人（在莎士比亞和貴族青年的例子裡，兩者的社交圈差距甚大）。

十四行詩的寫作是宮廷朝臣間最精緻高尚的遊戲。亨利八世統治期間，懷亞特爵士與塞萏伯爵已造成十四行詩的風行，到了伊莉莎白女王期間，錫德尼爵士則使之臻於完美。遊戲的挑戰性，是要盡可能顯得親密自剖、感情脆弱，可是不至於洩漏牽涉人物，讓圈子中心以外的人看出來。這在亨利八世的宮廷裡尤其危險，皇室裡淫亂謠言四飛，許多人因此喪生倫敦塔與絞架台。即使在危險性較低的社會環境下，十四行詩總還是帶有冒險的氣息。寫得太小心，詩就清淡無味，只顯得詩人無趣，寫得太白了，就可能有生命的危險。

詩的圈子裡還有圈子。如果莎士比亞十四行詩的前十七首鼓勵青年結婚生子的詩是爲南安普敦所作的話，那麼南安普敦就是最中心圈子的讀者，他有特權知道所有詩中所指之事。但他們親近的朋友也會知道一些事，較大的社交圈裡的人知道的會少得多，他們生活世界外面的人，若仍屬同一社交圈，知道的又更少，如此類推。如果圈子最外層邊緣的人，即使完全不知道詩中所指的主要人物是誰（不一定是姓名），還能被詩所感動，那就是詩人的眞正成就了。

正因詩中去除了確切的人物身分，莎士比亞一方面可以跟青年分享親密關係，另一方面也能安全地傳布給讀者大眾。青年的空白身分，很容易就可以塡補上去，而大眾也可以欣賞到詩歌之美與詩人的才華。一位文學界消息靈通的觀察家於一五九八年寫道：「奧維德馥美智巧的詩魂，活在莎士比亞甘美流暢、甜言蜜語的唇舌之上」，並讚美「他在私人朋友間流傳的甜蜜十四行詩」。

這些詩很快就從私人朋友圈內流傳出來，並開始有它們自己的獨立生命，不管本來是爲何而作，後來也脫離了原本的情境。其中兩首，於一五九九年出現不同版本，這本未經授權的《熱情的朝聖者：作者W．莎士比亞》，是由出版商杰加德發行，顯然是想沾作者的名氣發利市（集中二十首詩，只有五首是莎士比亞手筆）。不只是現代人錯把「我怎麼能夠把你來比作夏天？」（《十四行詩》第十八首）這樣的詩句，當作是寫給女子而非青年男子之詩，到一六二〇與三〇年代時，這些十四行詩已經被人抄寫做異性戀，而非同性戀之用。這種變移的性質，能使想像轉變的能力，似乎是詩人自己設計的一部分，也展現了他在這個特殊遊戲上的高超技巧。

因此，十四行詩既是私人的，也是社會性的，意即特性上是陳述個人私密，同時也在小團體裡流傳分享，表達反應並強化這群人的價值觀與欲望，最後它們會流傳到更廣大的外界。錫德尼爵士的一百零八首十四行詩與十一首歌集合成的《艾斯特菲爾與史黛拉》，作於一五八〇年代早期，是當代讀者心目中優雅宮廷詩的代表，然而卻只有極少數人知道這些複雜的詩裡曲折所指眞正的人物與確切的情況。至於圈外人（如今我們全都算這一類），就只能以欣賞詩人的技巧爲滿足，在傳記疑團的黑暗裡摸索而已。

有幾項理由，可以解釋爲什麼莎士比亞在一五九五年夏天，會特別急於接受委託寫詩，力勸一位富豪青年結婚。他的主要收入來源之一消失了，那是他自己和史特拉福妻兒的生活費用。一五九二年六月十二日，倫敦市長大人衛畢寫了一封信給伯利，說南沃克在前夜發生一場暴動。有一群毛毯製造商的僕役，跟「放縱無主之人」，想要救被捕的同伴。市長語氣像預告惡兆似的說，這些反動暴民集合於「戲劇演出的時候。這些戲劇不只破壞安息日，還造成這類暴亂發生的機會」。伯利顯然很擔心未來可能會發生亂事，六月二十三日樞密院發下一道命令，要所有倫敦的劇院停止演出。此次停演可能沒有持續整個夏季，因爲劇院與其他受到不利影響的人，譬如「河岸區的窮船夫」，爲過河提供交通工具的人，都大力請願，要求解除停演。但是六星期後，卻發生了一件更大的災難。

劇院最可怕的對敵，不是清教徒傳道人或帶敵意的官員，而是瘟疫黑死病。公共健康的規則在伊莉莎白女王時代的英格蘭，充其量只是隨便應付，沒有人知道瘟疫發生的原因，就算有所知也不正確。當瘟疫的死亡數字開始上升，官方的一項政策是殺貓殺狗，但卻使災情加重，因爲如今我們知道眞正的起因是老鼠身上的跳蚤帶的致命桿菌，殺了老鼠的對敵貓狗，反而讓鼠疫更加橫行。眾人從經驗學到，把瘟疫病人隔離，可以使疾病的散布緩和，因此許多有疫情的房子被釘上釘子隔離等恐怖事件發生；他們也學到傳染病的流行跟群眾聚集有關係。官方沒有停止教會崇拜，可是當瘟疫死亡人數升高，就開始把注意轉移到其他公眾集會，當這數字到達某個程度（倫敦市內一星期超過三十人時），劇院就被下令停演了。

莎士比亞跟他的演員同事對此一定深感憂慮，隨著溫暖夏季死亡數字的劇升，他們也愈來愈緊張。不用說劇院敵人反對的聲浪也愈來愈尖銳高張，他們高喊瘟疫是上帝對倫敦罪人的懲罰，尤其是賣淫、雞姦，與演戲的人。劇院、鬥熊競技場與其他公眾集會場地（除了教堂以外），著令關閉，等候指示。倘若劇團運氣好，贊助人會給他們一點錢度難關。有些演員收拾道具戲服，上馬車巡迴演出，想辦法到鄉下去賺錢，不管收入有多微薄。但是生活無疑很困難，若是另有他途，莎士比亞想必是很歡迎的。有人請他爲嬌生慣養、不肯結婚的富豪青年寫十四行詩，大概就像是天上掉下來的禮物一樣吧！

然而，前十七首十四行詩雖像是受僱而作，其中卻有跡象顯示，詩人寫作時，因複雜的感情思緒，而難以使作品內容前後完全一致。也許莎士比亞跟青年的關係是促成別人請他寫這些詩的原因，可是這關係反而造成了詩作的障礙。詩人鼓勵青年說「你眞愛我，就該另造一個你」（十．十三），彷彿希望自己的感情也能受到重視。可是究竟要如何受重視？如果眞受重視，又如何與請求青年生子相容？詩人在朋友孩子身上下的是什麼賭注？表面上答案是在這孩子是不是能扭轉時間的荼毒，也就是說，當時光過往，無可挽回地摧毀青年此刻擁有的美貌時，他的兒子會把這美傳承下去。但詩人同時又提出另一個理論，清楚地表示自己在此間的角色，以及如何讓這不需要女性的完美生育付諸實現：

只為愛你，我要與時間爭鬥，
他摧殘你，我要把你重新接枝。
（十五．十三～十四）

「我要把你重新接枝」——此處談到的複製能力，是詩的力量。生子的主題持續出現，詩人說要是沒有這美少年的形象活著做實證，「將來有誰會相信我詩中的話語呢」（十七．一）？但是想像中的孩子在此的地位降低，變成只是一項證據，然後很快就在詩裡消失不見了：

我怎麼能夠把你來比作夏天？
你不只比它可愛也比它溫婉；
狂風把五月的嬌花嫩瓣摧殘，
夏天租借的期限又未免太短；
天上的眼睛有時照得太灼烈，
他那閃耀的金顏也會被遮掩；

沒有芳豔不終於殞落與凋謝，
被機緣或無常的天道所摧殘；
但是你的長夏永遠不會逝去，
也不會喪失你那皎潔的芳顏；
死神誇不著你在他影下徘徊，
你將在不朽的詩中與時同長。
只要人類在呼吸，眼睛看得見，
這詩就活著，使你的生命綿延。

（十四行詩第十八首）

夢想以孩子的複製形象做爲未來希望的投射，不再是中心，取而代之的是這首情詩本身，以其精緻的語言反映那完美的美貌，比前者更能把這美完整地保存，並世世代代地傳遞下去。莎士比亞其實在此取代了他鼓勵青年生子過程中的女性角色，把青年的形象傳遞下去的，不是女人，而是詩人的工作。

這好比浪漫喜劇裡，居間的媒人在感情關係裡產生的糾葛，莎士比亞深知此道。《第十二夜》裡的中心情節即是以此設計，薇奧拉假扮男子服侍奧西諾公爵，受命爲他向女公爵奧麗薇亞求愛，她告訴主人：「我一定盡力去向你心上人求婚」，卻黯然自語這是一項痛苦的任務：「不管我去跟誰求婚，做他夫人的一定是我。」（一．四．三九～四一）這跟十四行詩裡描述的情況，當然有個最大的不同點，雖然薇奧拉吐露對主人的愛慕時，是男子的裝扮，她的欲望是女子對男子的欲望，只要換裝，就有可能以婚姻達成。然而《第十二夜》卻別出新意，寓含性別在此並非主要議題：奧西諾顯然被他性別曖昧的男僕所吸引，而薇奧拉也同樣因自己居中媒人的曖昧身分，而深陷愛河。在某種精神層面上，莎士比亞的十四行詩雖未明言，卻同樣表現出詩人在原本要說服青年結婚的過程裡，自己澎湃的熱情愛意反而取而代之。

這究竟是實情，抑或只是頌讚之辭？我們不得而知。莎士比亞從未明白述說，卻也不曾完全隱藏，但這些詩一定大爲取悅那位受獻的自負青年。它們暗示詩人在受命說服青年結婚的過程中，了解到自己對他的愛慕，卻不知如何解決。他知道青年只把他當做年紀老大的僕人階級看待，但渴望與他爲伴，覺得跟他在一起有一種與女子爲伴不曾有的感覺。他想要吸引他的注意，想跟他在一起，想變成他；這青年對他而言，代表了青春高貴與完美的美貌。詩人愛上了他。

他在十四行詩裡以熱情澎湃、狂放恣意的讚美之辭表達愛意：如寫青年的形象「有如明珠在陰森的夜裡高懸」（二七．十一），他的美勝過最理想美化的人物阿多尼斯與海倫（五三），他的「智慧和姿色一樣出眾」（八二．五），他的手比百合還要潔白，臉色比玫瑰更加細緻（九八），無論「古代的文筆」如何「歌頌絕命佳人與多情騎士」的「手足、嘴唇，與眉目」，無非都在預言青年的美貌（一〇六．四～七）。他是詩人的太陽、玫瑰、心肝、「最大的安慰」（四八．七）、嬌花、蜜愛、可愛的男孩。

同時他又以同樣的熱情，極力宣稱詩的功能：「我的愛將在詩裡萬古常青」（十九．十四），「帝王將相大理石與鍍金的紀念碑／都不比我這強而有力的詩更長壽」（五五．一～二），時間的鐮刀會割除一切，但「我的詩將屹立千古」（六十．十三），無情的時光會搾光青年的血氣，在他額頭刻出皺紋，但「他的丰采將在這詩裡現形」（六三．十三），歲月的殘酷利刃會砍斷「我愛人的生命」，但「砍不斷他留在後人心中的美」（六三．十一～十二），「當我在地下腐爛」，你也葬身在墳裡，「我這些溫雅詩辭將是你的紀念碑石」（八一．三，九）。最後這一句，把莎士比亞向來夢想的社會地位，隨筆附帶上，但此處的夢想有更大的野心，帶有一種像上帝一般的力量：「你的名字將因此」（即因我的詩句）「得以永生」（八一．五）。

當然，諷刺的是這些十四行詩無法給他愛人的「名字」生命，只因詩裡從未透露他的名字。莎士比亞雖在詩中聲稱要給予愛人之名不朽生命，卻似乎蓄意加以保留。

倘若把十四行詩開頭幾首提到的青年假設爲南安普敦伯爵不算太不切實際，那是因爲他的個人事件恰好符合詩中描繪的情境，又因爲他家人曾試圖以文學作品說服他，更重要的是莎士比亞在一五九〇年代曾獻給南安普敦兩首不是爲戲台演出的精緻長詩《維納斯與阿多尼斯》與《魯克麗絲失貞記》。這些長詩的獻詞，是這類文獻裡唯一出於莎士比亞的手筆，其中透露了許多關於作者的背景，或至少是他想讓伯爵知道的一面。

《維納斯與阿多尼斯》的獻詞，用語正式，情感內斂，對自己的社會地位帶有防衛之意：「我今以此鄙陋詩篇，獻予大人，不知將如何有污尊聽；而我以此微不足道之作，竟敢攀附雄梁偉柱以自固，也不知將遭世人如何非難。」這首無論如何都稱不上「鄙陋」的優美敘事詩，大約作於一五九二年底，非常接近有關生育的十四行詩的寫作時期，莎士比亞顯然在此要求贊助保護，以免遭受「世人非難」，並要求這位揮金如土的貴族給予一些實質的報酬。

詩人在此表現出來的缺乏自信與焦慮不安，很可能是出於眞心。《維納斯與阿多尼斯》出版於一五九三年，是莎士比亞第一部印刷上市的作品。他在大半職業生涯裡，顯然對印刷出版之事漠不關心，這一次卻例外地表現出明顯的關切。他選了自己信任的史特拉福同鄉，印刷業者菲耳德爲他出版。這個選擇很明智，菲耳德爲他製作了一本非常漂亮的小冊子，十分適合做爲獻禮之用。這大概是莎士比亞職業生涯裡第一次也是唯一的一次，企圖找尋贊助保護的主人。在劇院關門停演、瘟疫持續橫行的時日，他可能覺得許多事都有賴此舉是否能成功。就算南安普敦已經在《葛林的一點聰明》一書出版後表現出對他的興趣，或者甚至這位高高在上的貴族跟他這小小演員，已經有過親身的接觸照面（當然這只是臆測而已），莎士比亞也許還是對《維納斯與阿多尼斯》一詩可能引起的反應，不甚肯定。

莎士比亞似乎在年近三十之時，決定要重起爐灶，開始另一項嶄新的職業，把以前寫過的作品置諸腦後。他想成爲代表文明學識的詩人，而非流行劇作家，可以用優雅的文字，塑造那個原本只有受過大學教育的對手詩人才接觸得到的神話世界。同時他也企圖把南安普敦的特殊情境放在詩裡，以青春稚嫩的美少年抗拒愛神的誘惑爲主題。莎士比亞說，倘若此詩能博得十八歲的貴族「教父」一粲，他將「竭誠盡力，再接再厲；但若此次問世的頭胎文章，竟是殘廢畸形不堪入目」（此處獻詞與十四行詩一樣，把詩作比爲孩子的化身），那麼詩人將「不再從事這貧瘠田地之耕耘」。莎士比亞在此說的可能是實話，因爲如果南安普敦馬上拒絕此詩，就沒理由再嘗試了。

《維納斯與阿多尼斯》的情節，與十四行詩裡的警示相呼應，描述一位美少男拒絕愛情（在此爲愛神維納斯本人），因而死亡。全詩近一千兩百行，四分之三描寫的是維納斯熱情如火地百般奉承，曲意討好，千方百計要說動阿多尼斯。她指責阿多尼斯自戀，並要求他生育後代。可是這一切都是白費心機，阿多尼斯從她的懷裡掙脫去打獵，立時被一隻「猙獰齷齪、嘴如刺蝟的野豬」刺死（第一一〇五行）。從他傷口淌出的血，長出一朵紫色的秋牡丹，悲傷的維納斯於是折下它，把它擁在懷裡。

光看《維納斯與阿多尼斯》的大綱，那位嚴肅莊重、工於心計的監護人伯利，也許會贊同其中的觀點。然而詩中所描述的情景，可一點也不嚴肅莊重。詩人莎士比亞在此給青年的，是跟他的十四行詩一樣充滿誘惑的事物，謹慎的忠告退成了其次。《維納斯與阿多尼斯》代表了莎士比亞典型的特色，極盡其能地表現出他無所不在、卻又似不存在的驚人能力，能夠想像所有情境，又能擺脫一切束縛。這是一種極其矛盾的功力，能夠同時既遠又近、既親密又疏離，不然他怎麼可能同時置身多處？莎士比亞在此所表現的，是把他創作劇本所用的感性，加以特異濃縮的形式。

所造成的效果，混合了性愛興奮、痛苦與輕鬆各面。有時候，這位女愛神就像巨大的女皇，高高聳立於不甘願的小愛人之上：

她一隻手挽住那駿馬繮繩，
另一手把那少年緊緊摟定。
只見他臉紅噘嘴惱怒心硬，
情懷未開，不懂男女風情。

（三一～三四行）

有時候，她又是浪漫史裡脆弱的女主角，只爲對方神色不對，就昏厥倒地，然後，當少年後悔，試著救醒她時，她又忽然變成一只可笑的布娃娃：

他給她拍臉龐，搓鼻子，
輕扭她手指，緊按她息脈，
搓揉她嘴唇，千方又百計，
要彌補自己狠心造成的傷害。

（四七五～七八行）

在這些詩句裡，我們似乎跟詩中的人物隔著遙遠的距離，觀看他們瘋狂的行徑，就像《仲夏夜之夢》的觀眾看雅典森林裡那些瘋狂的愛侶一樣。可是接下來，喜劇的氣氛未盡，我們卻出乎意料之外，被拉到令人緊張不安的近距離內。維納斯不只是思慕阿多尼斯，還「把百合般的纖指一根根扣緊」（二二八行）那掙扎的少年，要他在自己身上「放牧吃草」（二三三行）：

「這座園囿，足夠你遊憩散心，
幽谷裡芳草如茵，高處有山坡野綠，
丘陵渾圓微隆起，叢林繁茂又幽深，
為你做庇護，遮風又擋雨。」

阿多尼斯想從她那狂亂的擁吻掙脫，卻因為筋疲力竭，只好暫時被動地降服：

（二三五～三八行）

她的緊摟教他悶熱又困乏，簡直要暈厥，
像隻野鳥，因早晚訓練而馴服依順。

（五五九～六十行）

在詩歌裡，譬喻的運用，常是使讀者跟詩中的角色或情境保持距離的方式，但此處卻屬例外。在此，譬喻成為拉近肉體與情感的工具，讓我們持續從特寫角度觀看全景。阿多尼斯臉上的酒窩是「誘人的陷阱」，「張大了口，讓維納斯整個人墜入其中」（二四七～四八行）。女神的臉因情欲沸騰而「淌汗冒煙」（五五五行）。當兩人倒在地上（或者說是維納斯把阿多尼斯拉倒在地），他們躺的不是普通花床，而是「紫紋羅蘭」（一二五行）。

莎士比亞不曾在《維納斯與阿多尼斯》一詩裡親身顯現（因為這畢竟只是神話幻想故事），卻無可避免地從頭到尾都身在其中，彷彿他想要南安普敦（也許還有獻詞裡提到的「世人」）全然明瞭他拿身分作遊戲的非凡能力。他很明顯存在維納斯也在阿多尼斯身上，在她肉體的需求與創新的修辭裡，以及他的不耐與對女性的嫌惡。但他同時也無所不在。要是母馬能寫情詩給公馬，她也許會這麼寫（說確實點應該是所謂的「頌歌」，即對所愛人狂熱的長篇讚美之詞）：

蹄子圓，骨節短，鬃毛叢雜而翩躚，
胸脯闊，眼睛大，頭顱小，鼻孔寬，
頭頸昂而彎，兩耳短而尖，四足直而健，
鬣毛稀，尾毛密，皮膚光潤，臀部肥又圓。
（二九五～九八行）

要是兔子能寫詩記下牠被追獵的不幸經過，牠也許會這麼寫：

那時只見那可憐的東西，露濕滿身，
順路彎曲往返，東逃西奔，
荊棘樹叢，把牠瘦疼腿兒抓，
處處黑影把牠留，聲聲低響嚇阻牠。
（七〇三～六行）

馬與兔並非詩的重點，也不是這裡要強調的。重要的是莎士比亞不費吹灰之力就能進入它們意識的能力。

對一個擁有完美容貌、無所匱乏、驕慣成性的青年貴族，你能給他什麼？給他一個充滿情欲的世界，情欲裡還混淆了母親與情人的角色。當維納斯聽到打獵的聲音，驚慌地往出事地點跑去時：

她急疾奔走，路上的叢灌樹木，
有的勾住她頸項，有的親吻她臉蛋，
又有的纏住她的腿，請求她留步，
她用力掙脫這些緊裹慢纏，
好像一頭母鹿，乳頭脹得痛又疼，
為了要給叢林裡藏著的小鹿餵奶而奔趕。

（八七一～七六行）

要喚醒一位厭煩疲憊的青年，並吸引住他的注意力，又該怎麼做呢？爲他引介一個對痛苦與快樂高度敏感的世界。當維納斯看到阿多尼斯的致命傷口時，她閉上了眼睛：

像是一隻蝸牛，柔軟的觸角遭打擊，
疼痛難忍，縮回殼裡，
蜷縮埋伏，屏氣斂息，
長長久久，不敢稍移。
她也一樣，一見他那慘狀，血肉模糊，
眼睛就逃避到幽暗的頭顱深處。

（一〇三三～三八行）

如果想請貴族贊助人慷慨解囊，你可以用什麼大禮做回饋？用一個象徵性的建議，把死亡轉化成性高潮。維納斯告訴自己，那野豬並不是想刺死阿多尼斯，而是想親吻他：

「哪知多情的野豬，把嘴往他腰上一觸，
就不知不覺，把牙刺入了他柔嫩的鼠蹊。」

（一一一五～一一六行）

「多情的野豬」所做的，是她自己一直想做的事：

「我得承認，我的牙若長得像那野豬一樣，
那我早就因為吻他，而教他把命喪。」

（一一一七～一一八行）

這就是莎士比亞的獻禮。

《維納斯與阿多尼斯》顯然取悅了伯爵。從立時的仿作、讚美的評論，以及大量的再版（到一六〇二年已有十次再版）看來，此詩幾乎取悅了所有人（似乎以年輕男子爲最）。受到鼓勵的莎士比亞，再接再厲，一年間又寫出另一首比較嚴肅的《魯克麗絲失貞記》。但這次給南安普敦的獻詞，不再是客氣試探、焦慮不安的語氣：「我對閣下敬愛無限……我所作的一切屬於您，我該作的一切屬於您，這本書是我的部分作品，也自當屬於閣下。」伊莉莎白女王時代的獻詞通常風格華麗，但莎士比亞所寫的這篇卻不然。這不是如一般所預期的讚美阿諛之詞，或出於懇求金錢贊助的動機，這是公開熱烈的愛情宣言。

《維納斯與阿多尼斯》與《魯克麗絲失貞記》兩首詩的寫作間隔年間，一定發生了什麼事，使得莎士比亞從「不知將如何有污尊聽」變成「對閣下敬愛無限」。我們無從得知發生的事由，但也許可以從十四行詩裡找到蛛絲馬跡。假設十四行詩的前一百二十六首是寫給同一人，它們不只讚頌青年，並肯定詩的力量，還描述了一段歷經時日或者經年發展而來的感情。讚頌轉變成愛慕；愉快的相處，隨之而來的是分離的刻骨相思；詩人發現與情人生分的痛苦，覺得自己在各方面都配不上對方，但也知道可以用自己的才藝，使青年的美貌得以永存；他知道總有一天，青年會很快因他的衰老而遺棄他；他對這份持續自己生命活力卻無可避免要失落的愛，而掙扎喟歎；歌頌讚美，轉成責備非難與自我懷疑；詩人對自己卑微的社會地位，既感興奮又覺痛苦；他的熱烈專情，逐漸變成可憐的奉承，然後又慢慢轉成較爲獨立的批評角度；他雖看出青年的性格裡有極大的缺點，卻仍堅持他的完美無缺。

在這一團糾纏不清、變化不定的迷戀關係裡，我們似乎可以看出發生的一些事件。青年在誘惑下屈服，跟詩人的情婦發生關係。對詩人而言，最痛苦的倒不是情婦的背叛——「儘管我對她的愛不能說不深」（四二・二）——而是青年的背叛，因爲他的愛才是詩人最關切的。詩人自己也曾對青年不忠，雖然未言明事由，但抱著希望願青年能原諒他的「過錯」（一二〇・三），就像他當初原諒青年一樣。詩人把青年送他的紀念品，一本小記事本或寫字板，給了別人，但無所謂，因爲這禮物已深深刻印在他的腦海心底了。他有幾個情敵，其中至少有一個是非常優秀的作家，而且顯然贏得了青年的注意和喜愛。這段「事件」於是告一段落，從一百二十七首起，詩人把迷戀從美貌青年身上，轉而集中到他對一位黑眼黑髮、貪嗜性愛的女子，夾纏了欲望與厭惡的感情上。

傳記作家往往很難抗拒誘惑，想要把這許多詩中暗示的事件整合成一個完整成熟的浪漫情節。可是若要這樣做，卻必須跟個別詩作的強大重心對抗。莎士比亞是不費力氣的敘事天才，他的十四行詩卻不肯給我們一個前後連貫的故事。十四行詩裡有許多詩組，詩組裡的每一首詩，都有其個別的世界，把極其複雜的感情故事，濃縮進十四行文字裡。如果劇作家有意，這些故事都可以發展成一幕場景，或甚至整個劇本。第一百三十八首就是其中一個有名的例子，此詩在莎士比亞在世時，就已被人編進選集，從它的故事背景獨立出來：

我愛人誓言她全然忠實，
我相信她雖明知她說謊，
教她以為我是無知孩子，
不懂得世間騙人的勾當。
於是我妄想她當我青春，
儘管她知我已盛年不返，
她油嘴滑舌我純然信任，
單純的事實雙方都隱瞞。
但她何以不承認說假話？

我又何以不承認已衰老？
噢愛情最佳習慣是裝信任，
老來戀愛最怕把年齡提到。
因此我既騙她她也騙我，
咱倆愛情就在欺騙中取樂。

「我相信她雖明知她說謊」。詩人既言明知道情人不忠，「我相信她」應該是「我假裝相信她」的簡縮詞。這情節頗像是莎士比亞和當時人最著迷的通姦故事。開頭第一行的懷疑語氣，引出《無事生非》的滑稽鬧劇，或者《冬天的故事》裡的謀殺情節。此處的懷疑有一種陰晴悲喜的交錯糾纏、讓奧賽羅焦慮難安的心思，極度痛苦地知道自己比起苔絲德夢娜來，要「年紀老大，走下坡路——雖然還不算頂老」（三．三．二六九～七〇）。

然而，詩人繼續說明他的策略，假裝容易上當，好讓自己顯得比實際年齡小，可是其實騙不了情人，正如她的「油嘴滑舌」騙不了他一樣：「單純的事實雙方都隱瞞」。到此，另一個不同的情節準備開始，不是鬧劇也不是悲劇，比較像是莎士比亞在《安東尼與克莉奧佩屈拉》裡面大耍互相瞞騙的遊戲伎倆。「單純的事實」是黑女郎的不忠與詩人的青春不再，因他「純然」相信她的謊言而隱瞞過去，詩人在此是故意讓自己放縱在想像當中。這種放縱，也許可以用詩人柯立芝形容看戲者的心理：「心甘情願地暫時相信一切」來解釋。不同的是，莎士比亞寫的是他跟不忠情人的關係，不是跟藝術作品的關係。

這樣的遊戲，很有可能導致以道德譴責或自我非難結尾，就像一般傳統用來制止欺騙、重建道德秩序的方法。莎士比亞的確像是有意要導向這樣的結論，譬如質疑雙方的生活態度：

> 但她何以不承認說假話？
> 我又何以不承認已衰老？

但詩末由歎息聲「噢」接「老」（old「老」與O「噢」字音類似），然後讓讀者驚訝地，坦白承認要讓事實懸而不明：「噢愛情最佳習慣是裝信任」。愛的「習慣」行爲與最佳外衣是編造謊言。沒有道德判斷，有的是坦承接納謊言有助性愛的好處。最後兩行對句，很清楚告訴我們，這對互相欺騙的男女，還是繼續以性愛尋歡作樂（詩的最後兩行裡所用的lie兼「撒謊」與「上床」之意）。

十四行詩原是宮廷貴族間的活動，莎士比亞當然不是朝臣，也不是貴族，可是證明對此挑戰勝任愉快。他選擇了一個兩面的生涯，一方面他是非常公眾的人物，是舞台上的演員、成功劇作家、名詩人，另一方面又是極爲隱私的人，是值得信賴、可以爲他人保守祕密的人，對個人私事甚爲保留、又能把機密技巧微妙地透露給相關人士的作家。也許是他驚世的語文技藝、想像扮演不同身分的強烈動機，與深沉的野心，促使他在大眾事業上的表現；而家庭的祕密與謹慎的個性（可能還加上看到倫敦橋端死人頭的印象），則造成他的謹言慎行吧！

這種刻意選擇的兩面生活，也許可以解釋幾世紀來讀者對一些矛盾現象的疑惑。因爲十四行詩從一方面看，是詩人內心世界最扣人心弦、也可能最接近事實的表現，是莎士比亞對他與一位青年、對手詩人、與黑女郎種種糾葛的感情關係的反映；另一方面，卻又是上了鎖的美麗寶盒，沒有鑰匙可以開啓得了，彷彿精心製作的屏風，沒有人有把握看得清背後遮掩的事物。

莎士比亞十四行詩的風格，是小心謹慎、隱匿晦澀，但同時卻也包含了強烈的情感、不時再現的心思主題，與魅誘的技巧。若把這些詩看作一種祕密日記，是莎士比亞跟他感情對象的實錄，包括那位撒謊的黑女郎（不管眞名是誰）與貴族青年（不管是南安普敦或另有其人，或是多位情人的綜合體），那就未免太荒唐了。

詩中詩人與青年，都因雙方巨大的身分階級的差距，而感到興奮。莎士比亞有時雖偷偷諷刺情人（也許正因如此），他的表現卻是完全的卑屈：

做了你的奴隸，我能怎麼辦？
只有時刻伺候你的心意罷了！
（五七・一～二）

對自己社會地位卑下的職業帶來的恥辱，他也常表現出強烈的自覺：

唉！真的，我曾東奔西跑，
扮成花衣小丑，供人賞玩。
（一一〇・一～二）

也許這扮成花衣小丑，在眾目睽睽下插科打諢的恥辱，才是莎士比亞最眞實的感受，不是那段感情關係。可是，在此它又是詩人跟美少年之間的一種性愛舞曲：

哦，請為我譴責命運吧！
是她讓我從事這害人的事業，
除卻養成眾前現眼的把戲啊，
她教我的生活別無前程高階。
因此名字上烙印我只能接受，
我的性情也為此被職業污染，
就好比那染工的手一般。
可憐我吧！……

（一一一・一～八）

莎士比亞的演員身分，是他身上不可消除的永久污點，也是他跟貴族情人的社會鴻溝，所以才會有「可憐我」的哀求。

詩人與青年的年齡差距，也有相似的作用，意即它並非欲望的障礙，反而成爲一種引發興奮的矛盾因素，可以用來強調誇張、引起注意：

像一個衰老的父親高興見到
孩子活躍從事青春的事業，
我雖遭受命運惡毒的摧擾，
卻從你的真實與美德找到慰藉。
（三七·一～四）

詩中挑逗的愉悅從何而來？也許在父權社會裡，年輕人習慣了專權跋扈的父親或監護人，衰弱的父親形象反而令人興奮。這種角色互換的快感想必十分強烈，強到使莎士比亞把自己當成寄生蟲，依附在青年身上。但這些表現並未阻礙詩人的自負。他說：「自戀之罪占據了我的整個眼睛、靈魂，與全身各處」，但「我相信我美麗的容貌，天下無人可比」這樣坦白接納自戀的事實，卻只加強了詩人所愛慕者的高高在上。當他看到鏡中的影像，才明白自己的臉孔「乾黑蒼老，風塵滿面」（六二·一～二，五，十），而他對自己的喜愛其實都在情人身上，「把你的青春之美為我的衰老上色吧！」（六二·十四）

此處描述的，是一種混合了喜愛與欲望的情感，就像莎士比亞描寫福斯塔夫對他的好男孩海爾王子的感情一樣。只是角色互換了，莎士比亞原本把自己想像成年輕的王子，跟葛林那個斤斤計較的老頭子的關係，如今他成了那個老頭子，寫的是跟年輕男孩的關係。也許是一個起伏的心思，使莎士比亞把以葛林作基形、誇大其詞的人物，轉變成福斯塔夫這樣複雜多面、尖酸刻薄的角色，既自負自戀、工於心計、憤世嫉俗，卻又對王子仰慕崇拜，最後自取其辱，終歸不幸的命運。就如海爾把他對福斯塔夫的記憶摒棄盡淨：「我不認識你，老頭子」，詩人也叫青年把自己忘記：「當你讀這詩時，別想到／那寫詩的手。」不同的是，詩人要求對方忘記他，其實是在宣告自己無望的愛，以及希望對方能記得也能愛他稍作掩飾的請求：

當你讀這詩時，別想到
那寫詩的手；因我如此愛你，
倘若想起我會讓你苦惱，
我寧可你甜蜜的心思把我忘記。

（七一．五～八）

詩人一再要求青年擁抱那位他總有一天會替換、埋葬、終至忘懷的父親。這未來的遺忘，卻只是為了用來加強前述的要求而已。十四行詩中最知名的其中一首，第七十三首，可以綜括莎士比亞以誇張年齡差距對青年所表達的情感：

從我身上你也許能看見秋天，
黃葉凋零，還有的三三兩兩，
掛在瑟縮的枯枝上索索抖顫，

荒廢的歌壇不再有鶯燕合唱。
從我身上你也許能看見黃昏，
夕陽返照，落入西方的天際，
黑夜那死神化身，漸漸降臨，
趕走夕暉，把一切封鎖安息。
從我身上你也許能看見餘燼，
它在青春的寒灰裡奄奄一息，
在臨終的床上早晚總要斷魂，
被那滋養過它的烈焰所銷毀。
看見這些，你的愛會更堅強，
因為他轉瞬要離你溘然長往。

十四行系列詩在其他地方強調永恆的觀念，如詩人作品會永世流傳，以及青年美貌可以不斷複製等，但非此處。黃葉、夕暉、餘燼，每個意象都細緻地傳達出稍縱即逝的短暫性，過不了多久，就要無可挽回地走到盡頭，剩下枯枝、黑夜、冷灰。這短暫性，莎士比亞甚至在情愛正盛的時節也看得出來，而正因即將結束，感情也因痛苦而更加濃厚。

因爲不管莎士比亞和青年之間究竟發生什麼事，是只有互相仰慕、交換眼神，還是有擁抱、熱吻，甚至上床，我們幾乎可以確定他們之間的關係有著強烈的短暫感。這種感覺，不只是因爲年齡與階級的懸殊，而是來自當時對男同性戀的想法。伊莉莎白女王時代的人知道同性戀的存在，而且從某方面看來，同性戀也比異性戀還容易找到理由。因爲當時人普遍認爲男人天生比女人優秀，所以男人怎麼不會自然而然地愛上另一個男人呢？宗教與法律雖嚴禁男子間的性行爲，但是男人會愛上另一個男人，且對之產生欲望，是完全可以理解的。

與莎士比亞同時的詩人史賓塞，以重視道德知名，但其中一首田園詩卻是描寫男牧羊人對一位青年的熱情。詩末附有史賓塞自己或他身邊的人所寫的評語，不安地解釋這個感情關係有一種希臘人稱成年男人與少年男孩間同性戀「不法之愛」的特質，可是從某種角度看，這種同性戀總「比異性之間男人對女人欲火中燒的性欲要好得多」。然後，作者似乎覺得前面所說的話有點不妥，又加上結語說：希望大家不要以爲他是在爲那「罪大惡極的禁忌肉體之罪」辯護。

莎士比亞就是用這種既承認又否認的蹺蹺板似的遊戲方式，把他對那位青年的欲望傳達出來。一方面直爽地接受、熱烈地表達，彷彿是世上最自然也不過的事；另一方面又同時否認迴避，好像不肯讓人完全解透詩的內容。十四行詩第二十首中的青年，有著女子的臉龐與溫柔的心腸，但比任何女子更好、更眞誠、更堅貞不渝。他是詩人筆下「我熱愛的情郎兼情婦」。大自然在創造這青年時，原本是要造女子，卻因太溺愛自己的創作而多加了一些——「她挑選你」（二十·二，十三。「她」指大自然）——因而破壞了詩人長期的性傾向。莎士比亞並未採用史賓塞當評論者憤慨的道德家語氣，但使用的是同樣的題材——憎厭女性、強烈的同性愛欲、推翻前言，並加上人生無常、轉瞬即逝之感。因爲即使莎士比亞眞的實現他在十四行詩裡半隱藏的性愛欲望，他知道，正如十四行詩開頭那首所談到的社會使命，在要求男人結婚生子的社會規則下，這愛情關係絕不會被接受。

倘若南安普敦在青少年期寧可犧牲大筆財產也不肯結婚，他可能宣稱自己還沒有心理準備，也有可能跟一個或不只一個男人有感情關係，跟他來往的一定很多，但是完全放棄婚姻卻又是另外一回事。的確有些高階層的男人（雖然沒像南安普敦那麼高）拒絕婚姻，裴根就是有名的例子，可是跟性傾向沒有什麼關係，他們大多數都致力延續家族姓氏、頭銜與財產。南安普敦在一五九八年，滿二十五歲前不久，跟女王身邊的侍女薇儂祕密結婚，薇儂當時已懷了他的孩子。女王甚爲震怒，因爲侍女原應保持處子之身，而她也厭惡隨從之間有祕密婚約。然而，這件婚事似乎還算美滿，讓伯爵在長期混亂、時有危機的事業生涯裡，安然度過。

如果十四行詩眞如它所強烈暗示，是詩人的生活紀錄，那麼對他而言，詩中所表現的，是他在婚姻裡無法滿足的情感與性愛的渴望。也許部分原因是在他跟安妮的婚姻不合，又或者沒有一個人可以滿足莎士比亞的想望，或是讓他覺得快樂。似乎在婚姻之外，他也沒有找到任何人可以讓他完全滿足。看來他是把狂熱的理想，大半投射在那位青年身上，而欲望則放在情婦身上。兩者的滿足都有障礙，愛慕的青年他無法擁有，對之有性欲的女人他卻無法仰慕。如詩中憂傷所述，那美少年終究不會屬於他所有，而黑女郎就算能擁有，也只會引起他的反感。從十四行詩的最後幾首看來，她不只是不誠實、不貞潔、不忠實，更糟的是，還讓他染上性病。然而他還是無法放棄她：「我的愛像熱病，它老是渴望／能讓它長久持熱的方子。」（一四七．一～二）無法放棄的原因是「色欲在行動」（一二九．二），那腫脹與消腫的交替，是他跟她在一起的感覺：「我稱她爲『愛』，爲她的愛我起來又倒下。」（一五一．十三～十四）這種性愛的韻律，結合了生命力與死亡、愉悅與厭惡、渴望與憎恨。它並不只是消遣或逃避，十四行詩裡一再強調，這是詩人有技巧地在焦慮與自覺中，擁抱自己的欲望，也就是他自己的「意志」的方式（「意志」原文Will也是莎士比亞小名威爾）。

莎士比亞在十四行詩表現自己的方式，沒有容納妻子兒女的空間。從這點看來，這些詩究竟是寫於一五九〇年代中期，還是十年之後，也就無所謂了，因爲沒有人會認爲這些詩是莎士比亞在婚前或生子之前所寫，整個十四行詩系列等於是抹去了他的家庭生活背景。有一些小例外，可能是跟妻子往日情愛有關的句子，譬如第一四五首十四行詩「恨除去」（hate away）與安妮娘家姓氏「哈塞威」（Hathaway）諧音，又如一五二首開頭的：「你知道我對你的愛並不可靠」，可能是間接承認自己的不忠。此詩接下去很典型地責備情婦毀壞「床頭盟」，但至少有片刻自承也曾毀壞誓言。其他大半時候，他似乎忘了這一點。又或者是青年與黑女郎取代了莎士比亞對家人的傳統感受吧！他對安妮隻字不提，那位美少年才是他最有名的愛情詩的對象：「我不承認，兩顆眞心的婚配結合，會有障礙。」（一一六・一～二）

第九章　刑場笑聲

不管莎士比亞從十四行詩、《維納斯與阿多尼斯》與《魯克麗絲失貞記》所得的報酬有多高，他並沒有把自己的財源或藝術創作，全盤投注在跟贊助人的關係上。當瘟疫緩和後，他又重回劇院，而且以驚人的速度，爬升為首席劇作家。劇院為了滿足許多觀眾的不同口味，對新劇本的需求量極大。受雇的文人要是勤奮一點，磨出十幾部劇本，可以賺一筆不少的錢，像是《倫敦三女》、《小販的預言》、《美麗的艾瑪》、《一袋新聞》、《韃靼跛子悲劇史》、《君士坦丁大帝》之類。但是在一五九七年班強生狂暴驚人的戲劇出現之前，莎士比亞只有一個大對手，馬羅。這兩位同齡的青年詩人，各賦卓絕天分，彼此互相模仿競爭，密切留意對方的舉動，企圖超越。除了雙方早期的重要劇作《帖木兒》與《亨利六世》，他們的競爭延續到兩部極為類似的歷史劇：莎士比亞的《理查二世》與馬羅的《愛德華二世》，以及同樣卓越的長篇愛欲情詩：莎士比亞的《維納斯與阿多尼斯》與馬羅的《海洛與利安得》。馬羅不會小覷了莎士比亞，看到《亨利六世下集》裡駝背的格洛斯特公爵說：「我要以王冠的夢想來建構我的天堂」（三．二．一六八），會立刻知道莎士比亞是在引用兼諷刺帖木兒對「世上皇冠的甜美成果」的夢想（二．七．二九）。在莎士比亞這方面，自然是沒有低估馬羅的危險。馬羅的才華，是那群大學才子裡唯一讓莎士比亞最嫉妒的，他害怕他的美學判斷、最想贏得他的讚美，也最想跟他的成就並駕齊驅，甚至超越凌駕。

對職業生涯早期的莎士比亞而言，馬羅有一項成就似乎是他無法企及的。劇力強大的《浮士德博士》，深受馬羅在劍橋所受的神學教育影響，是描述把靈魂賣給魔鬼的學者的悲劇。莎士比亞雖多年後在《哈姆雷特》裡描述中斷大學教育的書呆子王子，在《暴風雨》裡探索著迷於研究超自然書籍的親王的命運，然而不管是早期或晚期，他都不曾把學者的書房當成戲劇的主要場景。他對馬羅最完整的回應，是在中間的地盤，用他們兩人都不可能會碰到的猶太人角色來對答。

可是，馬羅與莎士比亞怎麼會用他們最令人難忘的兩部戲《馬爾他島的猶太人》與《威尼斯商人》來描寫猶太人呢？或者以莎士比亞的例子來說，猶太人夏洛克這個角色為什麼會在這部喜劇裡獨領鰲頭呢？因為幾乎每個人都認為劇名裡的威尼斯商人就是指的夏洛克而言。就算你終於知道商人並不是這位猶太人，而是指基督徒安東尼亞，你還是會不知不覺地搞錯。這其實也沒錯，因為猶太人就是此劇的中心。《威尼斯商人》裡有一群角色爭相贏取觀眾的注意：身無分文的英俊青年想娶有錢的妻、憂鬱的富商無望地愛上前述青年、三個以上假扮男裝的女子、愛惡作劇的小丑、鎮壓不住的死黨、異國情調的摩洛哥人、荒謬可笑的西班牙人。單子還可以繼續列下去。可是為什麼是那位猶太惡人讓每個人都記得，而且不只是惡人的印象而已？夏洛克似乎比任何人都更引人注目，更有生命力。馬羅的猶太惡徒巴拉巴斯也是如此。為什麼莎士比亞與馬羅會對猶太人的角色，激發想像的火燄呢？

這火燄的背景，是完全的黑暗，因為在一二九〇年，比西班牙重大的驅除政策還早兩百年之時，所有英格蘭的猶太人都被驅逐出境，禁止回來，否則處死。愛德華一世統治期的此項政策，是史無前例的。在中世紀的基督教世界，英格蘭是第一個用法律去除整個猶太人口的國家。就我們所知，當時並沒有什麼重大危機，也沒有政府的緊急事件，連公告解釋都沒有。似乎沒有法律人士認為有必要為這次驅逐做辯護，歷史書也懶得記錄官方的理由。也許猶太人或基督徒都認爲不需要說明理由吧！英格蘭的猶太人幾十年來一直遭受嚴重的困擾，被控訴褻瀆基督聖體、殺害基督徒小孩做祭儀，因放債被說成放高利貸，被罵是殺害基督的人，由於巡迴講道的修道士煽動起的反猶太狂熱，他們也會被暴徒毆打或加以私刑。

三世紀後，馬羅與莎士比亞的時代，英格蘭的猶太人口已成了古往歷史。倫敦有一小撮由猶太教改教的西班牙與葡萄牙人，有些可能是「馬拉諾」，祕密持續猶太教信仰（「馬拉諾」指中世紀時在西班牙和葡萄牙境內被迫改信基督教而暗地依然信奉原來宗教的猶太人或摩爾人）。但英國的猶太居民早已消失不見，也沒有任何猶太教的公開儀式。然而事實上，猶太人遺留的痕跡，比他們的人口還難以根除，英國人對這些遺跡一直耿耿於懷，對相關的故事不只傳播覆述，還加油添醋，幾乎到著迷的地步。其中有猶太人的寓言故事、笑話與噩夢，比方說猶太人引誘小孩，抓去殺了，用他們的血來做逾越節的麵包；猶太人即使有時候看起來像貧民，也其實有錢得要命，祕密操縱著資金貨物的世界性網路；猶太人很會下毒，瘟疫散布就是他們的傑作；猶太人祕密計畫一場世界末日的大戰，要對付基督徒；猶太人有特殊的體臭；猶太男人有月經。

雖然好幾世代以來，幾乎沒有人眞的看過猶太人，但猶太人就像是現代兒童故事裡的野狼一樣，在英國人的想像裡有強烈的象徵意義。當然不出意料之外，他們也出現在戲劇角色的對話裡，包括莎劇在內。《無事生非》中的班尼迪中了朋友的計，宣告對貝特麗絲的熱情：「要是我不可憐她，我就是個混蛋；要是我不愛她，我就是個猶太人。」（二·三·二三一～三二）每個人都知道這話的意思是說，猶太人本性惡毒，而且冷淡不近人情。剛特臨死時說，英國國王都揚名世界，「就像救贖世人、喪生頑固猶太人之手、有福馬利亞兒子的聖墓，一樣馳名」（《理查二世》二．一．五五～五六）。每個人也都知道這話的意思是說，雖然救世主出現在猶太人中間，他們還是頑固乖張，緊抓那無法洗清救贖原罪的舊信仰不放。《亨利四世上集》裡，福斯塔夫說他跟人打仗，蓋茲山厚臉皮撒謊他們把對方都綑綁了，皮多反道：「沒有，沒有，沒有把他們綑綁。」福斯塔夫加入說：「你這混蛋，他們明明是全給綁了，一個也沒逃得了。不然我就是個猶太人，一個道地的希伯來猶太人。」（二．五．一六三～六五）每個人也都知道這話的意思是說，猶太人（在此福斯塔夫喜劇式地轉成迎戰的猶太人）是沒勇氣也沒榮譽心的人，剛好跟這位肥胖的吹牛大王所自稱的相反。

莎士比亞跟同時代的人都把猶太人跟衣索匹亞人、土耳其人、女巫、駝子等，當做代表觀念的好用工具。這些令人害怕或鄙視的人物，提供簡易快速的定位以及清楚的界線，限定了人物範圍。《維洛那二紳士》裡的小丑朗斯說：「我想我的蟹兒狗是天底下最狠心的狗」，全家都為了他要離家遠行而在哭泣，可是這條「狠心的惡狗」卻一滴眼淚也沒有，「牠是塊石頭，一個鵝卵石，跟狗一樣沒心肝。就算猶太人看見我們分別的情景都會禁不住流淚的。」（二．三．四～五，八～十）猶太人在此是測量沒心肝程度的工具。朗斯在另一處也玩笑地把它當做身分的標識：「你要是願意，就陪我上酒店去；否則你就是個希伯來人、猶太人，不配當基督徒。」（二．五．四四～四五）狗是真實的，至少從一種特別角度看，戲台上的動物是真實的；朗斯也是真實的，至少戲劇角色是真的；可是比較起來，猶太人就不那麼真實了。也許對真實猶太人消失的不幸最隨便卻最具破壞性的態度，不是侮蔑，而是開個小玩笑，如《愛的徒勞》裡的小聽差毛特說：「柯思塔大爺，再會！」丑角柯思塔答道：「我的小心肝肉兒，我可愛的小猶太人！」（三．一．一三三～三四）「可愛」用的 incony 一字，是伊莉莎白女王時代的俚語，可是「猶太人」在這裡是什麼意思？答案是：什麼意思也沒有。也許柯思塔只是把「再會」adieu 錯聽成「猶太人」a-Jew 了；又或者是用俚俗的方式，把毛特叫成發音近似「猶太人」的「寶貝」jewel 或「小子」juvenile 吧！不管他說的是什麼，指的都不是眞正的猶太人。莎士比亞也許很正確地算到，觀眾聽到這意外的關聯，都會咯咯發笑。

因此，猶太人從英格蘭消失三百年後，在故事傳說與日常言談中，成爲遭人鄙視的形象，莎士比亞進而反映傳遞了同一訊息，特別是在他的早期職業生涯裡，且顯然並沒有任何道德上的預設。雖然觀眾應該會跟班尼迪、福斯塔夫、朗斯、柯思塔，或多或少保持若干距離，但是偶爾開玩笑的提及，卻與漫不經心的反猶太主義相去不遠。猶太人其實並沒有出現在這些劇中，在角色的對話裡也沒有什麼重要的地位；即使在這些少數的小例子裡被提及，他們也都無形無影，看不見摸不著。莎士比亞代表的只是他當代人的想法而已。猶太人在十六世紀晚期的英格蘭，幾乎是不存在於現實，子虛烏有的名詞。

話說回來，也不盡然如此，因爲對基督徒而言，猶太人一直是以「聖經子民」的重要形式存在。倘若沒有希伯來文聖經，就不會有基督來完成經中的預言。耶穌是不是猶太人，也許不清楚，也是許多人想迴避的問題，但至少在觀念上，基督教不可能沒有猶太人的存在。當時的社會，每個人義務上都要參加一周一次的教會聚會，牧師每個周日用古代以色列人的神聖經文翻譯本，薰陶教誨教區的居民。這個民族，一方面遭到極度的鄙夷貶抑，十三世紀晚期被整體驅逐出英格蘭國境，再也不准回來，又被當成所有冷漠、惡毒、貪婪、不近人情的代表，成爲不具形體的象徵；另一方面，卻也創造了英文裡最崇高的靈性詩篇，是救世主與所有基督徒溝通的必要管道。

猶太人與基督徒命運的歷史關連，雖是必要觀念，但接受容納眞正猶太人卻是另一回事。威尼斯與其他一些城市，准許猶太人居住得比較久，相較之下生活算平安無事，雖然當地人肯定不會讓他們擁有土地，或從事最「正當誠實」的行業，卻允許他們放債收利。這種變賣資產的能力，在天主教教會法禁止基督徒收取利息的社會裡非常有用，但可想而知，也使猶太人成爲人人厭惡、兼上流階級者的剝削對象。中世紀的教皇不時發表聲言，保護猶太人，反對激進的基督徒要滅絕所有猶太男女老少的主張。但是這保護宣言，只不過是爲了要保留一項悲慘的例子，做爲教導用。教皇的理論是，這樣一個不快樂、貧窮虛弱、沒有安全感的殘餘歷史痕跡，可以提醒我們拒絕基督的後果。新教徒對古猶太教的歷史事實，興趣尤大。由於他們主張要回復早期基督教的崇拜與信仰方式，因此對希伯來的祈禱文、逾越節、贖罪觀念、總懺悔文、葬儀等，做了許多學術性的探討。馬丁路德有一段短時期，甚至還覺得當時的猶太人滿可取的，因爲他們拒絕改信相信魔法的腐敗天主教。但是當他們頑固地不肯接受他大力推行的淨化改革的基督新教時，馬丁路德對他們的柔和態度一轉而爲盛怒，寫文章大罵這些頑固的中世紀修道士，同時還呼召基督徒把猶太人燒死在他們的教會會堂裡。

馬丁路德的《猶太人與他們的謊言》在伊莉莎白女王時代的英格蘭，流通量可能不大。畢竟英格蘭沒有猶太會堂可以燒，也沒有猶太居民可以痛恨或保護的。馬羅和莎士比亞遇過一些常受攻擊的「異鄉人」，但這些是住在倫敦的少數法蘭德斯、荷蘭、法國與義大利工匠，大部分是逃難而來的基督新教徒。經濟困難的時候，這些外國人就成了大家憎恨的對象，醉酒嚷叫、揮舞刀棍、遊手好閒的流氓幫派，圍堵毆打的目標。

對外國人的仇視與暴力，似乎是馬羅和莎士比亞兩人都關切的議題，但證據不甚明確。一五九三年有人在倫敦的荷蘭教會牆上，釘了一張反外國居民的煽動性海報，這是連串的攻擊行動之一。政府擔心會引起暴力事件，於是發動掃街行動，要找出麻煩份子。他們顯然懷疑馬羅是海報的作者，得知他與蓋德同住後，便到蓋德的住處去，沒找到馬羅，卻搜出一些異端褻瀆的文件。蓋德被酷刑審問，供說文件都是馬羅的。馬羅被樞密院召問，雖然獲釋，但須每日親身向西敏寺宮廷報到。

懷疑馬羅誹謗荷蘭教會，也許並無事實根據，但也非空穴來風。讓官方擔心的，是作者控訴外國人「就像猶太人」「把我們像麵包一樣吃了」，這類的毒話。這想像也許是從《馬爾他島的猶太人》之類流行戲劇裡來的，而這張危險的海報不只暗引馬羅的戲劇《巴黎大屠殺》，還簽上「帖木兒」的名字。這表示馬羅的幻想在一些討厭外國人的人心裡有相當份量，他的戲劇鼓舞了他們，他出名的辯才為他們說出了心裡的感覺。

莎士比亞對仇視外國人的反映則大異其趣，他用一部顯然是跟多位劇作家，包括孟代（可能是原創者）、薛投、海武德、德克合寫的戲《湯馬斯摩爾爵士》來表現。此劇首演之前，娛樂監察官提爾尼挑劇本的麻煩，他沒有完全否決這部劇本，但要求幾場描述對「陌生人」的厭惡的場景，必須大篇改寫，還要他們把一場關於一五一七年反對英格蘭外來人的暴動事件，整個刪除掉。理由很清楚，是因為日益緊張的情勢，勢必會造成不時的暴動。一五九二到九三年間，以及一五九五年，情況特別嚴重。《湯馬斯摩爾爵士》的作者，顯然想利用這緊張情勢來吸引觀眾，因為每個人看到戲裡的歷史暴動，都會知道那只不過是劇院牆外世界，稍做掩飾的描述。雖然劇本形式上否定了戲台上演出的暴動，監察官顯然還是擔心會激起更多動亂。

雖然劇本重新改寫，大概是根據監察員的要求所作，並加上新場景，卻似乎一直沒有通過官方的許可，也顯然從未上演。但是這部由多位不同作者所寫的劇本手稿，卻有幸流傳下來（如今收藏於大英圖書館），百年來為人熟讀深究，贏得莫大的重視。雖然許多問題至今仍是未解之謎，如劇本最早是何年所作、何年改寫，但大多數學者都同意，這部手稿是唯一我們知道有莎士比亞親筆手跡的現存文件。

莎士比亞在劇本裡所寫的部分，比較謹慎的人以「手筆D」來稱呼。有一行描寫當倫敦治安官的湯馬斯摩爾如何說服反外人的暴動份子放棄暴力，向國王降服。這些文字似乎格外強調被驅逐者的悲慘不幸與政治危難。莎士比亞筆下的摩爾，對想把異鄉人趕出國境的亂民說：「姑且說他們被攆走」，

姑且想你的擾攘聲
把英格蘭王都罵遍，
想像你看著這些淒慘的異鄉人，
背著小孩，扛著行李，
拖著沉重步伐，前往港岸搭船。
而你端坐如王，得償素願，
官方都因你的吵嚷而噤聲，
而你穿著襞領，高高在上。
你得到了什麼？我告訴你，

你教人無禮強勢該占上風，
法律秩序該受壓制——照此以往，
你們沒有一個會活得長命，
因為別的惡棍會以他們的想法
用同樣的手、自以為是的理由
來詐騙你，像窮兇餓極的魚
互相吞吃。

此處強調的觀點，是服從權威上位者的傳統理論。莎士比亞在《特洛伊圍城記》裡，讓尤里西斯發表過觀點相同但更具辯才的說詞。一旦聚眾暴民得勢，警示便失去作用了，順服的連鎖一斷裂，所有對民眾的保護就立刻消失，世界從此會被強勢者掌握，隨他的一時興致行事。但是引人注意的是，這觀點是從同情的角度來想像敘述，最生動的景象是集體放逐的時刻：

想像你看著這些淒慘的異鄉人，
背著小孩，扛著行李，
拖著沉重步伐，前往港岸搭船。

莎士比亞寫的不是猶太人被驅逐出英格蘭一事，而且實在不太可能會想到猶太人。但這些文字，讓我們看到幾世紀前曾發生的景象。文件記載至少有一千三百三十五個猶太人由英格蘭被驅逐出境，他們步行到港口，付錢過渡到法國去。

在此，莎士比亞表現的是設身處地與遭受唾棄鄙夷者認同的能力，但又跟其他作品中「要是我不愛她，我就是個猶太人」，還有對猶太人一時興起的無意戲弄有點矛盾。後者顯然不能代表劇作家對猶太人或外地人的「看法」，也不足以表現發言角色的個性背景，只不過是活潑有趣的戲劇對白而已，當然是誇張了些，但卻很接近日常用法，算是寫實的表現。這種寫實主義是莎士比亞常用的手法，特別是在喜劇和歷史劇裡。他對此似乎安之若素，沒有什麼焦慮感，也看不出他有意居高臨下、批判大眾用語，表達自己的道德觀點。但是他為摩爾所寫的文字，卻以一種不同的原則，借用想像的能力來表現感情。所造成的效果，有如杜勒或林布蘭特的素描畫，在白紙上添幾條線，整個充滿痛苦與失落的畫面，便豁然呈現出來。《湯馬斯摩爾爵士》裡「淒慘的異鄉人」既非猶太人，嘲弄與認同這兩種態度，便不致造成焦慮感，也不會互相矛盾，兩者可以同時並存。但是事實上，這兩者對莎士比亞而言，卻真的造成了牴觸，《威尼斯商人》就是這矛盾的最佳表現。

要了解這矛盾是如何造成的，我們得回到馬羅所寫關於猶太人的戲劇《馬爾他島的猶太人》。這是一部精彩卻極盡冷酷諷刺的黑色喜劇，首演大概是在一五八九年，造成一時轟動。其時莎士比亞剛開始寫劇作的生涯。馬羅的反面主角猶太人巴拉巴斯，跟他的回教奴隸以撒摩，揭露了馬爾他島上基督教世界的腐敗，然而戲劇在這興高采烈的揭曉過程中，卻也淋漓盡致地表達出最反猶太的想法。巴拉巴斯聲稱：「我夜裡巡行」，殺害牆角呻吟的病人。
有時四下水井裡下毒；
有時為了愛顧基督徒小偷，
我寧可讓一些王冠被偷去，
好讓我可以從高處廊台，
看他們被釘綁在我大門邊處。

（二．三．一七八～八四）

巴拉巴斯對基督徒的厭恨，超過了對金錢的愛好，他的樂趣是盡可能地設計殺害他們，然後享受成果。這猶太人也許跟基督徒鄰人說話態度誠懇，也許容許女兒改信基督教，甚至表示自己願意改教，可是心裡永遠都在策劃謀殺。他說自己的殺人事業始於當醫生之時，改行以後仍從事同樣的邪惡行徑：

年輕時我學醫，
開業為義大利人療治；
在那兒我讓神父賺了大筆葬儀費，
讓教堂司事的手總沒停歇
不是忙著挖墳，就是敲打死人喪鐘。

後來我當工程師，
為法國和德國的戰事工作，
假裝幫查爾斯五世打仗，
用計殺了敵友雙方。
然後我成了放高利貸的，
勒索敲詐，欺騙兼沒收，
還有所有捐客用的伎倆，
一年內我讓監獄塞滿破產的人，
讓醫院擠滿小孤兒，
每個月讓幾個人發了瘋，
不時還有人痛苦得上吊，
胸前掛著長紙條，
說我如何用高利貸折磨他。

（二・三・一八五～二〇二）

劇中作者馬羅在哪裡？觀眾又在哪裡？此戲以好幾世紀循環重來的宗教憎恨，邀請觀者一起來想像這場殺人幻想曲。然後呢？在戲台上公開把這毒恨發洩之後又如何呢？也許恨意因此散發掉了；也許正因以這種怪異的誹謗形式，讓它散去，那謀殺於是成了一種白日夢。沒有人像巴拉巴斯或以撒摩一樣，也沒有人能像他們。把這不可能搬上戲台，等於是告訴觀眾那幻想的荒謬。

《馬爾他島的猶太人》也許眞的製造了這種解放的效果，但可能只對那些已有解放傾向的觀眾產生效果。無論如何，成功的劇作家旨在激發觀眾的興奮情緒，好讓他們願意付錢進戲院看戲。擁有劇本權的戲院，一定會很高興有像《馬爾他島的猶太人》這樣一部已得官方許可的劇本，可以在民情動盪不安的時刻，拿出來重複使用，趁機賺錢。《湯馬斯摩爾爵士》的作者也希望能激發民眾的情緒，賺取利潤，監察官很清楚他們的目的，所以才會刪掉關於民眾暴動的描述。然而莎士比亞爲摩爾所寫，嚴詞斥責反外人亂民的文字，卻與馬羅不負責任、血腥暴力、憤世嫉俗的作品，完全反其道而行，做出「想像你看著這些淒慘的異鄉人，背著小孩」如此有意的譴責。

目前學者一致贊同的是，《湯馬斯摩爾爵士》裡莎士比亞所寫的部分，大概是作於一六〇〇年與一六〇五年間。正如對葛林的羞辱所做的回應，對馬羅他也同樣有所回應，不過可能是在對手死後多年才做。一五九三年荷蘭教會牆上張貼海報的事件發生後幾星期，還不滿三十歲的馬羅，在五月三十日這天，到倫敦東邊船塢附近的底浦富德，去見富萊澤、司克列、珀黎三人。他們在一位地方官的遺孀布兒家，一起吃飯飲酒抽煙，過了平靜的一天。晚飯後，卻打起架來，據說是爲了酒館帳單一事。富萊澤聲稱，馬羅在狂怒中奪過他的匕首來攻擊他（調查單位很謹慎地記下，是「値十二毛錢」的匕首）。纏鬥的結果，馬羅被刺穿右眼而死。富萊澤的供詞，由其他在場的兩個人確認，調查員也在報告中一致贊同。一個月後，女王正式特赦富萊澤，理由是他自我防衛。到二十世紀，學者才偵查揭發出布兒家不是普通酒店，而是跟政府間諜組織有關係的地方，而富萊澤、司克列、珀黎都跟這組織的惡跡有關聯，就跟馬羅一樣。不過調查報告當然沒提到這些關聯。因此，馬羅很可能是死於暗殺行動，雖然確切動機我們仍不清楚。

馬羅離開劍橋之前，就已表現出詩人的天分與愛冒險的傾向。天性遠不適合當鄉村牧師或嚴肅學者的他，很早就牽連進入陰謀與間諜的黑暗世界，那是莎士比亞可能在蘭開郡有過短暫接觸而終於逃離的世界。確實的情況如何，在當時是高度機密，四百年後的今天更是晦暗不明，不過馬羅似乎還是學生的時候，就被伊莉莎白的密探頭子所網羅，即女王的國家祕書長瓦辛函爵士。馬羅顯然是被送到法國漢斯去，混入當地的英國天主教徒，搜出或引出類似外國要入侵或暗殺異教女王的計畫，交給上面的人。這件骯髒工作他想必做得還不錯，雖然學期中無故缺席，樞密院還寫信給劍橋校方，叫他們把碩士學位頒給馬羅。

到倫敦來試寫劇作之時，他已擁有大學學位，從父親所屬的藝匠勞工階級，進升到紳士地位，可是過的生活卻遠非傳統方式。他對男性公開的性愛興趣讓他與眾不同，而他的言論更把自己推到自由思想危險份子的前線。根據調查單位派去探察他的報告，以及跟他同住的蓋德供詞，他曾聲稱：耶穌是私生子，他母親是妓女；摩西是「變戲法的」騙子，把無知的猶太人都騙了；美洲印地安人的存在，證明舊約的編年不正確；新約寫得很「污穢」，馬羅他自己可以寫得更好；耶穌跟聖約翰是同性戀人，等等。如果馬羅眞說過一點點這些話，他只能活在一個對這些觀點視而不見的社會或職場，但也活不了多久，在別的地方他老早就被酷刑嚴懲了。

馬羅死時年僅二十九，他的大對手莎士比亞當時已嶄露頭角，但成就還比不上馬羅連串驚世的劇本與詩作。他們想必彼此相識，因爲那世界太小了，沒有人可以隱姓埋名；也許還滿喜歡對方的，只是欣賞仰慕之外，同樣也有許多理由可以讓他們互相猜忌厭恨。馬羅死後約五年，莎士比亞在《皆大歡喜》裡引用他最有名的句子，間接表達了對他的敬意。一個害相思病的角色稱馬羅爲「已故的牧羊人」，說她如今才發現他「說得好」（原文 saw of might 指其文字強而有力）：

已故的牧羊人啊，我這才領會了你說得好：
「哪一個有情人不是一見就鍾情？」

（三・五・八二～八三）

同一劇裡，也有其他地方有馬羅的身影一瞥。如小丑試金石的埋怨：「要是詩人寫詩沒人欣賞，才子的才情沒人理解，那比在小客棧裡喝個小酒，卻要你付一大筆錢還要命。」（三・三・九～十二）這些字句並非專門攻擊馬羅，但也許暗指他因酒店帳單而死，果眞如此，我們在字裡行間也找不到一點感傷之意。

除了個人的競爭延續到對手身後，和雙方劇院搶觀眾的商業競爭之外，他們兩人之間在劇院的本質上，也有不同的意見，這同時也反映了兩人對人物想像與人性價值觀的差異。莎士比亞看出馬羅不同凡俗之處（除了《皆大歡喜》裡的引述外，還有許多其他證據），但似乎也對他的語言與想像深爲不喜。莎士比亞對雙方的差異，並未留下任何清楚明白的宣言，有的只是戲劇的回應。這些回應裡，最不同的是對猶太人的描述，即《馬爾他島的猶太人》裡的巴拉巴斯與《威尼斯商人》裡的夏洛克。《威尼斯商人》大約作於一五九四年與一五九八年之間。莎士比亞開始寫此劇時，馬羅已死。雖然《馬爾他島的猶太人》復出重演成功也許是促使莎士比亞寫有關猶太人劇本的原因，但他並非僅止於回顧這位昔日對手。馬羅的戲劇也不是他題材的唯一來源，譬如說，他可能記得小時候看過一齣叫做《猶太人》的流行舊戲在鄉下演出。此劇如今雖已佚失，但一五七九年有個一向厭惡批評劇院的人葛森，對《猶太人》一劇卻甚表讚許，說它揭露了「愛戀世俗者的貪婪」與「放高利貸者的凶殘」。

但是除了這齣舊劇，甚至馬羅較新的戲之外，一定還有一些其他的因素，使得莎士比亞的戲劇有其特別動擾人心的效果。原因不是戲劇的情節，因爲情節很傳統，也不是莎士比亞的新創。他是孜孜不倦大量閱讀的人，曾看過由義大利人喬凡倪所寫的《呆子》裡一篇關於放高利貸猶太人的故事，覺得是寫喜劇的好題材。（在此值得一提的是，莎士比亞閱讀的書籍，與整個伊莉莎白女王時代的圖書貿易，顯然是國際性的。從現代的觀點看來，當時的閱讀大眾也許算很少，但他們的興趣卻是出人意外的廣泛。）莎士比亞對《呆子》一書正如平常對自己喜歡的文字的習慣，把其中的情節照單全收：如威尼斯商人替別人（在此不是朋友，而是他的「教子」）向猶太人借錢；以商人的一磅肉做罰款的可怕契約；從貝蒙特來到威尼斯找丈夫的女子，喬裝律師，聰明地用借據只准取一磅肉卻不包括一滴血的理由，解除了契約的危機；稍帶緊張氣氛的婚戒事件。莎士比亞此劇就外形看是沒有什麼原創性的，甚至連貝蒙特的彩盒與求婚情節，雖非來自喬凡倪，卻也是取自其他陳舊題材。劇中巴杉尼求婚成功一景，有一首精緻好詩；近劇終時，潔西卡與羅倫佐坐在月光下的堤岸，也有隨筆帶過、同樣美妙的詩句；安東尼亞對巴杉尼的苦戀所導致的憂鬱，有令人難忘的描述。然而，要不是有夏洛克一角的驚人劇力，此劇就算不上有什麼太大的成就，頂多只能跟《維洛那二紳士》或其他較不費力的劇作相提並論。

莎士比亞大概很久以來就想寫一部有關放高利貸者的劇本。他也許不認識任何猶太人，但對放高利貸的人當然不陌生，他自己的父親就曾兩次被告違法收取高利息。到一五九一年，反高利貸的法令規定已稍微放鬆。莎士比亞從劇院成富之後，似乎也從事過至少一次這類交易，可能是個人借貸，也可能是當仲介。史特拉福企業公司的檔案，無意中存留了一封當地要商崑尼寫給莎士比亞的信。這封信注明的日期是一五九八年十月二十五日，崑尼在倫敦下榻的旅店所寫，顯然是抱著希望前來，想為他自己跟另一位史特拉福的市民史達利，向「親愛的好友與同鄉莎士比亞先生」借錢。崑尼同一天也寫信給史達利，提議以三十或四十先令利息借三十或四十鎊。史達利十日後欣然回覆，說很高興「我們的同鄉莎士比亞先生可以給我們錢」。

莎士比亞從事這類交易之所以出人意外，只因為他寫了《威尼斯商人》。因為英格蘭官方雖然法令規定，在神的律法之下放高利貸是違法的，還把唯一免除這項禁令的猶太人驅逐出境，但是如果沒有金融借貸的話，國內的商業經濟是無法正常操作的。用我們現代的名詞說，當時英格蘭沒有銀行組織，因此大家至少儘量把利率壓在百分之十以下，許多人還用種種合法或非法的巧妙手法，以規避政府的限令。莎士比亞之父所收的百分之二十到二十五利息，看來是嚴重違法，其實在當時算很普遍。

放高利貸的基督徒，縱使別人不直呼此名，也跟猶太人的地位差不多。在講道壇上或戲台上，他們遭人鄙視、攻擊與責難，但卻也扮演著不容抹殺的重要角色。雖有可能過受人尊重的生活，就像莎士比亞的父親，但也許一直都有恥辱與尊重、輕蔑與重視的深刻矛盾藏在陰影裡，等著浮現出來。莎士比亞向來喜愛這種矛盾題材，因此飢渴地攫取運用在劇作裡。然而，他是如何選上夏洛克這角色的，仍然有疑問存在。

某種事物觸動了莎士比亞的想像，使他從普通的惡徒角色裡，發現一種音樂，一種靈魂遭受圍困，從心裡深處發出的強烈聲音。沒有人能從遭受唾棄的猶太人身上看得出來，就連馬羅也辦不到。到底是什麼生活經驗觸發了這項創作，不管當時人或現代人都知道得很少，但我們至少可以從莎士比亞所在的日常世界裡一些事件，想像可能的原因。

一五九四年時，莎士比亞至少在倫敦待了一段時間。那年，一度使劇院關門的瘟疫疫情緩和下來，演員又可以在城裡演出。但關閉卻造成劇院重大損失，女王劇團搖搖欲墜，賀特弗伯爵劇團宣告解散，潘博克伯爵劇團因破產被迫出賣戲服，薩塞克斯伯爵劇團因贊助人死亡而告解散，達比伯爵劇團因贊助人史欠莒大公費迪南多離奇死亡（謠傳被下毒），也遭受同樣命運。兩家劇團吸收了最佳才人，得以免除惡運，支配了倫敦的戲劇界，那是艾芬漢的郝務德大公所保護的海軍上將劇團，以及郝務德的丈人杭斯頓大公柯律保護下的宮務大臣劇團。尤其是海軍上將劇團，有名演員阿利安以及名製作韓思婁，在河南岸漂亮的玫瑰劇院演出。宮務大臣劇團則在位於索低渠的柏畢駒劇院演出，首要演員是柏畢騎，還從達比伯爵劇團的解散團員裡，撿到名丑角勘浦，還有漢明居、費歷卜、卜萊恩、博普。所有這些人都是企業股東，一起經營事務、分擔財務，以及分紅。除了他們，還有另外一位股東莎士比亞。

只要瘟疫死亡率不升高，莎士比亞的劇團就有機會順時捲土重來。幸好死亡率一直保持得算低，大眾因此能再回來尋找娛樂。然而，倫敦並不平靜。雖然一五八八年，有名的「基督新教風」吹毀西班牙的艦隊，仍不時有外武內侵的恐懼，謀殺伊莉莎白女王的謠言也一直存在。有識之士看出這些危機很有可能發生，而政府的密探也在外交使館裡與法庭上，挖掘曲折隱晦的陰謀，找出一大堆理由，足以讓人戰兢自危。深受女王寵愛，野心勃勃的艾賽克思伯爵，身邊就有一群極反西班牙的新教軍派系，特別就確實或潛在的陰謀做演習。一五九四年一月二十一日，艾賽克思的派系抓到他們想要的對象，女王的個人醫生羅裴子。羅裴子出生於葡萄牙，被捕罪名是他跟西班牙國王的關係。根據攔截到的信件，西班牙國王答應給他五萬克朗（約值一萬八千八百鎊）鉅款，幫他做一件重要大事。

艾賽克思在此之前數年，曾試著招攬羅裴子做密探，但羅裴子也許是出於謹慎，選擇直接向女王報告。大概是這拒絕之舉，使得權高勢大的伯爵因此把他視爲危險敵人。被捕後，他被囚禁在艾賽克思家，由伯爵親自審問。可是羅裴子在對立的派系裡也有具權勢的後台，即女王的老顧問伯利勳爵塞西爾與其子羅伯特．塞西爾，二人也參與審問，並報告女王說她醫生的罪名並無根據。據法庭在場者所說，伊莉莎白把艾賽克思嚴厲地斥責了一頓，「說他這年輕人，魯莽輕率、不顧一切地把罪名加在這位無法爲自己辯白的可憐人身上，對他惡意相向、設計陷害，可是她很清楚他是無辜的，也對此極爲不悅。讓她更加不悅的是，此事關乎她的名譽」。到此，其實是艾賽克思的名譽面臨了危險，於是他跟同黨加緊蒐證，以固實罪名。此間偵探與廉價密告者的複雜糾葛，以及過濾文件的費力過程（如艾賽克思的對手塞西爾，心不甘情不願之下所描述：「所有的認罪、檢驗、口供、聲明、報告、信件、通知單、代表信物、會議、計畫、與實行」），我們可以不用一一詳述。總之，一五九四年二月二十八日，醫生羅裴子在倫敦被判圖謀毒害皇室。根據密告，羅裴子答應下毒，以換取西班牙菲力普二世的五萬克朗。奇怪的是，羅裴子雖被認爲幫天主教執行陰謀，本身卻不是祕密天主教徒，而是猶太人（或者說以前是猶太人，因爲他自稱是好基督新教徒）。如艾賽克思的同黨裴根所寫，許多人懷疑他仍是「祕密的猶太教徒（雖然儀式上依從的是基督教）」。

我們很難知道羅裴子到底是不是眞的想叛亂。一旦案件進入審判，結果幾乎是可以預知的，所以判決確定不了實情。此案會到審判的階段，證明了艾賽克思雖面臨聲譽危機，仍具強大權勢，也證明羅裴子跟國內外的陰謀情事有所牽連，證明他跟敵方相識，以及收取各界賄賂的貪汙事件。但是這些特質，只能證明他做爲皇家醫生，有特權接近女王，因此有機會收取利益。也許他堅持自己無辜之餘，爲免刑虐而坦承曾與西班牙國王有過聽來像是叛國的交易，但說那不過是爲了要騙他的錢而已。不管他是惡棍、是騙子，還是叛國賊，都不過是伊莉莎白女王操控的派系間緊張對立下的一個人質。只要塞西爾父子爲了讓艾賽克思丟臉，而決定支持羅裴子，他就很安全；一旦羅裴子可疑的關係造成不利因素，失去塞西爾的支持，他就差不多死定了。

判決書裡，羅裴子不只是貪婪的惡人，還跟那些狡猾的耶穌會教士一樣，爲邪惡的天主教勢力賣力，要摧毀基督新教女王。同時，他又是猶太惡人：

羅裴子是個違背誓言、有謀殺意圖的叛國賊、猶太醫生，比猶大還壞，同意毒害女王，這陰謀比前面所有列的還要更邪惡、危險、可惡。他是誓為女王效勞的僕人，得到君王許多恩典與寵信，准予接近她的身體，因此對他不曾置疑，從未害怕懷疑自己的僕人是敵人。他立下交易，同意了價碼，但是要等確定對方會付款才動手。確定付款的信送出之後，還未到他的手上，奇妙的上帝奇蹟地顯現，阻止了它。

據說，羅裴子是個身體力行、奉行教義的基督新教徒，徹底融入高層社會，而英格蘭人通常只要你外表奉行同一宗教就滿意了。可是他特殊的惡性——貪婪背信、暗藏狼心、忘恩負義、謀殺意圖，似乎有特別原因，可以強化女王被神蹟所救的解釋。上述文字把羅裴子的猶太出身當成他謀害女王的重要因素，實在是基於傳統對猶太人的厭惡，以及馬羅《馬爾他島的猶太人》一劇上演的時事話題（還記得主角最早以醫生爲業，毒害病人）。

羅裴子與據信爲他當中間人的兩位葡萄牙人，很快就被定罪。執行死刑需要女王許可，可是女王卻無由遲遲不給。政府官員說「盼著執行死刑的民眾，很不滿這延宕」。一五九四年六月七日，民眾（或者不如說是急著要執行死刑的派系）終於等到這一天。羅裴子等人從倫敦塔帶出來，問到他是否有理由反對自己被判死刑，他說只要女王的良心知道就好。等法律儀式結束後，三個罪犯上了囚車，通過嘲諷起鬨的觀眾，到泰本的刑場去，那裡還有另一群觀眾等著看熱鬧。

莎士比亞會不會也在這群眾裡呢？羅裴子的判刑，因派系的對抗與駭人的罪名，而引起大眾強烈的興趣。莎士比亞原本就對死刑很有興趣，他早期的鬧劇《錯中錯》就是以一場死刑的倒數計時爲結構，而《理查三世》與其他歷史劇裡，也都有劊子手斧頭的陰影存在。戲裡對暴民的行徑與臨死男女的態度特別著迷。他最有名的句子之一是在《馬克白》裡描述背叛國王的貴族就刑前一刻：

他這一輩子，
再沒有像他臨終時
表現得那樣得體。
彷彿對從容就死，素有心得。
丟棄他最寶貴的生命，

就像它不值一文似的。

（一・四・七～十一）

寫下這些字句的劇作家，有可能親眼目睹死刑的現場經過，因爲那是首都極常有的事。而這些描述也的確顯示出相當專家的知識。

羅裴子醫生的死刑是公開執行的，如果莎士比亞眞的親眼見過，他看到或聽到的是極其恐怖殘酷的情景。羅裴子被判刑後，顯然深爲沮喪，但是據當時的歷史家康登所記，他在刑場上振作起來，聲言「他愛女王，就像愛耶穌一樣」。康登加上一筆：「這樣的話出自猶太宗教人士之口，引起了觀眾一陣不小的笑聲。」

這陣來自絞架台下群眾的笑聲，也許是觸發莎士比亞《威尼斯商人》的創作動機。首先，這是極度殘酷之舉，尤其是在這個人馬上就要被吊死、身體被砍成碎片的這一刻。群眾的笑聲，否定了此事的莊嚴性，把殘暴的殺戮當成娛樂事件。更切實地說，是否定了羅裴子臨死前，想重申對女王的忠誠與做爲基督徒的信心的願望。人之將死，其言也誠，因爲不需要再說雙關語，不再有希望延遲死期，死後的審判就在眼前，這眞正是吐露實情的一刻。站在底下發笑的人，彼此都很清楚，也讓羅裴子知道，他們不相信他的話。康登說這是「出自猶太宗教人士之口」，可是羅裴子並未聲明信仰猶太教，他公開依附基督新教，並祈求耶穌基督的保護。刑場上的笑聲，把羅裴子的臨死遺言從信仰的宣言轉變成狡猾的玩笑、與用心設計的雙關語：「他愛女王，就像愛耶穌一樣。」一點也不錯，因爲在群眾的眼裡，羅裴子是猶太人，而猶太人其實不愛耶穌，所以他的眞正意思是說，他對女王所做的就像他遭受詛咒的族人對耶穌所做的一樣。他的話表面上是聲明自己的無辜，可是群眾的反應卻把它轉變成模稜的認罪。有人可能認爲他是不小心的，虛僞過頭，以致不經意地承認。其他人可能覺得更好笑的是，以爲這模稜兩可是故意造成的，羅裴子是在玩弄據說是耶穌會士最拿手的把戲——雙關語。他是爲了保護家人與名聲，所以假裝堅持無辜，但同時又偷偷說出實話。

換句話說，這些發笑的觀眾，以爲他們是在看《馬爾他島的猶太人》的眞實世界版本。

馬羅劇本前半部裡，那惡徒猶太人要女兒假裝想改信基督教，並且進修女院。他告訴她：「假的修道誓約，比看不見的僞善要好。」（一．二．二九二～九三）有意的瞞騙比無意識的虛僞好，巴拉巴斯就是以這種曖昧的道德原則，做爲他自己的表演方式，設計一連串雙關語，加上眨眼或祕密旁白向觀眾說明。爲了謀殺，他用寶貴的「鑽石」——自己的女兒阿碧蓋兒爲餌，引誘害相思的官員兒子拉多維克到他家去。拉多維克接續他所用的譬喻，問道：「代價是什麼？」巴拉巴斯以旁白耳語道：「你的命，」然後大聲說：「到我家來，我就給閣下，」然後又旁白道：「報我的仇。」爲了向他蓄意謀殺的這位基督徒加強保證，他說自己對修女院有「熊熊的熱情」，然後爲了娛樂觀眾，再加上：「想把它一把火給燒了。」（二．三．六五～六八，八八～八九）聽到羅裴子最後遺言的群眾，以爲他們聽到的正是這種笑話。

羅裴子的死刑是喜劇裡的終場，群眾以《馬爾他島的猶太人》爲背景而發笑，所傳達的就是這意思。雖然殘酷，卻很合理。因爲可恨的西班牙天主教國王與猶太人謀殺女王的邪惡計畫，被神意阻撓了。對刑場上發生的事，莎士比亞是感興趣還是排斥？對馬羅的黑色喜劇所造成的群眾反應，他是敬佩還是厭惡？唯一的證據，是他在羅裴子的死刑後所寫的劇本，而答案可能是兩者皆有。他大量借用了馬羅的劇本（莎士比亞一向最會借用別人作品），但也創造出一些跟馬羅完全不同的角色與情感。他似乎想要讓觀眾對邪惡猶太人的困窘發笑（劇中當然不是因國際陰謀，而是爲金錢與愛情），但同時也質疑這笑聲，娛興之餘卻也給人非常不舒服的感覺。《威尼斯商人》裡充滿了可笑的諷刺。威尼斯的基督徒索蘭尼歐咯咯笑道：「我從沒看過人這樣亂跳亂叫」，

那隻猶太狗發瘋似的，
整個樣子都變了，滿街亂嚷：
「我的女兒！啊，我的銀子！啊，我的女兒！
跟基督徒跑啦！啊，我那基督徒的銀子呀！」

（二・八・十二～十六）

他的朋友薩樂瑞歐笑道：「是啊，威尼斯城裡所有的小孩都跟在他背後」，讓我們見識到群眾刺耳的聲音「喊著：『他的寶石呀，女兒呀，銀子呀！』」取樂的景象（二・八・二三～二四）。當夏洛克爲報復設下割安東尼亞一磅肉的惡謀在法庭上敗訴，被強迫改教之時，猶太人的痛苦，伴隨的是葛建諾勝利嘲諷的歌聲：

求公爵開恩，讓你自己去尋死吧！

……

送給他一根上吊的繩子吧；看在上帝的面上，不要給他別的東西！

……

你受洗的時候，可以有兩個教父。

要是我當法官，一定給你請十二個教父，

不是領你去受洗，是送你上絞架。

（四・一・三五九〜九六）

莎士比亞選擇不讓他的猶太角色上絞架（他所有的喜劇都刻意不殺惡人角色，至少不在舞台上表演出來），但是薩樂瑞歐、索蘭尼歐與葛建諾的嘲弄聲，卻跟劇作家可能在羅裴子的死刑台下聽到的笑聲很類似。《威尼斯商人》有一種看死刑的群眾所喜歡的東西，只是除去了血腥而已。夏洛克是浪漫喜劇裡那種殺風景的傳統人物，不愛音樂、反對娛樂，又阻撓年輕人的愛情。但是他比傳統專制霸道、注定要敗在年輕人手下的父親形象，還要更糟。莎劇第一部四開本的標題頁上寫著：「猶太人夏洛克」是「極端殘酷」的人物，代表嚴厲強硬的舊法律，毫無寬容惻隱之心，是兇狠無情的外來人，對當地社會的和諧造成威脅。夏洛克法庭敗訴，不是因爲他是猶太人，而是因爲他是「外來人」，不是威尼斯人，結果被迫融入當地社會。但如葛建諾的嘲弄所言，他雖改信基督教，仍像康登筆下的羅裴子，是「猶太宗教人士」。而夏洛克的改教，只是喜劇裡用一種比較溫和仁慈的方式把他殺死。

事實上，薩樂瑞歐、索蘭尼歐與葛建諾大概是《威尼斯商人》裡最不討人喜歡的角色。他們並不是惡人，而且總是引起觀眾笑聲，但戲裡一再指出，他們粗俗刺耳的話令人感到尷尬不悅。巴杉尼對葛建諾說：「你這人太隨便，太魯莽，太愛大聲講話了。」（二・二・一六二）莎士比亞並未拒斥他們的聲音（那些他可能聽過，嘲笑猶太人羅裴子的聲音），相反的是把他們放進他的喜劇裡，慶賀夏洛克的敗訴。但是他們的想法並不是劇作的意旨。

喜劇作家以博得觀眾的笑聲為成就，可是莎士比亞彷彿把觀眾的臉看得太仔細，對他們嘲弄落敗的外地人，既感興趣，又覺厭惡，彷彿知道他所玩弄的古老把戲很合觀眾的口味，可是又對這方式驟生反胃之感。「想像你看著這些淒慘的異鄉人」，當他在想像裡選了羅裴子或夏洛克這類異鄉人後，對自己所見所聞的相關現象，卻覺得不太舒服。夏洛克被迫改教的情節，不曾出現在莎士比亞所取材的原始作品裡，他也許是想用此取代史實上的狠毒手段，如可能親眼見識過的恐怖死刑，以及史書上猶太人被整體驅逐出境的事實。然而正如法庭上的笑聲所表現的，改教事實上並未解決異鄉人的問題。就算夏洛克的女兒潔西卡，出於自己意願私奔改信基督教，也不例外。小丑朗斯洛就說，因為她是猶太人的女兒，注定要下地獄，還抱怨「這樣把基督徒一批批製造出來，豬肉的價錢一定會飛漲」（三・五・十九）。

豬肉漲價倒還是劇中所探討最其次的問題。莎士比亞沒有像當時政府對付羅裴子的手段來處理夏洛克，而選擇了另一種方式來分析他。他對借用的義大利原作的整體喜劇結構不太滿意，因此冒險對他的惡人角色進行內心的解剖，做前所未有的深入探討。當然夏洛克有時候有點像木偶，但即使被身上串的線所操控，仍顯露出莎士比亞的成就。劇中較僵硬機械化的一段裡，夏洛克被拉向極端不同的方向，一方面要追查偷了他的錢、跟基督徒羅倫佐私奔的女兒下落，同時又得到消息，知道他痛恨得要置於死地的商人安東尼亞生意面臨惡運。薩樂瑞歐與索蘭尼歐早先嘲笑過這猶太人狂叫「我的女兒！啊，我的銀子！啊，我的女兒！」，現在這喜劇場景出現在台上了。夏洛克迫不及待地問他遣送去找女兒的猶太同伴杜巴消息如何（莎士比亞的所有角色裡，他是最熱中於打探消息的一個）。

夏洛克：怎麼樣了，杜巴？熱那亞有什麼消息沒有？你有沒有找到我女兒？
杜巴：我到的地方，往往聽到人家提到她，可是總找不到她。
（I often came where I did hear of her, but cannot find her.）
夏洛克：唉！罷了！罷了！罷了！罷了！
（Why, there, there, there, there.）

（三．一．六七～七一）

重複是夏洛克的主要音律之一。原文 there（原意「那兒」）從聲音和字義上看，似乎是回應杜巴話裡的 where（「地方」），但並不是指熱那亞或任何地方，而是表示夏洛克的失望，也是以朋友的身分安慰對方的語氣，「罷了！罷了！」可是朋友沒說這話，反而是由夏洛克自己來說，而他麻木的重複字句，除了表達失望與無用的安慰之外，還更進一步地傳達出別的意義。這種重複字句的方式使得原本要說的話失去意義，變成角色的思考空間。

劇本畢竟不過是紙上的字句，到底要如何表現角色心裡的思緒？如何讓觀眾明白他們自己都很少探索了解的心理情結呢？在這方面，莎士比亞的功力是無可匹敵的，他在職業生涯裡，創造出許多方法來表現，包括最有名的獨白。但他運用獨白的功力是漸進的，在這過程裡，他也試用其他技巧，如重複。夏洛克對沒找到女兒的反應，前言不搭後語，只是無意義地咕噥相同的字眼。但是這些重複的字眼形成一種表象，表象之下湧現出情緒與思考的過程。因此我們可以猜得出他下一句「那顆金剛鑽丟啦」到底是在說什麼。乍看之下，金剛鑽似乎是指潔西卡（巴拉巴斯稱女兒阿碧蓋兒爲鑽石），但是接下去的句子卻把我們扭轉到另一個方向：「那是我在法蘭克福花了兩千塊銀子買來的。」（三·一·七一～七二）

這時候觀眾才看出究竟，看到他那無形影的心思從感情上的悲傷，不知不覺轉到對金錢損失的痛心。或者說是，看出猶太人的女兒跟猶太人的金錢的祕密關連。因爲下一句裡，莎士比亞暗示這種把家族與金錢混爲一談的現象，跟猶太人種族有關，是猶太「國族」的特性：「咱們猶太國族要遭殃，這詛咒現在才算應驗了，我到現在才懂得它的厲害。那一顆金剛鑽就是兩千塊銀子，還有別的貴重的、貴重的珠寶。」「詛咒」指的是什麼？夏洛克似乎有那一時片刻，完全同意基督徒的信仰，認爲猶太人是被詛咒的民族，而他現在才第一次體會到。痛苦憤怒之下，他企圖把這詛咒轉到女兒身上：

> 我寧可看我的女兒死在我腳下，那些金銀珠寶都掛在她耳朵上！寧可看她在我腳下入土，那些銀錢都放在她棺材裡！打聽不到他們的下落嗎？哼，好啊，為了追她，不知道又花了我多少錢。唉，這是損失上再加損失！賊子捲走這麼多，還要花這麼多去追賊，結果還是一無所獲，出不了這一口怨氣！倒楣晦氣的，除了我還有誰？唉聲嘆氣的，除了我還有誰？流淚哭泣的，除了我還有誰？

（三・一・七二～八一）

莎士比亞知道猶太教正統派的習俗，會爲放棄信仰的孩子哀哭，就好像他們死了一樣嗎？也許吧！他一定相信借貸錢給人的人不管是不是猶太人，都把錢當做有生命的東西，可以繁殖，所以失去錢就像死了什麼東西一樣。也許夏洛克本意是要說，只要追得回錢，他寧可死掉女兒；也許他是既希望女兒死，也希望把錢追回來。但他的話也同時表達出，想要爲女兒跟金錢舉行正式葬禮的病態幻想，正如他所說，是「損失上再加損失」。

杜巴反駁夏洛克說只有他一個人受難，說：「倒楣的不光是你一個人。我在熱那亞聽人說，安東尼亞——」，夏洛克馬上興奮地打岔，他狂熱重複的字句，在此不僅暗示暗藏的思想，還有驚訝興奮加悲痛的心情：

夏洛克：什麼？什麼？什麼？他也倒了楣嗎？他也倒了楣嗎？
杜巴：有一艘從的黎波里來的大船，在途中觸礁。
夏洛克：感謝上帝！感謝上帝！真有此事？真有此事？
杜巴：船上逃生的水手親口跟我說的。
夏洛克：謝謝你，好杜巴。好消息！好消息！哈哈！——在熱那亞聽說的嗎？
杜巴：聽說你女兒在熱那亞一個晚上就花了八十塊銀子。
夏洛克：你一把刀戳進我心裡啦！我再也看不見我的銀子啦！一下子就是八十塊銀子？八十

塊銀子？

杜巴：有幾個安東尼亞的債主跟我同路到威尼斯來，他們肯定說他這次一定要破產。

夏洛克：我太高興了！我要虐待他！我要折磨他！我太高興了！

（三・一・八二～九七）

這是喜劇的素材，當然也可能演來讓觀眾發笑，可是其中表露出的痛苦情緒抑制了笑聲，甚至在表露的過程裡，觀眾便可體會到其中的痛苦。這戲讓觀眾跟劇情太接近，無法從劇中的受苦人物得到心裡的安慰，因爲被夏洛克的驚歎所感染，保持不了喜劇所需的心理距離。

在此，莎士比亞有可能是對自己的創作一時失控。除了《湯馬斯摩爾爵士》裡的「手筆D」以外，沒有任何手稿存留下來，記錄他的寫作過程。但是流傳於十七世紀的一則軼聞，說他曾重寫《羅密歐與朱麗葉》，原本第三幕裡是茂丘西奧殺死羅密歐，改成茂丘西奧這位無法無天、嘲笑浪漫愛情的狂人被殺。也許《威尼斯商人》也有類似的情況發生，也許夏洛克在他的創作裡，不肯乖乖守住自己本來的喜劇惡徒角色。夏洛克在劇中的角色，比茂丘西奧要重要得多，而且從作者的寫作技巧看，有太多證據可以看出角色脫離劇作家的掌控。夏洛克與杜巴的對話場景，原可輕易在喜劇的高潮結束，然而杜巴卻接著報告下去：

杜巴：有人拿了一隻戒指給我看，說是你女兒給他的，換了他一隻猴子。

夏洛克：該死，這丫頭！杜巴，你這是在折磨我：那是我的綠玉戒指，我跟莉雅還沒結婚前她送給我的。就算人家用漫山遍野的猴子來跟我交換，我也不會把它給人。

杜巴：可是安東尼亞這一次真的是完了！

夏洛克：對，這倒是真的，一點也不錯。去吧，杜巴，現在離借約期滿還有半個月，你先給我找個官差，開銷他幾個錢。要是他到時候還不了錢，我要把他的心挖出來！只要威尼斯沒有他，生意買賣從此就聽我的了。去吧，好杜巴！會堂見，杜巴。

（三．一．九八～一〇八）

對潔西卡的揮霍，夏洛克所說的話乍聽之下，只是他對珠寶失落的煩躁，然而痛苦之情驟然加深，也讓觀眾笑不出來了。彷彿那戒指不只是這猶太人的一件珠寶而已，還是他的一片心肝。《威尼斯商人》是一部對物質出奇重視、並賦之予生命的戲劇。安東尼亞把唾沫吐在「猶太長袍」上（一．三．一〇八）；夏洛克受不了「歪頭曲頸、雞貓子叫的笛子聲」，想把「屋子的耳朵都封起來——我說的是那些窗子」（二．五．二九）；安東尼亞簽下的「玩笑契約」，後來對他的生命造成威脅（一．三．一六九）。乍看之下，這種賦予物質生命的想法，似乎是只有放高利貸、會讓無生命的金屬「繁殖」增生（一．三．九二，一二九）的猶太人才有的惡習，可是基督徒也一樣，薩樂瑞歐與索蘭尼歐想像：

那些危險的暗礁
把我那柔船兒的船舷輕輕一碰，

就讓她滿船香料撒到水裡去了。

（一・一・三二～三三）

波希雅的求婚人從三隻上鎖金屬「盒」裡選擇其中一個，裡面象徵信物的圖片代表的是他們的命運。而戲劇整個最後一幕，全在戒指所代表的象徵意義上做文章。但是，最有力的物件，莫過於跟夏洛克亡妻有關、引起他短暫悲痛的綠玉戒指。夏洛克雖然馬上轉到設計陷害安東尼亞的心思：「要是他到時候還不了錢，我要把他的心挖出來！只要威尼斯沒有他，生意買賣從此就聽我的了」；可是他先前所說有關戒指的話，卻呼應了法庭一景的最後結論——夏洛克的目的是報復，不是金錢。

羅裴子醫生的刑案裡，說他曾收下西班牙國王送給他的一件價值匪淺的珠寶，他被處死後，女王還把它保留下來。莎士比亞是否認爲他據傳爲五萬克朗而設計謀殺女王，其實並不是爲了錢，而是另有所圖？我們不得而知。《威尼斯商人》不是爲一樁叛亂刑案做註解，而是一齣浪漫喜劇，其中放高利貸的惡人跟羅裴子主要的相似點，是兩者都是外地人、猶太人，雖然羅裴子否認自己後者身分。兩者主要的關連，是群眾的笑聲。除了要引起一般大眾的興趣，幫助票房收入以外，莎士比亞在捕捉刑場笑聲的同時，心裡卻又甚覺不安。群眾發笑是因爲他們是在看馬羅式的狡猾玩笑：「他愛女王，就像愛耶穌一樣。」在他們的理解裡，這是謀殺者的告白，他說的「愛」其實是指「恨」。

莎士比亞雖然從事大眾娛樂事業，但顯然對這笑聲覺得不太自在。他的劇作雖是借用《馬爾他島的猶太人》，但也同時否定它刻薄無情的反諷。劇作家似乎是在說，不管我是誰，我不會在刑場上發笑，而且我也不是馬羅。取代馬羅式反諷的，不是包容（畢竟劇中赦罪的代價是強迫改教），而是出奇慷慨大量地給予想像的空間。但這慷慨卻造成戲劇上的問題，無法直接傳遞夏洛克把女兒和金錢混爲一談的娛樂性，更糟的是，破壞了審判的高潮戲。這幕場景在喜劇裡，等於是現實世界的處死刑場，應該要在法律與道德上給予令人滿意的結論，使惡人遭懲，而主導文化的中心價值得到肯定。劇中似乎具備了所有的要素：有智慧的公爵、磨刀準備殺人的憤怒猶太惡人、極其動聽的赦罪懇求，以及出人意表的最終決議。然而，劇作文字與戲台上的演出，一再表現出這幕場景不僅懸而未決，而且令人心緒不安。最後的判決，是由法律技術的操縱來決定；原本是要求慈悲憐憫，後來變成一連串科徵刑罰；而價值的肯定，則在自以爲義與報復之心混合成的洪流中，陷入困境。更重要的是，劇中並未減少夏洛克的惡性，也沒有反對他的謀殺意圖必須受懲罰，可是讓我們看到太多他的內心世界、他的身分認同與命運的種種利害關係，以至於無法毫無感覺地放懷而笑。因爲莎士比亞做了馬羅不可能會做、在刑場嘲笑羅裴子的群眾也做不到的事，寫下他對這樣一個心理扭曲的人的想像，當他面臨毀滅之時，心裡會說：

> 我是一個猶太人。猶太人就沒有眼睛了嗎？猶太人就缺了手、短少了五官四肢、沒知覺、沒感情、沒血氣了嗎？猶太人不是也同樣吃飯的嗎？挨了刀槍也一樣會受傷，一樣會生病，需要同樣的醫藥來療治，冬天同樣會冷，夏天同樣會熱，就像基督徒一樣嗎？你們要是用刀劍刺我們，我們不是也會流血？要是搔我們癢，我們不是也會笑？你們要是用毒藥謀害我們，我們不是也會死的嗎？那麼要是你們欺侮了我們，我們難道不會報仇嗎？
>
> （三・一・四九～五六）

第十章 亡魂囈語

一五九六年春夏之間，莎士比亞聽到自己十一歲的獨子漢姆尼特生病的消息。他有可能明白事態嚴重，馬上趕回家，也有可能因故耽延在倫敦，因爲有太多事要做。七月二十二日，宮務大臣柯律過世，他是女王的表兄弟，頗具權勢，也是莎士比亞劇團的贊助人。宮務大臣之職由柯伯罕大公接手，但柯律的兒子杭斯頓大公柯黎保留下劇團演員。（柯伯罕不到一年就死了，宮務大臣的職位傳歸柯律之子，所以這個劇團的名字從短暫的「杭斯頓大公劇團」又改回「宮務大臣劇團」。）贊助人之死與未來的不確定，想必使演員驚慌失措，而教會人士與市府官員重新呼召關閉劇院，以維護倫敦的道德與健康，也無疑加強了他們的不安。城裡所有的旅店酒館都不准表演，而且一五九六年的夏季，官方可能還下令所有劇院暫時關閉。這項關閉禁令，也許可以解釋爲什麼莎士比亞劇團裡的一些團員，會在這年夏天到肯特區的法佛山與其他地方演出的原因。

莎士比亞可能跟同事一起巡迴表演，也可能待在倫敦爲自己的劇團寫劇本《約翰王》、《亨利四世上集》，或《威尼斯商人》。不管是在倫敦或是巡迴的旅途上，他最多只能間斷地接到從史特拉福來的消息，然而這年夏季裡，他一定得知漢姆尼特病情加重，必須丟下手上的所有事趕回家去。等他回到史特拉福，這個除了短暫回家看過，從嬰兒時就離棄的十一歲男孩，可能已經死了。八月十一四，孩子的父親應該在場，看自己的兒子下葬於聖三一教堂。教會司事在葬儀紀錄單上，很適切地如此記載：「威廉．莎士比亞之子漢姆尼特」。

班強生跟其他人都爲失落愛子寫過充滿哀痛的詩篇，莎士比亞卻沒有出版過任何輓歌，也沒有留下任何直接表現父愛的文字。從某種角度看，申請家族徽章的種種事務，必然跟他對子女的期望有所關連，而且他的遺囑也強烈表現出要把自己的財產留傳給男性子孫的意思。然而這些證據可能都太傳統正式，不足以說明他的內心世界。有人說，莎士比亞時代的父母親，對子女負擔不起太多愛與期望，因爲三個孩子裡就有一個活不到十歲，而一般死亡率從我們的標準看又是出奇地高。

死亡是大家常見的景象，不是聽說而已，而是發生在自家裡。莎士比亞十五歲時，九歲的妹妹安死去，此外他一定也看過別人家的小孩死掉。但是常見就能不動情嗎？最近有人發現，當時一位醫生的私人日誌，顯示常有痛失配偶與子女的人向他要求醫療。人類感情跟理智的實際數字往往不相符合。也許有些伊莉莎白女王時代的父母親學到對子女不付出太多感情，以免過於傷悲，可是絕不是所有人都做得到。

很多人指出，劇作家在漢姆尼特死後四年間，寫了他最開朗的喜劇《溫莎的風流娘們》、《無事生非》、《皆大歡喜》。但是這幾年裡所寫的劇本並不是都一樣歡樂，而且有時候似乎反映出一種個人失落的深刻經驗。《約翰王》大約作於一五九六年，就在他兒子下葬之後，其中描寫一位母親因失去兒子而瘋狂地想自殺。旁觀的教會執事認爲她瘋了，可是她堅持自己完全正常，說：「我沒瘋，我巴不得祈禱上天，讓我眞的瘋了。」（三．四．四八）她說是理智而非瘋狂使她想自殺，因爲是理智讓她緊抓住孩子的形象不放。旁人責備她變態堅持傷痛，她從糾葛的故事情節中跳脫出來，以簡單的言辭回答：

悲傷代替了我亡兒的地位，
躺在他床上，陪著我到處走動，
扮作他可愛的模樣，說著他的話，
提醒我他一切美好的優點，
穿上他留下的衣服，彷彿像他的樣子一般。

（三・四・九三～九七）

如果這些字句不足以跟漢姆尼特之死扯上關聯，至少我們沒理由相信莎士比亞會埋葬了兒子就毫髮無損地繼續生活。也許在他以福斯塔夫談戀愛跟貝特麗絲和班尼迪鬥智，來博取觀眾笑聲之餘，還一直在心裡沉思默想兒子的死。若說喪子之痛經過多年才在他的作品裡完全爆發出來，也不是不可能的事。

莎士比亞一部晚期劇作，似乎可以看出兒子尙在時，他偶爾回鄉造訪的痕跡。有人問朋友：「你也像我們喜歡家裡的那個，那麼喜歡你的小王子嗎？」對方回答：

在家時，
他是我唯一的消遣，唯一的安慰，唯一的關心；
一會兒是我的好朋友，一會兒又是我的對敵；
一會兒又是我的門客、士兵、官員。

他讓七月的白晝像十二月天一樣短促，
用種種孩子氣消除我心中的
憂思，教我不再煩悶苦惱。
（一・二・一六五～七二）

「在家時」，這話既合劇情，也適用於劇作家本身情境。也許莎士比亞是以回想兒子的方式，消除讓他煩悶苦惱的憂思。《冬天的故事》裡的這些字句，是描述一位早熟的男孩，因苦於父親過分妒忌，跟母親反目，以致憔悴而死的故事。

不管莎士比亞是否有因兒子的死而生自殺念頭，還是平靜以對，他讓自己全力投身於工作中。一五九〇年代晚期是他一生極其忙碌多產的時期，連續創作了好幾部精彩劇作，經常在宮廷與公眾劇院演出，名聲與財富與日俱增。身爲宮務大臣劇團的股東，他可能每天要處理許多事務，包括跟劇院所在的索低渠地主阿任，日漸不合的衝突。柏畢駒跟同事從一五七六年訂下的租約即將到期，阿任不肯延期租約；或者可能是柏畢駒死後，接手的兒子不肯接受阿任開出的條件。

最後談判破裂，劇院關門。無法可想的情況下，劇團只好在附近的「帷幕劇院」演出，但是地點不如以前那麼好，收入也明顯下降。爲了解決錢的問題，他們做了一般劇院不願做的事，把四部最受歡迎的劇本《理查三世》、《理查二世》、《亨利四世上集》、《愛的徒勞》賣給出版商，印成四開本。所得現金當然有些幫助，可是似乎不是解決之道，反而像是不祥的初步，最後可能會導致賣戲服、走上全團解散的路。

然而他們找到了眞正的解決之道。這是一項大刀闊斧之舉。一五九八年的十二月二十八日，一個下雪的冬夜，足以讓泰晤士河凍到結冰的季節，演員一起集合在索低渠，提著燈籠、帶著武器，證據有言是「刀劍、匕首、鐮鉤、斧頭之類」。這個小戲團，可能還加上幾個雇來的惡漢，也許乍看不算勢力強大，但是做演員的都訓練得會舞刀弄劍，在倫敦缺乏警力的情況下，還足以派上用場。他們派人在周圍看守，然後連同十幾個工人，把劇院整個拆卸下來。黎明時分，用馬車裝載笨重的梁木，運送過河，到南沃克離「玫瑰劇院」不遠的一塊預定地。地主阿任羅患中風，還被告侵害，但是牽涉的法律甚爲複雜，因爲柏畢駒簽下的租約，明定他們有權把蓋在阿任土地上的建築物收回來。無論如何，他們都做了這件事，雖然我們很難想像到底他們是如何在一個黑夜裡辦到的。

接下來的幾個月，天才木匠史粹特巧妙地把舊劇院的木材重新運用，建造了一所壯麗的新劇院。多邊形木屋，直徑約有三十公尺長，巨大的舞台伸到場中央，邊緣是三層觀眾台，可容納三千多觀眾，對倫敦市的大小來說，是令人咋舌的數目，可以讓演員的道白與感情的投射發揮巨大的力量（今天在河岸區的環球戲院，只有它的一半大小）。莎士比亞跟一小群人投資促成這項甚具野心的事業，他們所選的座右銘是「世界即戲台」，戲院的招牌上畫的是大力士賀克里斯把世界扛在肩上的圖形。新劇院命名爲「環球劇院」。

莎士比亞的投資使他在劇院裡的地位已不只是股東。據一五九九年二月二十一日簽下的契約，他擁有「環球劇院」的十分之一，跟另外四位演員同事漢明居、博普、費歷卜、勘浦一樣。勘浦是劇團裡很受歡迎的丑角，素以滑稽的舞蹈與淫穢的歌唱知名，可是很快就跟同事鬧翻，把自己的股份賣了走人，還惡意開玩笑叫其他人「莎士爛布」（Shakerags）。劇團因此暫時少了丑角，眾人皆知莎士比亞的下一部戲《凱撒大帝》，正缺少一個潤滑的傻子角色。

莎士比亞搬到南沃克，以便靠近「環球劇院」。「環球劇院」六月開張，是個迅速驚人的轉變。旁人也許以爲他們會用一部取悅大眾的輕鬆喜劇做開張戲，但宮務大臣劇團卻選了一部悲劇《凱撒大帝》開張，在企圖暗殺女王的威脅仍在的當時，對一般大眾來說，頗爲適時。有個瑞士人普拉特到倫敦遊歷，寫信回家敘述看戲經過，這是當時對莎士比亞演出的少數目擊者紀錄：「九月二十一日，吃過中飯。約兩點鐘，我跟同伴過河看了一齣有關第一位皇帝凱撒的悲劇，大概有十五個角色，在一棟茅草蓋頂的漂亮房子裡演出。」普拉特說，劇終時「兩人穿男子服裝，兩人著女子衣裙，一起表演傳統舞蹈，極其優雅美妙。」「環球劇院」以《凱撒大帝》和其他演出過的強勢劇目開張，成績斐然。六個月內就讓附近「玫瑰劇院」的對手劇團捲包袱，過河到跛關附近的新「吉星劇院」去了。

把對手驅逐出境，並不表示從此沒有商業的競爭。相反的是，一五九九年底，宮務大臣劇團因爲新興的私人劇團「聖保羅兒童團」，與隔年在黑修道士區另一個專演舊戲的劇團「禮拜堂兒童團」，而面臨日漸緊張的壓迫。這些劇團的演員雖然是小孩子，競爭力卻不小，他們是精通世故、極其聰明、技巧熟練的劇團，並且專門針對觀眾的胃口。莎士比亞在他的下一齣戲裡，讓我們看到一點類似的競爭。哈姆雷特問說那戲班子怎麼會走起江湖來？他們在城裡固定的場所演戲，於名於利不是更好嗎？羅程克洛茲解釋說，他們對觀眾的號召力已遠非昔比了，「如今冒出一群羽毛未豐的黃口小子」，即雛鳥，「他們是目前流行的寵兒」（二．二．三二六，三三八）。莎士比亞坐下來寫《哈姆雷特》之時，是回頭看這些兒童劇團，假裝擔心（不完全是喜劇式的）他們會讓自己的劇團失業。

也許在一六〇〇年左右，寫哈姆雷特一劇，並不是出於莎士比亞自己的本意。至少有一齣關於這位丹麥王子爲父親被謀殺報仇的戲，曾在英格蘭的戲台上演過。此劇如今雖已佚失，但當時頗爲賣座，同時代的作家偶爾提及，語氣好像每個人都看過，或至少應該都知道。早在一五八九年時，納煦便曾用它來諷刺暴起的新手（可能是蓋德），說他們沒念過大學還厚臉皮想當劇作家：「你若在寒霜早晨好好求他，他會給你一整部《哈姆雷特》，或者說一些悲劇對話。」七年後，另一個大學才子洛莒也用同樣的嘲諷語氣，說有個魔鬼「臉色慘白得就像劇院裡那個鬼，像賣牡蠣的婦人似得淒厲喊叫：『哈姆雷特，報仇！』」。當時此劇可能還在上演（對伊莉莎白女王時代的戲劇來說，它的上演期比別的劇目長得多），或者是剛重演，不然就是變成俗語，用來形容有點濫情的粗俗劇情。洛莒和納煦認爲讀者很容易就會想到他們提到的故事。

宮務大臣劇團裡可能有人留意到戲目的問題，建議莎士比亞說，時機成熟，可以把哈姆雷特拿來改寫成新劇。莎士比亞因個人的投資，劇團的收入攸關他的利害，所以對凡是可以吸引倫敦群眾的事特別關心，而且此時的他對重寫舊劇、推陳出新，早就不是新手了。原先的舊劇可能的作者蓋德不是問題，因爲他早在一五九四年就死了，年三十六，可能是因爲室友馬羅的牽連，被刑求造成的結果。無論如何，對莎士比亞跟他當代的人來說，盜用別人的作品都不算是什麼嚴重的事。

莎士比亞絕對是看過這部哈姆雷特原作，也許看了好幾次，說不定還演過。如果演過，他應該有一卷用漿糊黏好，記錄他的角色跟上下場次的紙條。伊莉莎白女王時代的演員，通常只能拿到自己所演出的那份紙卷（「紙卷」原文roll是「角色」role一字的由來），看不到整部劇本，因爲要整本複製，成本太高，而且劇院也擔心劇本會讓太多人看到。有時候也許會在特殊情況下，複製幾本給他們喜歡的贊助人，有時爲了財務的需要，會把劇本賣給印刷店。但是主要的目的是希望大眾會到劇院去看戲，而不是在書房裡看。（不讓劇本付梓印刷，當然是許多劇本佚失的原因，如原版哈姆雷特以及許多其他劇本，但那不是劇院關心的事。）

不管莎士比亞是否看過哈姆雷特的劇本，他都必須擁有當時幾乎每個演員都需要的精確記憶力，而他這項能力是驚人的高超。所有接觸過的事，即使只是短暫浮泛，似乎都留在他的腦海，多年不曾遺忘。儘管片語隻字、官方布告、長篇講道、巷語街談、潑婦罵街、書店幾瞥，似乎全都貯藏在他的腦子裡，像檔案一樣，可以隨意讓他的想像力開啓運用。他的記憶並不完美，有時也會出錯，混淆地方或人名之類，但這不完美只說明他過人的天分並不是強迫性，也不是機械化的。記憶力是他創作的巨大來源。

莎士比亞寫他的新悲劇時，可能只是靠記憶引用舊劇哈姆雷特，或者只記得他選擇的部分。我們不知道他是把書放在眼前（如他寫《安東尼與克莉奧佩屈拉》時，顯然就是如此），還是只靠記憶寫此劇，但他一定也看過不只一個版本關於這個謀殺報仇的丹麥老故事。從他的劇本看來，他最少詳讀過裴拉弗利法文版的敘述。裴拉弗利的悲劇故事集，在十六世紀末是出版界的一件大事，至少出了十版。哈姆雷特的故事，是他從一部十二世紀晚期，丹人文法學家薩克索以拉丁文編的丹麥史取材而來。薩克索則是記錄幾世紀前口筆相傳的傳說。莎士比亞在此一如一生職業生涯的習慣，取材自已知的題材，業已成形的故事、眾所周知的角色，以及預料得到的動人情節。

莎士比亞自己就是個已知數。任何熟悉他職業生涯的人都會說，一六〇〇年他已爲自己廣大的想像國度完全鋪設好疆界，很可能會照以往創下的輝煌成就繼續以職業劇作家的身分創作，可是不太可能找得到新領域開拓。沒有人想得到，也許連莎士比亞自己都不知道，有件驚人的事就要發生了。

年僅三十六的他雖然還年輕，已於十年間在喜劇、歷史劇、悲劇三項主要戲劇類的項目上，創下不凡的成就。每一類劇作都超卓完美，實在很難想像能再超越它們。接下來的幾年，他的確沒有試圖超越《亨利四世上下集》與《亨利五世》，似乎知道自己寫歷史劇的能力即此。雖然稍後有鉅作《第十二夜》，他在喜劇類上的成就，並未超出《仲夏夜之夢》、《無事生非》、《皆大歡喜》的範圍。《哈姆雷特》是一連串創作狂熱的開始，帶出後來的《奧賽羅》、《李爾王》、《馬克白》、《安東尼與克莉奧佩屈拉》與《科利奧蘭納斯》。可是一六〇〇年，就算是當時消息靈通的戲劇愛好者，也不會想到莎士比亞在悲劇類上的成就，還可以更上一層樓。二十幾部戲裡，還包括了《泰特斯．安特洛尼克斯》、《羅密歐與朱麗葉》與《凱撒大帝》。他的悲劇還不只這些，三部被現代編輯列為歷史劇的《亨利六世下集》、《理查三世》、《理查二世》，在他生前是以悲劇類出版。

對莎士比亞來說，悲劇跟歷史劇的分別並不重要，對當時的許多其他劇作家也是如此。在他看來，大部分人類歷史不斷興起與衰落的結構，就跟悲劇一樣，反過來說，悲劇也可以看成是根植於歷史。就像《威尼斯商人》裡隨處可見的例子，他的喜劇常跟痛苦失落與死亡的威脅交織混合，悲劇裡也有丑角與笑聲存在的空間。當時的文學理論家鼓吹大家要嚴格遵守亞里斯多德傳下來的禮儀規則，強烈反對錫德尼爵士所描述國王與小丑混合不分的情景。一五七九年，莎士比亞還是小學生時，錫德尼寫了一篇諷刺性的文章，描寫情節鬆散、形式極自由的典型英國戲劇。這些描述，原是要讓讀者覺得痛苦厭惡的，反而正好是莎士比亞後來的職業生涯裡精彩的成就。錫德尼不時以輕蔑的態度諷刺說，三個女士在舞台上走過，觀眾得想像她們是在採花；過一會兒，四名演員攜劍帶盾上場，表示兩隊大軍對陣廝殺；然後傳來船難的消息，你要是不能把戲台當做危險的礁石，那是你太笨。「亞洲在戲台這頭，非洲在另一頭，如果是發生在其他別的國家，演員上場得先說自己是在哪裡，不然故事就無從理解。」

錫德尼跟其他人要的是整體的秩序，他們說戲台應該只代表一個地方，時間應該最多只限於一天，而悲劇所引發的情緒，不應被喜劇的「諷刺性的逗樂」和猥褻的笑聲所汙染。這些是引用亞里斯多德所做的批評與約束，但莎士比亞跟同事職業劇作家卻常常違背這些原則。

莎士比亞對英格蘭與歐陸這些博學的批評家所執著的戲劇類界線毫不關心的態度，也許可以解釋他職業生涯中一些令人困惑的問題，尤其是最早的十年，他藝術創作的發展過程沒有清楚合邏輯的形式。有人把他的作品分成利落的幾類出版，譬如首先是喜劇，然後是歷史劇與悲劇，最後是浪漫史，可是這種方式對確實的寫作年代先後，卻完全是誤導的。有人試圖以莎士比亞的心靈成長過程來排列他的作品，從無憂無慮的少年，到對權力的認眞、對死亡的憂心思慮，到最後老年的智慧沉著，可是這種排列也同樣是誤導。這是一個同時把《仲夏夜之夢》與《羅密歐與朱麗葉》放在書桌上與想像裡，可以把一個人的歡笑毫不費力地轉成另一個人的眼淚的人。他可以在描寫上層階級愛情的輕鬆機智的喜劇《愛的徒勞》裡，以公主父親驟逝，因此所有婚事必須延宕的消息，做爲高潮。可以在可怕的理查三世挑選要雇用的殺手來謀殺自己兄弟時，讓觀眾發笑：

你們的眼睛是掉石頭的，傻瓜才掉眼淚。
小子，我很賞識你們兩個。

（一．三．三五一～二）

最後是，他可以在寫《哈姆雷特》之前數年間，在連續幾部戲裡，從中世紀晚期的英格蘭內戰，轉到貝特麗絲與班尼迪在西西里的愛情故事，再轉到阿琴科特的戰役，到凱撒大帝的暗殺，再到雅登森林裡的田園浪漫史。所有這些戲劇都有自己獨特的想像，但奇特的是也都有乍看之下不應有的素質在內。

要是莎士比亞在一六〇〇年過世，我們就很難看出他的成就有什麼欠缺，更難想像他的作品裡還在醞釀一些未知的事物。然而《哈姆雷特》卻說明莎士比亞逐漸在暗中發展出特別的技巧。這項發展也許是有意的，是清楚的長期專業計畫的結果，也可能是投機式的冒險。無論如何，這項成就都是漸進的，不是突然的發現或大發明，而是把一套特別的表演技巧精巧地加以改良。到了新舊世紀之交，莎士比亞已準備好一項劃時代的突破，把表現內心的方法發揮到完美的境地。

觀眾聽到或看到的，多少都是公開的道白，即角色之間的對話，或直接跟觀眾說的旁白與獨白。劇作家當然可以假設觀眾能聽到內心的獨白，可是要在戲台上表現內在心情而不用道白，卻不是容易的事。作於一五九二年的《理查三世》，是一齣氣勢龐大、劇力萬均的戲，主角雄偉卓越、令人難忘，可是當這角色在夜裡獨自表露心思之時，卻顯得奇怪僵硬、不太自然：

正當深更夜半，
我心驚肉跳，一身冷汗。
我怕什麼呀？怕我自己嗎？周圍並無旁人呀！

理查愛理查，那就是說，我就是我。
這兒有兇手在嗎？沒有啊！有的，我就是啊！
那麼快逃吧！怎麼，逃避我自己嗎？大有道理。為什麼？
怕我報仇。自己向自己報仇嗎？
哎，我愛我自己呀！有什麼可愛的？
為了自己我做過什麼好事嗎？
呵，沒有。唉，我其實是恨死了我自己！
因為我一手幹下了可恨的罪行。
我是惡棍──呸，胡說，我才不是。

（五・五・一三四～四五）

莎士比亞在此是依循史書上所記載，理查在死亡前夕，不尋常地因良心不安而無法入眠。雖然具有文字不太連貫所造成的劇力，這段用來表現內心衝突的獨白，仍顯得過於簡單機械化，好像台上的角色心裡面還有一個小戲台，上演著《潘子與珠弟》的木偶戲（這是英國傳統流行木偶戲，演一對夫妻打架的簡單情節）。

大約三年後所作的《理查二世》裡，有一段情節可以看出莎士比亞正在萌芽的技巧。國王理查被表兄弟布林柏克廢除王位，囚禁於監獄，被殺之前，自省道：

我一直在思考，怎樣可以
把這座囚禁我的監獄比做大千世界，
可是外面的世界熙熙攘攘，人來人往，
這裡除了我，別無一人，
如何能比？我得好好揣摩。
我要證明我的腦子是心靈的妻，
心靈是思想之父，
它倆生下一代生生不息的思想。

（五·五·一～八）

這段話跟前者的不同，主要是來自角色的差異：一個是瘋狂嗜殺的暴君，另一個是驕縱自戀、自我毀滅的詩人。但是從前者到後者的轉變，卻代表了莎士比亞對內心隱藏歷程逐漸發生的興趣。理查二世被關在四壁無窗的牢房裡，自省自視，想要找出牢房與外界象徵性的連繫，徒勞無功之餘，又強迫自己重複想像：「我得好好揣摩。」他知道，充滿人群的外界跟他獨居的牢房，根本不能相提並論，可是他以心靈與腦子的對談，在自己的想像裡造出一群人。他所揣摩的，是一所內心的劇院，類似理查三世的獨白，卻更複雜微妙，最重要的是，有更多的自覺。到此，角色自身完全知道自己是在建造這樣一個劇院，還對自己必須靠想像的淒涼悲哀自我揶揄一番：

就這樣，我一個人扮演著許多不同的角色，
卻沒有一個滿足於自己的命運。有時我是國王，
謀奪王位的奸賊卻叫我只想當個乞丐。
現在真成了乞丐，那折磨人的貧困
又勸我不如當國王好。
於是我又變成國王，
可是忽然又想到我的王位已被布林柏克奪去，
一下子，我什麼也不是了。可是不管我是什麼人，
是我還是別人，只要我還是人，
就什麼都無法滿足，
直到什麼也不是為止。

（五・五・三一～四一）

理查二世的個性，使他把自己失去王位想成一無所有的落魄情境，然後又把失去身分地位的經驗（「不管我是什麼人」），做成錯綜複雜的悲情詩。

《理查二世》作於一五九五年，代表了劇作家表現內心世界能力的一大進展，可是四年後所作的《凱撒大帝》，卻顯示莎士比亞對自己已然駕御嫻熟的方法還不滿意，仍舊悄悄地試驗新技巧。普魯特斯在午夜，獨自漫步庭園，自語道：

只有叫他死這一個辦法了。
我自己對他並無私怨，
只是為大眾的利益。他就要戴上王冠，
這會不會改變他的個性，是個問題。
毒蛇是在光天化日下出現的，行人必須小心提防。
讓他戴上王冠，等於是給他毒刺！

（二・一・十～十五）

這段獨白，不像理查二世在監獄裡的沉思獨白，那樣流暢優雅、自我醒覺、充滿詩意，但有其新意——其中明顯帶有眞實的思考。理查的話雖是揣摩思索之言，字句已經過雕琢；普魯特斯所說的話，則像是從飄忽流盪、尚未成熟的思緒裡，立時脫口的語句。他在心裡自我搏鬥的重要問題是：大眾想要爲野心勃勃的凱撒加冕，他該如何反應？在他跟凱撒的個人情誼，與他所認爲的大眾利益之間，該如何取得平衡？凱撒到目前爲止是爲民眾的利益著想，如果加冕爲皇，會不會轉變個性，爲害民眾？「只有叫他死這一個辦法了」——觀眾在沒有預告之下，開始跟普魯特斯一起狂熱地思索起來。我們不知道他是在衡量一項提議、試圖做決定，還是重複別人說過的話。他不用說是在想誰的死，也不用告訴我們他想暗殺哪個人，因爲這都是他思考的一部分。

普魯特斯是在自言自語，話中帶有一種腦筋在運作中特別的速寫特色。他的呼喊：「讓他戴上王冠，等於是給他毒刺！」像是一個鬼影子從他想像裡飄過那一刻，他的一聲怒吼，除此以外，對我們而言幾乎是難以理解的。觀眾被拉到奇異的近距離，直接看到他如何決定暗殺凱撒，看到這個改變世界的重要決定如何形成的過程。之後，普魯特斯在強烈自覺中，對自己形容他在狂熱意識中的情況：

在計畫一件可怕行動
和著手行動之間，是一段難熬的時間，
像是置身幻覺，又像是做一場噩夢。
精神和肉體各部分正在彼此磋商，
整個人就像一個小王國，
面臨叛亂暴動的前夕。

（二・一・六三～六九）

莎士比亞是不是在一五九九年的此時，第一次想到可以把角色寫成近乎全劇都處於這種奇怪的過渡期呢？普魯特斯並不是這種角色，因爲《凱撒大帝》到一半的時候，他已經做了這件可怕的事，把他亦師亦友（可能也是父親）的人殺了，剩下的劇情，只是把此行導致的毀滅性結果揭露出來而已。如果莎士比亞沒有馬上想到，至少在下一年已經很清楚自己可以把當時受歡迎的戲劇角色當題材，刻劃成一生充滿幻象與噩夢的人物。這個內心充滿動亂的角色，就是哈姆雷特。

哈姆雷特的故事，早在中世紀的傳說裡，就是關於身處漫長過渡期的故事，從最早的動機或計畫到付諸行動之間的過程。據文法學家薩克索的記載，國王侯文迪（相當於莎劇中哈姆雷特之父）被心懷妒忌的弟弟馮（相當於莎劇中的克勞迪斯）所殺，但事發於公開場合，不是祕密暗殺。馮的理由是，侯文迪虐待溫順的妻子葛如莎，但事實上是馮的勢力強大，可以強奪自己兄弟的王位、國度和妻子，沒有人敢說一句話。唯一的憂慮是侯文迪年幼的兒子阿姆雷士，因為在基督教出現之前那個充滿背叛與報仇的世界裡，每個人都知道父親被殺，兒子一定要為他報仇。阿姆雷士當時還小，無力為害任何人，可是長大後會知道自己的義務，馮當然也明白這條嚴格的社會規章，要是這男孩不趕緊想好對策，他的生命就毫無意義可言。阿姆雷士為了生存到有能力報仇的時機，假裝發瘋，讓叔父相信自己無法造成威脅。他在身上塗抹泥巴，坐在火邊，漫無目的地把小木棍削成鉤子。馮雖擔心，試著想辦法套出侄子的詭計，想從他看似癡呆的外表，看出眼中隱藏的智慧光芒，但阿姆雷士狡黠地躲過他的探測，等待時機，策動計畫。他被人當傻瓜嘲笑，受盡輕蔑愚弄，最後終於成功燒死所有馮的侍從，用劍刺殺了叔父。他召集貴族，解釋自己為什麼做下這件事，然後被大家熱烈推舉為新王。「大家都驚異地看到他竟能如此長期隱藏謀劃。」

如此，普魯特斯幾天都無法忍受的過渡階段，阿姆雷士卻多年處身其間。莎士比亞此時已經發展出表現這種角色心理的方法，是薩克索與學他的後人做夢都想不到的。他看出哈姆雷特的故事已經到了可以改寫的成熟時機，能夠讓他寫一部關於謀殺的計畫與行動中間，令人不安的過程的戲。然而問題是，劇院不太能容納長時間的醞釀過程，要表現哈姆雷特從小到大，多年假裝白癡，到有能力報仇的年紀，對戲劇的張力而言過於困難。也許佚失的舊劇已經找到明顯的解決方式，即從哈姆雷特已成年，準備好報仇的時刻，做為戲劇的開始。

洛茝曾提到一個鬼魂像賣牡蠣的婦人似得淒厲喊叫「哈姆雷特，報仇！」也許這部佚失的舊劇，也在故事裡添加了一個重要的角色——哈姆雷特被謀害的父親的魂魄。這鬼魂可能只是為了嚇一嚇觀眾而已，就像蓋德的《西班牙悲劇》以鬼魂角色大獲成功；但是另一方面，也很可能是佚失舊劇《哈姆雷特》的作者（也許是蓋德？）而不是莎士比亞，首先改變劇情，讓鬼魂不只是陪襯的角色而已。文法學家薩克索所寫的哈姆雷特故事，跟裴拉弗利的流行版一樣，沒有鬼魂出現。因為這件謀殺案是大家都知道的事，正如兒子有替父報仇的義務一樣，所以不需要鬼魂。但莎士比亞開始寫自己的版本時，把謀殺寫成祕密，可能是學蓋德，也可能是他自己的創造。所有丹麥人都以為哈姆雷特之父是被蛇咬死的，但鬼魂出現，道出可怕的事實：

咬死你父親的那條毒蛇
頭上正戴著王冠。（一．五．三九～四十）

莎劇從鬼魂對哈姆雷特顯現的前一刻做戲劇開場，到哈姆雷特完成復仇計畫為劇終。因此，從眾所周知的謀殺事件，到被害者鬼魂向哈姆雷特顯現告知祕密，這項重要的情節轉變，讓劇作家可以把整部悲劇，幾乎完全集中在主角懸宕於「最初動機」與「付諸行動」之間的心理意識。然而，有個情節也可以解釋這懸宕。畢竟哈姆雷特在改寫的版本裡，已不是小孩，不用等候時間長大，兇手也沒理由懷疑哈姆雷特已經知道或逼問他犯下的案。克勞迪斯非但沒有跟姪子保持距離，或者探測他，反而不讓他回大學去唸書，稱他為「我們朝廷上的首席大臣，我的愛姪，我的王」（一．二．一一七），還宣布他是下一位王位繼承者。哈姆雷特一向能接近毫無防衛的克勞迪斯，一旦父親的鬼魂揭曉眞正的死因：「殺人是重大的罪惡，可是這樁謀殺的慘案，更是駭人聽聞、傷天害理的罪行」，他大有機會可以馬上行動。而這種即時的反應，正是哈姆雷特自己最欣賞的：

快，快告訴我！
讓我駕著像思想與愛情一樣迅速的翅膀，
飛去報我的仇。

（一・五・二七～三一）

這部戲可以在第一幕終了就結束。可是大家都可以看到，哈姆雷特並沒有馬上採取行動。等鬼魂一消失，他就告訴侍衛跟朋友赫瑞修，說他要「做出古怪的舉動」（一・五・一七三），也就是說要假裝發瘋。在舊版故事裡，這行爲很合理，是阿姆雷士爲了爭取時間、不引人懷疑的策略。這段時間的代表物，是他小時候看起來精神錯亂、毫無目的，用小刀削成的木鉤子，到頭來卻是這復仇者長期精明的計畫。故事的高潮裡，阿姆雷士用這些木鉤子，把睡夢裡的僕從用網子套牢綁住，然後放火燒了房子。表面看來神智不清的舉止，結果卻是聰明的計謀。然而在莎士比亞的版本裡，哈姆雷特裝瘋已跟策略無關。莎士比亞其實是把取材的故事裡，原本合理動人的情節拆散了，從這拆散的故事裡，建造了大多數現代觀眾認爲是他寫過最好的一部戲。

哈姆雷特古怪的行徑，非但沒有掩護的效果，還引起兇手更多的注意，他請教自己的顧問波洛紐斯，跟葛特露德商量此事、密切注意娥菲麗，並派遣朋友羅程克洛茲與吉登斯藤監視他。他的發瘋沒有讓宮廷裡的人忽略他，反而使他成爲所有人懷疑的焦點。奇怪的是，連哈姆雷特都對自己起了懷疑：

我近來不知是為了什麼緣故，一點興致都提不起來，什麼玩樂的事都懶得過問。心情這麼沉重，只覺得這寬廣的大地，就像荒涼的海岬，這覆蓋眾生的天幕，你們看，這光輝燦爛、鑲嵌著金色火球的壯麗穹蒼，在我看來，只是一堆污煙瘴氣罷了。人類是一件多麼了不起的傑作啊！多麼高貴的理性！多麼偉大的能力！多麼優美的儀表！多麼文雅的舉動！行動多麼像天使！智慧多麼像天神！宇宙菁華，萬物之靈！可是在我看來，這用泥土塑成的生命又算得了什麼？

（二・二・二八七～九八）

「不知是爲了什麼緣故」——哈姆雷特很清楚自己是在跟宮中監視他的人說話，所以對父親的鬼魂一字不提，然而，究竟那鬼魂是不是造成他深度憂鬱的原因，並不清楚。戲劇第一場裡，在他見到鬼魂之前，就已自言自語心裡深處的祕密，跟他後來對滑頭羅程克洛茲與吉登斯藤透露自己從幻覺醒來的話，幾乎一模一樣：

上帝啊！上帝啊！
人世間的一切在我看來

是多麼可厭陳腐、無聊乏味啊！
呸！呸！這是個荒蕪的花園，
荊棘和雜草
遍地皆是。

（一・二・一三二～三七）

父親的死、母親迅速再婚、宮廷事儀，是這些外在事件而不是祕密的揭曉，使他興起「自殺」的念頭。

因此，哈姆雷特裝瘋，似乎是爲了掩飾眞瘋。他看來最像瘋子的舉動，是待在母親的櫥子裡，堅持說他沒發瘋，還叫母親不要洩漏他的計畫。王后恐懼地說：「我該怎麼做呢？」哈姆雷特把自己的幻想混合在命令裡說：「我不能禁止你」

不再讓那肥豬似的國王引誘你上床，
放肆地擰你的臉蛋，叫你是他的小耗子，
讓他用臭嘴巴親你幾下，
還用他該死的手指撫摸你的頸子，
就哄得你把知道的全都說出來，
說我其實是裝瘋，不是真瘋。

（三·四·一六四～七二）

葛特露德後來跟克勞迪斯說哈姆雷特「瘋得像狂風跟怒海搏鬥一樣」（四·一·六～七），她可能眞的是如此相信。

莎士比亞把整齣戲的重心，放在替哈姆雷特的發瘋找尋理由。戲中顯示心理的主要片段，也是幾乎每個人都記得的，不是主角的復仇計畫，甚至不是他對自己不付諸行動一再深刻的自責，而是他想自殺的念頭：「活著好，還是死了好，這是難題（To be, or not to be; that is the question.）」。這自殺的衝動，跟鬼魂無關。當他說到死亡是「只見有人去，不見有人回的幽冥國度」（三·一·五八，八一～八二）時，他沒有想到那鬼魂，而是因爲「千百種躲不掉的人生苦惱」招致的心病使他想自殺。

從莎士比亞大膽改變取材來源與寫作方式看來，《哈姆雷特》可以代表他職業生涯的突破。其中一個簡單的轉變例子，是驚人地大量使用新字眼，而且是他在之前約二十一部劇作與兩首長詩裡不曾用過的字。學者曾統計有六百多個新字，不只是莎士比亞以前沒用過，就連有史以來所有的英文文件也不曾出現過。這語言文字上的創新爆發力，似乎不是莎士比亞對世界的眼界擴大的結果，而是一些或一連串突發事件對他的整個生命所造成的震撼。有些學者相信，如果《哈姆雷特》不是寫於一六〇〇年，而是一六〇一年早期，其中一個震撼，用普魯特斯在《凱撒大帝》的話說，會是「叛亂」（Insurrection）。此事後來導致艾賽克思伯爵被處死，更重要的是使得莎士比亞的贊助人、朋友、兼可能是情人的南安普敦伯爵下獄。艾賽克思長久以來是女王寵愛的對象，一五九九年跟南安普敦一起帶領探險隊，到愛爾蘭去勦滅臺榮伯爵領頭的叛軍。然而正如許多到愛爾蘭去的人一樣，此行因當地人堅決的反抗而失敗。下半年裡，艾賽克思未獲女王的允許，率然回到倫敦。因官方來到他家逮捕，女王又不再寵信他，驕傲衝動的艾賽克思在憤怒之下，召集朋友，企圖武裝暴動，表面的藉口是自衛，還要把女王從邪惡的顧問塞西爾與拉雷手上解救出來。倫敦市民不肯插手幫他，所以事情很快就結束了。審判的結果一如預料，一六〇一年二月二十五日，三下斧頭把艾賽克思的頭砍了下來。他的幾個主要支持者和朋友，也在短期間陸續被處死。

莎士比亞非常有可能被這件動亂影響到。南安普敦雖然後來沒有被連累，可是一六〇一年上半年，他看來很有可能會跟艾賽克思一起被處死。對莎士比亞而言，不只會是他個人的損失，對整個劇團來說，幾年來的決策最後跟叛亂扯上關係，也有可能會讓劇院關門。一五九六年末或一五九七年初，莎士比亞曾因在《亨利四世》裡爲那個後來被迫改名福斯塔夫的胖武士取名歐德卡索，而差點冒犯了柯伯罕大公七世卜洛苛。卜洛苛查出自己的祖先是歷史上的歐德卡索。與他爲敵不是聰明的事，因爲當時或不久後，他當上監察官，主要任務是負責監督劇本的演出許可。但大家都知道他跟艾賽克思與南安普敦敵對，莎士比亞也許就是爲此想要拿他開玩笑，就像他戲裡的傻瓜一樣。

然後莎士比亞在一五九九年，很不尋常地在劇本裡反映了時事。《亨利五世》將近劇終前，國王從阿琴科特之役凱旋而歸，回到倫敦時，致辭者忽然轉而提及當代發生的時事：「只見倫敦吐出人山人海的臣民」，

舉個具體而微、卻必然同樣盛況的例子，
就像我們聖明女王的將軍，

去征討愛爾蘭，不消多久
就能當胸刺穿「叛亂」，把它押回京城，
到時會有多少人離開安寧的城市
來歡迎他！

（五．〇．二四，二九～三四）

「具體而微、卻必然同樣盛況」：這些字句雖然謹慎小心、經過思考，卻表現出支持艾賽克思的傾向。這傾向很快就變成危險。暴動前幾天，幾位密謀者要求莎士比亞所屬的宮務大臣劇團「下星期六演出廢黜殺害理查二世的戲」。劇團的代表不同意，其中可能包括莎士比亞、費歷卜和幾位退伍老兵演員，說劇目太老舊，賺不了什麼利潤。對方答應資助演出，並加上四十先令，這是很可觀的一筆錢，所以劇團也就演出了。

這些人的策略似乎是想把後來的叛亂，先放在倫敦市民的腦子裡，也為了壯大謀叛者自己的膽子。至少這是後來執行逮捕的官方對這場戲演出的解釋。而女王自己也如此認為，她憤怒地說：「我就是理查二世，你難道不知道嗎？」宮務大臣劇團面臨了極度的危險，兩個密謀者被問到關於這場戲的演出，彷彿這是整個計謀的一部分。幸好代表劇團的發言人費歷卜說服了政府官員，說演員根本不知道會有叛亂的發生：「他們拿到的四十先令比平常收入還多，所以才演出的。」

這些事件發生於一六〇一年，莎士比亞當然是有所警覺的。膽小一點的劇作家，也許會因為作品引起的災禍而更加謹慎，把類似的劇本暫置一旁，轉而做別的較無刺激性的劇作。然而，同樣那群為

《理查二世》的票房演出與叛亂份子交涉的劇團同事，卻決定演出《哈姆雷特》。這是一齣關於背叛與暗殺，高度政治性的戲劇，其中包括了一幕群眾武裝暴動，攻進皇宮，突破侍衛，危及國王性命的大場戲。這場由萊阿提斯領導的暴動，當然沒有成功，而克勞迪斯極度矯飾的言詞，則怪異地模仿官方所寫關於伊莉莎白女王的話：

君王是有神靈呵護的，
叛逆只能在一旁窺伺，
作不出什麼事來。　（四・五・一二〇～一二二）

這些場景，足以刺激經過一六〇一年事件的倫敦觀眾，可是跟上述事件並沒有直接關連，所以很容易解釋開脫。畢竟政治動亂、背叛暗殺，原是莎士比亞慣用的拿手好戲，《理查三世》、《凱撒大帝》、《理查二世》、《亨利五世》等劇可以爲證。艾賽克思與南安普敦被囚之事，一定占據了莎士比亞的心思，可是我們很難看出《哈姆雷特》裡有哪些情節是特別指他們而言，更難的是把此劇驚人與創新之處，與前事扯上關連。莎士比亞的《哈姆雷特》與叛亂之事的關連，雖然引人遐想，可是此劇早先的版本很可能在艾賽克思的動亂之前就已上演過了。也許那位當年曾經跟納煦與葛林起爭執的劍橋學者哈維，在他收藏的喬叟書邊緣上塗寫的旁注說的沒錯，莎士比亞可能冒險添加了一些字句或場景，提高此劇與時事的關連，但是主要劇情一定早就存在了。哈維批評當時的文學作品說：「艾賽克思伯爵對《阿爾比恩的英格蘭》讚譽有加」又接著說：「年輕人喜歡看莎士比亞的《維納斯與阿多尼斯》，可是智者對他的《魯克麗絲失貞記》和《丹麥王子哈姆雷特的悲劇》更有興趣。」哈維提到艾賽克思時，文法用的是現在式，表示他寫這文字時，艾賽克思還在世。這是最早明白提到莎士比亞這齣悲劇的例子。

因此，莎士比亞心裡一定在想比這更深層的事，感情上的強度，足以讓他寫出這樣一個前所未見，內心受折磨的人物。「活著好，還是死了好」：長久以來，觀眾與讀者出於本能都知道，這種因所愛之死而興起的自殺念頭，是莎士比亞悲劇的中心意旨。很可能也是劇作家自己心裡的困擾。莎士比亞夫婦把他們的孿生子取名為茱蒂絲與漢姆尼特，用的是史特拉福鄰居薩德拉夫婦的名字。史特拉福的地方誌所記載薩德拉先生的名字，有「漢姆尼特．薩德拉」和「哈姆雷特．薩德拉」兩種寫法，因當時對拼字不甚嚴謹，這兩個名字幾乎可以交替使用。就算重寫《哈姆雷特》的舊劇原本只是商業財務上的考量，名字的巧合，讓他一次又一次重複寫自己兒子的名字，想必會重新掀開他深沉的傷口，一個不曾痊癒過的傷口。

當然《哈姆雷特》裡引起主角心智失常危險的，並不是兒子的死，而是父親的死。如果這齣悲劇的靈感，是來自莎士比亞個人的生活，可以追溯到漢姆尼特之死的話，一定也有其他原因，讓他把失去兒子跟想像失去父親連在一起。我說「想像」是因為莎士比亞之父是在一六〇一年九月八日葬於聖三一教堂墓地，此劇寫成與首演之時，他也許已經病危臨終，但幾乎肯定還在世。那麼莎士比亞怎麼會把父親之死，跟兒子的死連在一起的呢？

莎士比亞無疑曾在一五九六年回到史特拉福，參加兒子的葬禮。據規定，牧師會在墓園入口等候屍體送到，然後伴隨到墳地。莎士比亞想必站在這裡，聆聽基督新教指定的葬儀用語。當土壤撒在屍身上（可由父親或朋友來做），牧師會吟誦道：「為至上慈悲全能上帝的喜悅，把我們親愛的弟兄靈魂帶走，因此我們將他的肉身交付地土，讓地歸地、塵歸塵、土歸土，懷抱復活永生的堅定希望。」這簡單動人的葬儀，莎士比亞是否滿意？還是覺得其中少了什麼？萊阿提斯在妹妹娥菲麗的墓前喊道：「還有什麼儀式嗎？還有什麼儀式嗎？」（五．一．二〇五，二〇七）娥菲麗的葬儀，因她可能犯自殺罪而簡化。萊阿提斯個性輕率膚淺，可是他重複的問題，在整部《哈姆雷特》裡都有回響，並已擴展到此劇探討的範圍之外。當時人有生之年的記憶所及，活人與死者的關係已經整個改變了。莎士比亞若非在自家附近，便是遠在蘭開郡時，就已看過天主教舊儀式的殘存遺痕，如日夜燃燭、四處十架、喪鐘不斷，近親哭喊、劃十架，鄰人來對死者致意、對屍首唸個禱告文或詩篇「來自深處」，布施糧食、賑濟大眾以紀念死者，付錢請牧師唸彌撒，好讓亡魂安渡煉獄的險路。所有這些儀式都遭受攻擊，不是縮減就是徹底淘汰。更重要的是，為死者禱告，如今變成違法之事。

新教最早的祈禱書保留了舊式用語：「我將你的靈魂交託予全能上帝天父，將你的肉身付予地土，讓地歸地、塵歸塵、土歸土。」但警覺的改革者覺得這些字句藏有太多天主教的信仰在其中，所以做了一個簡單的改變，成為「因此我們將他的肉身交付地土……」，不再是對死者直接說話，像假設他跟活人還有某種溝通在。這個小改變，代表的是一個大觀念，表示死者是完全死了，禱告幫不了他們，信息無法送給他們，活人也收不到他們的信息。漢姆尼特已斷了連繫。

天主教徒相信人死之後，邪惡的靈魂直接下地獄，聖潔的靈魂上天堂，絕大多數既非極善也非極惡的信徒，到煉獄去。煉獄是地底一所巨大的監獄，靈魂在此受苦，直到償清生前所犯的罪。（有人認爲煉獄的入口在愛爾蘭，聖派脫克發現東拿閣縣的一個洞窟可以通到那裡。）這些罪沒有邪惡到要背負永恆之苦，但他們所留下的汙點必須要燒淨，才能進天堂。所有在煉獄的靈魂，都會被救，最後上到極樂，無一例外。這是好消息。壞消息是，煉獄之苦非常可怕，教堂牆上的畫與牧師幻想式的描述，都這樣告訴你。教會人士的教導裡，死後所受的片刻痛苦，比生前一輩子受的最大痛苦，還要厲害。事實上，關在煉獄裡的亡魂所受的苦，跟地獄所受的苦是完全一樣的，只是長度不同而已。這長度雖然有限，卻也夠長的。一位西班牙的神學家曾估計，基督徒平均要在煉獄裡待上一到兩千年。

天主教會教導說，幸好有個辦法可以幫你所愛的人跟你自己，做一些好事可以大量減低他們所受的苦、縮短煉獄的監禁期限、讓靈魂早點升天，譬如祈禱、施捨，尤其是特別的彌撒。你可以在生前好好爲自己安排這些好事，也可以爲已死之人做。有錢有勢的人捐獻做彌撒，讓牧師不停地爲死者禱告，又建造公民機構，如救濟院、醫院、學校，身爲建設人便不虞匱乏有人爲他禱告。窮一點的人把一分半文存下來做彌撒，而彌撒也有各種不同的形式供選擇。據說最有效的是每天的彌撒，連續做三十天，但即使只做一兩次也是有效的。

有什麼證據可以證明這些方法有效呢？除了教會的教條告訴你的以外，還有死者的證詞。許多故事提到鬼魂從煉獄返世，迫切請求幫助。得到幫助之後，這些鬼魂也常回來道謝，並且見證因爲活人的慈善捐贈，使得他們痛苦大減。凡人眞的見到的鬼魂，大部分都很嚇人。見鬼可能是災難的前兆、發瘋的症狀，或是魔鬼的顯現，因爲魔鬼會變成死者的形象，把邪惡的念頭播種在人心裡，不加懷疑。但是教會的教導，讓我們了解到一般人見到所愛之人的靈魂時會是什麼狀況——這些在煉獄裡受苦的死者，只是想要求生人記得他們。天主教徒湯馬斯摩爾曾聽到亡魂哭訴說：「你坐下來喝水飲酒時，記得我們的口渴；你吃飯坐筵時，記得我們在挨餓；你睡覺時，記得我們無休無眠地看著你；你玩樂時，記得我們在痛苦裡煎熬；你休閒娛興之時，記得我們在被烈焰焚燒。因此願上帝讓你有後代，會在你死後記得你。」

狂熱的新教徒認爲這整套信仰跟制度化的習慣，是大規模的信心遊戲，像是互相拍球一樣，設計來騙那些輕信者的錢。他們說，煉獄是「詩人的寓言」，誇張編造的幻想，欺騙從上到下整個社會，讓國王跟賣魚婦都被無情剝削。這理論說服了亨利八世，或者更有可能的是，他只是想把教會財產奪過來，所以下令解散那些天主教爲死者舉行儀式的寺院與奉獻的禮拜堂。在他的新教繼承人愛德華六世與伊莉莎白一世任下，國會裡的改革派把爲煉獄亡魂代禱的機構組織，整個廢除掉。許多醫院、救濟院和學校，官方當然還保留下來，只是除掉它們做爲儀式的功能。教會裡的教士以宣教講道和教會禮拜，有計畫地重新教育民眾，要大家重新考量今生與後世的整個關係。

這不是容易的事。煉獄的信仰久來已被濫用，許多虔誠的天主教徒也如此認爲，但是它所帶來的恐懼與渴望，卻不會因爲教會與國家官員告訴大家說，人死後就無法與世上的人溝通，而輕易消失。儀式不是唯一，甚至不是主要的問題。重要的是死者是否會跟活人繼續交流，活人是否能夠至少在短時間內幫死者的忙，是否有一種交互的聯繫存在。莎士比亞站在教堂墓地，看著塵土落在兒子身上時，是不是想到他跟漢姆尼特的關係到此消失無蹤了呢？

也許吧！但他也可能對葬儀裡故意不稱死去的孩子爲「你」，以及形式禮儀上的縮減簡化、對生死世界溝通的可能性一概推翻的做法，覺得痛苦與不滿。就算他可以接受新教對這些事物的解釋，他身邊的人一定也不會贊成。我們不知道他的妻子安妮對於死亡的信仰，不過女兒蘇珊娜一六二三年在她墓碑上留下的奇怪文字，也許可以看出一點小線索。碑文的開端說：「你給予母親的懷抱、奶水與生命，唉！如此豐厚，我卻只能以墓石相報。」接下來的碑文暗示了具爭議性的想法，認爲死者的靈魂與肉身，都監禁在墳墓裡：「但我會祈禱好天使把墳口的石塊移開，好讓你的靈魂如同基督的肉身，可以出來。」然而這也許只是蘇珊娜非正統的想法，而不是莎士比亞之妻安妮的想法，更不能代表她在一五九六年漢姆尼特死時的觀念。

莎士比亞的父母想來應該也站在漢姆尼特的墳前。他們跟這男孩在一起的時間，確實比他父親還多得多，因爲莎士比亞在倫敦時，他們一直都跟媳婦和三個孫子住在同一棟屋子裡，幫忙撫養漢姆尼特，在病危時照料他。有項證據可以說明莎士比亞父母對死後世界的信仰，尤其是莎父，極有可能想爲漢姆尼特的靈魂做一些事，若不是催促自己兒子去做，就是自己來。也許其中有種種爭執、懇求與淚水，但都已佚失無蹤，無法追溯。不過至少有個紀錄，可以看出莎父（可能也包括莎母）認爲必須做的事，是慈善合宜、表示親情的做爲，用一句話說，就是基督徒該做的事。

回到一五八〇年代，盧希在史特拉福附近四處搜尋天主教顛覆份子時，據說天主教徒把他們對信仰忠誠的危險證據藏起來。如果十八世紀發現的那份耶穌會教士在信徒間傳播，上面有約翰·莎士比亞名字的文件「靈性遺囑」屬實，他是犯了嚴重的罪。莎士比亞當時也許並不知此事，莎父可能是在漢利街的家，偷偷把文件塞進椽木與屋瓦之間，沒讓任何人知道。然而當初讓他在文件上簽名的信仰與焦慮，也許在漢姆尼特的葬禮時，湧現出來。因爲莎父偷藏起來的文件，正是跟死亡有關的文字。

「靈性遺囑」是天主教徒靈魂的一種保險措施，對那些無法公開信仰崇拜，或被迫改信新教的人而言，一定更顯得重要。簽名人宣告自己是天主教徒，但加上一句說，萬一他「因惡魔的建議而做出、說出，或想到」跟信仰相反的事，他正式宣告此罪無效，並願「我未曾說過做過」。同樣萬一無法接受正當天主教的最後儀式，如告解罪、塗聖油、領聖餐，他希望可以「靈性」的象徵方式舉行。他知道自己「生來就是會死的，只是不知時辰、地點，與方式」，怕會「突如其來，出乎意料」。因此說他很感謝現在有機會告解，因爲知道生命可能會「在意外的時刻，還有掉進罪惡的泥淖裡時」被剝奪。

這段時期的天主教徒，特別怕會死於突然。教義使他們認爲如此死亡，會沒有接受儀式的機會，可以在上帝前把罪過做了結，並表示懺悔。今生無法去除的汙點，必須留到死後以烈焰燒掉。「靈性遺囑」就是企圖表達這種恐懼，而且還把家人朋友列上，做爲後援：

> 我約翰．莎士比亞……不知會遭遇何種命運，恐怕會因所犯之罪，在煉獄停留多時，因此懇請親愛的朋友、父母、親人，看在我們的救世主耶穌基督的慈悲上，惠予援助，以聖潔的禱告與足夠的善事，特別是彌撒聖祭，種種最有效的方法，幫靈魂從痛苦折磨裡解脱出來。

在這種文件上簽名的人（至少約翰．莎士比亞很可能是其中之一，跟其他人有同樣的想法），不只是爲自己發言，也請求愛他們的人做一些重要的事，一些政府宣布爲非法的事。

一五九六年漢姆尼特的葬禮上，這件事幾乎肯定會浮上檯面。男孩的靈魂需要愛他、關心他的人幫忙。撫養孫子長大的莎父，很可能要求事業有成的兒子付錢爲死去的孩子做彌撒，正如希望有彌撒爲他自己的靈魂做禱告一樣。因爲他年紀漸大，很快也會需要「足夠的善事」，可以讓他死後的痛苦期限縮短。

如果莎父曾提出這個敏感的建議，莎士比亞是生氣地搖頭拒絕，還是悄悄付錢為漢姆尼特的靈魂做祕密彌撒呢？他是否告訴父親，無法為兒子（以及將來為他）做他希望的事？他有沒有說自己已不再相信天堂與地獄之間，有那所可怕的監獄，會把生前的罪以火燃淨的故事？

不管當時他的決定是什麼，莎士比亞在一六〇〇年底與一六〇一年初，坐下來寫一部主角跟自己死去的兒子同名的悲劇時，必然還在思考這問題。從史特拉福傳來的老父病重的消息，也許更加強了這思考，因為父親之死的想法，深刻地交織在劇中。兒子的死與父親將死的事實，可能帶來的哀悼與回憶，形成心理的激盪，也許可以解釋《哈姆雷特》一劇爆炸性的力量與思想的深度。

鬼魂返世，要求報仇：這是每個人都記得早期關於哈姆雷特劇作裡，用來嚇人的戲劇策略。莎士比亞為這一幕注入無與倫比的強大劇力。鬼魂對痛苦呻吟的兒子說：「要是你曾愛過你親愛的父親……他慘遭謀殺，你就得為他報仇。」（一．五．二三～二五）然而奇怪的是，莎士比亞的哈姆雷特對幽靈的命令，注意力不在他那駭人的要求，而是完全不同的事物：「再會了，再會了，哈姆雷特，要記得我。」哈姆雷特抱著頭重複道：「記得你？」

當然，我可憐的亡魂，只要我還不至於昏頭昏腦，喪失記憶！
記得你？
（一．五．九一，九五～九七）

從表面看，哈姆雷特懷疑的語氣，說明這要求的怪異，因爲做兒子的實在不太可能會忘記從墳墓裡回來的父親。然而事實上，哈姆雷特並未馬上執行復仇，結果是，要記得父親（以正確的方式記得他，或只是記住他），比他想像的還要困難得多。有件事干擾了他直接行動的計畫，就是他裝瘋，這個情節上無法解釋的行爲。這干擾的由來，跟莎士比亞父親簽署的「靈性遺囑」，請求家人朋友記得他，如出一轍。

鬼魂對兒子說：「我是你父親的亡魂」
因為生前孽障未盡，被判在夜間遊蕩世間，
白晝忍受火燄的燒灼，
直到我生前的罪孽被火燄淨化。
若不是因為監獄的禁令，不許我洩漏祕密，
我可以把那裡的親身遭遇講一講，只消一句話，
準教你魂飛魄散。
（一・五・九～十六）

莎士比亞必須小心，因爲劇本是要通過檢查的，不會准許提及煉獄是眞實存在的地方。因此鬼魂的話裡，有個狡猾的措辭，說「監獄的禁令，不許我洩漏祕密」。但幾乎所有莎士比亞的觀眾，都會知道這監獄指的是煉獄，哈姆雷特稍後以「聖派脫克爲名」發誓（一・五・一四〇）即是暗示，因爲

聖派脫克正是煉獄的守護神。

這鬼魂所遭遇的命運，正是虔誠天主教徒深以爲懼的，突然離開今生，沒有機會爲自己的死亡準備任何儀式。他告訴兒子：「在我的罪愆中，一下子奪去我的生命」，加上劇中最奇怪的一個句子：「來不及做臨終告解、受聖餐、塗聖油。」（一．五．七六～七七）他不曾準備任何告解就進入死後世界，因此付出重大代價：「可怕啊！可怕！眞可怕！」（一．五．八十）。

《哈姆雷特》裡鬼魂從煉獄裡突然跑到現世，要求人記得他，到底是什麼意思呢？據新教教義，煉獄並不存在，即使我們暫時不管這點，此處的種種暗示仍是不可解的謎團，因爲上帝大裁判堂下的靈魂，照理不會要求任何人去犯罪。畢竟他們的罪要被洗清，才能上天堂。然而這鬼魂並不是要求彌撒和施捨善功，而是占用了上帝在報仇上的專有權力，要兒子去殺那謀害他命、奪他王位、娶他遺孀的兇手。當時跟現在的觀眾一樣，不用擔心這些，因爲戲劇畢竟不是在上神學課。可是哈姆雷特卻很關心，懷疑與憂慮使他無力行動，取代了報仇的主題，成爲全劇的主要重點。

莎士比亞當時基督新教官方的文告，說世上沒有鬼魂。世人有時遇到貌似所愛之人或朋友的鬼魂，只是幻想而已，或者更糟的，是惡魔假扮來引誘人犯罪。哈姆雷特原本說自己看到的是「好鬼」（一．五．一四二），但他早先的信心，變成不確定：

我看到的那鬼魂也許是魔鬼的化身，
　魔鬼有本領可以變成好形象出現的，
也許是趁著我滿腹憂鬱苦悶，

正是它下手的機會，
才來迷惑我、坑害我。

（二．二．五七五～八十）

這種想法導致一連串的遲疑、自責，持續遲不行動，與更多自責的循環。好比一幕幕劇中劇，是哈姆雷特為了對自己肯定鬼魂所說之事是真實的方法，也可以說明主角在黑暗中摸索的不安情緒。從大一點的範圍看，劇中也是因為幫人處理失去親友的整個儀式制度不再，而產生的懷疑與無所是從。

莎士比亞站在兒子墳前，或者應付父親對死後幫助的要求時，應該會體會到這一點。天主教會給世人與死者一種溝通的方式，新教官方對這種信仰加以批判，並把他們的儀式定為非法，說整個煉獄的觀念是謊言，世人只要堅信基督犧牲自我的救世力量即可。有此信仰的人自然是有，但是莎士比亞的作品卻看不出他是其中之一。相反的是，他屬於另外一大群人（也許是大部分人），仍然緊抓著天主教會的儀式與舊教導，和它們帶來的恐懼與渴望。就是這恐懼與渴望，使得像莎士比亞父親之類的人偷偷簽下「靈性遺囑」。

所有葬禮都會讓站在墳墓旁邊的人思考他們的信仰（如果他們有的話）。但是自己孩子的葬禮還不只如此，它讓父母詢問上帝，並審查自己的信仰。莎士比亞一定有定時參加新教地方教會的禮拜，不然他名字會出現在反英國國教人士的名單上。但他是否相信所聽所複誦的呢？他的作品似乎說明他確有某種信仰，但不是絕對的天主教，也不是完全的英國國教。到一五九〇年代晚期，如果一定要把他的信仰放在一個組織底下，那組織應該是劇院，而且並不只是因為他把個人最深處的期望與精力，全都集中在那裡的緣故。

莎士比亞了解到，他文化裡重要的死亡儀式已遭破壞。也許在兒子的墳上，他感到深沉的痛苦，但也相信劇院（特別是他自己的戲劇藝術），可以爲情感找不到出路的他和成千上萬同時代的人，開發一座大蓄水池。

宗教改革其實給了他一個不尋常的禮物——一座原本富裕錯綜的大廈破裂倒塌的碎片，而他完全知道如何接受運用這禮物。對可能成就的事，他不會輕易放過，但這不只是爲了商業利益而已。因爲個人的經驗，使他體會到世人因死亡儀式的破壞（正如我們大多數現代人活著的世界一樣）而來的悲哀、困惑與恐懼。一五九六年兒子的葬禮上，他體會到這點，父親將死的事實又加強了這層體會。他不是用禱告，而是用他個人最深刻的表達——《哈姆雷特》一劇來反應。

十八世紀晚期的編輯與傳記作家羅伊，爲了想知道莎士比亞當演員的職業生涯而四處尋訪，但沒有人記得。他寫說：「用這方法，我找不到什麼跟他有關的消息，最有用的應該是他在自己的《哈姆雷特》裡演得最好的鬼魂。」當莎士比亞扮演煉獄的鬼魂，要活人仔細聽他說話：「留心聽著我要告訴你的話」（一．五．五～六）之時，必然想到死去的兒子與將死父親的聲音，也許還有他自己從墳墓裡發出的聲音。難怪這是他演得最好的一個角色。

第十一章　蠱惑國王

《哈姆雷特》爲莎士比亞的作家與演員生涯畫下一個新紀元，他以此劇的新發現重新開發整個事業。到一六〇〇年，他已在悲劇的寫作上，累積了相當的經驗。《泰特斯．安特洛尼克斯》、《理查三世》、《羅密歐與朱麗葉》、《理查二世》與《凱撒大帝》探討了冤冤相報的欲念、王室的病態野心與不負責任、家族間的仇恨殺戮，與政治暗殺的毀滅性結果。《哈姆雷特》的主要突破並不是新主題的開發，或學到如何把情節安排地更緊湊勻稱，而是用一種新技巧——大刀闊斧的刪除法，來表現強烈的內心世界。他重新思考如何安排悲劇劇情，尤其是情節所需的因果關係，要多少才能發揮作用，角色需要多少心理因素，才能造成動人的效果。他發現如果把劇情裡主要的「原因」拿掉，不解釋劇中角色行爲的理由、動機或道德因素，可以引起觀眾和他自己強烈的情緒反應，超乎想像地加深戲劇效果。主要的原則，不是製造謎題，而是故意造成一種曖昧模糊感。莎士比亞發現，如果劇情的解釋太多，會減少劇力的衝擊，要是不解釋劇情，也就是造成模糊感，反而能讓巨大的戲劇能量釋放出來。

官方對世人的行爲所做的心理或神學的權威性解釋和藉口，莎士比亞在作品裡長期以來一直抱著諷刺懷疑的態度。他的劇作認爲，人在戀愛中所做的決定，幾乎是完全不可解釋、沒有理性的，這就是《仲夏夜之夢》的喜劇與《羅密歐與朱麗葉》的悲劇裡的想法。但至少愛情是清楚可見的動機。在

《哈姆雷特》裡，莎士比亞發現如果他不給自己或觀眾一個熟悉安心的理由，讓劇情清楚明白，他能造就無限的深度與成就。重點不只是製造模糊感，因為若僅止於此，只會使劇情不連貫，讓觀眾困惑。相反的是，莎士比亞愈來愈倚賴內心的邏輯，以長久以來天分加苦功所達成的詩文成就，連貫劇情。他把表面的意義結構拿掉，以關鍵詞語的重複、人物的微妙變化、精彩的場景搭配、複雜的意念表達、糾葛的並行情節，與心理困擾的揭露，建造了一個內心的世界。

《哈姆雷特》裡這個觀念的突破是技巧上的，也就是說，它影響到莎士比亞編劇時的實際決策，從王子想自殺的憂鬱跟裝瘋開始，但這不只是為了達到藝術效果的新技巧而已。動機的刪除，除了是為了技巧的實驗外，必然還有別的原因。由於漢姆尼特的死，這部戲表達出莎士比亞對人類存在的基本概念，也表現出他對什麼事可以說、什麼事該有所保留的想法，並且偏好雜亂損毀與懸而未決的事物，不喜整齊完好與安定平靜的情境。劇中的模糊感，是由他的人世經驗與個人的內心世界所塑造出來的——他的懷疑、痛苦、對儀式破壞的感覺、對表面安慰的拒絕。

寫完《哈姆雷特》後幾年裡，莎士比亞以同樣的方式又寫了一連串驚世的悲劇：一六〇三或一六〇四年的《奧賽羅》、一六〇四或一六〇五年的《李爾王》，以及一六〇六年的《馬克白》。他一再熟練地取材他人作品，加以改寫，把佳作劇本看似不可或缺、連貫前後的部分刪除。《奧賽羅》故事的中心，是惡毒的旗官伊阿哥一心想摧毀將軍上司，可是莎士比亞卻不肯給這惡人的所作所為一個清楚有說服力的解釋。這解釋其實並不難找，莎士比亞取材的來源裡早就有了完整的答案。那是義大利大學教師兼作家季羅迪（當時人稱之為「辛息歐」）所寫的短篇故事「惡旗官」，故事中的伊阿哥「不顧對妻子的忠實誓言，與摩爾人的朋友之情、忠誠與義務，瘋狂地愛上苔絲德夢娜，想盡辦法要博得她的歡心」。他不敢公開表態，因此用盡方法對她暗示，然而苔絲德夢娜的心思完全集中在丈夫身上，她不是乾脆拒絕旗官，而是根本沒注意到他。辛息歐筆下的旗官無法了解這種專一的愛，因此認定苔絲德夢娜必然別有所愛，而最有可能的人選，是摩爾人英俊的下士，於是布下陷阱害他。不只如此，辛息歐還解釋道：「他不只是心思轉到這上面，連對夫人的愛意也轉變成極端的厭恨，並且一心一意思考要如何下手，一旦除掉下士，如果他自己得不到夫人，那摩爾人也不應該享有她。」故事如此順暢地接續下去。

可是莎劇卻不是如此。他的惡人並沒有想要擁有苔絲德夢娜，也沒有特別厭恨她。有那一時片刻，他似乎重複辛息歐所敘述的動機：

卡西奧愛她，這點我深信不疑，
她愛卡西奧，也是很自然而可能的事。
那摩爾人我雖氣他不過，
卻是個有始有終、有情有義的人，
我敢說他會是苔絲德夢娜最體貼的好丈夫。
講到我自己，我也是愛她的。

（二・一・二七三～七八）

莎士比亞的伊阿哥，只認為自己的中傷是聰明的伎倆：「很自然而可能的事」，這跟辛息歐的伊阿哥眞的相信苔絲德夢娜一定愛上英俊的下士，並不相同。但這兩種惡人的版本，似乎在最後一句有交集：「我也是愛她的。」然而正是在此處，我們看到莎士比亞所營造的特殊效果：

講到我自己，我也是愛她的。
不過並不完全出於情欲的衝動——
雖然這罪過也許不比那個輕——
有一半倒是要報仇出氣。
我老是疑心那個好色的摩爾人，
已經跳上了我的坐騎。
這念頭像毒藥一樣，教我心裡好難受。

（二．一．二七八～八四）

在辛息歐簡單清楚的內容，到了莎士比亞劇中卻成了模糊不清：「不完全出於情欲的衝動。」伊阿哥認爲奧賽羅與其妻通姦，這想法取代了原先的動機，但兩者都缺乏說服力，而且多增加一層解釋，反而減弱所有原因加起來的力量，只有內心的痛苦折磨未受影響。伊阿哥模糊的企圖，跟他著魔似的恨意比起來，是出了名的理由不足，正如詩人柯立芝的名句：「爲沒理由的惡意找理由。」重要的是，這理由的不足成了劇中的問題。將近劇終時，奧塞羅終於知道他是中計誤信妻子不忠，殺了這個愛他的無辜女子，而自己的名譽和一生也毀了。他轉向伊阿哥，要求解釋。伊阿哥在他的惡魔眞面目揭曉，被捕受縛之下的回答，卻是拒絕說明自己的動機，他在全劇最後的一句話是：

問我也是白問，你們知道的，早知道了。
從現在起，我一句話也不說。

（五・二・三〇九～一〇）

這些話是《奧賽羅》劇中的對話，專門用來表現這位惡徒難解的殘酷，但這種模糊性也延伸到莎士比亞的每一部偉大的悲劇，成爲主要的特色。

最好的例子也許是《奧賽羅》不久後寫的《李爾王》。李爾王的故事流傳已久，說的是他誤會惱怒眞正愛他的女兒，把自己所有的財富權力給了兩個後來背叛他的邪惡女兒。莎士比亞也許是從講道壇上聽來的，或是看過史賓塞《仙后》裡提到一點，又或是在他愛看的史書裡，念到比較完整的記載，而且幾乎可以確定看過一部戲台上演出的版本。也許因爲跟他小時候喜歡的《仙履奇緣》中，一個好女兒跟兩個壞女兒的民間老故事有點類似；又或者是關於好女兒說愛父親像愛鹽巴一樣，以致性情乖戾的父親討厭她的故事。但李爾王的故事在莎士比亞的時代，主要是被人當做英國發生在遠古時代（約西元前八百年）的眞實歷史故事來敘述，也是對當時做父親的警告，教他們不要太相信孩子的諂媚。李爾王愚蠢地設下愛的測試，問三個女兒：「你們中間哪個最愛我？」（一・一・四九）包括莎劇在內的一些版本裡，這項測試，是發生在父親覺得自己無法再處理事業，決定要退休的時刻。

然而，李爾王在戲劇開始時，就已經畫好地圖，把國度平均分配給三個女兒，爲什麼還要做此測試呢？莎士比亞的主要取材來源，是女王劇團演過的舊劇《李艾王的眞實歷史故事》（於一六〇五年出版，但作於一五九四年或之前），劇中有令人滿意的清楚答案。李艾王的女兒柯苔拉個性頗有主張，發誓只嫁給她所愛的人，而李艾王想要爲她選能掌管國度的人。他設下愛的測試，希望柯苔拉會爲了跟姐妹競爭而說她是最愛父親的女兒，到時他就可以要求她嫁給他所選的女婿，以爲證明。這策略招致了相反的結果，但目的很清楚。

就像他在《哈姆雷特》與《奧賽羅》裡所做的一樣，莎士比亞把故事中說明因果關係的行爲動機，一筆刪除。李爾王說他需要答案，好根據女兒對他愛的程度來劃分國土，然而地圖早劃好了，戲劇的開場就是角色討論地圖的劃分，還強調每一部分都完全相等。更奇怪的是，李爾王把精確計算好的三分之二國土分出去之後，還測試柯苔莉亞，好像還有什麼事攸關得失。

李爾王這項導致一連串可怕事件的行爲動機，是使前後情節協調的因素，拿掉這因素，似乎使李爾王顯得更霸道，也有更深刻的心理需求。莎士比亞的李爾王是決定要從權位退休，卻無法忍受依賴的人。他不想失去自己在國家和家庭裡絕對的權威身分，所以安排了一項公開的儀式，問：「你們中間哪個最愛我？」目的似乎是要讓孩子一起分擔自己的焦慮。可是柯苔莉亞拒絕表態：「柯苔莉亞該怎麼說好呢？心裡頭愛就好，什麼也別說。」（一．一．六十）李爾王要求答案：「說吧」，她說：「沒有什麼好說的」（一．一．八五～八六），這句「沒有什麼」或「什麼也沒有」在全劇裡一直暗中回響，那是李爾王最怕聽到的，代表空無所有、失去他人的尊重、身分地位的消失。

李爾王劇終身分地位的消失，比他想像的還要糟得多。女王劇團的舊劇和所有其他故事的版本，結局都是李爾王跟柯苔莉亞復合，並重登王位。莎士比亞原先的觀眾一定也預期類似的圓滿結局，就算最後年老的李爾王可能會死去，王位傳予他的好女兒。他們想不到的是，莎士比亞會把柯苔莉亞得勝這整個故事的道德教訓刪除掉，反而描述失去身家的國王抱著死去的女兒悲慘哭嚎的情景。有位旁觀者問道：「這就是承諾的結局嗎？」這想必也是所有觀眾難以置信的心聲。在這前所未有的高潮裡，我們談到的「模糊」的戲劇效果，似乎直接從字面表現出來──「全是一些傷心事，陰慘慘，一片昏黑」，那是臨死的李爾王從瘋狂地抱著希望柯苔莉亞還活著，到終於知道她已死的慘痛：

完了，完了，沒有一絲生命了！
為什麼一條狗、一匹馬、一隻耗子，都有生命，
你卻沒有一絲呼吸？你一去再也不回來了，
永遠，永遠，永遠，永遠都不回來了！

（五・三・二六二，二八九，三〇四～七）

這些想像失子之痛的字句是劇中的高潮，也是莎士比亞寫過最悲痛的文字。

然而此劇不是寫漢姆尼特，而是寫柯苔莉亞，也不是劇作家失去兒子後馬上寫的，而是十年以後的作品，當時的莎士比亞財源廣進，事業發達。一六〇三年，伊莉莎白女王去世，結束了她不凡的四十五年統治時期，但並沒有損害到莎士比亞跟他的劇團，相反的是，新的統治者蘇格蘭詹姆士四世，成爲英格蘭的詹姆士一世，就位後幾星期，就把宮務大臣劇團收歸爲自己的劇團，改稱「國王劇團」。

國王與王室家庭，顯然很喜歡看新劇團演戲娛興，一六〇三年與一六〇四年之間的冬季，國王劇團在宮裡演出了八齣戲劇。下一季演出十一齣戲，包括有《西班牙謎宮》（今佚）、兩部班強生的諷刺喜劇《人各有癖》與《人各有怨》，還有莎士比亞整整七部劇作：《奧賽羅》、《溫莎的風流娘們》、《一報還一報》、《錯中錯》、《亨利五世》、《愛的徒勞》，與《威尼斯商人》。一六〇五年的二月十日與十二日，國王命三天內演出兩次《威尼斯商人》，可見喜愛之至。之前的女王喜歡上劇院看戲，但新的王室贊助人對劇團跟它主要的劇作家而言，則代表了前所未有的成功。

莎士比亞不只從所有劇團在宮廷和公眾的演出收入分紅，而且因為身為環球劇院的部分擁有人，還可以收到所有股東付的部分租金（也就是說，他付租金給自己）。想像力、企業經營技巧，以及毫無懈怠的努力，使他成為富翁；如朱麗葉的奶媽所說，他的袋子裡有「叮噹響」的錢幣（《羅密歐與朱麗葉》，一．五．一一四）。他不像班強生或鄧恩把錢用在買書，更別說買畫、骨董錢幣、小青銅器，或是任何學習或藝術的用品。他有興趣的，是史特拉福跟附近的房地產。

他可以輕易買得起倫敦的房子讓妻兒住，可是妻兒顯然寧可留在鄉下（或許是他自己的決定）。一五九七年底，漢姆尼特死後約一年，莎士比亞為妻子安妮與兩個女兒，十四歲的蘇珊娜與十二歲的茱蒂絲，在史特拉福置產「新地」，這是一棟三層樓的磚木大屋，原是十五世紀鎮上首富所建。屋子雖於十八世紀拆毀，但流傳下來的素描和其他記載，還看得出當初劇作家不同凡響的世俗成就。「新地」房子有五座尖頂、十個房間，每間各有壁爐，三面是花園與果園，還有兩座穀倉和其他獨立建築，這是有錢人才住得起的宅子。莎士比亞在一六〇二年五月和七月，以巨額投資，半買半租下史特拉福一帶農地的什一稅（什一稅是古代農地的稅制，原為教會或政府擁有，在莎士比亞的時代人民可以購買或承租，擁有者可收地上農產的十分之一）。此時的他，除了是成功的劇作家和演員外，還是史特拉福的首要市民之一。

十七世紀的傳記作家歐伯瑞說，經手這樣大規模的交易，他得回家好幾次，不算在一年一次回去看家人的常例裡。長途騎程上，最明顯的歇腳處是牛津。據早年一些傳言所說，莎士比亞常習慣寄宿一家叫「客棧」的酒館。酒館主人是葡萄酒釀造人，名叫約翰・岱文南，跟妻子珍和一大家子住在一起，包括後來成爲復辟時期名劇作家的兒子威廉・岱文南。據說約翰・岱文南爲人非常嚴肅，沒有人見他笑過，但事業興隆，十分受人尊重，因此被選爲牛津市長。妻子珍則是人稱「有才有貌又極爲健談的美女」。

莎士比亞似乎跟這家人十分親近。威廉的哥哥羅拔後來成爲牧師，回想小時候莎士比亞曾經「親了他上百次」。威廉說他的名字取的就是莎士比亞的名字，對親近的朋友還暗示，莎士比亞對他比祖父還親。茶餘酒後，他會說自己寫作用的正是莎士比亞的「精神」。那時的劇作家就像現在的一樣，在最自信滿滿的時刻，總會誇大其詞，可是岱文南的酒友相信他「很高興別人認爲他是」莎士比亞的兒子。這也許是對莎士比亞業已享譽的名聲，最明顯的致敬了！岱文南是十七世紀末的名人，熱誠擁戴皇室，曾在新舊王位交替的中空期，爲此下獄，後來被封爲爵士。這樣的人會誇稱自己是出身低微的劇作家的私生子，對莎士比亞實爲莫大尊榮。當然有些當時的人也很驚訝岱文南竟然爲了提高自己的藝術名聲，而把自己的母親說成淫婦（用他們的話說），也未免太過分了。

岱文南是在一六〇六年三月三日受洗的，所以如果他所言如實，莎士比亞在一六〇五年的晚春與夏季，應該多次路經牛津，可能是爲了大筆房地產買賣，後來在七月成交的事宜。除了祕密外遇的可能以外，莎士比亞是否在這期間造訪牛津，還有其他的問題令人困惑。一六〇五年八月二十七日到三十一日，國王詹姆士偕同來自丹麥的安俔王后與兒子亨利，第一次正式造訪牛津。在這四天裡，大學做了四場戲劇表演，三齣用拉丁文，第四齣爲了女士（還有不肯承認自己拉丁文不好的男士）用英文演出。這些演出遠非隨意或即席之作，戲服是遠從倫敦的國王歡宴劇團租來的，舞台設計雇請大設計師瓊斯建造特殊機器變換布景。如果莎士比亞當時在牛津，他有最大的專業理由去看這些表演。

可是這些演出顯然並不順利。第一齣戲《阿兒巴》（大學者柏潼爲作者之一）裡一位男演員近乎裸體，冒犯了王后與仕女。國王顯然覺得這齣戲跟下一齣很無聊，第三齣《凡爾多莫》演出時根本就睡著了，第四齣索性不去看。《凡爾多莫》是四齣戲裡唯一流傳下來的，可以證明國王的評斷沒錯，但此劇的失敗必然讓安排演出者大感失望。官員轉而求助曾是聖約翰學院會員的關馬修。關馬修曾在一六〇三年出版過一部關於尼祿生平的拉丁文悲劇，更要緊的是，他曾在一五九二年伊莉莎白女王造訪牛津時，監督戲劇演出。十七世紀早期，他在倫敦當醫生（還曾經是倫敦塔囚犯的醫生），但經驗與名氣讓他又回來爲博學的國王寫劇本，並受任舉辦歡迎會的演出，莎士比亞似乎對此特別感興趣。

當國王跟他的隨從抵達聖約翰學院時，歡迎他的是關馬修設計的遊行行列或迷你小劇。三名男孩裝扮成古代的女先知，迎向詹姆士，有人記載說「好像從樹林裡出來一樣」，大概是手持樹枝，另一旁觀者記載他們是從「長滿長春藤的城堡」出來。第一位女先知說起詹姆士在十一世紀蘇格蘭的祖先班戈的傳說，班戈遇到掌管命運的女神，預告他的後代會有「世代無盡的權力」。發言人說：「我們三個同樣的命運女神也要向您如此唱道」，然後開始一連串輪唱歡呼：

蘇格蘭王萬歲！
英格蘭王萬歲！
愛爾蘭王萬萬歲！
法蘭西獻予的頭銜與土地，萬萬歲！
統一分裂的大英，萬歲！
英國、愛爾蘭、法蘭西的萬能主，萬歲！

這歡迎儀式，從現在的眼光看來，似乎滿差勁的，但是在當時卻是經過仔細考量來取悅國王。引用國王的遠祖班戈，比起他較近的尷尬祖先感覺要舒服點，畢竟詹姆士的母親是蘇格蘭馬莉女王，因不斷陰謀策反，被伊莉莎白女王監禁，後來因國會會員憤怒要求「殺了那女巫」，伊莉莎白女王在強大壓力下，不得不殺她。上述的歡迎儀式，是要向詹姆士表明，他忠實的英國臣民不是把他當做蘇格蘭的干政者、巴比倫犯罪妓女之子，而是注定要當統一國度的統治者。並且還把名聲、偉大，與安定的前景，延伸到詹姆士的孩子亨利與查爾斯，說：「我們沒有爲這命運設下時限。」

詹姆士是個非常緊張的人。他可以玩弄深奧的學術問題、撫弄俊俏的男寵、瘋狂地殺動物取樂，在此其間得到放鬆。心情好時，他可以自我嘲弄，讓人取笑，甚至很粗俗。可是他無法完全逃脫昔日的恐懼。若有人想放煙火或製造驚奇來取悅他，往往會出問題；偶發的事件，會讓他想起過去的恐怖回憶；而他雖熱中打獵，卻無法學劍術，因爲看到人抽劍，會讓他突然大起恐慌。

他很有理由害怕。因爲不只母親被傳位給他的女王所殺，父親也是死於暗殺。他自己則多次從暗殺計謀死裡逃生。他相信敵人會不惜一切來傷害他和自己的子女，害怕尖銳的鐵器、插針的蠟像和無牙老婦喃喃的咒語。跟伊莉莎白女王和亨利八世一樣，他對預言也深感焦慮，若有人想以巫術或其他法術對未來做預言，是重罪一項。因此即使是關馬修無害的歡迎小儀式，也未免有點大膽。然而，說詹姆士自己和後代的統治是幾世紀前預言的話，一定讓他深感安慰，而聖約翰的男孩則像一種戲劇咒語，制止了他心裡的恐懼。大家一定都看得出國王龍心大悅，因爲這個歡迎儀式似乎在莎士比亞的想像中生了根（也許他站在人群裡觀看，也許聽旁觀者提及）。

一年後，一六〇六年夏天，丹麥國王到英格蘭看妹妹安倪王后。看到的人寫說：「只聽到宮中傳出鼓樂號聲，喜劇宴樂」，也許這是詹姆士跟賓客一道觀賞自己的「國王劇團」演出新劇《馬克白》的其中一次宴會。當三位怪女巫出現在戲台上時，國王是否想起聖約翰學院外那個小小歡迎會呢？也許沒有，畢竟他即位後看過太多大型表演，還有其他許多事讓他分心。

可是莎士比亞想必看過或聽過那三個男孩裝扮成女先知的情景，而且不曾遺忘。他在《馬克白》裡，把他們對朝代會不斷持續下去的預言，重新搬上戲台。戲中馬克白去找「神祕幽冥的夜遊女巫」，說：「我的心直跳，想知道一件事」

告訴我，如果你的法術可以解釋我的疑惑，
班戈的子孫將來會不會統治這王國？

（四．一．六四，一一六～一九）

女巫說他知道得已經夠多了，叫他知足，不要再追問下去，但馬克白堅持要求答案，受不了不確定：「我一定要知道究竟。」（四．一．一二〇）他得到的回應是一場奇異的幻象，就像歡迎國王的娛興儀式一樣。

莎士比亞的悲劇有個共同點，當主角得到想要的東西時，結果都是不幸。馬克白為國王鄧肯打了大勝仗，榮耀加身，但這榮耀卻激發他更多的不滿足。他殺了鄧肯，篡奪他的王位，而背叛的結果，卻是一連串懷疑焦慮的開始。他命人暗殺朋友班戈，之後卻被鬼魂纏身，班戈的兒子逃脫，也讓他十分沮喪。他渴望安全感、不受拘束、「萬無一失」，如他所形容的「像大理石一樣結實，岩石般穩固」，事實上他的感覺卻是「被疑慮恐懼所包圍拘束」（三．四．二十～二二，二三～二四）。為了解除心裡的疑慮，他向女巫求助，要求預告未來的事，可是得到的答案卻讓他更痛苦，因為女巫顯示的未來王室不是他自己的後代，而是被他謀殺的班戈的後代。他看到八個國王從眼前走過，最後一個身戴魔鏡，表示以後還有許多代會繼續下去。這個魔鏡原是巫婆傳說中常見的工具，也許在一六〇六年宮廷演出裡還有另一個功用：演員可能走到王座前，舉起魔鏡，讓班戈後代詹姆士可以看到自己的影像。在此，正如牛津的歡迎會上一樣，命運女神預言「世代無盡的權力」。絕望的馬克白問說：「什麼，王室的繼承就這樣持續到末日嗎？」（四．一．一三三）

《馬克白》是環繞一段巴結戲碼寫成，或者說，此劇就是個巴結的戲。但並不像當代許多過份阿諛的王室娛興那麼個人與直接，而是間接與朝代性的巴結。也就是說，他對詹姆士的稱頌，並不是關於他的智識或治理國家的能力，而是他在王位繼承上的合法性，一個從他的遠祖到兒子繼承無斷的承諾。為了強調這一點，莎士比亞必須扭曲一些歷史紀錄。關馬修設計的歡迎會裡關於班戈之事，可能是取材於霍林舍德的《編年史》，莎士比亞也用過這本書寫英格蘭歷史劇，但是當他追循關馬修的來源，查看霍林舍德所寫的蘇格蘭史部分時，會發現班戈其實是謀殺兇手馬克白的主要同謀，兩者在德性上沒有兩樣。（「他跟好朋友商量討論自己的意圖，其中最主要的是班戈，得到他們承諾的支持後，終於把國王殺了。」）可是莎士比亞筆下的班戈，卻是正直廉潔的人物。當馬克白小心地請他幫忙，卻沒說是為什麼事時，這位正直的鄉紳溫和卻堅定地表示他對國王的忠誠。如此，莎士比亞把詹姆士的祖先，從同謀者轉變成反抗者。對剛經過一連串陰謀背叛的恐怖過去的詹姆士而言，一定很欣慰別人告訴他，自己的王位是建造在正直祖先的基石上。

安定穩固的王位傳承與國家統治，不只是國王一個人的希望而已。就在幾個月前，全國還因為一樁事而大為震驚。一項企圖摧毀詹姆士全家和宮廷，以及所有國家政治領袖的陰謀，在最後一刻被揭發。一六〇五年十一月四日，就在國王詹姆士一世要親身到場為國會的新會議開庭的前一晚，官員因幾天前收到的一封無名密告信，發現福克斯等人在國會大樓的地窖裡，裝滿成桶的火藥和鐵棍，以木材煤炭覆蓋，企圖以手錶、火種和導火線引爆，炸死所有政府官員。這群人認為詹姆士不肯為羅馬天主教保障信仰自由，而設下陰謀。福克斯在凶殘的拷問下，供出同謀者的名字。這些人被一一逮獲，拒捕的當場殺死，其他的被捕之後，經過國王祕密旁觀的審問，被施以吊刑，趁一息尚存時取下來開腸破肚，屍體砍成四塊。

高納神父是火藥陰謀的被捕受審人之一。他是耶穌會在英格蘭的祕密教會領袖，雖然參與同謀的證據很少，並且自稱無辜，可是政府官員說他寫的《論雙關語》一書有問題，此書的寫作目的原是要辯護世人在誓言下給予誤導或模稜的回答。在審判會上，詹姆士也同樣藏身旁觀。高納被判有罪，用囚車拖到聖保羅教堂庭院執行死刑，砍下來的頭跟別人一起掛在倫敦橋頭展示。

威尼斯的大使寫說：「國王深受恐懼，未曾同往常一般在公眾場所露面或用餐……議會大臣也因陰謀本身與國王的疑慮，而困惑緊張；全城人都不確定會發生什麼事；天主教徒怕異教徒，異教徒也怕天主教徒，雙方都武裝起來，外國人因房子隨時會被暴民襲擊而生活在恐懼中。」檢察官柯克爵士把血腥的死刑，形容為「沉重悲哀的悲劇」，如果這是想平定國境的手段，結果並不成功。三月二十二日，謠傳國王被毒劍刺死，有人說是英國耶穌會教士，有人說是裝扮成女人的蘇格蘭人，還有人說是西班牙人跟法國人。城門上了鎖，士兵召集起來，宮廷朝臣臉色蒼白，女人開始哭嚎。直到國王發布告示，說他沒事。全國經歷的是一場還沒完全醒來的噩夢。

「國王劇團」跟別的劇團一樣，需要好好想想，對一般倫敦觀眾和宮廷而言，什麼才是適合當前時局的戲劇。莎士比亞似乎是把《馬克白》當做恢復大眾信心的儀式，因為每個人都飽受驚嚇，整個統治階層，包括國王與其家人，有可能被炸成碎片，國家分崩離析，導致兩敗俱傷的宗教戰爭與混亂。把十一世紀的蘇格蘭事件搬上戲台，如國王被背叛謀殺、秩序與禮儀的崩潰、把國家從血腥的叛亂份子手上奪回的長期爭鬥，可以讓十七世紀當時的觀眾看到一個象徵性的災難版本，也見證到秩序終歸重建的最後勝利。

《馬克白》的情節當然跟火藥陰謀大不相同，其中既沒有天主教徒的陰謀、爆炸的威脅，也沒有陰謀在最後一刻敗露的情節。但莎士比亞巧妙地放進一些暗示，其中最有名的是個笑話，當初一定引起觀眾帶著恐懼的發抖笑聲。這個奇怪的喜劇片段，發生在莎劇中最可怕的場景之後。國王鄧肯到馬克白的城堡做客，睡夢中被馬克白所殺。馬克白在緊張恐懼兼悔恨之中，正焦慮地跟他野心勃勃的妻子對談，忽然聽到有人敲城門。敲門聲是個簡單的戲劇技巧，可是戲裡演出時總是造成嚇人的效果，就好像馬克白在進行謀殺之前所說，想到自己要做的事，讓他恐懼得彷彿「心敲在肋上一般心驚肉跳」（一．三．一三五）。敲門聲不斷中，兩個同謀者下去洗手，換上睡衣。馬克白夫人看來（或者儘量維持）異常冷靜、老謀深算，很有自信地說：「一點兒水就可以讓我們泯滅痕跡」（二．二．六五），驚嚇的馬克白卻不是如此：「把鄧肯敲醒吧，但願你有這本事」（二．二．七二），也許是出於害怕或絕望，也許是希望或痛心的諷刺。這時，一個門房被敲門聲驚醒。他因整夜的狂歡宴飲，喝得醉醺醺的，嘟囔著開門之時，似乎還在做夢，以為自己是地獄的門房歡迎新到的人，對其中一位罪人說：「來的莫非是老說雙關語的傢伙，牆頭草兩邊倒，一下幫這個罵那個，一下又幫那邊罵這邊；借上帝的名義，犯了賣國大罪，可那舌頭卻混不進天堂去。啊！進來吧，講雙關語的傢伙。」（二．三．八～十一）這個敲地獄門、講雙關語的賣國賊，幾乎可以肯定就是指的最近被處死的耶穌會士高納。

為什麼莎士比亞跟其他劇作家，沒有針對一六〇五年十一月發生的這件高度戲劇性的事件，寫出更直接露骨的劇作呢？畢竟這些事件，不只在國家的臨危與救贖上構成完美的故事，而且還在揭露這項窮兇惡極的陰謀過程裡，讓國王自己扮演了一個重要的角色。詹姆士的主要顧問撒利伯利伯爵，小心地為他布置了一幕景象，密告信中只說：「國會將會遭到大爆炸，可是看不到是誰傷害他們」，撒利伯利伯爵說他自己和樞密院都不確定這意思模糊的句子說的是什麼，直到國王智解謎題，叫他們查看地窖。法令定十一月五日為全國感恩日，並宣布「若非全能上帝不喜悅，讓我們最優秀的國王陛下有聖靈，凌駕超越所有平凡人能想到的，解開信中晦暗不明的字句」，這項陰謀就會達成目的了。這條通俗劇式的紀錄，看來就像是特別為劇團準備的禮物一樣，為什麼「國王劇團」沒有接受呢？

答案部分是來自官方長期的擔憂，歷史可以回溯到倫敦有公眾劇院之前。伊莉莎白女王統治的第一年，即一五五九年，指示座下的官員，不准任何「短劇」「演出有關宗教或國家政府之事」。雖然從大處看，除非把劇院都關閉，否則這禁令幾乎不可能徹底執行，但檢察官對所有太接近時下爭議的話題，都很注意。此外，王室與上層統治階級對戲台上拿他們當角色不太舒服，不管角色有多討好。因為容許戲劇扮演他們的結果，會讓他們對自己的眞實形象失控，而且怕劇院只會如女王所說，「讓偉大變凡俗」。

無論如何，在國家險遭大難及時得救的事件發生之後，《馬克白》文中卻連一首寫給國王慶賀他死裡逃生的開場白，或讚美詹姆士是撒旦之敵與上帝所愛，感激能被班戈智慧的後代統治的喜悅都沒有，實在很令人驚訝。莎士比亞對這件事只在戲裡提到說雙關語的人該下地獄，也許跟他的劇團在前一年冬天遭遇的一件不愉快的經驗有關。「國王劇團」是大獲成功了，一六〇四年十一月一日與一六〇五年二月十二日之間，他們至少在宮裡演出了十一次，除了三部外，其他全都是莎士比亞的劇作。可是其中一次遇上麻煩，在當時有可能讓他們災禍臨頭。大概是因為王室贊助的鼓勵，又身為首席劇團，他們決定要測試傳統對演出的限制，認為把詹姆士遭遇過的戲劇性事件搬上戲台，會讓國王和大眾感興趣。那是詹姆士說過他曾在一六〇〇年八月差點被高瑞伯爵和兄弟亞歷山大暗殺的事件。

官方對此事的描述，一如火藥陰謀，讀起來好像通俗劇，說國王在蘇格蘭跟隨從出獵時，高瑞伯爵用一個金幣罐的奇怪故事把國王引誘到他家去。高瑞的兄弟亞歷山大又引他單身上砲塔。國王的隨從在廳裡等得心焦，以為主人騎馬溜走了，正要出去找他時，卻驚訝地看到詹姆士倚在砲台窗口上大叫：「殺人啦！叛賊啊！」砲台的門上了鎖，但隨從蘭塞找到另一座階梯，衝破房門進去。詹姆士正跟亞歷山大扭打，蘭塞用劍刺穿暗殺者的臉和脖子，而樓下其他侍從則迅速解決了高瑞伯爵。

這故事聽來好得不像眞的。兩個權高勢大的貴族，國王素不信任又欠他們總數達八萬鎊的錢，最後因政治叛亂被殺——一定有許多人看出此事別有蹊蹺。政府顯然覺得有必要詮釋一下這個意圖謀殺國王的叛亂故事，根據官方的說詞，高瑞伯爵背叛做臣民對王上忠誠的義務，不只踐踏了做主人對賓客的義務，還違反對上帝的崇拜。他們發現伯爵的屍體上有個「密閉的小羊皮紙袋，裡面裝滿法術圖文和咒語」。等這紙袋拿走，他的屍體才開始流血。法官宣告說，其中的希伯來文證明攜帶者是「猶太祕術家，專門研究法術、召鬼的人」。幾個證人在「靴子」刑具的折磨下（一種把腳骨頭夾碎的刑具），供出大量政府想要的證據，接著一連串的死刑，高瑞家產被國王沒收，此事到此告一段落。蘇格蘭的牧師收到指示，要「爲國王從叛亂惡徒手上奇蹟生還而讚美上帝」。好幾位牧師拒絕照做，可能是因爲懷疑故事的眞假，或者認爲這項指示有崇拜偶像之虞，這些人很快就被解雇了。大部分人都心不甘情不願地照辦。

跟「國王劇團」共事的劇作家（可能是莎士比亞自己），認爲這故事應該可以寫成一齣很刺激的戲。他們當然知道，把還活著的大人物和當代或近代的事搬上戲台，會違反伊莉莎白女王時期的禁忌，因爲有人（在此也可能是莎士比亞本人）必須扮演詹姆士的角色。但他們也許想試探這禁令是否在新王統治下還生效，此外可能也注意到國王對凡是支持他所說高瑞家發生的血腥故事的人都特意嘉獎，並且算到這個故事可能會很吸引英格蘭的觀眾。他們至少猜對了一半，一六〇四年的十二月，《高瑞的悲劇》至少演出兩次，觀眾很多。但如宮裡派來的密探所記，不是每個人都喜歡此劇，「也許是事件或表演的方式沒有處理好，或者是覺得不應該在戲台上演出還在世的君王，我聽到有些大議員對此劇的演出很不高興，認爲應該要禁演」。劇團這次的失算，並沒有使他們失寵，但此劇顯然被禁，沒有其他演出的紀錄，劇本也沒有流傳下來。

一年後發生了火藥陰謀事件，「國王劇團」又想再演一齣蘇格蘭劇，可是知道這次要小心點。如果要把蘇格蘭的叛亂故事搬上戲台，譬如像著迷妖術的貴族企圖謀殺到他家來做客的王室，他們得把時間推到遠古時代。如果想用演出吸引國王的想像力，他們得更加小心地研究他的心思意念。而英格蘭的臣民發現，詹姆士的心思是極端的怪異。

伊莉莎白女王的教子賀林頓是有名的才子，曾敘述他在一六〇四年覲見國王的經驗。詹姆士剛開始一副炫耀學識的姿態，賀林頓寫說：「讓我想到我在劍橋的考試官。」他接著談文學，討論義大利史詩作家阿里奧斯托，然後轉向一個奇怪的話題：「王上追問我對巫術裡撒旦能力的意見……爲什麼魔鬼會找老太婆而不找別人。」賀林頓試著用一個粗俗的笑話轉移話題，說他記得聖經裡說魔鬼喜歡「在無水之地，過來過去」。可是詹姆士沒有一笑置之，還說他母親死前，蘇格蘭的天上出現一個怪異的鬼魂，「一個滴血的頭顱在空中舞蹈」。這個英格蘭的朝臣克制住自己，沒有再繼續開玩笑。

詹姆士對女巫和鬼魂的焦慮，不是好笑的事，而任何關心國王好惡的人，包括朝臣與劇作家，理所當然都會認眞考量此事。「國王劇團」的人可能有個共識，認爲他們的首席劇作家應該對詹姆士的想像世界做些研究，以便寫一部專門用來取悅他的戲。他們不用正式協議，因爲這需要很明顯，特別是在《高瑞的悲劇》被禁以後。一六〇五年八月，莎士比亞在牛津可能不只是偶爾路過而已；他很可能是負任去看詹姆士的反應，就像是《哈姆雷特》裡赫瑞修觀察國王一樣。

觀察國王看戲的反應，對他應該很有用。在這個例子裡可以很清楚地看到是什麼樣的戲會讓他睡著；可是沒回答主要的問題：什麼戲會讓他清醒？吸引他的注意，卻不會引起他的恐懼？讓他有興趣，滿足他的好奇，讓他慷慨解囊，渴望再看？「國王劇團」的人必須進到國王的腦子裡去。從歡呼的人群中觀看詹姆士，當然不比賀林頓跟他談話那樣有洞察力，那特權不是當演員能有的。然而，也還有其他方法可以進入國王的興趣與想像。詹姆士曾做過一件不尋常的事，於一五九七年出版了一本關於巫術的博學論述《靈鬼論》。這本書在一六〇三年倫敦就出了兩版，莎士比亞很容易就可以看到。其中談到懷疑主義的存在，說「許多人很難相信有巫術的存在」，但他認爲不信會導致無神論，下地獄。巫術確實存在，而且對國家是重大的危險。

莎士比亞老早在蘇格蘭王出書之前，就已經知道有關女巫的事。他也許聽過教士受命到全國各地旅行，搜尋巫師、魔法師和巫醫，也知道國會規章一再通過行「巫術、妖術、魔法」者一概處死，還有法律禁止任何人用法術或其他不法的方式查問「女王會統治多久、活多久，或誰會在她過世後當國王」。他很可能也看過一六〇四年通過的法案，不准任何人

> 為任何目的意圖，跟魔鬼與邪靈商討、結盟，或款待、雇用、供養、酬謝他們；或把死人從墳裡或葬屍處挖出來，以其皮膚、骨頭或任何部分，來行巫術、魔法、唸咒或妖術；或是以巫術、魔法、唸咒或妖術，來殺害、毀損、消耗、毀壞人身，或使人癱瘓殘廢。

莎士比亞是來自鄉村的人，他會聽說或知道有人因牛隻生病、農作物損失，或是小孩久病死去而怪罪鄰居行妖術。一般人可能會認爲這些事是天災，然而意外之災像是大暴風雨、不知由來的疾病、

無法解釋的陽痿，會讓他們怪罪巷底小屋裡貧窮醜陋、無力自衛的老太婆。有個德國人於一五九二年造訪英格蘭，寫說：「那裡有很多女巫，常常用下雹和暴風雨造成災害。」

有個好大喜功自以爲是的保安官戴席，一五八二年出版了一本書，寫他在艾賽克思一帶查辦一群被控告爲女巫的人。他的書對鄉村居民如何看待日常生活的種種怪異細節，有詳細的描述，讓我們看到人民如何在官員的煽動下，互相激烈指控的情景。這個狂熱的保安官用小孩和吵架鄰人的證詞，搜出他早知道可以找到的密教罪證，找到整群召邪靈的女巫團體，這些邪靈叫做「底份」、「底滴」、「撒金」，裝成一般人「熟悉」的模樣，如貓狗、蛤蟆，造成禍害。甘婆跟索蘿太太吵了一架後，叫她的邪靈「底份」（「像隻小白羊」）去搖索蘿嬰兒的搖籃，搖到孩子差點掉到地上。「蔓絲費德老太太」到妲絲藤家去要煉乳，妲絲藤說她沒有，「沒多久她的牛就癱了」。「林德太太」說蔓絲費德老太太去跟她要「一大罐牛奶」，她不肯，說「她只有一點點，連她的小牛都不夠吃」，那天晚上小牛就死了。都是類似這樣的地方小故事，小小一個不夠好心的舉動、幾句不好聽的話，接著是可怕的結果。農婦拚命攪拌牛奶，卻攪不出一點奶油；紡錘好好的，線卻斷在紡車上；活潑的小孩沒事就病倒了。這些事都是像斯尼特原、溫寇、索特鼇等地，靠近史特拉福的村落日常的生活，莎士比亞再熟悉也不過的。他們幸運的是（如果他們眞幸運的話），沒有像戴席這樣的人，把近古時期的鄉村生活中平日的緊張挫折與傷心難過，轉變成法庭上的謀殺。

莎士比亞從《靈鬼論》看得出來，詹姆士雖然對許多人把巫術加在老村婦頭上覺得奇怪，但是對大多數的指控起於地方人彼此的厭惡與悲傷，是一點興趣也沒有。國王的心思跟戴席大不相同，所想的事與鄉村生活裡的敵意更是十萬八千里。詹姆士身爲國王，看的是廣泛的書籍，有的是抽象的大道理、複雜的政治策略、知識份子兼政治家的精細思考。此外，他也知道許多對巫術的指控只是幻想和謊言而已，對此洞察力，他很自傲。

詹姆士認爲，女巫自己是沒有魔力的，但是她們跟魔鬼有盟約，在夜裡集會狂歡，以爲慶祝。魔鬼爲了引誘基督徒遠離眞理，讓他的跟隨者以爲自己有特殊天分，有能力可以傷害鄰人。所以看起來像是魔術的效果，其實大部分是假的，用幻象蒙蔽「人的外在感官」。當然這些幻象往往很唬人，但也沒什麼好驚訝，「因爲拿一個平常的證據來說，小小一個變戲法的就可以變出上百樣假東西來騙我們的眼睛和耳朵」。魔鬼的能力有限，在天地創造之初就注定了，他造不出眞正的奇蹟，毀不掉敬拜神的執政者，也無法看透人的心思，然而他比最高超的江湖郎中還厲害。魔鬼教他的信徒用假奇蹟「矇騙人的感官，搞玩牌、骰子之類的騙術」；對任何有道德弱點的人，他用極爲巧妙的方法引他走上歧途；而且雖然他看不透人的心思，也夠聰明可以從人的面相猜到他們的想法。

魔鬼的目標，不是毀掉一個小村子，而是整個國家，因此主要靶心不是這個或那個地方的村民，而是上帝在世間的代表——國王。魔鬼教信徒（嚴肅聰慧的詹姆士稱之爲撒旦的「學者」）如何用詭計誘捕國王。這個壞東西活過這麼幾世紀，仔細觀察過人類野獸與自然世界，深爲精通欺騙之道，我們可以想像他的騙術有多麼高超。詹姆士寫道：「他會讓他的學者預告許多大事，讓君王不知不覺地信任他們」，譬如戰事的勝敗、聯邦的命運等等，「半眞半假」。如果撒旦的學者只說謊話，主人很快就不信任他們，而如果他們說實話，又做不了魔鬼的工作。所以他們的預言「總是很可疑，正如他們的神諭一樣」。魔鬼以其驚人的靈巧，讓女巫用其他方法取悅君王，如「從世界最遠的一角，片刻間帶來美好的饗宴與講究的美食」，而且似乎還賦予她們製造光影的能力，「讓靈魂在空中造成影像」，以蠱惑人類的感覺。

詹姆士認為，她們用模稜兩可的假預言、誘人的享樂、假幻象等方法害人。《馬克白》顯示莎士比亞都留意到了。也許他曾特地查詢國王跟巫師之間確實有過的接觸，如詢問曾在詹姆士統治蘇格蘭期間的當地人，因為有一大群人跟隨詹姆士到倫敦來，可以提供這類消息。也許他也讀過一五九一年出版的一本感人的手冊《來自蘇格蘭的新聞》，其中提到兩年前，詹姆士的婚事被一場暴風雨所阻撓，他的未婚妻丹麥安倪原訂在一五八九年由丹麥坐船到蘇格蘭，但風雨雷電使船隻不得不到奧斯陸避難。急躁的詹姆士搭船去那兒跟她結婚，幾個月後才回蘇格蘭。他開始相信那場暴風雨是惡魔的干預，於是史無前例地親自對巫術展開調查，結果宣布在愛丁堡三十多公里外，浮石河口的柏屋喀北邊，發現一群女巫在一起崇拜魔鬼。

其中一個叫湯璞笙的，對國王與其顧問承認說，一五九〇年的萬聖節有兩百多個女巫乘坐竹籃到城裡，然後另一個成員鄧函娜以一隻小樂器「猶太人的喇叭」奏曲，大家唱歌跳舞，進入教堂，撒旦在裡面正等得不耐煩。魔鬼把他的屁股放在講壇的欄杆上，讓女巫親吻，以表忠誠，然後發表他「邪惡的講道」，把攻擊的焦點集中在「他在世上最大的敵人」，即蘇格蘭王。詹姆士因此發現自己是魔鬼演說詞裡的直接攻擊目標，無疑肯定了他身為皇室的尊貴地位，但也讓他很緊張。刑審裡（詹姆士最熱中用刑虐逼供），湯璞笙透露她們用來對付他的一些工具：「她承認把黑蛤蟆倒吊三天，把滴下的毒液收集在蚌殼裡，然後蓋起來，等她找到任何屬於國王陛下的東西，或用過的一塊髒布。」她說如果拿到一小塊他的衣服或手帕，放在毒液裡，就可以「把他毒死」。即使毒不死他，至少也可以傷害他。她們為一隻貓施洗，把死人的屍塊綁在牠腳上，然後把牠丟到海裡去，為的是要興起「前所未見的大暴風雨」，反風向讓國王的船從丹麥回不來。「要不是國王的信心壓過她們的企圖，恐怕就回不來了」。

詹姆士雖有意相信這些怪異的指控，卻不想讓自己顯得太天眞。他說這些被剝了衣服、用淫穢的方法戳刺、刑審拷打的悲慘婦人，都是「最大的說謊家」。可是其中一個叫珊卜蔘的，把他帶到一旁，講了「那一句」他在挪威結婚當夜跟新娘說的話。詹姆士很震驚，「說她說的完全正確，他跟上帝發誓，這話連地獄裡的魔鬼都不會知道」。到此他眞的相信女巫不只可以跑到驚風駭浪的大海上，在墳地裡挖死屍，行淫穢儀式，還會進到內室偷聽夫妻間最親密的交談。

詹姆士對巫術的想法，以及其中的政治主張與強烈恐懼，並不是藏在黑暗角落，只有親近的人知道的事，而是公開的紀錄。莎士比亞對此似乎觀察得很仔細，還注意到別的跟他的目的比較有關係的事。當詹姆士聽說女巫在柏屋喀北邊的教堂，跟隨鄧函娜的小喇叭樂曲起舞時，「大爲讚歎」，派人去請她來，在他面前表演同樣的舞蹈。

可憐的鄧函娜原是女傭，因爲「不管誰生什麼病，有什麼麻煩，她都有辦法解決」，主人因此對她起疑。雖然她剛開始抗議說自己無辜，可是經過一連串粗暴的驗身與拷打（「用一種痛苦的刑具夾她的手指，用繩子扭綁她的頭」），終於逼她承認。如今她得在這個既恐懼又興奮的國王面前，表演強加在她身上的致命角色。《來自蘇格蘭的新聞》報導說，詹姆士「對這些怪異的事情極有興趣，喜歡審案時在場」。巫術雖然危險可怕，卻也是奇妙好戲。

莎士比亞了解到國王對女巫「大爲讚賞」，那正是「國王劇團」希望達到的目的。因此，莎士比亞關於蘇格蘭的新劇，就是以這種奇異的場景開幕：

何時姐妹再相會？
雷電交加或雨中。

（《馬克白》一・一・一～二）

莎士比亞採用關馬修設計的歡迎會中三名女先知從樹林裡出來預言未來，重新把班戈後代將會成為統治王國的允諾交代出來，但省略了聖約翰學院前的禮節儀式。在此莎士比亞又跟以前一樣，大事修改原作，甚至在原本簡單明白的情節裡，刻意製造字面的模糊感，如「煙霧瀰漫」。

這是什麼東西呀？
形容這樣枯瘦，服裝這樣怪異，
不像活在這世界的人，
可是卻出現在這裡。
……
你們該是女人吧？
可是長的鬍鬚
卻不容我做此想。

（一・三・三七～四四）

此處的場景是在荒野上。讓人驚訝的是，當馬克白上場時，「三怪女」輪流向他致意，所說的話完全是引用關馬修歡迎小劇裡的詞句：

女巫甲：馬克白萬歲！葛拉密斯爵士萬歲！
女巫乙：馬克白萬歲！考德爵士萬歲！
女巫丙：馬克白萬萬歲！未來的君王！
（一．三．四六～四八）

然而原本是肯定的語句，在此卻完全倒轉過來，本來是熱情的歡迎，這裡卻令人毛骨悚然。劇中馬克白聽到這表面喜樂的預言，反而不安起來。朋友班戈就問他說：「好將軍，你爲什麼這麼吃驚？聽到這麼好的消息，反倒很害怕的樣子？」（一．三．四九～五十）

莎士比亞是深深鑽進在國王腦子裡打轉的黑暗幻想世界去了——引人走向毀滅的模稜預言、差點威脅到丹麥安倪生命的「翻江倒海的暴風雷雨」（一．二．二六）、對眞命天子的仇恨與謀殺企圖、幻象裡的鬼魂、邪惡的雙關語、令人作嘔的屍塊混合物，甚至女巫乘坐竹籃去做惡事，劇中一併俱全。

可是我要坐著籃子，下海去追他，
像隻沒尾巴的老鼠，
瞧我的，瞧我的，瞧我的吧！

如果詹姆士對惡魔的音樂表演這麼有興趣，「國王劇團」就讓他看得夠：

來吧，姊妹們，讓我們歌舞一番，
為他解悶消煩。
我且先用魔法讓空中奏起樂來，
你們就挽成圈子跳個舞蹈。
好讓這位偉大的國王好心說聲，
總算我們沒怠慢了客人。

（一・三・七～九）

「這位偉大的國王」說的雖是馬克白，但喜歡看惡魔表演的，不是劇中的篡位者，而是當世的英格蘭與蘇格蘭國王。

（四・一・一四三～四八）

爲什麼莎士比亞會冒險改動，加入反諷意味呢？在這個例子裡，他是冒險把關馬修的讚美之詞，改成了描述背叛與毀滅的恐怖悲劇。《馬克白》並未描述災難奇蹟式地扭轉，沒有肯定神意會保護國王的信仰，也沒有支持詹姆士的幻想，認爲眞正的好人不會被巫術所害。劇中，信任遭違背，家庭被破壞，大自然被毒害。國王看到尖銳的鐵器就害怕，可是此劇卻再三出現帶血的匕首，不只是眞的匕首，還有馬克白所說的心裡的匕首。沒錯，戲裡是允諾班戈的後代會世世代代當王。結局馬克白被斬首可以看成是火藥陰謀之後，秩序重建的象徵，也沒錯，勝利的馬克道夫在劇終時提著馬克白的頭上台，就是提醒觀眾每次走過倫敦橋看到的那些叛亂份子的斷頭。可是《馬克白》跟用來取悅王室或一般的讚揚方式大不相同。莎士比亞所用的材料，觸發他某些怪異的心理，跟整個劇情安排似乎格格不入。

莎士比亞在職業上喜歡冒險。他在強大壓力下寫作，《馬克白》特別簡短，可能是在很短的時間內寫成；而且他讓想像帶領自己，如果聖約翰前歡呼的女預言家變成怪異的巫婆，圍繞沸騰大鍋起舞，裡面燒著種種噁心的東西——

豺狼之牙惡龍鱗，
千年巫屍貌猙獰；
深潛海底沙魚肚，
黑夜掘來草根毒；
加上猶太黑心肝，
紫杉枝子山羊膽；
回人鼻子韃靼唇，
月黑風高切成片；
溝裡娼婦死棄嬰，

斷指投入大鍋中。（四・一・二二～三一）

——他就有責任循線追究下去。不然也可以寫齣戲，讓詹姆士無聊地睡著，讓愛刺激的觀眾跑到別家戲院去。不過，這個解釋還是無法說明爲什麼莎士比亞會有如此奇特的想像。

莎士比亞心裡，似乎混合了機會主義與豐富想像力，正如羅裴子處死刑場上觀眾的笑聲可以引起他道德上的反感，也可以拿來用做戲劇場景。當他知道國王對鄧函娜的表演既驚又喜的反應時，就知道可以如何滿足國王的幻想，同時他自己的想像也開始進入女巫的角色裡。他跟劇團的人，會像是在女巫集會的場所表演一樣，唱歌唸咒，給詹姆士看他想看的蠱惑魔界。他們還要把這蠱惑弄得更複雜些，透過女巫的角色進入家族生活與宮廷糾紛的世界。

進入他人的生活這種想像力很平常，但女巫是特別的例子，因爲她們就是想像的產物。中世紀與文藝復興時期散播女巫傳言的人，是那些喜歡告發鄰人、搜身、酷刑、審判，特別是喜歡死刑的人，相信女巫能用幻想行動。《女巫之槌》是出名有關巫術的著作，其中談到魔鬼可以進入人的肉身引發幻想。作者柯拉姆與施本爾，是道明會的檢察官，說邪靈能刺激清醒或睡夢中人腦子裡的「局部動機」，使他的內部知覺起作用，「把貯藏在心裡的想法激發出來，讓想像力發揮作用，使他以爲這些事是眞的」。這種刺激想像、把物像從腦子這部分移到另一部分的過程，他們稱之爲「內在誘惑」。它可以讓人看到其實並不存在的事物，譬如說匕首；反過來說，也可以讓人看不到其實還在的東西，譬如說他們自己的陰莖，作者稱這種造成視覺錯亂的力量爲「魔法」。柯拉姆和施本爾寫說：「有個男人說他因爲丟了陰莖，所以去求認識的女巫。女巫叫這苦惱的男人去爬一棵樹，上頭的鳥巢裡有幾個陰莖，他可以選一個喜歡的。他想挑個大的，可是女巫說，你不可以拿那個，因爲那是個教士的。」

跟莎士比亞同時代的一個鄉村老紳士石寇德，念了《女巫之槌》，覺得整本書很像開玩笑的「色情書」。不過，他考查作者動機後說：「這不是開玩笑，因爲作者寫這些是審判人的生死用的。」石寇德在一五八四年出版了《巫術的發現》回應前者，這是英文書裡關於巫術最偉大的懷疑評述。詹姆士就任英格蘭王位後，便命人把石寇德的書都燒掉。可是莎士比亞的引喻似乎暗示他曾在寫《馬克白》時看過這本書。

石寇德認爲，導致搜尋殺戮女巫這種想像的主要起源，是駕御文字的大師——詩人。他寫說，詩人奧維德曾斷言女巫

> 能興起也能制止雷電雪雹、風雲暴雨、山崩地裂。其他作家也說，她們能摘星捉月；有人說她們能以意志叫針刺入敵人的肝臟；能把葉中穀物從這裡搬到那裡；又有人說，她們能以超自然的方式治病、飛行空中、與魔鬼共舞……（有人斷言）她們能召喚靈魂、使泉水乾涸、教水倒流、控制太陽讓晝夜共存、或由晝變夜、由夜變晝，又能進出螺絲小洞，乘坐蛋殼或蚌殼，穿過暴風雨的大海，能隱形、窺探人的祕密或性事、把死人從墳裡叫起來。

這些是詩人給我們的想像，卻也使得無辜者遭受酷刑和殺害。石寇德的結論是，有個辦法可以防止這可怕的錯誤，就是不要相信詩人的作品。

「國王劇團」沒有這類說教，他們扮成女巫只是想用人對巫術的著迷賺取利潤。莎劇裡的女巫顯然是在惡劣的天氣裡行動：「何時姐妹再相會？雷電交加或雨中」（一．一．一～二）。她們似乎造成非自然的黑暗：「看鐘點，現在該是白天，可是黑夜的魔手卻把那空中運行的明燈遮蔽得不見一絲光亮」（二．四．六～七）。她們會隱形、在空中飛行、與魔鬼共舞、乘籃航海、下咒、把人搾乾。雖然《馬克白》裡呼應了許多石寇德所說，詩人想像的邪惡魔力，但奇怪的是，我們很難看出她們到底在劇中做了什麼。

《馬克白》裡的模糊感，跟莎士比亞在《哈姆雷特》、《奧賽羅》、《李爾王》裡把動機事因除去所用的方法不同。觀眾也許不知道哈姆雷特到底爲什麼要裝瘋，伊阿哥爲什麼痛恨奧賽羅，李爾王爲什麼設下愛的測試，但是很清楚馬克白爲什麼會設計暗殺國王鄧肯，那是因爲受了妻子的刺激，而且自己也想篡奪王位。可是在一場痛苦的獨白裡，馬克白說出心裡被自己的謀殺幻想所困擾的話：

> 才只是腦子裡浮起殺人的念頭
> 就讓我全身震撼，手腳發軟，
> 只剩腦子裡一堆胡思亂想，
> 無中生有的幻象。
>
> （一．三．一三八～四一）

傳統熟悉的動機中間，有個黑洞——「無中生有的幻象」。馬克白心裡這黑洞，在他的意識裡與劇中的世界，跟女巫的存在是連在一起的。她們眞的激起馬克白謀殺鄧肯的動機嗎？還是遇到她們以前，他就已經有這種想法了呢？她們跟馬克白夫人有相似之處（馬夫人曾叫管理人間惡念的魔鬼把她「女性的柔弱收去」，一．五．三八～三九），還是跟她的邪惡完全是兩回事？女巫的警告：「小心馬克道夫」（四．一．八七），是否招致馬克白殺害馬克道夫一家？還是因爲馬克白陷身殺人的泥淖，無法自拔？是她們模稜的預言使他過於自信，導致喪命，還是因爲他失去民眾與馬耳康軍隊的支持，以致失敗？戲劇沒有給我們答案。劇終時沒有提到女巫，也沒有解釋她們的角色意義。莎士比亞不肯讓戲劇限制了女巫的威脅。

《馬克白》裡沒有讓女巫受懲罰，但暗示她們在文明生活的架構裡，受到巨大的威脅。此劇的天才所在，跟這種暗示力是結合在一起的。因爲如此，觀眾永遠都無法跟戲劇作了結，因爲即使看不到，或是隱藏在日常生活的平凡關係裡，戲裡暗示它們一直都跟我們同在。如果你擔心失去男子氣、害怕女人的能力，不要只指望山上長鬍鬚的老巫婆，最好指望你老婆。如果你怕誘惑，先檢視一下你自己的夢想。如果你對未來焦慮，好好觀察你最要好的朋友。如果怕靈性荒廢，不要看噁心的大湯鍋裡燒的東西，看看你自己的腦袋，別像馬克白說的：「啊！愛妻啊！我的腦子裡全是蠍子！」（三．二．三七）

這些難以解釋定位、令人不解的怪異女巫，是莎士比亞偉大悲劇裡所用的曖昧原則的代表。莎士比亞的劇院創造的是模稜的空間，跟傳統一般的解釋保持距離，其中人可以進入另一人的腦子，想像與眞實能互相接觸。這種藝術觀念，讓他取代了鄧函娜的地位，在國王好奇的眼前表演戲劇性的巫術。國王對此劇的反應，沒有紀錄可詢，但是莎士比亞的劇團從不曾失去他們「國王劇團」的地位。

第十二章　回歸平凡

早在一六〇四年寫《李爾王》時，莎士比亞似乎已經開始考慮退休的可能，並不是有此打算，而是想到其中的危險。這部悲劇是他對老年最高深的思考，關於放棄權力的痛苦與必要，關於房子土地、權勢愛情、視力理智的失落。想像這些失落與毀滅的，不是性情怪異的隱士，也不是開始面臨老年的人，而是精力充沛、事業成功、剛滿四十的劇作家。雖然當時人壽命不長，四十歲也還不算老，應該是人生的中途，而不是準備進棺材的時刻。莎士比亞在年紀上，跟劇中的年輕人貢納莉、芮甘、柯苔莉亞、艾德加、愛德蒙等人還比較接近，而不是他所描述的兩個命運悲慘的老人李爾王和格洛斯特。

莎士比亞這部充滿強烈憤怒、瘋狂與悲傷的作品，跟其他作品一樣，與我們所知他的個人生活，看不出顯而易見的關連。他的父親早在一六〇一年就已過世，年約六十幾。母親在一六〇四年時還健在，就我們所知，既沒瘋也不專制。他是有兩個女兒，可是不太可能把財產全都給她們，她們也沒有想把他趕出家門。他倒是真的有個弟弟叫愛德蒙，跟《李爾王》裡那個設計害人的惡徒同名。可是愛德蒙．莎士比亞在倫敦當演員，甚具抱負，顯然跟格洛斯特的私生子沒有相似之處；就像莎士比亞另一個弟弟理查，跟英格蘭殺人成性的駝背國王，除了名字一樣外別無交集。

李爾王的故事，很可能是莎士比亞從一六〇三年末一件眾人議論紛紛的法律案件得來的靈感。有位名叫安思里的老爵士，兩個大女兒為了占有他的土地，企圖宣告父親發瘋，以取得法律證件，可是小女兒卻極力為父親辯護。這小女兒剛好叫做柯苔兒，跟李艾王的古老傳說裡，那個試著把父親從兩位惡姐手上救出來的柯苔拉，名字幾乎完全一樣。這名字與故事上的奇怪巧合，對作家來說想必是難以抗拒的誘惑。

不管莎士比亞寫這部悲劇跟安思里的案件是否有關，他對李艾王的傳說裡日常的家庭關係與大家所熟悉對老年的恐懼特別感興趣。此劇的中心主題，是從他四周的日常世界取材而來。這理論乍聽之下滿奇怪的，因為《李爾王》似乎是他所有悲劇中最怪異狂想的一部。老國王以太陽神阿波羅與黑夜女神荷卡蒂為名發誓，叫雷電「把這渾圓結實的地球捶扁」（三．二．七）。他的朋友格洛斯特伯爵認為他是上天惡意的受害者：「人在天神手上，就像蒼蠅落入頑童的手裡，殺我們只是為了好玩。」（四．一．三七～三八）碑德嵐的乞丐苦命湯姆叫說，他被一群外來的魔鬼「魔多」、「痲胡」、「胡里背底擠背特」給附身了。然而，雖不斷有抽象大架構的呼求，劇中的事件不管是可怕的或是瑣碎的，似乎都發生在一個毫無整體設計的世界。其中的惡魔全都是想像的，李爾王和格洛斯特召喚的神明，顯然默不作聲，無可指望。環繞在角色與其愛恨掙扎四周的，是最平凡的世界——「窮鄉僻野、羊棚磨坊」（二．三．十七～十八），而觸發整個邪惡事件的行動，是最平常的決定——退休。

英格蘭都鐸與斯圖亞特時期的文化，由於老年人要求年輕人的敬意與順從，退休變得特別使人焦慮。身分地位（李爾王所稱「國王的名義和尊號」，代表社會地位的顛峰）與權力的轉換過程中，這種要求在政治和心理上造成高度的緊張。在國家和家庭裡，權位傳予合法長子，可以稍微解除緊張，可是這種繼承人不一定存在，李爾王的傳說和安思里的真實例子就是如此。李爾王人老了，沒有長子繼承的情況下，決定「擺脫一切世務的牽累」，把責任交卸給「年輕力壯的人」，想把國土分配給女兒，以「預防他日的爭執」（一．一．三七～三八，四二～四三）。但此舉卻失敗得奇慘，因爲他對愛的測試，反而讓他把眞正愛他的孩子趕走了。

莎士比亞想要顯示的是，他的角色面臨的問題不單是因爲沒有長子繼承王位。他用巧妙複雜的雙線情節，把李爾王和三個女兒的故事，跟格洛斯特和兩個兒子的故事結合起來。後者是他從錫德尼用散文寫的羅曼史《阿卡迪亞》中的一段情節取材而來。格洛斯特有合法繼承人，長子艾德加，還有私生子愛德蒙，這個家庭的衝突悲劇，跟李爾王企圖把產業傳給下一代的起因，剛好相反。愛德蒙是因爲身爲次子兼私生子的不利地位，憤怒而起殺機。

《李爾王》的奇怪世界裡，退休的另一邊，除了斷崖之外什麼也沒有，就像城堡門後只有一片荒涼野地。莎士比亞的想像中，從工作上退休的決定（如李爾王所說：「擺脫一切世務的牽累，把責任交卸給年輕力壯的人」）是場大災難。當然此劇談的工作是國家統治，在莎士比亞的時代，統治者若是病弱無力，權位轉移可能引起的政治危機是很讓人擔心的事。但此劇不只是對王室的警告，而且處理到當時社會更爲普遍的恐懼，因爲那時不像我們現在的社會，用各種方法（雖然也不算好）減輕老年的焦慮，供應他們的需要。

莎士比亞的世界裡，權勢理所當然是傳給年長者。當時人認爲，這不只對社會體系是簡便的方式（至少對年長者和希望將來會成爲長者的人來說是如此），更重要的是，它是宇宙的道德形式，所有事物從遠古以來的神聖規範。但同時他們也知道，這種規範並不是萬無一失，因爲在年輕人的無情野心之下，老年人對權勢的掌握脆弱得可憐。一旦做父親的把財產交給孩子，或不再有能力做想做的事，他的權勢就一去不回了。即使在自己曾擁有的房子裡，也變成寄居者。這種戲劇性的地位轉變，甚至有人用儀式來表示承認。當時一件訴訟案的證詞如此記載：有位喪妻的鰥夫安塞蘭，答應給嫁予修先生的女兒一半土地做條件，讓他跟他們夫婦住在同一棟屋裡，「安塞蘭走出房子，在門口把房子鑰匙交出來，隨即乞求他們好心收留他。」

重新把李艾王的故事拿出來述說，是莎士比亞與其當時人表現內心焦慮的一種方式，但他們還有別的比較實際的方法來處理這風俗的弱點。面臨退休的父母常雇請律師草擬所謂的贍養合同，簽約同意父母把財產轉讓給孩子，孩子則必須提供父母衣食膳宿。從許多類似合同裡的詳細規定，可以看出這些人焦慮的程度，譬如多少尺碼的布、幾磅煤炭、幾斗米。此外，許多人也害怕因爭執被趕出家門。贍養合同規定孩子只是父母利益的法定看護人，父母財產的「受託者」。父母對其財產可以「保留」某些權利，而且至少理論上，如果這些權利不受尊重，他們可以把轉讓的財產要回來。

《李爾王》故事設在基督教之前的英國，大約與先知以賽亞同時，跟文藝復興時代莎士比亞出身的農工商業界的習俗與法律上的保護，相去甚遠。然而，劇情雖設於古代，中心主題卻是劇作家自己同階級人士的憂慮，即害怕退休後會遭到羞辱、棄養，失去地位。李爾王的瘋狂盛怒，不止是因爲女兒忘恩負義，也是對自己變成平凡老年的寄居者，乞求孩子好心收留的恐懼：

> 向她求饒？
> 你倒是瞧瞧這合不合體統——
> 「好女兒，我承認我年紀老了，

不中用啦！我這就跪下來，
求求你賞我幾件衣服穿，一張床睡，一口飯吃吧！」
（二．四．一四五～四九）

女兒無情的回應是堅決叫他「回大姐那裡去住」（二．四．一九八）。這幕戲近高潮處，刻毒無情的貢納莉和芮甘把他的侍從愈減愈少，等於是剝奪了他的社會地位。李爾王所說的話，就像他跟女兒真的簽下贍養合同似的：

李爾王：我什麼都給了你們——
芮甘：你本該交給我們了。
李爾王：讓你們做我的代理人、監護人，
我自己只保留這麼一批隨從而已。
（二．四．二四五～四八）

但是李爾王和女兒之間並沒有贍養合同。也許在那樣一個權力專制的世界，也不可能存在，若非掌控一切，就是毫無權力。

莎士比亞不想有朝一日，跨出「新地」宅子的門檻外，乞求女兒收留他回來做寄居人。這不是表示他不信任孩子（他至少好像還滿信任寵愛其中一個女兒的），而是關乎身分的問題。如果《李爾王》

反映的是他的想法，那麼他跟當代人同樣有著對退休的憂慮，也怕將來會要依賴孩子。從現存的證據看，他也不太可能從妻子身上找尋有生餘年的安慰。他的處理方式，是在工作上投下大量勞力，讓自己累積一筆財富，然後把賺的錢投資在土地和農產品的什一稅上，以確保自己有穩定的年收入。他不能永遠倚賴演戲、巡迴演出、一年寫兩部戲，這日子總有一天會結束。莎士比亞在一六〇二年到一六一三年這些驚人的創作期間，仔細累積並安排好錢財，好讓自己年老時不需倚賴女兒以及劇院。

莎士比亞的財富，幾乎是他自己一手打造出來的。母親繼承來的財產，似乎在父親的揮霍與不善經營之下散盡一空，先是借貸，後被沒收；父親在史特拉福的名望，因債務和可能不服國教之故而受損；弟弟不是收入很少，就是沒收入；妹妹喬安嫁的是窮帽商；他自己的妻子也沒有多少財產。沒有人遺留贈送給他錢財；沒有富裕的親戚在緊要關頭提供援助；也沒有地方上的大官，在他小時候看出他的天分，幫他跨出生涯的第一步。「新地」是他自己的想像力和努力工作換來的眞實成果。

要買這樣一棟房子，莎士比亞必須把錢省下來。現存的一點證據，可以看出他在倫敦的生活很節儉。他租的房間，所在地點算是中下層區域。一六〇四年有個小訴訟案紀錄顯示，他住在城牆西北角跛腳，慕葛威街與銀街口一家法國假髮商店樓上。這一年他的作品有《一報還一報》、《終成眷屬》與《李爾王》。他似乎跟附近住的人滿相似的，索低渠、主教關、跛腳與塞蕊的克陵窠一帶，住了許多工人藝匠，大多數是從法國或荷蘭幾國移民而來。這些地方不是宵小出沒之處，但屬簡陋之區，租金不高。我們不知道他到底租下幾個房間，有多寬敞，但他似乎沒有多少家具布置。據稅局估計，他在倫敦的個人所有物品只值五鎊而已。當地教區最有錢的居民，估計有三百鎊家具用品。當然莎士比亞有可能爲了減稅而把書籍、繪畫、碗盤之類藏起來，但至少估稅員看不出他有錢的跡象。

歷代學者搜遍文件檔案，找到一些比較詳細的資料，但主要的紀錄是連續幾份未付稅金的通知書。一五九七年，莎士比亞買下「新地」大宅那年，主教關一區的收稅員記下，威廉．莎士比亞尚未付清個人所有稅十三先令四便士。隔年他仍過期未付，一六〇〇年，他住在泰晤士河南岸的塞蕊區時，又有另一份通知，說他仍然欠稅。由於資料不全，說不定他最後是付清了稅款，但可能性不大。他在倫敦的生活不只是省吃儉用，就連一點點錢都捨不得讓它從手指間溜掉。

也許他是爲妻女在史特拉福的經濟情況著想，也許是父親的前車之鑑，也許不想落到像葛林的可悲下場。不管理由是什麼，莎士比亞對金錢（至少是他自己的錢）的態度似乎格外認眞。雖然沒有人說他是吝嗇鬼，但他不喜歡浪費錢，而且顯然不輕易讓人占他金錢上的便宜。一六〇四年，他在史特拉福家的穀倉裡，家用之外多貯存了一些麥芽，把其中約七百多公升賣給鄰居一位以釀酒爲副業的藥劑師羅傑斯。加上以前借的二先令，羅傑斯共欠莎士比亞兩鎊多，可是後來只還了六先令。莎士比亞於是雇了律師，把鄰居告上法庭，要他還剩下的三十五先令十便士，加上損失。這數字在當時雖不算少，卻也不是什麼大錢。可是莎士比亞願意費神追討，幾年後又因另一個人亞登布克欠他的六鎊，再次上法庭追討金錢加損失。

莎士比亞不是唯一喜歡追討小錢的人，那是人人喜歡打官司的時代，法庭裡這類訴訟案氾濫成災。可是沒有人強迫他非做這花時費力的事不可，尤其是他可能還得長途跋涉回史特拉福去辦理。由此看來，就算幾鎊、幾先令、幾便士，對他來說也一定很重要，但嚴格說來並不是因爲「新地」大宅裡的人需要靠此過活。

哈姆雷特站在埃新諾墓園，對一副被掘墓人鏟子挖出來的頭蓋骨沉思道：「這傢伙生前也許是收買土地的大主顧」，他跟赫瑞修說：

開口閉口條文、具結、罰款、雙重擔保、賠償金，現在他腦袋殼裝滿了泥巴，這就算是他拿到的罰款和賠償了嗎？他的保證人，就算是雙重擔保，除了一式兩份契約那麼大的一塊地以外，也保證不了他再多買點地皮。這個小木匣，要裝他那許多地契大概都裝不下呢！如今這大地主也只落得擁有這一點地盤了！

（五．一．九四～一○二）

哈姆雷特會用這種諷刺輕蔑的語氣，是很合乎劇情的。首先，他是丹麥王子，地位遠在只懂積財的人之上；其次，他對一切世俗野心漠不關心，這是他再清楚也不過的宣示。然而我們也許會奇怪，王子是從哪裡知道那許多他所藐視的房地產法律的實際知識，譬如具結、雙重擔保、賠償金之類？自然是從一個對土地買賣興趣盎然的人——劇作家自己囉！那麼他是虛僞做作嗎？當然不是。莎士比亞可以想像憂鬱王子的感覺，以及他對人類徒勞的沉思與嘲笑，可是爲了生計，他自己也許負擔不起對平日工作漠不關心。

莎士比亞在寫《哈姆雷特》有關「收買土地的大主顧」的字句時，自己在房地產投資上的興趣，顯然地方上的人已有所聞。鄉人此時想必已注意到他的世俗成就。史特拉福的史達利於一五九八年寫信給倫敦的朋友，說據他所知，「我們同鄉莎士比亞先生，有意買索特蘆或靠近我們這裡的牧場土地」。這些史特拉福的生意人互相討論，怎樣讓他們的「同鄉」投資計畫。劇作家有錢的程度和謹愼的態度，顯然讓他們認爲値得妥善小心地跟他接觸。

一六〇二年五月，莎士比亞用三百二十鎊，在舊史特拉福（即亞旺河畔的史特拉福北邊）買了四塊農地，總面積達一百多畝。幾個月後，他又買下「新地」大宅花園對面，包括有花園別墅的四分之一畝地契。爲三十五先令把羅傑斯告上法庭後一年的一六〇五年七月，莎士比亞以四百四十鎊的一筆大錢，把史特拉福市內與附近一帶的「玉米穀類、乾草葉子的什一稅」承租下來，分取一半利息，每年爲他賺進六十鎊年金。他是在爲自己的將來打算，因爲這年收入會提供他一輩子的生活，還會持續到他的下一代。

這樣大的投資，可以看出莎士比亞在詹姆士一世早期超乎尋常的高收入。當年《高瑞的悲劇》很有可能會損害到他的劇團與事業，但事實上卻沒有。當時人注意到詹姆士常表現出一種奇怪的個性，他雖然緊張敏感，有時偏執到危險的地步，可是有時候卻又出人意料，對別人（不只是王室）覺得是粗俗的侮辱，他可以蠻不在意，甚至放聲大笑。也許對新王國的首席劇團，不管是好是壞，他都沒有把他們看得太重要，或者只是把演員當成宮廷小丑之類。莎士比亞在《第十二夜》、《李爾王》和其他地方，曾以扭曲的方式表現對宮廷小丑的同情：主人有時會被小丑惹惱，甚至威脅他「小子，別胡說，小心鞭子」（《李爾王》一．四．九四），但眞惱火的話就顯得太庸俗了。

「國王劇團」忙得不可開交，不只在宮廷演出，還有環球劇院。莎士比亞身兼數職，作家、導演兼演員，還有主要商業股東，工作量一定大得驚人。他得維持收支、改寫場景、支援演出、決定預算、衡量詮釋的方式、商討財務、戲服、音樂等事務，當然還要背誦自己演出的角色。我們不知道在忙昏頭的一六〇四到〇五年間，他到底眞的在台上演出過幾齣戲，但一定不只一兩齣。這種情況下，劇團沒有大到可以讓某個演員不上台表演，雖然他還忙著許多別的事。他的名字出現在一五九八年上演的《人各有癖》十「大喜劇演員」名單上。此劇在宮廷重演時，他應該也有參加演出，而且至少也參與自己一些劇作的演出。莎劇角色眾多，即使一人扮演多角，也還需要大批演員。

就算演員的記憶訓練超強，甚至是劇作家演自己寫的戲，要在如此短期內推出這麼多部複雜的戲目，一定也是筋疲力竭的事。然而，國王與宮廷邀請演出，當然是重大的榮耀，也是一筆大收入。十鎊一次的演出，爲劇團在一六〇五到〇六年的聖誕節與新年節期賺進一百鎊，一六〇六到〇七年同節期賺了九十鎊，一六〇八到〇九年賺了一百三十鎊，一六〇九到一〇年也賺了一百三十鎊，一六一〇到一一年賺了一百五十鎊。這些是大數目的收入，在短短的節慶期間賺到。同時，劇團仍持續在「環球劇院」演出整套戲碼，有時也還整裝巡迴演出，譬如一六〇四年五月到六月在牛津，一六〇五年在邦石台坡和再次到牛津，一六〇六年到牛津、萊斯特、多佛、砂福隆沃登、美地石同、馬波羅。我們不知道莎士比亞有沒有參加這些巡迴演出。到了初秋時節，他就得開始計畫即將來臨的旺季，什麼時候劇團該推出新戲、重演舊劇、再到宮廷演出、滿足「環球劇院」的一般觀眾。

莎士比亞讓自己投入瘋狂的工作，有個特別且可怕的理由——也許哪一天一個閣樓上住的僕役或睡帷幔床鋪的高級貴婦，早上醒來會發現自己鼠蹊部或下腋長出預告的膿腫。瘟疫就這樣宣告返攻，沒幾天或幾星期劇院就得被迫關門。對所有劇院的成員來說，能賺錢的時候就儘量賺，一定是再重要也不過的事。他們負擔不起錯失任何營利的機會，只要疫情不來，詹姆士一世的統治下，這樣的機會很多。

莎士比亞跟他的劇團沒有非要在一個定點演出而讓其他機會溜掉。以蘇格蘭人爲主的新宮廷裡，他們沒有被撵出去；倫敦的平民觀眾，他們沒有疏遠；巡迴演出的城鄉各地，也沒有失去連繫。相反的是，他們把這些主要的顧客各別加強掌握，而且還忙著嘗試添加另一個表演地點。這不是莎士比亞首先想到的計畫，但必然成爲他長期的策略之一。這策略是盡可能主控市場，包括宮廷和公眾、倫敦與鄉鎮的演出。

伊莉莎白女王統治期間的一五九六年，名演員柏畢騎之父，企業家柏畢駒付了六百鎊買下一塊地，原是屬於「修道士教士」或稱「黑修道士」教派僧侶被解散之前的大修道院一部分。地點很理想，雖然是在倫敦市城牆以內，卻是「自由區」，不屬市府官員管轄。二十年前已經有幾個兒童劇團用黑修道士的一所大廳當劇院演出。但經過八年財務不善的經營，企業崩潰，這所室內劇院從此音消人散。柏畢駒意識到，如果能把劇院重新開張，讓當時的「宮務大臣劇團」在此演出，將有利潤可圖。他建過英格蘭首座室外劇院——「劇場」，現在如果他可以改建兒童劇團演出過的大廳，就是第一位開放室內劇院讓成人演員演出的人。地段不是在市郊靠近鬥熊競技場和處死刑場，而是位於市中心的高級區。黑修道士的大廳比環球劇院小得多，但就英格蘭的奇怪天氣來說，有屋頂的封閉式劇院，占有極大的優勢。至少跟開放式的圓形競技場比起來，要端莊甚至奢華得多。戲台邊不會有亂哄哄的群眾在底下站著或走來走去，每個人都有位子坐，因此入場費大增，環球劇院只要幾便士，黑修道士則高到二先令。因爲能用蠟燭照明，黑修道士劇院可以在晚上，也可以在下午演出。

所有跟劇院有關的事都具有高度冒險性，但是據「宮務大臣劇團」受歡迎的程度看，這計畫可能馬上就能回收利益。不幸意外橫生，計畫因故中斷。鄰居發現柏畢駒的計畫後，強烈反對。當地三十一位居民聯名簽署請願，包括莎士比亞當印刷商的朋友菲耳德，還有剛好住在同一棟建築的宮務大臣自己。他們說劇院會造成交通大亂、吸引「流浪漢和淫蕩人士之類」、群眾會增加瘟疫的危險，更重要的是，演員敲鑼打鼓的聲音會吵到附近教堂的講道。政府阻止了劇院重開，而柏畢駒不久就死了。有人說他是心碎而死，那也許不是眞的，畢竟年近七十的他，早已歷經世面，從他的職業生涯裡我們也看不出他是性情敏感的人。不過，巨大的投資想必讓他的晚年充滿焦慮，也把這焦慮傳給了他的下一代。這所大廳以一年四十鎊出租給一個兒童劇團「皇家禮拜堂兒童團」，所以至少有些許收入。一直要到一六〇八年，在原先的投資十二年後，改名後的「國王劇團」才終於能在「黑修道士劇院」演出。他們之所以能贏過那些死硬派的反對者，正是勢力變強大的證明。

讓柏畢駒夢想成眞的是他的兒子柏畢騎。這位才華洋溢的演員，不只創造了許多莎士比亞筆下的偉大角色，而且還是個精明機智、不屈不撓的生意人。他依照「環球劇院」的模式，組織了聯合企業來掌握管理新劇院。七位平等股東各擁有黑修道士劇院七分之一股份，為期二十一年，達到精湛企業管理的頂點。莎士比亞原已是環球劇院的股東之一，又在新地點分得一份。

「國王劇團」如今已穩坐最受宮廷歡迎的演藝團體之位，打著這皇家招牌巡迴演出，吸引大量倫敦觀眾到泰晤士河岸的圓形劇場「環球劇院」來看戲，現在還在黑修道士區滿足一些比較專門的客戶，這裡可以容納五百多位付得起高價錢的觀眾。想要炫耀服飾的盛裝者，甚至可以付錢坐在黑修道士劇院的戲台上，成為被觀看的一員。這在環球劇院是不許可的，而且莎劇演員一定也不喜歡。本世紀末有一次演出《馬克白》時，有位貴族在演員表演中直接從前面走到戲台另一邊去跟朋友問好，演員抗議之下被摑耳光，引起一場暴動。劇作家自己一定也不喜歡讓觀眾坐在台上，因為他們可以在演戲中途，眾目睽睽下離座出去。不過從生意的眼光看，莎士比亞一定也無法抗拒這多餘的利潤。

「環球劇院」搬家、重新適應新的蘇格蘭政權、招募新演員、多次宮廷演出、學習新角色、透支體力的鄉鎮巡迴演出、黑修道士劇院重新開張的交涉問題、趕回史特拉福去看妻女、葬母、嫁女、買地及瑣碎的官司訴訟，這麼多忙得讓人發狂的事情當中，莎士比亞不知是怎麼辦到的，居然還能找到時間寫作。難怪早在一六〇四年就開始考慮要退休了。

要讓退休後還有錢足夠過活，不只是累積和投資而已，《李爾王》的作者還要重新衡量自己跟世界的關係。從劇作看來，他的想像一直不停地轉移地點，就像奧賽羅被描述爲「到處爲家、漂泊流浪的異邦人」（一・一・一三七）。從古英國突然轉到當時的維也納，從古代的特洛伊到法國的盧西隆，又從中世紀的蘇格蘭跑到泰門的雅典和科利奧蘭納斯的羅馬。情節雜亂的《安東尼與克莉奧佩屈拉》，場景在女王亞歷山卓的宮殿和羅馬之間來回變動，又繞道西西里、敘利亞、雅典、愛克庭，加上各地軍營、戰場、陵墓。他跟一位不太知名的小作家魏金斯合寫的《佩力克爾斯》更是奇怪，地點也更變換不定，從安提阿到台洱，到塔薩祠，到今利比亞的五角城，到以弗所，到勒斯柏司島上的麥提倫。彷彿莎士比亞深怕或不屑於局限在一個地方。

但退休的問題不是局限。哈姆雷特說：「即使把我關在一個硬果核裡，我都會自命爲擁有無限空間的君王呢——要不是我老做噩夢的話。」（二・二・二四八～五〇）莎士比亞的噩夢是老年失去權力，並可能落到必須依賴他人的地步，至少這是《李爾王》一劇所表達的想法。在職業生涯中，他從熱情的青年男女急於開始人生歷程的主題，轉移到老年人身上。這轉變可以明顯從《李爾王》描述老人的痛苦看出來；奧賽羅一角對自己年紀的憂慮，也暗示同一主題；馬克白的生命活力逐漸消逝，有如下的描述：

我的生命
已日落西山，有如凋零黃葉，
老年人該享有的
尊崇、敬愛、孝順，親人朋友，
我都不用指望了。

（五・三・二三～二七）

莎士比亞對戀愛最上乘的詮釋，不是羅密歐與朱麗葉，或羅瑟琳與奧蘭多，而是「兩鬢發白的」安東尼與「時間在額上留下深刻皺紋」、足智多謀的克莉奧佩屈拉（三・十三・十六，一・五・二九）。

這觀點若是過度強調是行不通的，莎士比亞的最後一部戲《兩貴親》就是關於年輕戀人的悲喜劇故事，跟小他十五歲的年輕劇作家傅萊徹合寫，約作於一六一三到一四年。兩人合寫的另一部《卡登尼歐》，現已佚失，是以《唐吉訶德》爲藍本所作，可能也是關於年輕人的悲喜情感。但引人注目的是《兩貴親》裡有段關於一位老邁男人的奇怪描述，讀來似乎是莎士比亞在沉思自己可能會面臨的可怕未來：

這老態龍鍾的傢伙
直腿已扭成彎棍，

骨中痛風使他手指關節腫脹，
兩眼鼓鼓透出飽受的煎熬，
似乎要把眼珠擠出來，他所謂的生命
只不過是折磨。

（五・二・四二～四七）

更重要的是，他晚期最好的劇作《冬天的故事》與《暴風雨》，都有一種入秋與回顧的氣氛。莎士比亞似乎是把自我意識投射進去，知道自己在職業生涯裡達到的成就，也接受可能是放手的時刻了。

莎士比亞在職業生涯很早期，就開始重複使用或改寫自己曾用過的題材，可是他早期的成就對晚期作品的影響更是大得離奇。《冬天的故事》是專以《奧賽羅》為本的改寫版，好像莎士比亞又再次想探索男性情誼與因妒忌而生殺機的故事，可是這一次沒有任何誘惑的因素。這是他把刪除動機的技巧用得最極致的作品，其中沒有任何原因說明萊昂提斯王為什麼會懷疑懷胎九月的美麗妻子跟他最要好的朋友通姦，為什麼他會招致獨子的死、命令把新生的女兒丟棄、毀了自己的幸福，為什麼十六年後他又要把相信早已死去的妻女找回來。他毀滅性的瘋狂，來得突然，毫無成因，而團圓的結局用的方式，把雕像變成活人，又顯然是危險不理性的魔法。

這個取材自舊日對手葛林的奇怪故事裡，莎士比亞自己在哪裡？就某種程度言，他似乎從一個自己添加上去的角色面具後面，戲謔地窺視我們，那個無賴、騙子、小販，「專偷別人不在意的小東西」

的奧拖里庫（四．三．二五～二六）。奧拖里庫是演員失去有權勢的贊助靠山以後顯露出的眞面目——身分變換不定的流氓小偷。他代表了劇作家私底下意識到自己從事行業的荒謬性——用一座從對手那裡偷來的舊雕像耍把戲，把天眞的觀眾唬得目瞪口呆，然後從他們口袋裡偷走幾毛錢。如果此劇最後的戲劇性結局不是類似詐賭客的騙術，而劇作家眞的給了它神妙的魔力，那麼莎士比亞也在戲台上別處，從另一張不同的面具後面偷看我們，那是安排讓雕像復活的場景的老婦人鮑麗娜。她是已死王后的朋友，劇作家似乎有意給她類似女巫的能力，因爲這幕場景近乎巫術，有可能被禁：「如果有人認爲我行的是犯法的妖術，那麼請他們離開。」（五．三．九六～九七）

劇終有一種奇怪的不安，好像不只是這部戲，而且是整個莎士比亞的事業都在他質問的範圍，包括讓死人復活、激發觀眾的情緒、抹殺理性動機、探索靈魂和政治的祕密。戲劇究竟是詐財騙術，還是一種巫術？如果觀眾想來戲院，那是因爲戲台上的奇景，因爲劇中所給的希望，如萊昂提斯所說，戲裡的因果都是來自我們的日常世界：

啊！她是溫暖的！
如果這是魔術，讓這門藝術
像吃飯一樣正常合法吧！
（五．三．一〇九～一一一）

戲到此迅速走向結局，結束前卻又是一番可想而知的嘲弄，鮑麗娜說：

要是告訴你她還活著，
你一定會說是無稽之談。
可是看起來她真的是活著呢！

（五・三・一一六～一一八）

細心的觀眾也許可以聽出來，《冬天的故事》裡暗示萊昂提斯的王后其實沒死，十六年來一直祕密住在鮑麗娜「一天悄悄跑上兩三趟」的房子裡（五・二・九五）。這暗示沒起多大作用，也許只是爲了讓一些不贊成巫術的觀眾安心而已，可是卻小到很難在戲台上發揮作用。也許只是劇作家給自己的小小迷信的安慰，好像想抗拒自己所做只是魔術這想法似的。

這想法也曾表現在《仲夏夜之夢》與《馬克白》裡。如今在職業生涯末期，莎士比亞又回到這問題，先是在《冬天的故事》裡間接提及，最後直接面對並加以擁抱。《暴風雨》的主角是君王，也是法術強大的魔法師，可是也絕對是劇作家，他操控角色、安排他們之間的關係、打造令人難忘的場景。無可置疑的，他的君王權力正是劇作家決定筆下角色命運的權力，他的法術也正是劇作家轉換時空、創造生動幻想、迷惑觀眾的魔力。莎劇很少明顯地反映自我，他的作品彷彿在說，生活裡有太多比寫劇本更有趣或更戲劇性的事。雖然有時候他似乎用理查三世、伊阿哥、奧拖里庫或鮑麗娜等角色表現自我，但大半時候都把自己隱藏起來。然而，至少在《暴風雨》裡，他讓自己浮現到戲劇表層，就算不是直接現身，也近到可以清楚看出他的身影來。

嚴格說來，《暴風雨》不是他最後一部作品，可能是作於一六一一年，後來還有《全是眞事》

（今多稱《亨利八世》）、《兩貴親》與佚失的《卡登尼歐》。後來這幾部戲都不是他一個人的作品，而是跟傅萊徹合作。莎士比亞似乎親手挑選了傅萊徹做為他在「國王劇團」首席劇作家的繼承人。《暴風雨》是他最後一部自己一人所寫的劇作，沒有跟別人合作，而且據我們所知，也沒有直接取材其他文學作品。其中有道別的氣氛，這是一部告別劇場魔術的戲，一個退休的手勢。

魔法師普洛士帕羅雖然被放逐在外，所擁有的權力卻不是任何專權君王所能比較，那是只有偉大的藝術家對他的角色才能有的權力。在莎士比亞筆下，這權力得來不易，而是來自深刻的學習與往日的創傷，「穿過倒退的時光，那幽暗的深淵」（一．二．五十）。普洛士帕羅原是米蘭大公，因沉迷研究法術，荒廢了國事，被弟弟驅逐篡位。他跟女兒被流放大海，因船難到達一座海上荒島，用祕術降服畸形怪物卡力班和精靈愛利兒。此劇開幕時，命運加上他的法術，把他的敵人帶到島上來。弟弟與其主要盟友，連同他們的家人，都落入他的手中。到劇院來看戲，途中總要經過絞刑台的觀眾，很清楚他們會遭遇到什麼樣的命運。文藝復興時期的政治機構對統治者名義上的限制，普洛士帕羅都沒有，在他的島上，他不用聽任何人的話。這個魔法師國度所根據的主要模型，可能是劇院，空蕩的戲台與開放的實驗性，這是任何事都可能發生的世界；另一個可能，則是歐洲人航海到「新世界」途中經過的島嶼。據當時許多報導所言，這些島嶼上，原有的束縛常消失不見，而帶頭的人可以做任何想做的事。普洛士帕羅經過多年孤立、沉思創傷、計畫報復，終於可以對他所痛恨的敵人實施任何他想做的事。

他所選擇的報復，從文藝復興時期的君王與劇作家的標準看來，實在不算什麼。因為《暴風雨》不是在寫專制權力的掌握，而是在寫權力的放棄。李爾王也放棄了權力，不過結局淒慘。普洛士帕羅收回他生來擁有的米蘭大公權位，也就是他在平常熟悉的世界裡的社會權勢與財產，可是卻放棄了使他能掌控敵人、使之降服、操控他人與島上世界的能力。簡言之，他放棄的是讓他像神明一樣偉大的祕密智慧。

我曾遮暗當空的太陽，
喚起狂風大作，
叫碧海青天激起浩蕩擊波，
把火借與雷電，用天神的霹靂
劈開他自己那株粗重的橡樹；
我使穩固的海岬震動，
連根拔起松樹和杉柏；我無邊的法力
教墓中長眠之人驚醒，
打開墓門出來。
可是這巨大的法力，
我發誓從此要丟棄了。

（五・一・四一～五一）

如果這些話不只是普洛士帕羅的，也是他的創造者的心聲，反映了莎士比亞對退休的感覺，那麼其中代表的是個人的失落與心理的變化。在《李爾王》裡，退休似乎純粹是大難一場；可是在《暴風雨》裡，就變成可以養生過活的可行之舉了。當然在兩個例子裡，這舉動都表示他了解到生命的有限，李爾王說讓他可以「安心等死」（一．一．三九），普洛士帕羅說要回米蘭去「想像墓地，等待冥目長眠」（五．一．三一五）。從莎士比亞長期投資養老年金看，他可能認爲自己會活得比眞實的年紀還長得多，但是也很清楚退休以後要面對的問題。《暴風雨》裡，普洛士帕羅決定要放棄「無邊的法力」，回到原來的家鄉，並不是因爲筋疲力盡，覺得自己快死了。事實上他知道自己的魔力還在巔峰：「我已顯了神通。」（三．三．八八）他決定折斷魔杖，把魔法書投進「深不可測的海底」（五．一．五六），回到家裡，代表的不是衰弱，而是道德上的勝利。

這勝利部分在於普洛士帕羅決定不報復傷害他的人，「難能可貴的是以德報怨，不在以怨報怨」（五．一．二七～二八）；另一部分則在於他所運用的法力，雖是基於正義合法、秩序重建的名義，其實是很危險的東西。他的法力何在？在於創造與毀滅世界。把男女眾人帶到一處實驗的空間，激發他們的感情；舉凡所有遇到的生物，引起他們強烈的焦慮，強迫他們面對心裡隱藏的事物；迫使人服侍他。普洛士帕羅的魔法不是對每個人都有效，他的弟弟安東尼亞似乎是唯一不受影響的人，但對其他人來說，既有可能是救贖也有可能是毀滅性的。不管如何，這是權力的過度運用，不是任何平常人應該擁有的。

對權力的過度運用最明顯的解釋，是在他發誓要放棄自己「巨大的法力」時發表的那篇大說詞。因爲此劇是以普洛士帕羅興起的暴風雨開始，因此他把此事與自己的魔法連在一起，有劇情上的道理，可是接下來他還提到別的：

我無邊的法力
教墓中長眠之人驚醒，
打開墓門出來。

（五・一・四八～五十）

這是莎士比亞的文化裡最危險也是大家最害怕的一種魔法，代表了惡魔的魔力。普洛士帕羅這樣的好魔法師並沒有在《暴風雨》一劇裡眞的做過此事，據他對自己生平的描述，應該也不會做這樣的事。可是這話若不是用來指魔法師，而是描述劇作家的作品的話，卻是精確得嚇人。因爲讓哈姆雷特之父從墳墓裡出來，讓遭受不公指控的赫梅昂妮復活的，不是普洛士帕羅，而是莎士比亞。莎士比亞一生職業生涯所做的，就是把死人叫醒。

《暴風雨》劇終有個莎作中少有的收場白，仍扮演著角色的普洛士帕羅出來致辭，此時的他已不再有法力：

我一切魔力如今已盡拋棄，
只剩我原有的力量
年老體衰。

（一～三行）

成了平常人，他需要別人的幫助。他要求觀眾鼓掌叫好，這是在戲劇的前提下，仍與劇情連結的道白，希望觀眾能用手掌與呼氣，讓他乘風歸航，回到家鄉。但是他所用的話語，卻強烈得奇怪。要求掌聲，變成要求祈禱：

如今我再沒有
精靈可以驅使，沒有魔法與符咒；
我的下場只落得傷心絕望，
除非依靠向上天祈禱的力量，
它能上達天堂
教慈悲的神明把過失原諒。
你們以有罪過希望別人不再追究，
願你們也寬大為懷，給我自由。
（十三～二十行）

劇中已一再強調普洛士帕羅的道德與合法身分，因此他這篇罪過的告白似乎不太合理，但若是劇作家自己在君王的角色面具後面說話，就合理多了。可是莎士比亞所做的爲什麼是罪過呢？如果他是以魔法師主角爲自我暗示，爲什麼他會自覺過度放縱，好像自己犯了罪，需要別人來原諒他呢？當然此處所說的犯罪只是想像的而已，但卻是帶了一點巫術暗示的奇怪幻想，用十四行詩裡的句子來說，是「把精力消耗在羞恥上」(一二九・一)。

雖然莎士比亞在個人事務上向來小心謹愼、吝嗇算計，可是他的職業卻是建造在強迫觀眾認同、偷竊他人作品、加上大量自己的想像之上。他雖在個人事務上讓自己避免了馬羅和葛林的命運，卻在劇院裡買賣不顧後果的強烈情緒，和具顚覆性的危險觀念，把生活裡的所有事物都用在藝術上，如社會地位、性愛、宗教的痛苦危機，又把這藝術轉化爲利潤，甚至把喪子之痛與困惑之情轉變成藝術來源，創造出曖昧效果的卓越技巧。他對自己的成就很驕傲，不是以《仲夏夜之夢》裡所稱的「粗手笨腳的工匠」(三・二・九)現身，而是自比爲君王與博學的魔法師。這種驕傲最後會跟罪惡感混合，不是很奇怪嗎？

也許他慢慢厭煩了自己世俗的成就，開始懷疑起它的價値來。做爲演員和劇作家，屢屢贏得的掌聲喝采一定讓他很滿足。從國王魔法師的角色看來，莎士比亞很清楚「當莎士比亞」是什麼意思，也完全了解自己是什麼樣的人物，也許覺得他已經做夠了，終於可以離開觀眾了。

從投資的模式看來，他可能老早就開始想像總有一天會離開劇院。這些投資除了劇院本身以外，幾乎全都在史特拉福和附近地帶，所以他一定早就有離開倫敦回家逃難的夢想，只是最後才領悟到。當然多年來他回去過很多次，可是這次完全不一樣。他會退掉租屋、打理所有物品，然後回去當他以前買的漂亮房子穀倉和耕地的眞正主人。他不會再像當劇作家時叫賣幻想的世界，或者把它當副業，就像從前他以房地產買賣當副業一樣。他會跟老妻、未婚的女兒茱蒂絲住在一起，有時間跟愛女蘇珊娜跟她丈夫賀爾、孫女衣黎莎玻相處，看管產業、參與地方上的爭論、拜訪老朋友。他會是史特拉福受人尊重的紳士，如此而已，不多也不少。

可是越接近決定的時刻，過去的生活似乎越發如潮湧回到他的心裡。所有以前寫過的劇作主題，《暴風雨》裡全部都有：兄弟間的背叛、妒忌的腐蝕力、法定統治者被推翻取代、從文明到荒野的危險路程、復位的夢想、對年輕美麗女繼承人社會地位的忽視與求愛、用藝術尤其是迷你戲中戲的方式來操縱人物、巧妙運用魔法力量、自然天性與社會教化之間的張力、父親把女兒交付求婚者的痛苦、失去社會地位的危險、驚人的奇景轉換。最令人驚訝的是，這部末期劇作顯示莎士比亞的巨大想像力一點也沒有減少。《暴風雨》裡有一首有名的歌，寫一具淹死的屍體：

五潯深處躺著你的父，
一副骨骼化做紅珊瑚，
兩顆眼睛成明亮珍珠，
他的身子沒爛也不腐，
被海水神奇的變異
化為珍寶奇怪又富麗。

（一．二．四〇〇～四〇五）

莎士比亞的詩意想像也是如此，沒爛也不腐，所有多年來的經歷都成了作品的骨骼，被海水轉變成奇怪又富麗的珍寶。

他怎麼能夠放棄這一切呢？答案是，他不能，至少不是完全能夠。我們不確知他是什麼時候離開倫敦的，也許早在一六一一年剛寫完《暴風雨》他就搬回史特拉福去了。不過沒有完全斬斷連繫，雖然不是全部時間都在劇院，他還是跟傅萊徹合寫了至少三部戲。而且一六一三年三月最後一次投資房地產，不是在史特拉福，而是在倫敦。他用一百四十鎊大錢（其中八十鎊付的是現金），買下黑修道士區舊修道院一座大院門上面加蓋的「住屋」。這正是當初多年職業生涯中，他若想讓妻女到倫敦來一起住可能會買的那種房子。可是一直要到回史特拉福以後，他才決定要在倫敦城裡買房子。雖然這房子離黑修道士劇院只有一箭之遙，也很接近水坑碼頭，可以很快搭船過河到「環球劇院」去，可是莎士比亞似乎不是為了住宿而買。他可能安排回倫敦去看合作的戲或是作生意那幾次曾住在那裡，但房子卻租給一個叫羅丙生的人。不過他總算是在曾經發揮魔術法力的地方，擁有了一片地。

莎士比亞在黑修道士區買的房子，交易本身非常奇怪複雜，有其他三位正式合買人，可是除了莎士比亞外，沒有一個出錢。唯一可能但沒人想到過的解釋是，這也許是他動腦筋想出來，不讓妻子安妮在他死後取得此處遺產權的辦法。安妮知不知道丈夫用這法子買房子呢？還是除了那第二張最好的床，另外一個不愉快的意外？我們不知道。然而，一切跡象都顯示，對莎士比亞來說，回鄉擁抱平凡生活的決定，並不容易。

一六一三年七月初，就在他剛買下黑修道士區的昂貴房子後幾個月，消息傳來，六月二十九日「環球劇院」正在上演他跟傅萊徹合寫的新劇時，一場大火把劇院夷為平地。莎士比亞一定大受打擊，因為那是他在一五九九年冬幫忙合蓋的劇院。下面這封信是事情發生三天後所寫，類似他短期內可以看到的報導：

國王劇團有演一部新劇叫《全是真事》，演出亨利八世統治下一些主要事蹟，用許多雄偉壯觀的非凡場景襯托，甚至戲台上都鋪上毯子；戴著聖喬治十架和勳章的各階級武士，穿著刺繡衣裝的侍衛，等等；真實的程度，不消幾時就使偉人變成人人熟悉的形象，如果不是讓他醜化的話。現在，亨利王在吳爾賽樞機主教家舉行化裝舞會，當他進來時，發射了幾響禮砲。有些紙張或是其他東西堵住其中一座禮砲，點燃了茅草，開始大家以為只是未散的煙霧，注意力都集中在戲上。火燄往裡頭燒，然後像車列一樣迅速蔓延開來，不到一小時就把整個房子燒光了。

這是這所好房子毀滅的一刻，不過除了木材與茅草，還有幾件衣服外，裡面的精神都沒有損壞；只有一個人的褲子被燒到，要不是他有先見之明，用一瓶酒澆熄，大概就被烤焦了。

當時無人傷亡，但是「國王劇團」股東和劇院擁有人遭受到嚴重的財務損失。莎士比亞的損失是雙重的，因為他既是股東也是擁有人。要不是劇團的戲服和仔細保管的劇本即時救到安全地區，後果還更嚴重，「國王劇團」也許就此毀了，因為戲服是巨大的投資，而許多劇本可能都是唯一的完整版本。要是火延燒得快一點，莎士比亞那些不在四開本裡的一半劇本，也許永遠都沒機會印行出版。

可是情況還是夠糟的，當時沒有災害保險這檔事，重建劇院的費用必須由莎士比亞和其他共有人一起負擔。就算莎士比亞已經是有錢人，但是已離開倫敦居住，跟「國王劇團」的日常行事隔著遙遠距離，也許他不會想參與，而決定就此抽身。他的遺囑並未提及在劇團和「環球劇院」擁有的高價股份，一定是之前就已算清了這些資產，可惜交易紀錄沒有留傳下來，因此我們無法得知確切的日期。如果他真的如我們所想而且很有可能地在火災之後把股份賣掉，莎士比亞是做了更有決定性的退休之舉。

《暴風雨》近劇終時，普洛士帕羅用魔法為女兒和女婿造出一場婚宴舞會，但忽然把它終止，說：

宴會已經結束了。我們這些演員
我說過，原是一群精靈，
全都化成煙霧消散了，
就像這虛無縹緲的幻景一樣，
入雲的樓閣、瑰偉的宮殿、
莊嚴的廟宇，以及環球大地，
連同地上所有一切，都將煙消雲散，
就像這場幻景，
不留下一點痕跡。

（四・一・一四八〜五六）

一六一三年夏季回頭來看這些句子，一定像是怪異的預言，因為「環球」大劇院真的煙消雲散了。莎士比亞一輩子都害怕不實在的感覺，對演員的職業而言這幾乎是無法逃避的負擔，而劇院大火只讓他已知之事成真，如他的魔法師主角所說：

我們的生命構成的質料
跟那夢幻也是一樣，
匆匆一生，都環繞在睡夢之中。
（四・一・一五六～五八）

當然建築本身永遠可以重建，環球劇院一年內又重起爐灶，開始營業，可是它的脆弱性，莎士比亞可以從自己身上和周圍的世界看到。一六一四年他年滿五十，弟弟吉伯特一六一二年過世，年四十五，次年另一個弟弟理查過世，還未滿四十。母親馬利亞所生的八個孩子，只有威廉自己和妹妹安這時還活著。對我們來說，五十歲還是精力未衰的年紀，即使當時也不算太老，但莎士比亞似乎多年來認爲自己已是老年，像普洛士帕羅的奇怪描述，心裡常「想像墓地，等待冥目長眠」。

也許就是因爲知道世事易於幻滅，才讓莎士比亞對生平累積的大量資產更加緊抓不放。史特拉福附近三名富有的地主麥偉麟、雷陵漢、康伯想出一個把大面積土地圍閉起來的辦法，其中包括一些莎士比亞擁有什一稅的土地。圍籬政策是富豪者常用的經濟策略，使混亂的私有地和公眾原野劃分清楚、集中私有地、蓋籬笆、把一些耕地變成較有利潤效益的牧羊地。但是比較沒錢的人通常很厭惡，因爲容易使穀價上揚、破壞原來的權益、減少就業率、拿走窮人的救濟金、製造社會不安。「史特拉福企業團體」爲了大眾權益，強烈反對圍籬政策。莎士比亞的什一稅因爲有了風險，他有可能加入在市政府做事的表兄弟葛齡所領頭的反對一方。

葛齡於一六一四年十一月十七日記下一段對話，讓我們看見莎士比亞浸淫的日常世界一個生動的小例子。他曾想像王子國王分割大片土地：

> 這整塊土地，從這條界線到這一條，
> 所有一切濃密的森林、肥沃的田野，
> 富庶的河流、廣大的草原，
> 都要奉你為女主人。

（《李爾王》，一・一・六一～六四）

但現在他用的是不同面積的土地，下另一種不同的賭注。

> 昨天我進城去表兄弟莎士比亞家，看他怎麼應付此事。他告訴我他們跟他保證，圍籬不會超過福音叢林，然後一直線上到窠拉菩藤樹籬的門，除掉一部分小峽谷做公有原野，但包括了撒利伯利的地。他們說四月會勘察土地，然後付款以為賠償，在那之前不會動工。他跟賀爾先生認為他們根本不會付諸行動。

莎士比亞在女婿賀爾附議下，告訴葛齡他不會支持企業團體抗議可能的圍籬政策，認爲「他們根本不會付諸行動」。莎士比亞若不是被騙（「他們跟他保證……」），就是騙人，因爲不到兩個月的元月初，圍籬工程就開始了。圍籬者康伯似乎爲人惡劣好鬥，命人挖了一條溝渠，引起爭論吵鬧，甚至打架。史特拉福跟附近主教屯來的婦女小孩聯合起來，把溝渠填起來，開始長期的法庭爭鬥。莎士比亞沒有參與此事，也許是不關心事情發展的結果。因爲早在十月裡，他已經跟圍籬者達成協議，如果他的什一稅受到損失，他會得到「以年租或一筆總數的合理賠償」。他不會有任何損失，也沒有參加表兄弟葛齡爲窮人所作的抗爭。有人說，也許是莎士比亞相信農業現代化會讓大家未來都變有錢；但更有可能的是，他只是不關心而已。這不算是什麼惡劣之事，但也不是高尙的行爲，只是不太愉快的平凡故事。

同樣情況也許也可以說明他女兒茱蒂絲的婚事。茱蒂絲是漢姆尼特的雙胞姊妹，命運不佳。姐姐蘇珊娜嫁了父親喜歡的人，但她的對象坤倪卻是所有當岳父的想逃避的人。至少他不是憑空跑出來的陌生人，兩家人相識已有多年。根據一封存留下來寫給劇作家的稀有信件，新郎的父親曾向莎士比亞借錢。二十七歲的年輕坤倪以葡萄酒商爲業，茱蒂絲三十一歲，兩人歲數差距還沒有莎士比亞和妻子安妮的多，但也許讓莎士比亞覺得夠不舒服的，如果他認爲丈夫應該要比妻子年紀大的話。無論如何，問題不在歲數的差距，而在婚禮的許可證。他們想在一六一六年的四旬節期（復活節前四十天期間，約在二三月）結婚，這段時間若沒有特別許可，官方禁止婚禮的舉行，可是兩人未得許可就舉行了婚禮，後來被逮到，坤倪又沒有在該上庭的日子，到渥斯特的宗教法院出庭，繳交罰款，結果被逐出教會。茱蒂絲可能也遭受同樣的懲罰。莎士比亞自己當然不算是虔誠的模範信徒，可是總是小心謹愼，不惹麻煩，這是多年從生活裡學到的策略。而這件不愉快的事可能讓他很不高興。

還有別的事讓他更不高興的。茱蒂絲與坤倪婚禮一個月後，史特拉福有個未婚的女子蕙樂兒難產而死，嬰兒也跟母親一起死去。在這段時期，性犯罪經常遭調查和懲罰，用官方的訓誡詞說是「賣淫、通姦、不貞」，未婚媽媽和小孩雖然死亡卻不算了案。像史特拉福那麼小的城鎮，任何祕密大概都很難藏得住。一六一六年三月二十六日，新婚的坤侽在牧師法庭上承認孩子是他的，結果被判要丟臉的公開做懺悔，他捐獻五先令給窮人，才得以免除。

莎士比亞可能沒有太多體力和心力來處理這些危機，因爲不到一個月他就過世了。女婿帶來的社會恥辱，無疑是發生在他最糟的時刻。有些傳記作家認爲莎士比亞的死是因爲太震驚坤侽承認犯罪，以及公眾的恥辱。這解釋似乎非常不可能，因爲莎士比亞一點也不像嚴厲的維多利亞時代的道德家。《暴風雨》裡，他讓普洛士帕羅強調婚前的貞節，但也寫過像《一報還一報》和其他戲劇，用同情與扭曲好笑的方式描寫性欲。因爲性欲，安妮．哈塞威才會懷著身孕跟他一起站在聖壇前面。莎士比亞也許跟《冬天的故事》裡那個老牧羊人有一種類似的多愁善感：「但願把小夥子從十六歲到二十三這段年齡給它一筆勾消，不然就讓青春一覺睡過去，因爲這段時間裡，他們除了讓姑娘懷孩子，欺侮老長輩、偷東西、打架外，就沒別的事幹啦！」（三．三．五八～六一）可是他實在不太可能會因爲女婿的事發而受多大的打擊。不過這事也夠不體面的，何況是他自己的女兒，不是想像的奧德麗（《皆大歡喜》角色）或杰奎妮妲（《愛的徒勞》角色）遭遇羞辱的重大打擊。

莎士比亞可能已有數月身體不適，因爲一月中他找了律師柯林斯草擬遺囑，這時他一定已得知茱蒂絲即將舉行婚禮。不知道什麼原因，遺囑當時並未完成，但柯林斯三月二十五日又回來，莎士比亞完成了遺囑，用發抖的手簽上名字。這天正是坤侽在牧師法庭受審的前一天。遺囑中關於妻子安妮的部分既粗糙簡略又蘊含怒意，最有名的是給了她第二張最好的床。但是對女兒茱蒂絲則謹慎小心，精打細算得多。大量房地產都給了蘇珊娜和她丈夫賀爾，但茱蒂絲也不是什麼都沒有，她拿到的是還算可觀的一百鎊嫁妝，而且在嚴格限制下還可以拿到更多。柯林斯在臨終老人的指示下，明顯地改動了一處，把「我給予女婿」的「女婿」劃掉，改成「女兒茱蒂絲」，顯然是想到坤倪而突發的想法。遺囑規定茱蒂絲還可以拿到五十鎊嫁妝，但必須放棄另一份可能繼承的產業。如果她跟任何所生的孩子三年後還活著，可以再拿到一百五十鎊；如果她過世，而且沒有孩子，這其中的一百鎊歸蘇珊娜的女兒衣黎莎玻．賀爾，五十鎊歸莎士比亞還在世的妹妹喬安。一毛錢也沒給茱蒂絲的丈夫坤倪。茱蒂絲自己如果活著（也確實如此），也只能拿到一百五十鎊的年利，而非本金，坤倪除非拿出同值土地，不然也拿不到這筆錢。總而言之，他女兒茱蒂絲拿不到多少父親的財產，而她丈夫（沒提名字）就連一點也動不到。

還不只是如此。他有許多小餽贈，譬如把配劍給孔畢、五鎊給盧賽、給錢買戒指送「我同事」漢明居、柏畢騎、孔代爾等等，此外給小女兒茱蒂絲「我的鍍銀大碗」做紀念品。然而幾乎所有其他價值品，如金錢、「新地」大宅、黑修道士區的房子，以及「我所有穀倉、馬廄、果園、花園、土地、房產」等等、等等，全都歸蘇珊娜和她的丈夫、小孩、孫子。給史特拉福的窮人，這位百萬富翁只給了少少的十鎊，沒給教會，也沒給地方上的學校，沒有獎學金給有才分的孩子，也沒有給好僕人或學徒一點餽贈。除了家人和很小的一群朋友外，沒有其他世界是他所關心的。甚至在家人當中，莎士比亞也幾乎把所有事物都縮減到他所希望確立維繫的單線傳承。安妮和茱蒂絲一定也很清楚這遺囑對她們代表的意義。

也許因為他的世界縮小，以致離世如此安靜。一六一六年四月二十五日的葬禮，登記在史特拉福的紀錄上，但沒有任何當時人關於他臨終時刻的記載。他並沒有被怠慢，葬在聖三一教堂的高壇上，正如他這樣重要的人物該有的地位。一六三〇年代，還建造了繪有圖畫的葬墓紀念碑，是無數到史特拉福來的遊客都熟知的。但當時卻沒有人想到把他最後的疾病與如何過世的過程寫下來，或者至少沒有這類記載流傳下來。最早所知有關莎士比亞之死的記載，是一六六二年到一六八一年在史特拉福當牧師的華德，於一六六〇年代早期寫的草略筆記，他提醒自己要好好地念史特拉福最有名的作家作品：「記得熟讀精通莎士比亞的劇作，好讓自己不顯得無知」，然後記下自己聽來有關這位偉人去世的事：「莎士比亞、德雷頓、班強生一起高興地聚會，似乎酒喝得太多，莎士比亞感染熱病而死。」

這個快樂的聚會並不是不可能發生的事。德雷頓是一位成名的詩人，住在華威郡。有人認為他可能跟班強生一起到史特拉福來參加茱蒂絲的婚禮。可是我們看不出莎士比亞對茱蒂絲的婚禮有什麼做父親的喜悅可言，而熱病通常也不是因爲喝酒過多會感染的。華德的小筆記也許並不可信，就像十七世紀末一條更短的注解，說莎士比亞「死時是位天主教徒」。這條短注是由牛津聖體學院的牧師戴威子所寫，由於莎士比亞跟天主教的複雜關係，而費人思疑。但戴威子並未給予任何其他證據，也許這只說明了他在生命盡頭又回到起始點吧！

就算我們不去看他在圍籬政策裡的所作所為、對小女兒可能有的失望感、女婿坤倪帶來的恥辱、對妻子的怒意，甚至就算我們把他在史特拉福的晚年想成甜蜜的田園生活，想像大詩人悠然看桃樹成熟、含飴弄孫，他恐怕也很難逃避一種壓迫與失落的感覺。魔法師放棄了他驚世的想像才能，退休到鄉下地方，讓自己屈服在沉重冰冷的日常生活重擔之下。

他曾想像過國王與叛賊、羅馬皇帝與黑武士的生活，也曾在倫敦戲台的狂野世界贏得一席之地，如今卻要擁抱世俗平凡。莎士比亞要扮演的是最後一場戲劇想像的實驗，一位鄉紳的日常生活。這角色他在過去多年中，也曾以爭取家徽、投資、決定讓家人留在史特拉福、謹慎維繫舊社會的組織，慢慢塑造起來。爲什麼他要這麼做？也許有部分原因是在他一直都有的缺乏感。莎士比亞的生活，始於對信仰、愛情與社會地位的問題。可是不像同時代有些人爲了信仰不惜生命，他從來沒有找到任何可以相提並論的事物。如果他曾一度捲入宗教的獻身，也已經在多年前抽身離開。當然他也曾把那信仰的殘餘活力，注入自己的戲劇想像中，但從未把戲台當成眞實世界，也不曾把文學想像當成讓康平恩之類的人犧牲自己的信仰的代替品。而雖然他也許有過短暫的愛情喜悅，卻從沒找到或體會過他筆下夢中那樣動人心魄的愛情。從他在信仰與愛情空洞可能造成的缺乏感這角度看，扮演平凡鄉紳的角色也許可以看成是他的重要成就。

然而對日常平凡生活的擁抱，當然不只是因爲缺乏和補償，而是關於他整個豐富想像成就的本質的問題。莎士比亞在他整個職業生涯裡，對異國情境、遠古文化、誇張人物深爲著迷，但是他的想像卻跟身邊熟悉的事物密切結合，或者說他喜歡在非凡的情境當中顯示平凡的事物。莎士比亞常常因此被人批評，譬如愛炫耀學識的人酸溜溜地觀察到戲裡穿著寬袍的羅馬人把帽子丟到空中，好像倫敦的工人一樣；關心禮儀的批評家抱怨說，提到擤鼻涕用的手帕實在太粗俗，何況是在悲劇中間；而至少有一位大作家托爾斯泰，認爲老李爾王邊走邊狂吼，不是令人敬畏的好題材，只會讓人輕視他的審美觀，起反感。

的確是如此，莎士比亞的想像從來沒有超越每天司空見慣的事，進到抽象哲學那令人生畏的殿堂，把平凡生活排除在外。《維納斯與阿多尼斯》裡，我們看到女愛神臉上的汗水；《羅密歐與朱麗葉》裡，當朱麗葉悲傷的父母親對著屍首哀泣時，爲婚禮雇來的樂師一邊收拾樂器，一邊小聲地彼此開玩笑，然後決定留下來吃葬禮的晚餐；《安東尼與克莉奧佩屈拉》裡，一位旁觀者描述克莉奧佩屈拉在她華麗船舶上的放蕩模樣，卻也說出另一幕很不同的景象：「有一回我看到她從大街上跳著大步跑過去。」（二．二．二三四～二三五）

莎士比亞早年就已決定，或者說是他注定如此，雖然具有驚人的天分，卻不是造物主的才分，而是不與出身根源脫離的天分。同時代的義大利學者政治家馬基維利，在失去佛羅倫斯的地位，被迫定居鄉下時，寫了一封信。信中以厭惡的語氣，提到他被迫觀看地方酒館裡的粗俗言談和愚蠢遊戲。他唯一的解脫，是晚上可以把日間被平凡陳腐所玷污的衣服脫下來，穿上華麗的睡衣，從書架上拿下他鍾愛作家西賽羅、李維、塔西圖斯的書，覺得終於有同伴可以配得上自己的聰明才智。沒有什麼比這跟莎士比亞的感性相去更遠的了。對平凡人物的瑣碎言談、細微消遣、愚蠢遊戲，他從來沒有表現出無聊感。他的魔法師普洛士帕羅最高的表現，是放棄法力，回到他所來之處。

也許莎士比亞回家是出於另一個動機。不像其他私人生活保留得那麼祕密，我們很容易看得出來。每個人都注意到他的遺囑裡對妻子安妮的輕忽，就如他對女兒茱蒂絲和她那飯桶丈夫一樣。可是這遺囑在另一方面也顯然是愛的宣示，也許可以解釋他為什麼會回到史特拉福來。莎士比亞生命中最愛的女人，是小他二十歲的女兒蘇珊娜。他最後三部戲《佩力克爾斯》、《冬天的故事》、《暴風雨》都以父女關係為中心，並帶有深刻的亂倫焦慮，應該不是巧合。莎士比亞想要的，只是最平常自然的方式，住在靠近女兒、女婿和他們孩子的地方，享受天倫之樂。他知道這種快樂帶了一點奇怪的憂鬱，那是跟放棄密切結合在一起的喜悅，也是他最後這幾部戲所表現的情感。但這奇怪的性質，也藏在平凡的日常生活範圍之內。就是在這裡，他選擇做為自己結束生命的所在。

中英對照

二至五畫

「十字鑰匙」店　Cross Keys
丁道爾　Tyndale, William
卜洛苛　Brook, William
卜萊恩　Brayne, John
卜萊恩　Bryan, George
「下層人士」　"baser"
「大石關」　Great Stone Gate
大英圖書館　British Library
女王劇團　Queen's Men
山斗子　Sandells, Fulke
丹麥安倪（安倪王后）　Anne of Denmark (Queen Anne)
五月柱　Maypole
五朔節　May Day
「公牛劇院」　Bull, the
「化妝室」　"tiring house"
「天堂」　"the heavens"
「天鵝劇院」　Swan, the (Swan Theater)
孔代爾　Condell, Henry
孔畢　Combe, Thomas
巴比倫　Babylon
巴伯　Bhabha, Homi
巴堪　Barkan, Leonard
戈鼎韓　Goldingham, Harry
文法學家薩克索　Saxo the Grammarian
文森修　Vincentio
「水椅」　"cucking stool"
「世界即戲台」　"The whole world plays the actor."
主教聖經　Bishop's Bible
以賽亞　Isaiah
「出版公會」　Stationer's Company
加那利　Canaries
加納利群島　Canary Islands
包德溫　Baldwin, William
卡西奧　Cassio
卡莉波麗　Calipolis
卡普萊　Capulet
古里阿模斯・非利阿斯・約翰納斯・莎士比亞（莎士比亞全名）　Shakespeare, Gulielmus filius Johannes
司台埔泥　Stepney
司克列　Skeres, Nicolas
史欠莒大公　Strange, Lord
史欠莒大公劇團　Lord Strange's Men
史列得　Sledd
史考特　Schott, Holger
史投　Stow, John
史坦利　Stanley, Henry
「史特拉福企業團體」　Stratford Corporation
史密斯爵士　Smith, Sir Thomas
史督比斯　Stubbes, Philip
史達利　Sturley, Abraham
史粹特　Streete, Peter
史賓塞　Spenser, Edmund
尼克霖　Nicklyn, Thomas
尼祿　Nero
市政廳圖書館　Guildhall Library
布兒　Bull, Eleanor
布拉德烈　Bradley, William

布林柏克 Bolingbroke
布魯克 Brooke, Ralph
布魯斯坦 Brustein, Robert
布魯諾 Bruno, Giordano
「平民」 "common"
幼里庇迪斯 Euripides
正統派猶太教 Orthodox Jews
瓦辛函爵士 Walsingham, Sir Francis
瓦欣函 Walsingham, Frances
甘婆 Kemp, Ursula
白粉 Whiting, Ned
白斯特 Best
皮拉摩 Pyramus
「皮拉摩與瑟絲貝」 "Pyramus and Thisbe"
石林學院 Stonyhurst College
石寇德 Scot, Reginald
石崔特 Straet, Jan van der
石頭 Stone, George

六至十畫

伊凡 Evans, Hugh
伊吉斯 Egeus
伊利里亞 Illyria
伊拉斯謨斯 Erasmus
伊莉莎白女王 Elizabeth, Queen
伊森 Isam
先令 Shilling
吉伯特・莎士比亞（莎士比亞之弟） Shakespeare, Gilbert
吉兒波 Gilborne, Samuel
「吉星劇院」 Fortune, the
同業公會教堂 Guild Chapel
「地面觀眾」 "groundlings"
「地獄」 "hell"
妃彤 Fitton, Mary
守財奴 Hunks, Harry
安妮兄弟 Hathaway, Bartholomew
安妮・合宿里 Whatley, Anne
安妮・哈似威 Hathwey, Anne
安妮・哈塞威（莎士比亞之妻婚前姓名） Hathaway, Anne
安妮・莎士比亞（莎士比亞之妻） Shakespeare, Anne
安思里爵士 Annesley, Sir Brian
安・莎士比亞（莎士比亞之妹） Shakespeare, Anne
安提戈努 Antigonus
安塞蘭 Anseline
安葆琳 Boleyn, Ann
安達露西亞 Andalusia
安德森 Anderson, Marcella
安德魯爵士 Andrew, Sir
「托得」 "Tod"
托爾斯泰 Tolstoy
朵娜蒂 Donati, Gemma
米考伯 Micawber
米德爾頓 Middleton, Thomas
米歷茲 Meres, Francis
米諾拉 Minola
老公爵 Senior, Duke
考德爵士 Cawdor, Thane of
艾皮達嫩 Epidamnum
艾倫 Allen, William
艾莒沃司 Edgeworth, Roger
艾瑪 Em

艾賽克思伯爵　Essex, Earl of
艾顯　Ascham, Roger
衣索匹亞人　Ethiopian
衣黎莎玻・賀爾（莎士比亞孫女）
Elizabeth, Hall
西巴斯辛　Sebastian
西尼加　Seneca
西敏寺　Westminster
西絲麗　Cicely
西檀琴　cittern
西賽羅　Cicero
亨利・芮歐西思里（南安普敦伯爵）
Wriothesley, Henry
佛脫利亞　Vautrollier, Thomas
何尼曼　Honigmann, Ernst
何勒　Hollar, Wenceslaus
但丁　Dante
伯利勳爵　Burghley, Lord
伯特倫　Bertram
克利斯朵夫・斯賴　Sly, Christopher
克拉潘　Clapham, John
克朗（錢幣）　Crown
克萊兒　Clare
克隆麥爵士　Cromer, Sir James
利物浦街　Liverpool Street
吳爾賽樞機主教　Wolsey, Cardinal
希利亞德　Hilliard, Nicholas
希律　Herod
「希望劇院」　Hope playhouse (Hope Theater)
庇護　Pius
李艾王　Leir, King
李茶生　Rychardson, John
李維　Livy
杜勒　Dürer, Albert
杉子　Sands, James
沙畢羅　Shapiro, James
沃靈頓　Worthington
狄更斯　Dickens
貝區哥斗　Bretchgirdle, John
貝爾　Bale, John
貝蒙特　Belmont
貝德佛伯爵　Bedford, Earl of
辛息歐　Cinthio
辛普森　Simpson, Richard
巡迴藝人　"strowlers"
亞里斯多德　Aristotle
亞登布克　Addenbrooke, John
亞當斯　Adams, Joseph Quincy
亞歷山大・愛思賓納　Aspinall, Alexander
依麗莎白　Bennett, Elizabeth
「來自深處」　De Profundis
佩脫拉克　Petrarch
「制約」　"Binding over"
「呵郎」　Horum
坤倪　Quiney, Thomas
奈莉莎　Nerissa
妮兒任　Kneerim, Jill
姐絲藤　Cheston, Joan
孟代　Munday, Anthony
孟納克斯　Menaechmuse
季欣吉　Kitzinger, Beatrice
季羅迪　Giraldi, Giambattista
帕克　Parker, Tina
帕克樓　Park Hall

帕森 Parsons, William
「底份」 Tiffin
「底滴」 Titty
征服者威廉大帝 William the Conqueror
征服者理查 Richard Conqueror
所有格 genitive case
拉匹思 Lapis
拉伯雷 Rabelais
拉括爾 Laqueur, Thomas
拉提姆 Latimer, Hugh
拉普 Rapp, Regula
拉普沃 Lapworth
拉雷爵士 Ralegh, Sir Walter
拉撒路 Lazarus
披風旅店 Tabard Inn
杭廷頓圖書館 Huntington Library
杭特 Hunt, Simon
杭斯頓 Hunsdon
杭斯頓大公劇團 Lord Hunsdon's Men
林布蘭特 Rembrandt

林德太太 Lynd's wife
杰加德 Jaggard, William
松鵬 Schoenbaum, Samuel
河岸區 Bankside
波希米亞 Bohemia
波頓 Bottom, Nick
法蘭西絲卡 Francesca
法蘭德斯人 Flemish
「版」 "formes"
「玫瑰劇院」 Rose Theatre
秉思基 Pinsky, Robert
芬士貝里原野 Finsbury Field
金肯斯 Jenkins, Thomas
阿司比 Asbies
阿任 Allen, Giles
阿利安 Alleyn, Edward
阿里昂 Arion
阿里奧斯托 Ariosto
阿姆斯特丹 Amsterdam
阿姆雷士 Amleth
阿波羅 Apollo
阿格連比 Aglionby, Edward

阿馬多 Armado
阿黎提諾 Aretino
非利浦 Phillips, Adam
侯文迪 Horwendil
便士 Pence
勃拉班旭 Brabanzio
勃頓村 Burton Heath
勃麟 Perlin, Etienne
南安普敦伯爵 Southampton, Earl
南沃克大街 Southwark High Street
「哈比馬」 Hobbyhorse
「哈克週二」 Hock Tuesday
哈利 Harry
「哈郎」 Harum
哈姬 Hacket, Marian
哈祠紅巷 Hartshorn Lane
哈普藤爵士 Hopton, Sir Owen
哈塞威 Hathaway, Richard
哈爾 Hall, Edward
哈維 Harvey, Gabriel
威利斯 Willis
威廉 William

威廉・岱文南爵士　Davenant, Sir William
威廉・莎士比亞（威爾・莎士比亞）　Shakespeare, William (Will)
威廉斯　Williams, Bernard
威廉・赫伯特（潘布魯克伯爵）　Herbert, William
「客棧」　Taverne
封齋期　Lent
拜占庭　Byzantine
「拾荒者之女」（刑具）　scavenger's daughter
施本爾　Sprenger, James
柯立芝　Coleridge, Samuel Taylor
柯伯罕大公　Cobham, Lord
柯克爵士　Coke, Sir Edward
柯拉姆　Kramer, Heinrich
柯林　Collins
柯林・克勞特　Clout, Colin
柯林斯　Collins, Francis
柯律　Carey, Henry
柯思塔　Costard
柯盾（柯騰之弟）　Cottam, Thomas
柯苔兒　Cordell
柯爾納　Koerner, Joseph
柯黎（柯律之子・Lord Hunsdon 杭斯頓大公）　Carey, George
柯藍姆　Cranmer, Thomas
柯騰　Cottam, John
查令十字路　Charing Cross
查克　Chark, William
查普曼　Chapman, George
查爾思・米　Mee, Charles
查爾斯　Charles
柏艾瑪　Ball, Em
柏林高等研究院　Wissenschaftskolleg zu Berlin
柏屋喀　Berwick
柏畢駒　Burbage, James
柏畢騎　Burbage, Richard
柏開廷　Ball, Cutting
柏潼　Burton, Robert
洛莒　Lodge, Thomas
珊卜蔘　Sampson, Agnes
珍・奈我　Nightwork, Jane
珍・岱文南　Davenant, Jane
珀黎　Poley, Robert
「皇家禮拜堂兒童團」　Children of the Chapel Royal
「紅牛劇院」　Red Bull, the
「紅獅」　Red Lion
紅龍徽章官　Red Dragon Pursuivant
約克公爵　York, Duke of
約書　Josh
約翰・岱文南　Davenant, John
約翰・莎士比亞（莎士比亞之父）　Shakespeare (or Shaxpeare), John
約翰遜博士　Johnson, Dr.
美人魚酒館　Mermaid Tavern
胡伯　Hooper, John
「胡里背底擠背特」　Flibbertigibbet
「茅廬」　"cot"
苦命湯姆　Poor Tom
英吉利海峽　English Channel
英格蘭中部　Midlands

英國國家肖像畫廊 National Portrait Gallery, England
韋爾思 Wells, Stanley
修先生 Hugh
「修道士教士」 Friars Preachers
修道士塔克 Tuck, Friar
倪爾 Knell, William
冥河 Styx
夏綠蒂 Lucas, Charlotte
奚卡司 Hicox
娛樂監察官 Master of the Revels
宮務大臣劇團 Lord Chamberlain's Man
恩典教會街 Gracechurch Street
書齋劇 closet drama
桔瑞茲 Jerez
格拉納達 Granada, Luis de
格林布拉特 Greenblatt, Stephen
泰倫斯 Terence
泰晤士河 Thames
海武德 Heywood, Thomas
海軍上將劇團 Lord Admiral's Men
海倫 Helen
浮石河口 Firth of Forth
烏底烏野人 "wodewoses"
特區爾 Turchill
班尼第教派 Benedictine
班朵琴 ⊠Bandore
班究五絃琴 Banjo
班奈特 Bennett
班強生 Jonson, Ben
神蹟連環劇（神蹟歷史劇） mystery cycles
索格里多 Sogliardo
索普 Thorpe, Thomas
索福克里斯 Sophocles
索蘿太太 Thurlow, Mrs.
納瓦拉 Narvarre
納西塞斯 Narcissus
納煦 Nashe, Thomas
納蓬 Knapp, Jeffrey
茱蒂絲・莎士比亞（莎士比亞之女） Shakespeare, Judith
郝務德 Howard, Charles
馬丁路德 Luther, Martin
馬冷 Marlen
馬利亞（聖母） Mary
馬利亞・莎士比亞（莎士比亞之母） Shakespeare, Mary
馬利亞・雅登（莎士比亞之母婚前姓名） Arden, Mary
馬吝 Marlin
馬拉諾 Marrano
馬林 Marlyn
馬波羅 Marlboro
馬基維利 Machiavelli
馬隆 Malone, Edmond
馬黎 Marley
馬盧 Marlow
馬羅 Marlowe, Christopher
高更 Gauguin, Paul
高納 Garnet, Henry
高等法院 Queen's Bench
高瑞伯爵 Gowrie, Earl of

十二至十五畫

假面啞劇 mummers' play
勘浦 Kemp, Will (or William Kempe)
區林 Trilling, Lionel
參地斯 Sandys, Edwin
曼陀林 Mandolin
國王劇團 King's Man
國王歡宴劇團 King's Revels company
國際馬雅影像 Maya Vision International
國際莎士比亞環球中心 International Shakespeare Globe Center, Ltd.
寇克斯 Cox, Captain
崑尼 Quiney, Richard
「帷幕劇院」 Curtain, the
康平恩 Campion, Edmund
「康平恩大言」 Campion's Brag
康百西斯 Cambises
康伯 Combe, William
康登 Camden, William
教宗良十三世 Leo XIII, Pope
教皇貴格利十三世 Gregory XIII, Pope
敘拉古 Syracuse
梅欣 Mason, Alane
猛犬鬥熊戲 Bearbaiting
「理查二世」 "Rychard the second"
「理查三世」 "Rychard the third"
理查・莎士比亞（莎士比亞之弟） Shakespeare, Richard
畢克 Peake, Robert
畢兒蔘 Pilson, Kate
畢斯頓 Beeston, William/Christopher
畢達 Bidart, Frank
畢爾 Peele, George
畢歐 Beale, Simon Russell
第米特律 Demetrius
紹氏沃思 Southworth
「紳士包廂」 "Gentlemen's rooms"
莎士比亞出生地信託 Shakespeare Birthplace Trust
莎士比爾 Shaxpere, William
莎士貝爾 Shaxpaire
莎士夏特 Shakeshafte, William
「莎士爛布」 "Shakerags"
莎格士比牙 Shagspere, William
莫里斯人 Moorish
莫里斯舞 Morris dance
莫黎 Morley
荷卡蒂 Hecate
都鐸 Tudor
雪利酒 Sherry
麥倫基金會 The Mellon Foundation
麥哲倫海峽 Magellan, Strait of
麥偉麟 Mainwaring, Arthur
「麻胡」 Mahu
傅克思 Foxe, John
傅里布司爵士 Phillipps, Sir Thomas
傅萊徹 Fletcher, John
傅銳浦 Fripp, Edgar
傅羅瑞歐 Florio, John
凱文迪緒 Cavendish, Thomas
博莒司 Burgess, Anthony
博普 Pope, Thomas
喀爾文 Calvin

單德 Sander, Nicholas
喬凡倪 Giovanni, Ser
喬伊斯 Joyce, James
喬安・莎士比亞（莎士比亞之姊妹） Shakespeare, Joan
喬叟 Chaucer
喬萬尼 Giovanni
富萊澤 Frizer, Ingram
復辟時期 Restoration
「惡旗官」 "The wicked Ensign"
惠特克 Whitaker, William
提爾尼 Tilney, Edmund
斐狄南 Ferdinand
斯尼特原 Snitterfield
斯圖亞特 Stuart
普拉特 Platter, Thomas
普略斯頓 Preston, Thomas
普頓漢 Puttenham, George
普魯特斯 Brutus
普魯斯特 Plautus
普魯塔克 Plutarch
渥威克伯爵劇團 Earl of Warwick's Men
渥浦 Walpole, Henry
渥斯特伯爵 Worcester, Earl of
渥斯特伯爵劇團 Earl of Worcester's Men
湯馬斯摩爾爵士 More, Sir Thomas
湯璞笙 Thompson, Agnes
無韻詩 blank verse
猶大 Judas
琶松斯 Parsons, Robert
舒瓦澤 Schwyzer, Phillip
華威伯爵 Warwick, Earl of
華森 Watson, Thomas
華德 Ward, John
萊杉德 Lysander
萊斯特伯爵劇團 Earl of Leicester's Men
菲力普二世 Philip II
菲力普・錫德尼爵士 Sidney, Sir Philip
菲耳德 Field, Richard
菲爾頓 Felton, John
費迪南多 Ferdinando
費歷卜 Phillips, Augustine
賀克里斯 Hercules
賀拉斯 Horace
賀林頓 Harington, John
賀特弗伯爵劇團 Earl of Hertford's Men
賀通 Houghton, Richard
賀頓 Houghton, Alexander
賀爾 Hall, John Dr.
開隆 Charon
雅登 Arden, Robert
雅登森林 Arden, Forest
馮 Feng
黑立司 Harris, Richard
黑露西 Lucy Negro
塞西爾 Cecil, William (Lord of Burley)
塔西圖斯 Tacitus
塔伯特 Talbot
塔果芙 Targoff, Ramie
塔索 Tasso
奧西諾公爵 Orsino, Count

奧斯陸 Oslo
奧菲迪斯 Aufidius
奧爾巴尼 Albany
奧維德 Ovid
奧蘭治親王 Orange, Prince of
嵩德司 Saunders, Laurence
愛倫 Aaron
愛德華六世 Edward VI
愛德華・雅登 Arden, Edward
愛德蒙・莎士比亞（莎士比亞之弟） Shakespeare, Edmund
新地 New Place
「毀謗官員」 "scandalium magnatum"
溥倫 Plume, Thomas
溫柯 Wincot
溫寇 Wilmcote
溫漢姆村 Wingham
瑞格梅登 Rigmaiden
督艾大學 Douai, University of
聖三一教堂 Holy Trinity Church
聖女貞德 Joan of Arc
聖公會 Anglican church

聖公會 Church of England
聖克萊兒 St. Clare
聖貝克特 Becket, St. Thomas à
「聖保羅兒童團」 Children of Paul's
聖派脫克 St. Patrick
聖海倫 Helena, St.
聖神降臨節 Whitsunday
聖喬治 George, St.
聖湯馬思 Thomas, St.
聖溫尼費德 Winifred, St.
「聖經子民」 "the People of the Book"
聖體節 Corpus Christi
聖體學院 Corpus Christi College
葛如莎 Gerutha
葛拉屯廟 Temple Grafton
葛拉密斯爵士 Glamis, Thane of
葛林（自稱「羅伯特」Roberto） Greene, Robert
葛森 Gosson, Stephen
葛瑞 Gray, Joseph
葛雷法學院 Gray's Inn
葛齡 Greene, Thomas

「號角書」 horn-book
詹姆士 James
詹姆士一世時期 Jacobean
賈克琳 Jacqueline
道明會 Dominican
道德短劇 Morality Interlude
道德劇 Morality Play
達比伯爵 Derby, Earl of
達比伯爵劇團 Earl of Derby's Men
達德利 Dudley, Robert
雷陵漢 Replingham, William
雷諾茲 Rainolds, John
「靴子」刑具 "boot", the
嘉特勳章 Order of the Garter
嘉特勳章官 Garter King-of-Arms
漢尼拔 Hannibal
漢利街 Henley Street
漢姆尼特・莎士比亞（莎士比亞之子） Shakespeare, Hamnet
漢明居 Heminges, John
漢傑克思學院 Hendrix College
熊園 Bear Garden

瑪米利烏 Mamilluis
瑪莉安 Marion
瑪莉娜 Marina
瑪萊亞 Maria
瑪麗女王 Mary Tudor
碧翠絲 Portinari, Beatrice
福吉納特斯 Fortunatus
福克斯 Fawkes, Guy
福傑莎士比亞圖書館 Folger Shakespeare Library
維吉爾 Virgil
維多利亞 Victoria
維多利亞與艾伯特博物館 V & A Museum
維多利亞與艾伯特影像 V & A Image
維納斯 Venus
臺榮伯爵 Tyrone, Earl of
蒙茅斯 Geoffrey of Monmouth
蓋慈比爵士 Catesby, Sir William
蓋德 Kyd, Thomas
蓋龍 Gyllome, Fulk

裴里 Parry, William
裴拉弗利 Belleforest, François de
裴根 Bacon, Francis
赫斯克爵士 Hesketh, Sir Thomas
「劇場」 Theater, the
德克 Dekker, Thomas
德希克爵士 Dethick, Sir William
德若蕭特 Droeshout, Martin
德雷頓 Drayton, Michael
德衛特 De Witt, Johanne
摩西 Moses
摩提麥 Mortimer, Edmund
撒地 Safdie, Moshe
撒利伯利伯爵 Salisbury, Earl of
「撒金」 Suckin
樞密院 Privy Council
樞機主教博羅米歐 Borromeo, Cardinal Carlo
歐伯瑞 Aubrey, John
歐得利 Audley, John
歐提里亞斯 Ortelius
歐德卡索爵士 Oldcastle, Sir John

潘布魯克伯爵 Pambroke, Earl of
潘博克伯爵劇團 Earl of Pembroke's Men
蔓絲費德老太太 Mansfield, Mother
衛畢 Webbe, William
鄧函娜 Duncane, Geillis
鄧肯 Duncan
鄧恩 Donne, John

十六畫以上

橋夫藝術圖庫 Bridgeman Art Library
盧佛 Rufford
盧希爵士 Lucy, Sir Thomas
盧希爵士劇團 Sir Thomas Lucy's Players
盧威爵士 Lucy, Sir William
盧賽 Russell, Thomas
蕙樂兒 Wheeler, Margaret
諾亞 Noah
諾威爾 Nowell, Alexander
諾曼 Norman, Marc
諾斯布克 Northbrooke, John
諾斯爵士 North, Sir Thomas
諾頓出版公司 Norton, W. W. & Company

賴里 Lyly, John
霍林舍德 Holinshed, Raphael
霍洱 Hall, Hugh
霍羅弗尼 Holofernes
「閹羊」 "wether"
彌爾頓 Milton
徽章院 College of Heralds
「應聲蟲」 Echo
戴卜地 Debdale, Robert
戴威子 Davies, Richard
戴韋 Day, William
戴席 Darcy, Brian
戴達勒斯 Daedalus, Stephen
戴爾孟斯 Dyrmonth, Adam
戴維斯 Davis, Natalie Zemon
戴歐 Dyos, Roger
戴薇若 Devereux, Penelope
濤尼 Towne, John
「環球劇院」 Globe, the (Globe Theater)
薛投 Chettle, Henry
薇儂 Vernon, Elizabeth

賽倫諾斯 Silenus
賽區 Secchi, Gustavo
賽碧蘿 Sibylla
韓思婁 Henslowe, Philip
薩伏伊 Savoy
薩克森 Sackerson
薩馬維拉 Somerville, John
薩塞克斯伯爵劇團 Earl of Sussex's Men
藍漢 Langham (or Laneham), Robert
魏里思利學院 Wellesley College
魏金斯 Wilkins, George
魏修 Visscher, Claes Jansz.
魏祠比 Westby
懷亞特爵士 Wyatt, Sir Thomas
懷特爵士 White, Sir Thomas
瓊斯 Jones, Inigo
羅文索 Lowenthal, Leo
羅丙生 Robinson, John
羅伊 Rowe, Nicholas
羅伯特・塞西爾 Cecil, Robert
羅拔・岱文南 Davenant, Robert

羅傑斯 Rogers, Philip
羅裴子 Lopez, Roderigo (or Ruy)
羅賓漢 Robin Hood
關馬修 Gwinn, Matthew
蘇姐 Shuger, Debora
蘇珊娜・莎士比亞（莎士比亞之女） Shakespeare, Susanna
蘇格蘭馬莉女王 Mary, Queen of Scots
蘭伯特 Lambert, Edmund
蘭妮兒 Lanier, Emilia
蘭塞 Ramsay, John
「魔多」 Modo
「靈性遺囑」 "spiritual testament", "spiritual last will and testament"

莎士比亞作品

《一報還一報》 *Measure for Measure*
《十四行詩》 *The Sonnets*
《冬天的故事》 *The Winter's Tale*
《卡登尼歐》 *Cardenio*
《仲夏夜之夢》 *A Midsummer Night's Dream*

《全是真事》（《亨利八世》原名） *All is True*
《安東尼與克莉奧佩屈拉》 *Antony and Cleopatra*
《亨利八世》 *Henry VIII*
《亨利五世》 *Henry V*
《亨利六世下集》 *3 Henry VI*
《亨利六世上集》 *1 Henry VI*
《亨利六世中集》 *2 Henry VI*
《亨利四世下集》 *2 Henry IV*
《亨利四世上集》 *1 Henry IV*
《李爾王》 *King Lear*
《辛白林》 *Cymbeline*
《兩貴親》 *The Two Noble Kinsmen*
《哈姆雷特》 *Hamlet*
《威尼斯商人》 *The Merchant of Venice*
《皆大歡喜》 *As You Like It*
《科利奧蘭納斯》 *Coriolanus*
《約翰王》 *King John*
《泰特斯・安特洛尼克斯》 *Titus Andronicus*
《泰爾親王佩力克爾斯》 *Pericles Prince of Tyre*
《特洛伊圍城記》 *Troilus and Cressida*
《馬克白》 *Macbeth*
《理查二世》 *Richard II*
《理查三世》 *Richard III*
《第十二夜》 *Twelfth Night or What You Will*
《終成眷屬》 *All's Well That Ends Well*
《凱撒大帝》 *Julius Caesar*
《湯馬斯摩爾爵士》 *Sir Thomas More (The Book of Sir Thomas More)*
《無事生非》 *Much Ado About Nothing*
《雅典的泰門》 *Timon of Athens*
《奧賽羅》 *Othello*
《愛的徒勞》 *Love's Labour's Lost*
《溫莎的風流娘們》 *The Merry Wives of Windsor*
《馴悍記》 *Taming of the Shrew*
《維洛那二紳士》 *The Two Gentlemen of Verona*
《維納斯與和阿多尼斯》 *Venus and Adonis*
《暴風雨》 *The Tempest*
《熱情的朝聖者》 *The Passionate Pilgrim*
《魯克麗絲失貞記》 *The Rape of Lucrece*
《錯中錯》 *The Comedy of Errors*
《羅密歐與朱麗葉》 *Romeo and Juliet*

其他文獻和作品

《一袋新聞》 *A Sackful of News*
《人各有怨》 *Every Man Out of His Humour*
《人各有癖》 *Every Man in His Humour*
《十項理由》 *Ten Reasons*
《凡爾多莫》 *Vertumnus*
《女巫之槌》 *Malleus maleficarum*
《小販的預言》 *Peddler's Prophecy*
《才子之窮困與世人之瘋狂》 *Wit's Misery and the World's Madness*
《不幸的旅客》 *The Unfortunate Traveler*
《不無權利》 *Non sanz droict*
《內戰傷痕》 *The Wounds of Civil War*

《公禱書》 *Book of Common Prayer*
《尤里西斯》 *Ulysses*
《巴里斯的指控》 *The Arraignment of Paris*
《巴梭羅繆市集》 *Bartholomew Fair*
《巴黎大屠殺》 *The Massacre at Paris*
《心智與科學》 *Wit and Science*
《牛津莎士比亞集》 *The Oxford Shakespeare*
《仙后》 *Faerie Queene*
《仙履奇緣》 *Cinderella*
《可悲的悲劇，兼具可喜樂事，含波斯王康百西斯的生平》 *A Lamentable Tragedy, Mixed Full of Pleasant Mirth, Containing the Life of Cambises, King of Persia*
《失樂園》 *Paradise Lost*
《吏鏡》 *A Mirror for Magistrates*
《地產清丈書》 *Doomesday Book*
《安蒂崗妮》 *Antigone*
《老婦譚》 *The Old Wives' Tale*

《艾斯特菲爾與史黛拉》 Astrophil and Stella
《西班牙悲劇》 *The Spanish Tragedy*
《西班牙謎宮》 *The Spanish Maze*
《亨利五世的輝煌武功》 *The Famous Victories of Henry the Fifth*
《呆子》 *Il Pecarone*
《君士坦丁大帝》 *Emperor of Constantinople*
《巫術的發現》 *The Discovery of Witchcraft*
《李艾王的真實歷史故事》 *The True Chronicle History of King Leir*
《使徒行傳與不朽事跡》 *Acts and Monuments*
《來自蘇格蘭的新聞》 *News from Scotland*
《帖木兒》 *Tamburlaine*
《阿卡迪亞》 *Arcadia*
《阿卡紮戰役》 *The Battle of Alcazar*
《阿兒巴》 *Alba*

《阿爾比恩的英格蘭》 *Albion's England*
《青春短劇》 *The Interlude of Youth*
《保障的搖籃》 *The Cradle of Security*
《祈禱與默禱》 *Of Prayer and Meditation*
《美麗的艾瑪》 *Fair Em*
《英格蘭、蘇格蘭及愛爾蘭編年史》 *The Chronicles of England, Scotland, and Ireland*
《英國史》 *Historia regum Britanniae*
《倫敦三女》 *Three Ladies of London*
《唐吉訶德》 *Don Quixote*
〈哥林多前書〉 *I Corinthians*
《席拉的變形》 *Scylla's Metamorphosis*
《殉道者書》 *Book of Martyrs*
《海洛與利安得》 *Hero and Leander*
《浮士德博士》 *Doctor Faustus*
《馬爾他島的猶太人》 *The Jew of Malta*
《高瑞的悲劇》 *The Tragedy of Gowrie*

《曼那風》*Menaphon*
《堅毅的城堡》*The Castle of Perseverance*
《基督教要義》*Institutes of the Christian Religion*
《第一對開本》*First Folio*
《莎士比亞十四行詩》*Shake-speares Sonnets*
《湯馬斯摩爾爵士》*Sir Thomas More (The Book of Sir Thomas More)*
《無望的異端邪說》*Heresy in Despair*
《猶太人》*The Jew*
《猶太人與他們的謊言》*On the Jews and Their Lies*
《傳記集》*Lives*
《愛德華二世》*Edward II*
《新生》*La vita nuova*
《煉金術士》*The Alchemist*
《煉獄裡的哈姆雷特》*Hamlet in Purgatory*
《葛林千萬悔恨換來的一點聰明》*Greene's Groatsworth of Wit, Bought with a Million of Repentance*
《瘋狂奧蘭多》Orlando Furioso
《潘子與珠弟》*Punch-and-Judy*
《潘多斯托》*Pandosto*
《論豐盛》*On Copiousness*
《論雙關語》*A Treaties of Equivocation*
《魯克麗絲失貞記》*The Rape of Lucrece*
《寰宇概觀》*Theatrum Orbis Terrarum*
《諾頓莎士比亞》*The Norton Shakespeare*
《戲謔之才》*The Wits, or Sport upon Sport*
《羅瑟琳》*Rosalind*
《蘭開斯特和約克兩大著名家族的合一》*The Union of the Two Noble and Illustre Families of Lancaster and York*
《韃靼跛子悲劇史》*The Tragical History of the Tartarian Cripple*
《靈鬼論》*Daemonologie*

角色名

「七大罪」Seven Deadly Sins
「人」Mankind
巴杉尼　Bassanio
巴拉巴斯　Barabas
巴道夫　Bardolph
「心智」Wit
毛特　Mote
火槍　Pistol, Ensign
以撒摩　Ithamore
卡力班　Caliban
史蘭德　Slender
「生薑褲子」Breeches, Ginger
皮多　Peto
伊阿哥　Iago
伊若婷　Erotium
吉登斯藤　Guildenstern
安奇羅　Angelo

安東尼亞 Antonio
托比 Toby
托比・打嗝爵士 Belch, Sir Toby
朱蓮（《一報還一報》角色） Juliet
朱麗葉（《羅密歐與朱麗葉》角色） Juliet
「自由」 Liberty
艾德加 Edgar
西納 Cinna
西莉雅 Celia
西薩里奧 Cesario
克勞迪斯 Claudius
希修斯 Theseus
杜巴 Tubal
貝特麗絲 Beatrice
亞歷山大 Alexander
依莎貝拉 Isabella
佩力克爾斯 Pericles
季娜葵特 Zenocrate
帕羅 Paroles
彼特魯喬 Petruccio
彼得・昆斯 Quince, Peter
拉多維克 Lodowick
拉維妮亞 Lavinia
「放縱」 Riot
杰奎妮妲 Jaquenetta
波因斯 Poins
波希雅 Portia
波洛紐斯 Polonius
阿碧蓋兒 Abigail
阿麗安娜 Adriana
「青春」 Youth
芮甘 Regan
哈利・潘西（飛將軍） Percy, Harry
哈姆雷特 Hamlet
「怠惰」 Idleness
「指導」 Instruction
柯苔拉 Cordella
柯苔莉亞 Cordelia
柯勞第 Claudio
「研讀」 Study
「科學」女士 Science, Lady
約翰・福斯塔夫爵士 Falstaff, Sir John
「胡椒褲子」 Breeches, Pepper
「苦修」 Penance
茂丘西奧 Mercutio
苔絲德夢娜 Desdemona
飛將軍 Hotspur
剛特 John of Gaunt
唐強 Don John the Bastard
夏洛克 Shylock
夏祿 Shallow
朗斯 Lance
朗斯洛 Lancelot
桂嫂 Quickly, Mistress
桃兒・貼席 Tearsheet, Doll
殷娜琴 Innogen (or Imogen)
泰坦妮亞 Titania
泰門 Timon
海倫娜 Helena
海爾王子 Hal, Prince
浮士德 Faustus
班戈 Banquo
班尼迪 Benedick
班努赫鳩 Panurge

索蘭尼歐 Solanio
貢納莉 Goneril
馬伏里奧 Malvolio
馬耳康 Malcom
馬克道夫 Macduff
「混亂」大王 Misrule, Lord
「淫蕩」 Lechery
甜胡椒先生 Allspice, Mr.
笛管兒 Flute, Francis
「羞恥」 Shame
莉雅 Leah
荷倫 Helen
郭林 Corin
凱特 Kate
凱瑟琳 Catherine
凱德 Cade, Jack
勞倫斯神父 Laurence, Friar
喜波麗妲 Hippolyta
喜蘿 Hero
「惡」 Vice
斯納格 Snug
普洛士帕羅 Prospero
「普通人」 Everyman
「欺善者」 Hickscorner
「無知」 Ignorance
「善」 Charity
華特・布倫爵士 Blunt, Sir Walter
萊昂提斯 Leontes
萊阿提斯 Laertes
費斯特 Feste
雅克 Jaque
「勤奮」 Diligence
奧凡涅伯爵夫人 Auvergne, Countess of
奧伯朗 Oberon
奧拖里庫 Autolycus
奧菲麗雅 Ophelia
奧德麗 Audrey
奧賽羅 Othello
奧麗薇亞 Olivia
奧蘭多 Orlando
愛利兒 Ariel
愛德蒙 Edmund
「愛錢」 All-for-Money
瑟絲貝 Thisbe
「罪惡」 Iniquity
葛建諾 Graziano
葛特露德 Gertrude
試金石 Touchstone
「誠實重生」 Honest Recreation
達西 Darcy
過熟大娘 Overdone, Mistress
廖那托 Leonato
瑪格麗特王后 Margaret, Queen
蒲克 Puck
蓋茲山 Gadshill
蜜蘭達 Miranda
裴琪大娘 Page, Mistress
赫梅昂妮 Hermione
赫瑞修 Horatio
赫蜜雅 Hermia
噴嘴兒 Snout, Tom
「德性生活」 Virtuous Life
摩爾人阿龍 Aron the Moor
潔西卡 Jessica
潘西夫人（凱特） Percy, Kate

潘迪妲　Perdita
瘦鬼兒　Starvelling, Robin
「醃青魚」　Herring, Pickle
魯克麗絲　Lucrece
盧契奧　Lucio
鮑麗娜　Paulina
薇奧拉　Viola
「謙卑」　Humility
賽伊勳爵　Saye, Lord
薩樂瑞歐　Salerio
「藍褲子」　Breeches, Blue
「雙面人」　Double Device
羅倫佐　Lorenzo
羅程克洛茲　Rosencrantz
羅瑟琳　Rosalind
麗亞　Lea
「驕傲」　Pride
蘿拉　Laura

地名

小康地　Little Conduit
五角城　Pentapolis
水坑碼頭　Puddle Wharf
主教屯　Bishopton
主教關　Bishopsgate
以弗所　Ephesus
史特拉福　Stratford
台洱　Tyre
白教堂　Whitechapel
白廳　Whitehall
石密斯原　Smithfield
多佛　Dover
安提阿　Antioch
艾芬漢　Effingham
西西里　Sicily
伯明罕　Birmingham
克陵窠　Clink
利比亞　Libya
坎特伯利　Canterbury
邦石台坡　Barnstaple
那不勒斯　Naples
亞旺　Avon
亞旺河畔的史特拉福　Stratford-upon-Avon
亞歷山卓　Alexandria
底浦富德　Deptford
拉特蘭　Rutland
拉得關　Ludgate
明諾里　Minories
東市　Eastcheap
東拿閣　Donegal
法佛山　Faversham
法蘭德斯　Flanders
泊船關　Moorgate
狗仔溝　Houndsditch
的黎波里　Tripolis
肯特　Kent
阿琴科特　Agincourt
叛徒門　Traitor's Gate
砂福隆沃登　Saffron Walden
科芬特里　Coventry
美地石同　Maidstone
埃底石桐　Edstone
埃新諾　Elsinore
夏勒寇　Charlecote
格洛斯特　Gloucester

泰本　Tyburn
海梓　Hythe
烏切特　Utrecht
特洛伊　Troy
索低渠　Shoreditch
索特鼇　Shottery
荒原巴頓　Barton-on-the-Heath
勒斯柏司　Lesbos
康能街　Cannon Street
麥提倫　Mytilene
麻坡洛　Marlborough
凱尼爾沃思　Kenilworth
圍洱祠　Wells
渠帕塞　Cheapside
渥斯特　Worcester
華威　Warwick
萊斯特　Leicester
跛關　Cripplegate
黑修道士　Black Friars
塞蕊　Surrey
塔丘　Tower Hill
塔薩祠　Tarsus

奧斯汀修道士　Austin Friars
愛克庭　Actium
新娘井　Bridewell
溫徹斯特　Winchester
碑德嵐　Bedlam
窠拉菩藤　Clopton
聖井　Hollywells
聖保羅教堂庭院　St. Paul's Churchyard
聖馬格納斯角　St. Magnus' Corner
達利奇　Dulwich
達倫　Durham
漢斯　Reims
福音叢林　Gospel Bush
赫里福郡　Herefordshire
銀街　Silver Street
慕葛威街　Mugwell Street
模峽汐　Marshalsea
歐得關　Aldgate
熱那亞　Genoa
豬巷　Hog Lane
盧西隆　Roussillon

諾丁罕　Nottingham
諾利奇　Norwich
檀城　Thame
賽西亞　Scythia
羅徹斯特　Rochester
蘭開郡　Lancashire
蘭開斯特　Lancaster